Harald Parigger (Hrsg.)
Die Fundgrube für den Geschichts-Unterricht

W0102625

Die Autoren

Dr. Harald Parigger: Ist in Flensburg geboren und lebt in Rosenheim. Kümmert sich als Seminarleiter in München um künftige Deutschlehrer/innen, nachdem er vorher etliche Jahre lang Erfahrungen als „Kulturmanager" und Ausstellungsmacher beim Haus der Bayerischen Geschichte gesammelt hat. Hat außerdem bisher ein gutes Dutzend Kinder- und Jugendbücher geschrieben. Am meisten interessieren ihn Kultur-, Rechts- und Alltagsgeschichte, die Geschichte der Medizin und die der Hexenverfolgungen, wozu er auch einiges publiziert hat. Was ihm an Zeit übrig bleibt, wird für Kochen, Küche und Keller, Musikmachen und Bergwandern verwendet.

Siegfried Münchenbach: Zuständig für die Weiterbildung von Geschichts- und Sozialkundelehrern aller Schularten (Referatsleiter an der Akademie für Lehrerfortbildung und Personalführung in Dillingen/Donau). Spezialist für jüdische Geschichte, für Landes- und Religionsgeschichte, erfahrener Exkursionsleiter, Osteuropa-Kenner. Reist gerne auf den Spuren der Vergangenheit, nicht nur dahin, wo es am bequemsten ist. Publiziert zur Landesgeschichte, zur Didaktik und Methodik des Deutsch- und Geschichtsunterrichts. In der Freizeit verschlingt er historische Romane, fährt Rad oder erklimmt Berge.

Gisela Schacht: Ist im „Elbflorenz" (Dresden) geboren, im „sächsischen Nürnberg" (Bautzen) aufgewachsen, hat in der „Weltstadt mit Herz" (München) studiert (Geschichte, Slawistik, Deutsch und Erdkunde) und sich vor gut zwanzig Jahren im (fränkischen) Nürnberg niedergelassen. Hat seitdem als Seminarlehrerin Generationen von angehenden Geschichtslehrer(inne)n auf die didaktischen und methodischen Sprünge geholfen. Fachfrau für Frauengeschichte, jüdische und Kulturgeschichte.

Wolfgang Weismantel: Unterrichtet, nach dem Studium der Geschichte, Germanistik und Soziologie, am Gymnasium in Lohr am Main (Spessart) und ist dort Fachbetreuer für Geschichte. Kennt sich in der bewegten Geschichte des Spessarts, von den Glasbläsern bis zu den Räubern, bestens aus und beschäftigt sich am liebsten mit der Geschichte der kleinen Leute und der kleinen Dinge. Ist Herausgeber einer regionalgeschichtlichen Reihe und arbeitet für den Rundfunk.

Gerhard Weber: Sammelte, nach dem Studium der Germanistik und Geschichte, als Verlagsredakteur acht Jahre lang Erfahrungen im (Schul-)Büchermachen. Ist seit 1998 Fachabteilungsleiter am Gymnasium in Ladenburg. Liebt spannende Berichte über Expeditionen und Entdeckungen und ist fasziniert von der Geschichte der Technik. Besonders beschäftigen ihn außerdem die Ursachen von Kriegen und Gewalt und die internationalen Beziehungen in der Neuzeit.

Dr. Heinrich Schönemann: Hat eine der ältesten Schulen Deutschlands besucht (Kieler Gelehrtenschule) und damals sein Herz an die Antike verloren. Nach dem Studium der Chemie erst Assistent an der Universität, dann Lehrer, dann Fachleiter für Chemie an einem Studienseminar (Oberhausen). Neben seiner Leidenschaft für die Welt der Griechen beschäftigen ihn auch Astronomie, Physik und Geschichte. Er arbeitet an einem Schulbuch mit und sammelt chemische Fachliteratur (im Original) ab 1600.

Johannes Wachter: Nach Studium (Geschichte, Germanistik, Politologie) und Referendariat wurde er Lehrer am Gymnasium. Unterrichtet in Lohr am Main. Beschäftigt sich besonders mit der neuesten Geschichte Afghanistans.

Harald Parigger (Hrsg.)

Die Fundgrube für den Geschichts-Unterricht

Das Nachschlagewerk für jeden Tag

Cornelsen online http://www.cornelsen.de

Gedruckt auf chlorfrei gebleichtem Papier
ohne Dioxinbelastung der Gewässer

Deutsche Bibliothek – CIP-Einheitsaufnahme

Die **Fundgrube für den Geschichts-Unterricht:**
das Nachschlagewerk für jeden Tag / Harald Parigger (Hrsg.). –
Berlin: Cornelsen Scriptor 1996
ISBN 3-589-21062-1
NE: Parigger, Harald (Hrsg.)

Dieses Werk berücksichtigt die Regeln
der reformierten Rechtschreibung und Zeichensetzung.

5.	4.	3.	2.	✓	Die letzten Ziffern bezeichnen
02	01	2000	99		Zahl und Jahr des Drucks.

Redaktion: Gabriele Teubner-Nicolai, Berlin
Herstellung: Brigitte Bredow, Berlin
Umschlagentwurf: Vera Bauer, Berlin, unter Verwendung
einer Zeichnung von Klaus Puth, Mühlheim
Satz: FROMM MediaDesign GmbH, Selters/Ts.
Druck und Bindung: Clausen & Bosse, Leck
Printed in Germany
ISBN 3-589-21062-1
Bestellnummer 210621

Inhalt

Mit der Lupe betrachtet –
Menschen, Dinge, Merkwürdigkeiten

Von kleinen und nicht ganz so kleinen Leuten

Imhotep – vom Baumeister zum Gott • Aspasia – eine emanzipierte Griechin • Livia Drusilla – eine Römerin macht Politik • Galenos – Prominentenarzt, Wissenschaftler, medizinischer Schriftsteller • Lucius Julius Vehilius Gratus Julianus – Mordskarriere und Ende durch Mord • Katharina von Alexandria, die Heilige „mit dem Rad", und Hypatia – Opfer von Frauenfeindlichkeit und religiösem Fanatismus • Eleonore von Aquitanien – die bedeutendste Fürstin ihrer Zeit • Maimonides – der „Führer der Schwankenden" • Marco Polo – ein Weltreisender des Mittelalters • Marguerite Porete – Begine, Mystikerin und Ketzerin • Francesco di Marco Datini – ein Selfmademan der Frührenaissance • Katharina von Siena – Heilige und Politikerin • Heinrich Institoris – ein Fanatiker im Dienst des Papstes • Hans Folz – Barbier, Wundarzt, Alchimist, Dichter und Verleger • Lukas Rem – ein Augsburger Kaufmann • Hernando Cortez – der Eroberer Mexikos • Jakob Lod – das kurze Leben eines Schwerverbrechers • Johann Hevelius – Astronom der europäischen Aufklärung • Émilie du Châtelet: begabt, gebildet, erotisch, wehrhaft – und „ein eigener Mensch" • Anna Louisa Karsch – „die deutsche Sappho" • Markgraf Carl Friedrich von Baden – ein wahrhaft aufgeklärter Fürst • Placidus Scharl – Mönch, Priester, Lehrer, Wissenschaftler, Tourist • Ulrich Bräker – ein wacher Geist aus dem Toggenburg • Axel von Fersen – schwedischer Adliger, Offizier im amerikanischen Freiheitskampf, Freund Marie Antoinettes • Chaim Salomon Pappenheimer, Edler von Kerstorf – Publizist, Demokrat, Bankier • Dorothea Schlözer oder die Bildungsfähigkeit von Frauen • Philipp Friedrich Schütz alias Manne Friedrich – Räuber und Bandenchef • Friedrich Fröbel – der „Erfinder" des Kindergartens • Georg II. von Sachsen-Meiningen – der „Theaterherzog" • Geronimo – der letzte Häuptling der Apachen • Ernst Sachs – Radrennfahrer, Fahrradpionier und Erfinder • Alice Salomon – ein Leben für Frieden, soziale Gerechtigkeit und Emanzipation • Die Wachenheimers – eine jüdische Familie in Deutschland

Dinge, die Geschichte machten

Barchent • Beton • Brezel • Briefmarke • Brille • Einweckgummi • Eis • Gabel • Gulden • Käse • Kaffee • Kartoffel • Kaugummi • Kautschuk • Knoblauch • Kompass • Kondom • Konservendose • Kummet • Mikroskop • Nudeln • Olive • Osterei • Papier • Papyrus • Parfüm • Pergament • Pfeffer • Purpur • Salz • Schießpulver • Schokolade • Sicherheitsnadel • Spiegel • Stacheldraht • Steigbügel • Streichholz • Tabak • Tee • Uhr • Waid • Whisky • Zechine • Zucker

Vorwort

Wo kommen die Ostereier her? Seit wann spielt man Tennis? Wie schnell war eine Postkutsche? Was gab's bei den Römern zum Abendessen? Wie sah's in der Schule vor 500 Jahren aus? Warum gibt es mehr berühmte Männer als berühmte Frauen?

Wer hört nicht solche und andere ähnliche Fragen jede Woche im Geschichtsunterricht, und wer kann sie schon alle beantworten!

Die *Fundgrube für den Geschichtsunterricht* will all denen rasch weiterhelfen, die in derlei Fällen ratlos sind, wie sie den Wissensdurst ihrer Schülerinnen und Schüler ohne großen Aufwand stillen können.

Aber sie will mehr.

Sie will Ideenlieferant sein für alle, die ihrem Geschichtsunterricht mal eine Frischzellenkur verpassen wollen – durch eine originelle Motivation, ein fesselndes Projekt, mit einer ungewöhnlichen Vertretungsstunde, einem kniffligen Rätsel, einer spannenden Geschichte oder einem nicht weniger spannenden Museumsbesuch.

Sie will – und das ist ihr inhaltlicher Schwerpunkt – ein Fenster zum Alltag vergangener Zeiten sein, Geschichte in Menschen und Mentalitäten lebendig werden lassen. Die junge Dorothea ist dabei wichtiger als der Alte Fritz, das weiße Gold in der Suppe ist bedeutungsvoller als das gelbe auf dem gekrönten Haupt, die vielsagende Individualbiografie hat Vorrang vor dem Befund über die schweigende Masse.

Sie will ferner ein Materiallager sein, in dem vieles, ansprechend verpackt und leicht zugänglich, zu finden ist, was man in Geschichtsbüchern aus naheliegenden Gründen vergeblich sucht und was doch oft erst aus dem trockenen Lernort Vergangenheit einen locus amoenus voller Abenteuer macht.

Und sie will schließlich, aber gewiss nicht zuletzt, ein Buch sein, in dem man schmökern kann, in dem man vielleicht sogar staunend etwas entdeckt, von dem man noch nie gehört hat.

Über all dem darf man freilich nicht vergessen, dass die *Fundgrube* eine Fundgrube ist, dass sie also ein reichhaltiges und buntes Sortiment bietet, aber keine umfassende Weltgeschichte und keine allgemeine Geschichtsdidaktik und auch keine lexikalische Systematik.

Meiner Mitautorin und meinen Mitautoren danke ich für den Feuereifer und die Kreativität, mit der sie sich in die Bearbeitung der oft recht mühsam zu recherchierenden Themen gestürzt haben; die gebotene Kürze der Beiträge hat ihnen ein beträchtliches Maß an Disziplin abverlangt. Besonders danke ich

meinem Freund Siegfried Münchenbach, der mir bei der Konzeption der *Fundgrube* sehr geholfen hat.
Alle Beiträgen, meine ich, merkt man an, wieviel Vergnügen den Verfassern die Beschäftigung mit der Geschichte immer wieder bereitet. Möge das den Leserinnen und Lesern genauso gehen – man gönnt sich ja sonst nichts.

Rosenheim, im Juli 1996

Siglen:

H. P.	Harald Parigger
S. M.	Siegfried Münchenbach
W.W.	Wolfgang Weismantel
G. S.	Gisela Schacht
G.W.	Gerhard Weber
H. S.	Heinrich Schönemann
J.W.	Johannes Wachter

Vom Leben der Menschen – Lebensformen, Denkweisen, Mentalitäten

Schön ist die Jugendzeit?

„Jugend" als eine allgemein akzeptierte Lebensphase, in der junge Menschen nicht mehr Kinder sind, aber – weil eben noch nicht erwachsen – des besonderen Schutzes der Gesellschaft bedürfen, ist eine Erscheinung des 20. Jhs., das man nicht zuletzt deshalb auch als „das Jahrhundert der Jugend" bezeichnet. Dass diese Fürsorge den jungen Menschen beileibe nicht immer zum Vorteil gereichte, wie sie entstand und welchen Zwecken sie ursprünglich diente und dient, ist ein eigenes Thema. Festzuhalten bleibt, dass man über Jahrtausende hinweg junge Menschen nach einer kurzen Kindheit (die etwa bis zum siebten Lebensjahr reichte) als unfertige Erwachsene mit eingeschränkten Rechten und Entfaltungsmöglichkeiten betrachtete ohne ihnen freilich besondere Schonung angedeihen zu lassen.

Tatsache ist jedoch, dass trotz dieser frühen Einbindung in die alltäglichen Pflichten und des frühen Zwangs zur Selbstbehauptung die Jungen zu allen Zeiten anders empfunden haben als die Erwachsenen, dass sie sich oft aufgelehnt oder nur widerwillig gefügt haben, dass ihre Hoffnungen weniger durch Erfahrungen getrübt, dass Enttäuschungen schmerzlicher empfunden wurden.

Acht junge Menschen zwischen 14 und 24 Jahren kommen hier in fiktiven Monologen zu Wort, junge Frauen und Männer aus verschiedenen Zeiten und den unterschiedlichsten Schichten. Der größte Teil von ihnen hat wirklich gelebt, hier orientiert sich der Text an ihrer Biographie; die anderen Texte sind auf der Basis von Literatur zur Alltagsgeschichte zusammengestellt. In allen wird versucht ein Stück epochen-, schicht- und geschlechtsspezifisches Lebensgefühl junger Menschen darzustellen, ohne dass dies bis in alle Einzelheiten gelingen kann. Deutlich wird indes, dass die heute noch gern zitierte Liedzeile „Schön ist die Jugendzeit" eigentlich für jede Epoche zumindest mit einem dicken Fragezeichen zu versehen ist.

Antonia, 14 Jahre, römische Senatorentochter

Manchmal, wenn ich hier herumsitze und darauf warte, dass endlich der Tag kommt, an dem meine Hochzeit gefeiert wird, habe ich einen ganz unschicklichen Wunsch: Ich möchte ein Junge sein! Jungen haben es viel besser als Mädchen! Sie dürfen mit ihrem Vater zu den Gladiatorenkämpfen und Pferderennen gehen oder ihn aufs Forum begleiten, sie dürfen die Kunst der Rhetorik lernen und was weiß ich noch alles, was Mädchen eben nicht dürfen. Nach der Geburt werden sie nicht so oft ausgesetzt oder ertränkt, nur wenn sie krank und schwächlich sind oder wenn einer schon so viele Söhne hat, dass er keinen mehr brauchen kann. Mädchen braucht man, glaube ich, nicht so viele. Den Göttern sei Dank, ich war gesund und kräftig, als ich auf die Welt kam, und mein Vater hat sofort mit seinem besten Freund, der auch Senator ist, abgemacht, dass ich eines Tages seinen Sohn heiraten soll. Aber bis dahin musste ich noch vierzehn lange Jahre warten!

Bis ich sechs war, haben mich meine Amme und meine Mutter erzogen. Dann kam eine schöne Zeit, die Schulzeit. Zusammen mit anderen Mädchen und Jungen habe ich Lesen, Schreiben, Rechnen und Stenografieren gelernt. Unser Lehrer war ein griechischer Freigelassener. Er war so kurzsichtig, dass wir vor seinen Augen die größten Albernheiten machen konnten ohne dass er es merkte. Nach ein paar Jahren war es mit dem lustigen Leben vorbei: Ich bekam, wie jedes Mädchen aus vornehmer Familie, einen Privatlehrer, der mit mir die griechische und lateinische Literatur studierte. Er soll ein sehr guter Lehrer gewesen sein, aber ich fand ihn so langweilig wie eine getrocknete Feige. Spannender war es da schon, was meine Mutter mir beibrachte: elegante Muster in feine Stoffe zu sticken, die Speisen für ein Gastmahl zusammenzustellen, den Sklaven auf die Finger zu klopfen, wenn sie ihre Arbeit nicht ordentlich machten, also alles, was die Ehefrau eines künftigen Senators können muss.

Ja, und jetzt ist es bald soweit! Mein Kinderspielzeug und meine Puppen habe ich den Laren dargebracht, doch bis die Wochen mit den schlechten Vorzeichen vorbei sind, muss ich noch warten. Am Ende des Monats Juni werde ich die Brauttunika und den Schleier anlegen und das Hochzeitsfest feiern. Dann bin ich eine Matrone und muss nicht mehr den ganzen Tag im Zimmer hocken und die Augen niederschlagen, wenn ein junger Mann in der Nähe ist. Ich kann aus dem Haus gehen, wann ich will, zum Einkaufen oder um Besuche zu machen, und jeden Abend gehe ich mit meinem Mann zu einem Gastmahl, es sei denn, wir veranstalten selber eins. Das wird herrlich werden! Meine Mutter, die isst manchmal sogar im Liegen, wie ein Mann, und Wein trinkt sie auch!

Ach, ich glaube, ich habe doch nichts dagegen, ein Mädchen zu sein. Es kommt immer drauf an, was man draus macht!

Auch die Mädchen der vornehmen Familien, zu denen Antonia gehört hätte, waren gegenüber den Jungen benachteiligt: Sie hatten weniger Freiheiten und durften weniger lernen. Mit 13 oder 14 Jahren wurden sie verheiratet, bis dahin mussten sie sehr zurückgezogen leben. Als Ehefrauen waren sie verhältnismäßig eigenständig, doch hatten sie keinerlei politische Rechte.

Hiltrudis, 18 Jahre, hörige Bauersfrau

Bernwart ist ein guter Mann. Es war ein Glück, dass mein Vater mich mit ihm verheiratet hat und dass auch der Herr einverstanden war. Hoffentlich trennt er uns nicht, wenn er uns eines Tages verkauft oder verschenkt. Fast vier Winter und drei Sommer bin ich schon Bernwarts Frau. Zweimal habe ich ihm einen

Sohn geboren. Der erste ist gleich gestorben, aber der zweite ist stark und kräftig geworden. Doch jetzt ist er krank. Seine Haut fühlt sich ganz heiß an, er hustet und kann nicht richtig atmen und er mag nicht essen. Ich bete jeden Tag, dass Gott ihn am Leben lässt. Wir brauchen einen Sohn, dem der Herr unsere Hufe gibt, wenn wir alt geworden sind und nicht mehr arbeiten können. Vielleicht ist mein nächstes Kind nur ein Mädchen. Ein Mädchen bekommt keine Hufe und es gibt nicht immer genug Männer zum Heiraten. Vielleicht muss Bernwart es töten, wenn es geboren ist.

Er hat erlaubt, dass ich bei dem kranken Kind im Haus bleibe. Denn es ist noch Winter, und es gibt noch nicht so viel zu tun. Im Frühling muss ich beim Pflügen die Ochsen treiben und bei der Aussaat helfen. Da könnte ich nicht bei dem Kind bleiben. Jetzt muss ich mich nur um das Vieh kümmern, das Haus in Ordnung halten, das Essen machen und aufpassen, dass das Feuer nicht ausgeht. Es ist Verschwendung das Feuer den ganzen Tag brennen zu lassen. Aber Bernwart hat es verlangt. „Ein krankes Kind braucht Wärme", hat er gesagt. Er arbeitet heute für den Herrn. Ein Zaun, der seine Felder vom Wald trennt, ist an vielen Stellen morsch geworden. Bernwart soll die brüchigen Pfähle ersetzen. Ich hätte ihm helfen müssen, aber dann wäre das Kind allein geblieben. Jetzt macht er die ganze Arbeit allein. Er ist wirklich ein guter Mann.

Hiltrudis repräsentiert die Schicht der abhängigen Bauern, die im späteren Früh- und im Hochmittelalter einen großen Teil der ländlichen Bevölkerung ausmachten. Sie mussten ihrem Grundherrn Abgaben und Frondienste leisten, waren nicht rechtsfähig und nicht persönlich frei; ihr Leben war hart und entbehrungsreich. Auf den Frauen, die schon jung verheiratet wurden, ruhte die Last der Viehzucht, der Haushaltsführung, der Kranken-pflege und der Kindererziehung. Außerdem mussten sie bei Feldarbeit und Frondiensten helfen.

Karl von Luxemburg und Böhmen, 23 Jahre, Kronprinz

Das Entsetzliche widerfuhr mir im 1319. Jahr der Fleischwerdung unseres Herrn. Heute noch träume ich davon und dann wache ich schweißbedeckt und von Furcht erfüllt auf. Mein Vater, König Johann von Böhmen, war mit einer Schar Bewaffneter nach Elbogen in Böhmen gekommen, wohin sich meine Mutter mit mir und meinen Geschwistern geflüchtet hatte, denn sie hatte sich mit ihrem Mann überworfen. Ohne sich durch unser Jammern und Bitten rühren zu lassen hatte er mich der Königin geraubt und mit sich genommen. Unterwegs wehrte ich mich, schrie und tobte und wollte zurück zu meiner Mutter. In Prag angekommen, ließ mich der König um meinen Trotz zu brechen in einem Keller einsperren. Zwei Monate lang musste ich im Dunkeln ausharren, nur ein schmaler Streifen Licht fiel durch ein winziges Fenster. Gerade drei

Jahre war ich damals alt und die Angst vor der Dunkelheit habe ich bis heute nicht überwunden. Ist es da ein Wunder, dass ich meinen Vater nicht mehr lieben kann?

Nach meinem siebten Geburtstag schickte er mich nach Frankreich, an den Hof des Königs, um mich dort erziehen zu lassen. Dort ging es mir gut, denn der König liebte mich sehr. Er machte mich zu seinem Patenkind, seitdem heiße ich Karl, und verheiratete mich mit seiner Cousine Margaretha. Auch sorgte er dafür, dass ich ein wenig schreiben lernte, was umso freundlicher von ihm war, als er selbst diese Kunst nicht beherrschte.

Im 1328. Jahr unseres Herrn starb mein Pate und Freund und zwei Jahre später kehrte ich, von Margarethe begleitet, auf den Stammsitz meines Vaters nach Luxemburg zurück. Selten habe ich mich so gelangweilt wie dort, wie viel eintöniger verliefen die Tage als in Paris! So folgte ich dem Befehl des Königs nur zu gern nach Italien zu reisen, und zwar zunächst in die Stadt Pavia, die ihm untertan war. Und da widerfuhr mir eines Morgens etwas, das mir nicht weniger im Gedächtnis geblieben ist als der finstere Keller in Prag, etwas, das ich wahrhaftig als Wunder bezeichnen muss: Während mein Gefolge sich schon zu Tisch begeben hatte, wollte ich nicht essen, sondern lieber eine feierliche Messe besuchen und die heilige Kommunion empfangen. Als ich endlich, erfüllt vom Heiligen Geist, zur Tafel kam, krümmten sich die, die schon gespeist hatten, vor Schmerzen und hielten sich den Leib, etliche hauchten wenig später ihr Leben aus – es gab keinen Zweifel, sie waren vergiftet worden! Ich dankte Gott für die wundersame Rettung, aber er wirkte ein weiteres Wunder an mir: Er ließ nämlich meinen Blick auf einen Mann fallen, den ich nicht kannte und der da herumschlich und tat, als ob er nicht hören und reden könne. Sofort ließ ich ihn festnehmen – wenig später gestand er der Giftmischer zu sein. Noch öfter hat Gott mir in der nächsten Zeit solche Zeichen seiner besonderen Gnade gesandt. In einer Schlacht gegen aufsässige Italiener bald danach waren wir schon am Ende unserer Kräfte, als unsere Feinde plötzlich wie vom göttlichen Willen gelenkt die Flucht ergriffen. Ein andermal war ich in einer Burg von übermächtigen Gegnern eingeschlossen und dachte schon an Übergabe, als plötzlich Zwietracht unter ihnen ausbrach und sie übereinander herfielen. Das größte Wunder aber ereignete sich im Jahr des Herrn 1333. Im Traum erschien mir ein Engel und entführte mich auf ein Schlachtfeld. Dort sah ich, wie ein zweiter Engel mit einem flammenden Schwert einen Ritter seiner Männlichkeit beraubte. Das sei die Strafe für dessen Ausschweifungen, sagte mir der göttliche Bote, ich solle mich vor einem solchen Lebenswandel hüten und auch meinen Vater davor warnen.

Seit dieser Erscheinung weiß ich, welchen Weg ich zu gehen habe, gegen allen Widerstand, auch gegen den meines Vaters. Gottes Gebot habe ich zu gehorchen und dem des Papstes, den wir auf Erden an Gottes Stelle verehren. Das will ich getreulich tun, denn Gott hat mich auserwählt in seinem Namen große Dinge zu tun.

Karl, der eigentlich Wenzel hieß, war der Sohn König Johanns von Böhmen. Mit Unterstützung Papst Clemens' IV. ließ er sich 1346 gegen Ludwig IV. von der Mehrheit der Kurfürsten zum deutschen König wählen; 1355 wurde er in Rom zum Kaiser gekrönt. Er starb in Prag 1378.

Götz von Berlichingen, 20 Jahre, Ritter

Als ich 13 war, haben sie mich in die Schule geschickt. Mein Vater, der edle und ehrenfeste Kilian von Berlichingen, hat darauf bestanden. Hat gesagt, dass ein Junge von Adel mehr können muss als irgendein Bauer. Latein und andere Federfuchserkünste hat er damit gemeint. Wozu das gut sein soll, hab ich bis heute nicht begriffen. Wie mein Onkel Fritz wollte ich werden. Das ist ein Kerl! Reiten kann er wie kein zweiter, stechen, hauen, raufen und saufen auch. Aber beim Studieren hat er's nicht lang ausgehalten. Ich muss sein Blut in den Adern haben, denn mir ging's genauso.

Nach einem Jahr hatte ich genug. Lesen, Schreiben und Rechnen hab ich ein bisschen gelernt, wer weiß, wozu das noch einmal gut ist. Aber dann wollte ich nur noch eins: ein Kriegs- und Reitersmann werden. Also bin ich als Knappe zu einem anderen Onkel gegangen (denn zum Fritz haben sie mich nicht lassen wollen!). Der war Rat des Markgrafen von Ansbach und hat mich immer mitgenommen, wenn ihn sein Herr auf einen Reichstag geschickt hat. Das war ein Leben, wie es mir gefallen hat: den ganzen Tag im Sattel, abends ins Wirtshaus, und wenn wir dann am Ziel waren – Herr im Himmel, waren das Feste, die da gefeiert wurden!

Leider ist er schon bald gestorben und ein Jahr später ist ihm mein Vater gefolgt. Im Jahr des Herrn 1498 war das und ich war gerade achtzehn. Was sollte ich jetzt tun? Zurück nach Jagsthausen und brav die Bücher führen und ein bisschen jagen und zechen und warten, bis mir das Fleisch an den Knochen vertrocknet? Nein, das war nichts für mich. Reiten und fechten konnte ich schon. Aber die vornehme Lebensart, die ging mir noch ab. Also habe ich mich zum Hof des Markgrafen aufgemacht und der hat mich auch gleich als Knappen angenommen. Bald hab ich meinen ersten Feldzug mitgemacht: Im Dienst des Kaisers sind wir nach Burgund gezogen. Sehr aufregend war das nicht, ich erinnere mich bloß an das Wetter: Einmal war es so heiß, dass etliche vollgepanzerte Reiter der Schlag getroffen hat, dann wieder hagelte es, Körner, groß wie Hühnereier. Wer davon getroffen wurde, der ging zu Boden, als ob ihn ein Pferd getreten hätte. Auch am Schweizerkrieg hab ich teilgenommen. Da hab ich den Kaiser gesehen. Er hatte ein kleines graues Röckchen an und eine Kappe wie ein umgedrehter Becher – also wie ein Kaiser sah er nicht gerade aus. Aber an seiner langen Nase habe ich ihn doch erkannt. Die Kriegsführung war übrigens saumäßig, fahrlässig und liederlich, kein Wunder, es gab zu viel Räte und andere gescheite Leute, die dabei mitzureden hatten.

Wenn wir nicht unterwegs waren, habe ich meine Zeit am Hof verbracht. Das war auch ziemlich langweilig, aber das Essen war gut und es gab immer mal wieder eine wunderbare Prügelei. Die Frau meines Herrn kam nämlich aus Polen und hatte sich etliche Hofleute von dort mitgebracht. Die konnte ich nicht leiden, und ich glaube, sie mich auch nicht. Einmal, als ich dem Markgrafen aufwartete, bin ich einem von ihnen versehentlich mit dem Ellenbogen in die Haare gefahren. Die waren hochaufgetürmt und mit Eiern verklebt und mein Arm hat die ganze Pracht etwas in Unordnung gebracht. Was machte der Bursche? Er nahm ein Brotmesser und stach nach mir! Doch ich blieb ruhig und gelassen. Ich zog nicht etwa meinen schweren, langen Degen, nein, nur den kurzen, ein federleichtes, harmloses Ding, und haute es ihm über den Schädel. Zeigt das nicht, dass ich die vornehme Lebensart schon gelernt hatte? Die Markgräfin war trotzdem bitterböse und ließ mich in den Turm sperren. Aber schon eine Viertelstunde später war ich wieder draußen; schließlich hatte ich mich bloß meiner Haut gewehrt. Ein andermal haben ich und mein Freund Zeisolf uns auf der Straße mit ein paar von den polnischen Hofschranzen gedroschen. Hei, wie die braven Ansbacher Bürger da aus den Fenstern hingen und schauten!

Solche kleinen Raufereien gefielen der Markgräfin aber nicht sonderlich und deshalb habe ich nun, im Jahr des Herrn 1500, Ansbach den Rücken gekehrt. Die vornehmen Sitten habe ich inzwischen gelernt und ein Mann bin ich jetzt auch: Im Reiten und Stechen kann es so schnell keiner mit mir aufnehmen. Zwei Knechte und drei Pferde hab ich mir aus Jagsthausen geholt und bin als Ritter in die Dienste des Herrn Hans Thalacker von Massenbach getreten. Der liegt in Fehde mit dem Herzog von Württemberg und die will ich ihm ausfechten helfen. Das wird ein aufregendes Leben, denn der Hans, der ist ein Kerl – wie mein Onkel Fritz!

Götz von Berlichingen wurde 1480 in Jagsthausen geboren. Mit 24 verlor er im Landshuter Erbfolgekrieg die rechte Hand, die durch eine eiserne Prothese ersetzt wurde; ab 1525 wurde er Führer der aufständischen Bauern im Odenwald und war später Söldner Kaiser Karls V. Er starb 1562.

Dorothea Flock, 19 (?) Jahre, Bürgersfrau und Hexe

Bei Gott und allen Heiligen, ich schwöre, dass ich nichts von dem begangen habe, was die Kommissäre mir vorwerfen. Doch sie wollen mir nicht glauben, obwohl ich auch bei der peinlichen Frage nichts gestanden habe. Am 16. Dezember 1629 bin ich verhaftet worden, auf Befehl des Oberschultheißen. Mein armer Mann, dessen erste Hausfrau vor 20 Monaten als Hexe verbrannt worden ist, hat wegen der hohen Prozesskosten dem Gericht Schuldverschreibungen zum Pfand geben müssen. Darunter war auch eine des Oberschultheißen. Der war darüber so erbost, dass er mich hat einsperren lassen. Ich soll eine Ehebrecherin sein, hat er gesagt. Am Anfang war die Haft nicht sehr streng und so bin ich eines Tages davongelaufen. Ich weiß wohl, das war nicht recht von mir; ich hätte geduldig ausharren sollen, bis sich meine Unschuld erwiesen hätte. Ich hatte ein reines Gewissen und bin meinem Mann immer treu gewesen. Doch ich war seit fünf Monaten in gesegneten Umständen und habe Angst um mein Kind gehabt. Ist das eine Sünde? Die Wächter haben mich schnell wieder eingefangen, und von da an hieß es, ich sei eine Hexe. Bald haben sie auch eine Zeugin gebracht, eine trunksüchtige Hexe, die mich auf der Folter besagt hat. Beim Schwarzen Kreuz will sich mich gesehen haben, dort, wo die armen Sünder ihr Leben lassen müssen, vor einem Jahr. Mit anderen Hexen hätte ich dort gefressen, gesoffen und getanzt. Ich schwöre bei den Leiden unseres Herrn, dass ich niemals dort gewesen bin. Ich habe zu dieser Zeit noch in Nürnberg gewohnt, im Haus meines Vaters!

Aber niemand will mir glauben, seit vielen Wochen bin ich nun schon im Kerker, erst war ich im Malefizhaus, dann haben sie mich in ein besseres Gefängnis in der Alten Hofhaltung gebracht, wo ich strengstens bewacht werde. Nur selten darf ich mich waschen, nie meine Kleider wechseln, und was sie mir zu essen und zu trinken geben, das reicht nicht für mich und mein Kind. Ich weiß nicht mehr, wie oft mich die Malefizkommissäre schon verhört haben, erst gütlich und dann peinlich. Sie haben mir die Finger in die Schrauben getan, bis das Blut herausgelaufen ist, sie haben mich geschlagen und auf den Bock gesetzt. Ich sei eine heimliche Reformierte, haben sie gesagt, auch wenn ich bei meiner Heirat katholisch geworden sei, und unter den Reformierten gebe es besonders viele Hexen. Mit dem Teufel hätte ich gebuhlt, Gott gelästert und den Menschen durch verderblichen Zauber großen Schaden zugefügt. Ich habe meine Unschuld beteuert, gejammert und gefleht, sie möchten doch wenigstens mein Kind verschonen und mich in Frieden lassen, bis ich es geboren habe – es hat alles nichts genützt. Sie lassen mich nicht in Ruhe, bis ich gestanden habe, und dann muss ich sterben. Mein Mann kann mir wohl nicht helfen, er hat auch seiner ersten Hausfrau nicht helfen können. Aber vielleicht mein Vater? Er ist aus adeliger Familie und hat viele einflussreiche Freunde. Ich bete zu Gott, dass sie das Herz des Fürstbischofs erweichen können – viel Hoffnung habe ich nicht mehr. Noch lebt das Kind, ich spüre, wie es sich in meinem Leib bewegt. Aber bei jeder neuen Marter kann es sterben. Das darf Gott nicht zulassen. Denn wenn sie mich auch für eine Hexe halten – mein Kind ist doch unschuldig!

Dorothea Hofmann, in Nürnberg geboren, war seit 1629 mit dem Bamberger Ratsherrn Georg Heinrich Flock verheiratet. Ihr Kind brachte sie in Gefangenschaft zur Welt. Am 17. Mai 1630 wurde sie, nach erfolgtem Geständnis, trotz zahlreicher Bittgesuche ihrer einflussreichen Verwandtschaft und kaiserlicher Mandate, hingerichtet. Ihr Tod war nicht ganz vergeblich; weil er so viel Aufsehen erregte, half er mit die Schrecken der Hexenverfolgung in Bamberg zu beenden.

Sidonia Hedwig Zäunemann, 24 Jahre, Dichterin

Eines weiß ich gewiss: Ich werde niemals heiraten! Habe ich erst einen Mann, ist es vorbei mit Freiheit und Glück. In allen Stücken muss ich mich ihm unterordnen, zu meinen eigenen Sorgen mir auch noch die seinen aufbürden, bei allem, was ich tue, mir erst überlegen, ob es auch für eine Ehefrau schicklich ist. Die Beschwerden der Schwangerschaft muss ich auf mich nehmen, und wenn ich nicht gar im Kindbett sterbe, so hindern mich meine Pflichten als Mutter auf lange Zeit die Welt kennen zu lernen und mich mit Kunst und Wissenschaft zu beschäftigen. Nein, eine Ehe kommt für mich nicht in Frage. Man hat es als Frau auch so schon schwer genug im Leben. Mein Vater, der Notar in Erfurt ist, ist gewiss keiner von den ekelhaften Mannsbildern, die meinen, ein Mädchen habe sich von der Universität fernzuhalten, und die ein Frauenzimmer schon deshalb hassen, weil es nach Weisheit strebt. Doch mein Bemühen mir Wissen und Bildung zu verschaffen hat er eher mit Amüsement als mit Wohlwollen zur Kenntnis genommen, und als ich ihm einige von meinen Gedichten gezeigt habe, da hat er mich betrachtet, als ob ich ein Kalb mit zwei Köpfen oder sonst was für ein Monstrum wäre.

Obwohl ich doch kein junges Mädchen mehr bin, muss ich weiter in seinem Haus leben (würde ich heiraten, träte das meines Ehemannes an seiner Stelle!). Eine Wohnung allein für mich, ohne männlichen „Schutz", der wohl eher Aufsicht bedeutet? Undenkbar! Ich wüsste auch gar nicht, wovon ich sie bezahlen sollte, denn eine Frau von meinem Stand darf sich ihren Lebensunterhalt nicht selbst verdienen. Und was meine Berührung mit der Welt betrifft, so hätte sie sich auf eine sonntägliche Promenade oder einen Theaterbesuch mit einer Anstandsdame zu beschränken. Ein Besuch im Wirtshaus? Die Besichtigung eines Bergwerks? Ein ausgelassener Ritt über Wiesen und Felder? Bei Männern wäre das eine alltägliche Selbstverständlichkeit, bei einer Weibsperson ein Skandal. Da bleibt mir nichts anderes übrig, als mir meine Freiheit auf ungewöhnliche Weise zu verschaffen: Ich ziehe mir Männerkleider an und dann – hinaus in die Welt! Männlichen Geist und Heldenmut, den kann auch ein Frauenzimmer besitzen, aber wenn das Gewand den Mann macht, mir soll es recht sein.

Am 3. Januar dieses Jahres habe ich meinen größten Triumph erlebt: Die Universität zu Göttingen hat meine Gedichte als wahre Kunstwerke anerkannt und mich (mich, eine Weibsperson!) zur kaiserlichen Poetin gekrönt. Wartet nur ab, ihr Männer, wozu eine Frau sonst noch fähig ist!

Sidonia Hedwig Zäunemann wurde 1714 in Erfurt geboren. Sie verfasste unter anderem die Gedichtsammlung „Poetische Rosen in Knospen". Weil sie sich nicht in die einer Frau von der Gesellschaft zugewiesene Rolle fügen wollte, erregte sie mehrfach öffentliches Ärgernis. Im Alter von 26 Jahren starb sie bei einem Reitunfall, als sie wieder einmal in Männerkleidern unterwegs war.

Johann Anton Klocker, 17 Jahre, Novize

Ich weiß immer noch nicht, ob meine Entscheidung richtig war. Dabei war es wirklich meine eigene Entscheidung. Aber auf eine Familie verzichten? Nichts besitzen dürfen? Jeden Tag nach strengen Regeln verbringen? Disziplin, Gehorsam, Keuschheit … Ich habe meine Zweifel, ob das das Richtige für mich ist. Die Novizenzeit jedenfalls ist eine einzige Strapaze.

Doch ich will von Anfang an erzählen. Ich bin am 13. Januar 1748 in Friedberg, das ist ein kleines Nest bei Augsburg, geboren. Mein Vater ist Bierbrauer und ein honoriger Mann, mit einer goldenen Uhrkette vor dem Bauch, einem stattlichen Vermögen und einem schönen Stück Land dazu. Wenn es nach ihm ginge, dann würde ich genau wie er: Ich würde um zehn Uhr meine erste Maß Bier schlürfen, würde um den Preis von Hopfen und Malz feilschen, behaglich den Geruch der Maische schnuppern, am Abend mein Geld zählen und nachts davon träumen, in einem riesigen, goldgelben, schaumigen See zu schwimmen. Aber dazu habe ich keine Lust. Ich mag Bier nicht einmal trinken, geschweige denn brauen.

Ich wollte, seitdem ich ein kleiner Junge war, so viel wie möglich lernen: Latein, Griechisch, Mathematik, Naturkunde, Historiographie, alles hat mich interessiert. Vater hat Verständnis dafür gehabt und mich nach Augsburg zu den Jesuiten aufs Gymnasium gehen lassen. Nur, als ich ihm gesagt habe, dass ich Mönch werden will, da hat es ihm die Sprache verschlagen. Meine ganze Überredungskunst habe ich gebraucht, bis er einverstanden war. Jetzt bin ich seit einem Dreivierteljahr Novize im Kloster Scheyern, und dass es so schlimm ist, habe ich mir nicht vorgestellt.

Um halb vier in der Früh müssen wir aufstehen, auch im Winter, wenn es so kalt ist, dass einem die Glieder schlottern. Gleich darauf geht es in die Kirche, zum ersten Chorgebet, der Matutin. Eine Stunde dauert das und oft kriecht einem die Kälte von den Füßen bis in den Kopf, bis man glaubt ein singender und betender Eisklotz zu sein. Danach muss man sich waschen, wovon einem auch nicht wärmer wird, die Zelle und das Bett in Ordnung bringen und wieder in die Kirche marschieren. Meditieren soll man dort, über Sünde und Laster. Wahrhaftig, Gott weiß es, sündigen kann man hier nicht allzu viel, höchstens in Gedanken. Trotzdem muss man zweimal in der Woche vor allen anderen seine Verfehlungen bekennen. Endlich, nach der Prim, hat man ein Stündchen Zeit für sich: Man darf lesen, in der Bibel oder in den Schriften der Väter. Der Novizenmeister sucht uns aus, was er für geeignet hält. Die vielen tausend Bände in der Bibliothek, aus denen man so viel lernen könnte, die darf ein Novize nicht anrühren. Trotzdem, die Lesestunde vergeht wie im Flug; was danach an der Reihe ist, ein Vortrag unseres Meisters über die Pflichten des Ordensstandes, kommt einem dafür endlos vor. Inzwischen ist es neun Uhr und Zeit für die Messe und das dritte und vierte Chorgebet. Jeder ist so hungrig, dass er eine von den dicken Wachskerzen vor dem Altar verschlingen könnte. Das ist ziemlich komisch, wenn in einer feierlichen Pause, nach dem Verhallen unserer Lobpreisungen, unüberhörbar ein Novizenmagen knurrt. Doch es gibt noch lang nichts zu essen. Eine Viertelstunde Pause steht jetzt auf dem Programm; ein pflichtbewusster künftiger Mönch verbringt sie im Gebet vor dem Altar, aber mir fallen oft die Augen dabei zu und ich mach ein Nickerchen. Da hab ich wenigstens eine Sünde zu bekennen ... Bei der inneren Sammlung, die jetzt folgt, sollen wir eine Tugend erlernen und ein Laster abstellen. Ich versuche immer mir das Einschlafen auszureden aber ich schaffe es einfach nicht. Erst um elf werde ich wieder richtig munter, denn dann ist endlich Essenszeit. Und das Essen ist großartig! 15, 16 verschiedene Gerichte gibt es oft, und selbst an Fastentagen muss man niemals hungrig aufstehen. Freilich ist für die Novizen wieder ein Haken dabei: Wir haben die Patres zu bedienen, und einer von uns muss während der ganzen Mahlzeit laut aus den Schriften der Väter und anderen frommen Texten vorlesen: Auch beim Speisen darf ein Mönch nie vergessen, dass er ein Mönch ist. Hinterher ist wieder (na, was wohl?) das Chorgebet an der Reihe. Danach haben wir frei. Doch wer glaubt, dass wir da ein Mittagsschläfchen machen oder gar ohne Aufsicht einen Gang durchs Dorf machen dürften, der irrt sich. Brav mit dem Novizenmeister im Klostergarten spazieren – das ist unser Freizeitvergnügen. Nur wenn er gar nichts an uns auszusetzen hat, spielt er eine Partie Kegel mit uns.

Na ja, und so geht es weiter, den ganzen Tag. Um Viertel vor drei gibt es eine Scheibe Brot und einen Becher Bier (mein Vater würde lachen, wenn er die kleinen Dinger sähe, aber mir genügt's, ich mag ja kein Bier). Danach: Chorgebet (das sechste!), geistliche Lesung, theologischer Disput. Um fünf Uhr versammeln wir uns zum Abendessen. Das ist nicht ganz so reichlich wie das am Mittag, aber immer noch sehr gut. Anschließend Pause (ja nicht Karten spielen oder über weltliche Dinge reden!), Gespräche über die Regel des heiligen Benedikt, Chorgebet (das siebte!), Abendandacht, Gewissenserforschung, Gebet. Um neun Uhr ist Schlafenszeit. Die Hände sollen wir nicht unter die Bettdecke legen und am besten bis zum Einschlafen beten, wegen der Wollust. Ich bin viel zu müde um wollüstig zu sein, und auch mein Gebet fällt meistens ziemlich kurz aus. Gerade noch ein Vaterunser, dann schlafe ich wie ein Toter. Bis um halb vier wieder die Glocke ertönt ...

So geht es seit neun Monaten, Tag für Tag. Nur an den Festtagen gibt es ein bisschen Abwechslung. In einem Vierteljahr soll ich meine Profess ablegen, dann bin ich ein richtiger Mönch, auf Lebenszeit. Dann muss ich zwar immer noch gehorsam und keusch sein, aber ich darf wenigstens studieren, lesen und forschen und auch mal eine Reise machen.

Ich weiß wirklich nicht, ob ich noch so lange durchhalte. Vielleicht ist Bierbrauen doch nicht so schlecht?

Johann Anton Klocker (Klostername Karl) studierte an der Benediktineruniversität in Salzburg und promovierte in Jura und Theologie. 1796 wurde er Abt des Klosters

Benediktbeuern und 1797 Präses der Bayerischen Benediktinerkongregation. Gegen die Säkularisation leistete er vergeblich erbitterten Widerstand. Später lebte er in München, wo er 1805 an Typhus starb.

Max, 18 Jahre, ungelernter Arbeiter

Klar, meine Schlafstelle bin ich los. Die haben nix zu verschenken, und wenn einer die zehn Groschen nich mehr zahlen kann ... Find' ich gar nich so schlimm, dass ich kein Bett mehr für mich hab. Richtig, is schon 'ne feine Sache, wenn man die ganze Nacht 'n Bett für sich hat. Stinkt zwar nach Schweiß und Fusel, von dem alten Nachtwächter, der am Tag da drin pennt. Manchmal hat er auch reingepisst, wenn er besoffen war. Aber nachts hab ich's für mich gehabt. Ich muss kein Bett für mich haben. Hatte ja früher auch keins. Jetzt ist bald Sommer, da kann man auch draußen pennen. Ich hab schließlich 'nen Mantel, 'nen richtig dicken Mantel. Hab ja ganz ordentlich verdient. Bis vor zehn Tagen. Wenn's noch mal richtig kalt wird, kann ich zu meinen Eltern. Die haben zwei Zimmer: 'ne Küche und 'ne Kammer. Im Keller sind die und 'n bißchen feucht. Aber man kann's aushalten. Ein Bett für mich hab ich da nich, weil die doch bloß zwei Betten haben, und wir sind sieben, die beiden Alten und fünf Kinder. Ich hab schon immer mit'm Haufen anderer Leute in einem Bett geschlafen. Warte mal, das war ... sieben Jahre ist immer ein Kind gekommen, jedes Jahr. Gibt der Herr ein Häslein, gibt er auch ein Gräslein, hat der Pastor gesagt. Hat ja auch fast immer gestimmt. Also zwei sind gestorben, am Bluthusten, aber der jüngste lebt noch. Der is jetzt elf und ich bin achtzehn. Also war das 1836. So lang haben meine Eltern die zwei Zimmer schon. Is gut, wenn man so lang nich rausgeschmissen wird und immer 'n Dach überm Kopf hat. 1836 bin ich geboren und 'n Bett für mich hab ich nie gehabt.

In die Schule bin ich auch gegangen. Zwei Jahre lang. Dann war ich acht und da muss einer wohl anfangen mit Arbeiten. Klar, dass zwei allein nich so viel verdienen, für Miete und Kaffee und Brot und Kartoffeln und Seife und Zeug zum Anziehn und was man so braucht. Erst war ich in 'ner Textilfabrik. Da hab ich Farben gemischt, bis sie alle Kinder entlassen haben. Machen zu wenig und kosten zu viel, haben sie gesagt. Dann bin ich in 'ne Streichholzfabrik. Da haben sie mich rausgeschmissen. Weil ich mit Husten angefangen hab. Is nix für Kinder, so 'ne Arbeit, haben sie gesagt. Dann hab ich was in der Gießerei gekriegt. War 'ne gute Arbeit. Nach zwei Jahren hab ich zwei Taler zwölf Groschen gekriegt. In der Woche! Da hab ich mir gedacht, kannst dir sogar 'n eigenes Bett leisten jetzt. Und noch was abgeben zu Haus. War 'n feines Leben die letzte Zeit. Jeden Mittag warmes Essen aus der Garküche und abends 'n paar Bier und Suppe und jede Nacht ausschlafen in 'nem eigenen Bett. Für zehn Groschen. Und für 'n Groschen mehr sogar noch 'n heißen Kaffee morgens. Hätte ruhig so weitergehn können. Dann hab ich Husten gekriegt und mein Kopf hat gebrummt und am

Abend hab ich wacklige Knie gehabt. Meine Suppe hab ich kaum runterge-kriegt, so hat mir der Hals weh getan. Hab nicht weiter drauf geachtet. Kriegt man eben mal und geht auch wieder weg. Ging aber nicht so schnell weg. An einem Morgen hat mich die Frau, wo ich geschlafen hab, wachgerüttelt. Es is Viertel vor sechs, hat sie gesagt. Um halb sechs musst du verschwinden, so isses ausgemacht. Mann, bin ich da schnell raus aus'm Bett! Meine Knie waren so wackelig, ich dachte, ich kann gar nich laufen. Hab's dann aber doch geschafft. Vier Minuten nach sechs war ich in der Fabrik. Um zehn nach sechs machen sie zu und dann kannst du am Tor stehn und warten, bis du schwarz wirst. Dann machen sie nicht mehr auf und die Arbeit is weg. Bei vier Minuten gibt's bloß was vom Lohn abgezogen. Kommt nich mehr vor, hab ich zum Vorarbeiter gesagt. Kannst dich drauf verlassen. Kam wirklich nich mehr vor. Am nächsten Tag hat's mich gedreht. Irgendwo auf der Straße hab ich mich langgelegt. Bis ich mich aufrappel und zur Fabrik komme, isses zwanzig nach sechs. Tor zu! Ich hab geheult wie 'n Schlosshund, glaub ich. Macht aber keiner auf, ob einer heult oder ob's regnet. Zu is zu. Klar, zehn Groschen für'n eignes Bett hab ich nich mehr. Is aber nich so schlimm, wenn man kein Bett für sich hat. Aber 'ne Arbeit, irgend'ne Arbeit muss man haben!

Max wäre einer der zahllosen jungen Arbeiter gewesen, die in den übervölkerten Städten um die Mitte des 19. Jhs. um die wenigen Arbeitsplätze kämpften. Sie lebten oft in unbeschreiblichen Verhältnissen, ganze Familien auf wenigen Quadratmetern ohne fließendes Wasser und Toilette. Nur wer Frau und Kinder hatte, die mitarbeiteten, konnte sich überhaupt eine Behausung leisten. Kündigungsschutz oder Alters- und Krankheits-vorsorge gab es nicht. Gearbeitet wurde mindestens zwölf Stunden täglich an sechs Tagen in der Woche, das Arbeitsleben begann mit sieben oder acht Jahren.

Literatur: M.-L. Plessen, P. v. Zahn, Zwei Jahrtausende Kindheit, Köln 1979; J. R. Gillis, Geschichte der Jugend, München 1994; H. Parigger, B. Schossig, E. Brockhoff (Hg.), Schön ist die Jugendzeit? Das Leben junger Leute in Bayern 1899–2001 (Ausstellungskatalog), Augsburg 1994; H. Parigger, Geschichte erzählt. Von der Antike bis zum 20. Jh., Frankfurt 1995.

H. P.

Frauen und Männer

Geschlechterbeziehungen

Bei Betrachtung des Bildes auf dieser Seite lacht jeder, weil die Darstellung in gewisser Weise stimmt, augenfällig jedoch auch übertreibt sowie Verschiedenes ausklammert. Die Unterordnung der Frau bzw. die Geringschätzung ihrer Arbeit wird deutlich.

Freilich: Beide Entwicklungsstränge werden getrennt dargestellt, nicht aufeinander bezogen – und so stimmt die Sache natürlich nicht! Insofern ist es wichtig, die Entwicklung der Geschlechterbeziehungen in den verschiedenen Epochen der menschlichen Geschichte und in den unterschiedlichen Gesellschaftsschichten zu untersuchen.

Dabei ist nicht nur die rechtliche Seite ausschlaggebend. Etwas vereinfachend könnte man vier Faktorengruppen zur Betrachtung der Geschlechterverhältnisse in jeder Epoche heranziehen:

1. gesellschaftliche und kulturelle Bedingungen,

2. private Beziehungen,

3. Rechte und Einflussmöglichkeiten,

4. Besitz, Arbeit und deren Bewertung.

Damit lässt sich Typisches herausarbeiten, es müssen aber auch regionale oder schichtenspezifische Differenzierungen beachtet werden, von den Ausnahmen bei privaten Beziehungen ganz abgesehen.

Zu der im Bild oben dargestellten rabiaten Form können noch andere kommen, die die sonstigen epochentypischen auf den Kopf stellen und die nicht unterschätzt werden sollten – z. B. die Rolle der verführerischen (aus welchen Motiven auch immer) Frau (Bild unten).

Die Hausherrin, Flugblatt, um 1650

*„Dicker, wirst'e mir das Armband koofen,
was wir gestern gesehen?"
„Da muss ich erst sehen, ob ich bei meinen
Arbeitern die 14stündige Arbeitszeit
durchdrücke!"*

Im folgenden sollen einige – chronologisch, nicht nach den Faktoren geordnete – Beispiele die Vielfältigkeit der Geschlechterbeziehungen deutlich machen.

1. Im Sagenkreis um Troja vergaben die Königstöchter Hand und Land oder wurden durch ihre Väter verheiratet, wenn ein Bewerber spezielle Aufgaben gelöst hatte; also widerfuhr den Damen beachtliche Hochschätzung. Mit Frauen aller Schichten als Kriegsbeute wurde allerdings rigoros verfahren! Ihre Männer wurden niedergemacht, da sie als Sklaven zu gefährlich gewesen wären, über sie selbst als Belohnung für tapfere Sieger verfügt – das entsprach der Rechtsauffassung, sie selbst hatten weder Rechte noch Einfluss. Ihr Wert lag in ihrer Arbeitskraft, der sexuellen Verfügbarkeit und dem Besitzzuwachs für den neuen Herrn – auch durch eventuelle Kinder. – Beide Prinzipien waren nicht nur sagenhaft, das letztere hielt sich sehr lang, wenn auch in abgewandelter Form.

2. Die Spartanerinnen, die sich sportlich ertüchtigten, erst mit 18 Jahren heirateten, möglichst viele Kinder hatten, den Gütern während der Abwesenheit ihrer Männer vorstanden und selbst über beachtlichen Besitz verfügten, gaben sich keinesfalls mit Nebensächlichkeiten wie der Anfertigung von Heimtextilien ab. Darin vollbrachten die Athenerinnen hingegen einsame Spitzenleistungen. Sie lernten es ab dem sechsten Lebensjahr, heirateten mit 14 Jahren und konzentrierten sich auf den makellosen Textilienberg, natürlich neben der Erziehung ihrer zwei, höchstens drei Kinder. Die Männer kümmerten sich ums „Auswärtige" – Politik, Geschäfte, z. B. die Verwaltung der Mitgift ihrer Frauen, auf die diese auch infolge mangelnder Unterweisung natürlich keinen Zugriff mehr hatten. Der Unterschied zwischen Sparta und Athen erklärt sich schnell: Den verschiedenartigen Staatszielen wurden auch die Frauenrollen angepasst! Die herrschende Oberschicht der Spartiaten mit ca. 9 000 Köpfen musste 25-mal so viele Unterworfene in Zaum halten – jeder gesunde Spartiatennachwuchs war also erwünscht! Im Gegensatz dazu durfte im demokratischen Athen die privilegierte Bürgerschar nicht zu groß werden, daher wurden Frauen dieser Schicht unter Kontrolle gehalten und mit scheinbar hochwertiger Arbeit ruhiggestellt. Frauen niedrigeren Standes lebten durchaus freizügiger, z. B. Hetären oder Marktfrauen.

3. Obwohl Kleopatras gesellschaftliche Stellung wahrlich kaum zu überbieten war, wurde sie auch polemisch bekämpft – sie hatte eben nur die griechisch orientierte Hälfte des Römerreichs zeitweise sicher im Griff. Man machte ihr die privaten Beziehungen zu Caesar und Marcus Antonius zum Vorwurf – männermordend, machtgierig sei sie gewesen. Jedoch gegen wen musste sie sich zur Wehr setzen? Gegen ihren Brudergemahl, den sie umbringen ließ (ihm in seinen Absichten ihr gegenüber zuvorkommend), und gegen den machthungrigen Caesarerben Octavian, der natürlich den Aufbau eines hellenistischen Ostreiches unter ihrer und seines Rivalen Marcus Antonius' Herrschaft verhindern musste. Über die Römer verbreitete sich auch ihr übler Ruf bis heute. Was man ihr eigentlich nur vorwerfen könnte, wäre, dass sie in der Wahl ihrer Mittel

genauso wenig zimperlich war wie ihre männlichen Gegner. Hätte sie mehr Kriegsglück gehabt – vielleicht besäßen wir heute ein anderes Bild von ihr.

4. Im Altertum gab es eine Reihe bedeutender Ärztinnen. Unter dem Einfluß des Christentums wurden Frauen in den pflegerischen Bereich zurückverwiesen. Tradierte Heilkünste, besonders im gynäkologischen Bereich, durch erfahrene Frauen ausgeübt, endeten im Zeitalter der Hexenverbrennungen, wodurch die Medizinwissenschaften bis auf wenige Ausnahmen (z. B. Dr. med. Dorothea Erxleben, 1754) zur Männerdomäne wurde.

5. Bei Elisabeth von Thüringen (1207–1231) schienen zunächst alle vier Faktorengruppen in harmonischem Verhältnis zueinander zu stehen. Als Tochter des ungarischen Königs Andreas II. war sie eine der vornehmsten Frauen ihrer Zeit. Mit vier Jahren verlobt, 14-jährig verheiratet an den späteren Landgrafen Ludwig von Thüringen, der sie zärtlich liebte, verfügte sie mit Sicherheit über ein eigenes großes Vermögen. Und doch bekam sie Schwierigkeiten! Obwohl sie genau nach den christlichen Vorstellungen ihrer Zeit lebte, harte Bußübungen vollführte und den Armen großzügig spendete, schafften die „erweiterten privaten Beziehungen" ungeahnte Schwierigkeiten! Die Verwandtschaft ihres Mannes fürchtete um Hab und Gut und lag Ludwig so lange in den Ohren, bis der in die Rechte seiner Frau als Hausherrin eingriff und sie kontrollierte. Statt geschmuggelter Vorräte hatte Elisabeth duftende Rosen in ihrer Schürze – sagt die Legende. Als der Landgraf einige Jahre später starb, sie war gerade 20 Jahre alt, wurde sie von der Wartburg vertrieben. Hätte er länger gelebt und ihre Rechte und Absichten verteidigt, könnte man beide heute als imposantes Stifterfigurenpaar in einer Kirche bewundern. So aber wurde nur sie heiliggesprochen, als eine der ersten Frauen 1235 nach neuem kanonischem Recht.

6. Dem Establishment in die Quere gekommen zu sein konnte auch noch ganz andere Folgen haben, das musste Agnes Bernauerin (1410–1435) erfahren. Obwohl die privaten Beziehungen zu Albrecht von Bayern unübertreffbar gut waren, konnte er seine junge Frau nicht schützen, die, ohne Einfluss und Rechte, der Zauberei angeklagt, sich nicht verteidigte und umgebracht wurde.

7. Im 19. Jh. unterschieden sich die Geschlechterbeziehungen je nach Ober- und Unterschicht noch vielfältiger als bisher. Differenzierungen nach wirklichem oder vorgestelltem Vermögen erweiterten die Palette. Jetzt konnte es eine begüterte Fabrikantentochter auch durch adelige Heirat zu hohem gesellschaftlichen Ansehen bringen, privat Glück haben oder nach Leibeskräften hintergangen werden – die Doppelmoral ließ dies zu. Auch wenn die Frau Einfluss, Vermögen, Geist besaß – sie durfte weder frei über ihren Besitz verfügen noch sich politisch betätigen. Dies konnten die Männer bis 1871 auch nicht gleichermaßen und überall, aber ihre Handlungsspielräume vom privaten Bereich bis zur gesellschaftlichen Macht waren doch viel breiter. Weder in der Mittel- noch in der Oberschicht schickte es sich für eine verheiratete Frau zu arbeiten.

Arbeiten aber mussten die Proletarierin, die Landarbeiterfrau noch neben ihrem Haushalt, das Dienstmädchen schuftete für seinen Lebensunterhalt meist um ein Spottgeld, oft unter menschenunwürdigen Verhältnissen, an denen die Gnädige Frau nicht unschuldig war, wenn man z. B. nur an die Schlafgelegenheiten in ungeheizten Mansarden und Zwischenböden herrschaftlicher Korridore denkt.

8. Der Weg zur Gleichberechtigung sah für Arme und Reiche, Männer und Frauen, unterschiedlich aus. Die einen wollten sie über politischen Kampf erreichen, die anderen durch Ausbildung und berufliche Angleichung. Hierbei ist nicht nur die gespaltene – proletarische und bürgerliche – Frauenbewegung gemeint, sondern auch die Meinung der einsichtigen Männer. Kaum war 1919 das Frauenwahlrecht erreicht, die beruflichen Ziele wenigstens theoretisch durch die schulischen Ausbildungsmöglichkeiten gegeben, wurde weitere Gleichstellung aus finanziellen Gründen zurückgedrängt: Gleiche Entlohnung für Männer und Frauen wurde nicht durchgesetzt, das Grundrecht auf Arbeit ebensowenig. In den Krisenzeiten der Weimarer Republik kündigte man bei Doppelverdienern unter Beamten der Frau; grundsätzlich durften nur unverheiratete Frauen im Schuldienst sein.

Heutzutage? Die Gleichberechtigung steht nicht in Frage, allerdings hat ihre Durchsetzung zumindest Schönheitsfehler – auch dadurch, dass dieser Begriff die totale Gleichheit gar nicht meinen kann, sondern gleiche Chancen, die aber für beide Geschlechter durchaus „kleine Unterschiede", z. B. der Anatomie, der Denkweise, der Lebensplanung, berücksichtigen müssten.

Einige unerhörte Fragen zum Weitergrübeln

1. Wo gibt es ein Denkmal für Opfer der Hexenprozesse?
2. Wie waren die Chancen für Kriegshinterbliebene des Ersten oder des Zweiten Welt- oder sonst eines Krieges?
3. Wieso bekam Lisa Meitner den Nobelpreis nicht?
4. Weshalb gibt es eine Frauenquote?
5. Tapferkeitsmedaille und Mutterkreuz – Gleichstellung der Geschlechter im Dritten Reich?
6. Welches Männer- bzw. Frauenbild vermittelt die Werbung?

Noch viele Fragen – und kaum Antworten.

Literatur: B. S. ANDERSON/J. P. ZINSSER, Eine eigene Geschichte. Frauen in Europa, 2 Bände Zürich 1992; M. BLUM/T. NESSLER, Weibsbilder. Das neue Bild der Frau in Gesellschaft und Politik, Freiburg 1994; G. DUBY/M. PERROT, Geschichte der Frauen, 5 Bände, Frankfurt/M./New York 1993; E. FUCHS, Illustrierte Sittengeschichte in 6 Bänden, Frankfurt/M. 1985; K. HAUSEN/K. WUNDER (Hg.), Frauengeschichte, Geschlechtergeschichte, Frankfurt/M./New York; A. KUHN, Chronik der Frauen, Dortmund 1992; B. LÖHR u. a. (Hg.) Frauen in der Geschichte. Grundlagen – Anregungen – Materialien für den Unterricht. Dillingen/Tübingen 1993; Praxis Geschichte 1/1995, Mannsbilder – Weibsbilder, Braunschweig 1995

G. S.

Brüderlein und Schwesterlein –
Wolfgang und Nannerl Mozart,
Johann Wolfgang und Cornelia Goethe,
Felix und Fanny Mendelssohn

Die Konstellation scheint die gleiche: In den drei Familien Mozart, Goethe und
Mendelssohn-Bartholdy erhalten die Töchter gemeinsam mit ihren Brüdern
exzellente Ausbildungen. Die Elternpaare sind überaus stolz auch auf ihre
begabten Töchter. Je nach Begabungsrichtung und Stellung des Elternhauses
„wird etwas daraus gemacht". Während Vater Leopold Mozart die geliebte
Tochter Nannerl zur Klaviervirtuosin ausbildet und seine beiden Wunderkinder
auf internationalem Parkett herumreicht, belässt Vater Goethe seine Tochter im
eigenen Hauswesen, ihre Gelehrsamkeit erfreut ihn selber, das reicht. Sehr
nachdrücklich werden die beiden hochbegabten Geschwister Mendelssohn
gefördert und gefordert. Es gilt im Haus des begüterten Bankiers als Pflicht
seinen Gaben entsprechend zu arbeiten: Ab sechs Uhr morgens wird gelernt,
die bestmöglichen Lehrer unterrichten die beiden Geschwister.
Wie aber ging's weiter? Die international berühmte Pianistin Nannerl musste
begreifen lernen, dass sie – auch aus Kostengründen – dem Bruder Wolfgang
nachgeordnet wurde. Er hatte eine Komponistenkarriere aufzubauen, sie sollte
die Eltern versorgen bzw. entsprechend heiraten – ein mittelloser Bewerber
wurde abgewiesen. Hätte sie eine andere Wahl gehabt? Hätte die Konzertlauf-
bahn nicht gereicht? Hätte auch aus ihr eine Komponistin werden können?
Nach letzten Notenfunden weiß man, dass Leopold Mozart seine Tochter im
kompositorischen Bereich doch nicht gleichwertig ausgebildet hatte. Da er die
Unsicherheit von Konzertreisen oder die Stellung von Hofmusikern genau
einschätzen konnte, wollte er dies für seine Tochter nicht, das ist noch erklärlich.
Aber sich in ihre Privatsphäre einzumischen ist typisch für die Auffassung seiner
Zeit! – Wolfgang nahm nach seinem Weggang von daheim keinerlei Einfluss auf
das Geschick seiner Schwester. Der Kontakt riss ab.
Auch Cornelia Goethe war überaus wissbegierig, logischerweise sehr auf ihren
älteren Bruder fixiert. Der genoss es, der Vater der Kinder auch. Während Johann
Wolfgang im Studium Erfahrungen sammeln durfte, blieb Cornelia im Eltern-
haus als Sekretärin bzw. Gesprächspartnerin ihres Vaters. Eigene Freunde waren
schwer zu gewinnen, seelische Empfindungen wurden auf Briefpapier festge-
halten. Reale Lebensnähe konnte man nicht ausprobieren, Vorbilder oder
Ratgeberinnen für die Rolle als Frau eines Regierenden Beamten, Freund ihres
Bruders, gab es nicht. So lebte sie fern von daheim in Emmendingen, abgeschot-
tet von allem, was sie früher beschäftigt hatte. Cornelia starb mit 27 Jahren in
tiefer Resignation: Vorher halb ermutigt von der intellektuellen Männerwelt in
ihrer Umgebung, dann praktisch allein gelassen und in die Frauenwelt zurück-
geworfen! Der Bruder tat nichts für sie, im Gegenteil – er duckte sie.

Die Eltern Mendelssohn − beide hochgebildet − nahmen regen Anteil an der Ausbildung ihrer Kinder. Der Mitinhaber eines bedeutenden jüdischen Bankhauses konnte sich dazu die besten Fachleute und den gesellschaftlichen Rahmen leisten. Fannys Gästebuch ist eine Aufzählung berühmter Zeitgenossen, alle Welt kam zu Einladungen oder den exzellenten musikalischen Darbietungen im Hause Mendelssohn Bartholdy. Trotzdem machten diverse Gäste deutliche antisemitische Äußerungen, was die Familie schockierte. Möglicherweise um dem aus dem Wege zu gehen konvertiert die ganze Familie nacheinander zum Protestantismus. Zwar weigern sich die Kinder anfangs sich wie ihr Vater Abraham, Sohn des berühmten Moses Mendelssohn, den neuen, nichtjüdischen Namen Bartholdy zuzulegen, aber der Vater setzt sich durch. Schon in ihrer Kinderzeit lernten die Geschwister den nach den Befreiungskriegen wieder recht deutlichen Antisemitismus kennen − durch einen tätlichen Angriff Unbekannter und auch durch böse Bemerkungen ihres verehrten Lehrers Zelter in einem später veröffentlichten Brief an dessen Freund Goethe. Zudem gibt es eine Schlüsselerzählung (Die Brautwahl) von E. T. A. Hoffmann − einem Hausgast − über Fanny und ihren Bräutigam, die an Bosheit und antijüdischer Einstellung unübertreffbar ist.

Goethe schätzte den hübschen und hochbegabten Felix, schrieb auch für Fanny ein Gedicht, diese vertonte Dichtungen von ihm. Aber als sie 15 Jahre alt war, untersagte ihr der Vater alle weiteren Kompositionen, sie habe sich auf ihre wahre Aufgabe als Hausfrau vorzubereiten. Das Leben der bisher eng aufeinander bezogenen Geschwister verlief nun verschieden, obwohl Fanny noch jede Note ihres Bruders mitverfolgte und kommentierte. Als sie sich in einen jungen Maler verliebte, waren die Eltern keineswegs beglückt, sondern bestanden auf einer fünfjährigen Trennung ohne jeden Kontakt. Es sollte sichergestellt sein, dass der Zukünftige, Wilhelm Hensel, Karriere am preußischen Hof machen wird! So wurde Fanny weiter in die Frauenrolle eingepasst, hatte aber auch auf die Familienstellung Rücksicht zu nehmen. Im Gegensatz zu Vater und Bruder bestärkte ihr Mann sie in ihrer Kompositionsarbeit − aber es ist zu spät. Musikalische Anerkennung beschränkte sich auf Aufführungen innerhalb des Bekanntenkreises und auf Wohltätigkeitskonzerte − sie ist akzeptiert als Ehefrau eines Hofmalers oder Tochter eines Bankiers, nicht als Fanny Mendelssohn.

Bruder Felix konnte sich in seiner Zeit durchsetzen − er nahm in sein Werk auch einige ihrer Lieder unter seinem Namen mit auf. In seiner Karriere hatte allerdings auch er es schwer − seine jüdische Herkunft stand ihm im Weg; die Stellung eines abhängigen Hofmusikers lag ihm nicht. Aber es gab zu dieser Zeit schon Möglichkeiten für bildungsbeflissene Bürger sich selbst Kultur in ihre Städte zu holen − die Leipziger engagierten Felix als Leiter des Gewandhausorchesters. − Eine Laufbahn als Dirigentin wäre für Fanny zu dieser Zeit wohl kaum möglich gewesen, bestenfalls noch die einer Pianistin, wie das Beispiel Clara Wieck-Schumann zeigt. Vater und Bruder schienen diese Möglichkeit gar nicht in Betracht zu ziehen, Fanny brauchte schließlich keinen Beruf. Möglicherweise wollten sie Fanny auch vor dem massiven Antisemitismus schützen, der sie beim Heraustreten aus dem privaten Bereich wohl getroffen hätte. Ganz klar huldigten beide dem traditionellen Frauenbild; auch Felix verwies die Schwester nachdrücklich auf den häuslichen Aufgabenbereich. Daher traute sie sich lange Jahre nicht etwas zu veröffentlichen – gegen das Verbot des Vaters und ohne die Anerkennung ihres Bruders.

Erst heute werden ihre Kompositionen allmählich zugänglich und keineswegs nur deswegen bekannt, weil Fanny die Schwester des berühmten Bruders ist. Immerhin liegen bereits mehr als ein Dutzend CDs vor!

Zwar gibt es in den drei Biografien Unterschiede, aber die Ähnlichkeiten sind auffallend. Jeweils dominierten die Väter. Die Brüder wurden stets vorgezogen, die Schwestern bekamen geringere Chancen, nahmen dies aber klaglos hin. Dabei ging wohl viel Lebensglück verloren, zumal auch alle drei Brüder den Verzicht der Schwestern als ganz selbstverständlich ansahen.

Literatur: S. Damm, Cornelia Goethe, Frankfurt/M. 1988; E. Klessmann, Die Mendelssohns. Bilder aus einer deutschen Familie, Frankfurt/M. 1993; L. F. Pusch (Hg.), Schwestern berühmter Männer. 12 biographische Porträts, Frankfurt/M. 1985; E. Rieger, Nannerl Mozart, Frankfurt/M. 1992; F. Tillard, Die verkannte Schwester. Die späte Entdeckung der Komponistin Fanny Mendelssohn-Bartholdy, München 1994.

G. S.

Täglich Brot und Haute Cuisine

Ein kleiner Streifzug durch die Geschichte des Kochens von der Antike bis in die frühe Neuzeit

Die Geschichte des Kochens und Essens (und natürlich des Trinkens) ist mehr als nur die Geschichte, wie Menschen Nahrung aufnahmen um ihr Überleben zu sichern. Dort, wo sich Ackerbau und Viehzucht treibende Gesellschaften zu dem entwickelten, was man „Zivilisation" nennt, wurde die Küche und alles, was mit ihr zusammenhängt, zu einem wichtigen Bestandteil des sozialen Lebens.

Die „Küchengeschichte" der Menschheit nimmt ihren Anfang mit der Entdeckung des Feuers und der Verwendung hitzebeständigen Kochgeschirrs, sie wird vielgestaltig und komplex in den Gesellschaften, die Handel, auch über die eigenen Grenzen hinaus, treiben und eine ausgeprägte soziale Schichtung aufweisen. Bis weit in die Neuzeit, teilweise bis in die jüngste Vergangenheit hinein, sind zum Verständnis der folgenden Beispiele aus Deutschland bzw. dem antiken Rom einige grundsätzliche Erkenntnisse festzuhalten:

1. In jeder entwickelten Gesellschaft sind die Unterschiede zwischen den Koch- und Essgewohnheiten der unterschiedlichen Schichten so groß, dass man nur mit erheblichen Einschränkungen von „der Küche" einer Zeit sprechen kann.

2. Die Küche der Armen ist ungleich schlechter dokumentiert als die der Reichen. Das liegt nicht nur daran, dass den unteren Schichten lange Zeit keine oder nur geringe Möglichkeiten der Verschriftlichung zur Verfügung standen. Das hat seine Ursache auch darin, dass die Ernährung oft höchst eintönig war und nur auf wenigen Grundnahrungsmitteln beruhte; das für deren Verarbeitung notwendige Wissen wurde mündlich tradiert.

3. Die Küche an großen Höfen und Residenzen, auch in exklusiven Privathäusern, war lange Zeit Männersache; Ausnahmen bestätigen die Regel. Die Frauen kochten in den und für die Familien. Erst mit dem Aufkommen des städtischen Patriziats änderte sich das: In den Städten des 15. und 16. Jhs. wurden große Häuser mit weithin berühmten Küchen geführt; die Herrschaft über diese sicherten sich die Hausfrauen. Die angestellte Köchin, deren Rezepte als Geheimtipp gehandelt wurden und die man nicht für ein Dutzend erstklassiger Kutscher, Kammerdiener oder Gärtner eingetauscht hätte, ist eine Erscheinung des 19. Jhs.

4. Immer schon war die Küche der kleinen Leute vor allem von dem bestimmt, was in der Region wuchs; Lebensmittel von außerhalb, gar aus fernen Ländern, waren wegen der mühsamen, langwierigen und wenig effizienten Transporte unerschwinglich. Fiel die landwirtschaftliche Produktion einer Region infolge Missernten schlecht aus, waren Hungersnöte die unausweichliche Folge. Ausnahmen gab es da, wo nicht mehr eigene Landwirtschaft die Grundlage der Ernährung bildete und Importe billiger waren als Eigenproduktion; in der späten römischen Gesellschaft etwa war dies der Fall. Durchgehend spielte in der Ernährung der Landbevölkerung (und auch der städtischen Unterschichten) das Getreide eine besondere Rolle; verzehrt wurde es längst nicht nur als kleie- und schrothaltiges, grobes Brot, sondern auch als Grütze, also als meist mit Wasser angerührter, gequollener Brei, der mit Milch, Öl oder Schmalz angereichert werden konnte. In Nord- und Mitteleuropa trat ab dem 18. Jh. neben dieses Grundnahrungsmittel die Kartoffel. Der Speisezettel wurde ergänzt durch unterschiedliche Früchte und Gemüse und Milchprodukte; Fleisch gab es eher selten, das Gleiche galt, mit Ausnahme der Küstenregionen, auch für Fisch.

5. Bei den Oberschichten fortgeschrittener Zivilisationen stieg mit dem Wohlstand auch das Bedürfnis nach Exotik, Vielfalt und ausgeprägter Würzung der Nahrungsmittel. Der Satz, den Petron seinen Trimalchio am Ende des Gastmahls sprechen lässt, „Glaubt mir: Hast du was, so giltst du was!", gilt für die Küchen der Reichen zu allen Zeiten – die Tafel, die man seinen Gästen bot, aber auch

die, die man sich im Alltag leistete, diente nicht nur der Freude am Genuss sondern auch der Demonstration des Wohlstands und der Abgrenzung von denen, die sich dergleichen nicht leisten konnten. Bis in unsere Tage treibt dieses Bedürfnis nach Selbstdarstellung durch Gaumenfreuden seltsame Blüten. Die römische Vorliebe für Flamingos und Papageien, die oft groteske Überfrachtung spätmittelalterlicher Gerichte mit teuren Importgewürzen oder die vor einigen Jahren in Westeuropa aufgekommene kurzlebige Mode Schneckeneier zu horrenden Preisen zu verspeisen, all das entspringt demselben Bedürfnis: zu zeigen, was man hat.

6. Ansehen und Wert eines Lebensmittels hingen (und hängen!) von seiner Seltenheit und seinem Preis ab: Eine Handvoll (Rohr-)Zucker im 14. Jh. war eine Kostbarkeit, desgleichen ein Kakaogetränk im 17. Jh.; umgekehrt wehrten sich um die Mitte des 19. Jhs. zahlreiche Arbeiter und Bedienstete dagegen, von ihren Patronen allzu oft Lachs vorgesetzt zu bekommen; bei Charles Dickens, in *The Posthumous Papers of the Pickwick Club,* heißt es einmal: „Es ist bezeichnend, dass Armut und Austern immer zusammengehören." Wer heute sein halbes Dutzend mit einem Gläschen Chablis genießt, wird zugeben müssen, dass sich die Zeiten geändert haben, und nicht einmal böse sein darum.

Wie auch immer eine Gesellschaft gespeist hat, ihre Esskultur hält ihr den Spiegel vor: dem Reich der Mitte, an dessen Kaiserhof um 200 v. Chr. von 4 000 Hofbediensteten 2 271 in der Küche wirkten; dem alten Rom, in dem Fast-food (beim Politisieren auf dem Forum!) eine erste große Blüte erlebte, der mittelalterlichen Gesellschaft, in der leibeigene Bauern vor allem von Grütze lebten, während gleichzeitig etwa am Hof Karls VI. von Frankreich 150 Küchenbedienstete unter dem berühmten Chefkoch Taillevent sich für ihren König und seinen Hofstaat die Seele aus dem Leib kochten; auch unserer Gesellschaft, in der es so viel nebeneinander gibt: die multikulturelle Gaststättenszene, die Abfüllstationen der Hamburgerketten, die schicken Edelimbisse, die biederen Wirtshäuser, deren Küchenerzeugnisse oft genug aus der Tüte stammen, die Sterne-Restaurants, die Delikatessläden mit feinsten Lebensmitteln und die Aluschalen-Menüs aus den Tiefkühltruhen der Supermärkte.

Tröstlich ist es, dass es in allen Zivilisationen Männer und Frauen gegeben hat und gibt, die auf dem Gebiet der Kochkunst mit den ihnen zur Verfügung stehenden Mitteln Bedeutendes hervorgebracht haben. Wer diese Kunst gering schätzt, sollte über den Satz des berühmten Feinschmeckers Jean Anthèlme Brillat-Savarin nachdenken: „Eine Wissenschaft, die den Menschen ernährt, ist mindestens so viel wert als eine, die lehrt ihn zu töten."

Die Rezepte der folgenden Beispiele sind, soweit erforderlich, übersetzt bzw. übertragen (vom Verfasser bzw. von den Autoren der von ihm benutzten Literatur); alle zum Nachkochen empfohlenen Rezepte sind entsprechend geprüft, mit Mengenangaben versehen und vorsichtig an unsere Geschmacksnerven angepasst.

1. Apicius, De re coquinaria

Natürlich gab es längst Hochkulturen des Kochens, als sich die Fertigkeiten der Europäer noch bestenfalls auf Spießbraten und Suppe beschränkten, in Mesopotamien etwa oder in China; in Europa kann man von Koch-„Kunst" wohl das erste Mal im antiken Griechenland sprechen – leider ist von ihr nahezu nichts überliefert. Immerhin wissen wir von den scheußlich fantasielosen Essgewohnheiten der Spartaner; schon besser ist, was Platon in der *Politeia* als Nahrungsmittel für die Allgemeinheit empfiehlt: Gerste, Weizen, Wein, Käse, Oliven, Gemüse, Feigen; für hervorragende Soldaten solle es Fleisch (Proteine!) und Wein extra geben.

Der Speisezettel der Wohlhabenden und Mächtigen war in guten Zeiten sicher reichhaltiger, Einzelheiten darüber stehen im *Deipnosophistai* des Athenaios von Naukratis, entstanden aber erst gegen Ende des 2. Jhs. n. Chr.

Viel mehr jedenfalls wissen wir über die Tafelfreuden der Römer. In den ersten Jahrhunderten ihrer Geschichte ging es noch ziemlich karg zu. In seinem um 150 v. Chr. entstandenen Werk *De agricultura* plädiert der unverdrossene Beschwörer alter Römertugend, Marcus Porcius Cato, für die Rückkehr zum *puls,* dem Brei aus Getreide, Hülsenfrüchten und ähnlichem, der traditionellen Hauptnahrung der Römer, als sie noch wahre Römer waren. Er schlägt – mageres Zugeständnis an gestiegene Bedürfnisse – Verbesserungen des Breis durch Quark, Honig und Eier vor. Aber wer von den Wohlhabenden mochte das Zeug noch essen, wenn man doch von den Griechen die Kunst des Brotbackens gelernt hatte, wenn doch durch Eroberungen und Handelsbeziehungen Delikatessen wie Fasanen, Wachteln, Pfauen, Austern, indische Gewürze, Feigen, Datteln, Pfirsiche und vieles mehr auf dem Markt waren. Selbst die Armen aßen lieber Brot zu Käse, Oliven und Zwiebeln als Brei.

Wie noch heute frühstückten die römischen Bürger eher kärglich: ein Stück Brot und einen Becher Wein, der, wie übrigens bei fast allen Gelegenheiten, verdünnt war, viel mehr gab es nicht. Wer tagsüber seinen Geschäften nachging oder auf dem Forum seine Beziehungen pflegte und Hunger bekam, der kaufte sich etwas an einem der zahlreichen Fastfoodstände, ein Gericht z. B., das dem heutigen Kebab ähnlich war: aufgeschnittenes Brot, gefüllt mit Fleisch, Zwiebeln, Käse, Oliven und dem unvermeidlichen *garum.* Die Hauptmahlzeit gab es am Abend. Wann immer es möglich war, nahmen sie jedenfalls die Männer am liebsten bei einem der ganz reichen Römer ein, die ein offenes Haus führten und jeden Abend große Gesellschaften gaben. Ein solches Mahl bestand aus drei Abteilungen: Die erste, *gustum, gustatio* oder *promulsum,* bestand aus Eierspeisen, in Honig eingelegten Haselmäusen (eine besonders geschätzte Delikatesse), rohen und gekochten Gemüsen, Austern, Krebsen, Muscheln, Pilzen, gesalzenem, getrocknetem oder gebratenem und gedünstetem Fisch. Zur zweiten, den *mensae primae,* wurden Fleisch und Geflügel serviert, Hase, Wildschwein, Schaf, Fasan, Pfau, Storch, Flamingo, Gans, Schinken, Würstchen in den verschiedensten Zubereitungen. Das Dessert, die *mensae secundae,* bestand aus Süßigkeiten und Früchten. Als Aperitiv reichte man gerne *mulsum,* herben Weißwein mit Honig, in der Folge gab es verdünnten, gegebenenfalls gewürzten Wein. Über die Art der Zubereitung informiert das älteste überlieferte europäische Kochbuch, das des Apicius *De re coquinaria.* Es geht vermutlich auf Marcus Gavius Apicius zurück, einen berühmten Gourmet, der um 25 v. Chr. geboren wurde. Ungewöhnlich wie die Gerichte, die er von Zeit zu Zeit einem staunenden Feinschmeckerpublikum präsentierte, war auch sein Tod: Als er nur noch zehn Millionen Sesterzen besaß, was immerhin noch ein beträchtliches Vermögen war, nahm er Gift, weil ihm diese Summe für Wohlleben und Gastmähler, wie er sie sich vorstellte, nicht mehr ausreichend schien. Was der alte Cato wohl dazu gesagt hätte?

Wahrscheinlich hat Apicius zwei Kochbücher verfasst, die im Lauf der Zeit vielfach rezipiert, verändert, ergänzt und schließlich zu einem Buch verschmolzen sind. Die überlieferte Fassung dürfte dem 4. Jh. n. Chr. entstammen. Kennzeichen der römischen Luxusküche, wie sie sich aus Apicius' Rezepten darstellt, ist, dass sie den Eigengeschmack der Speisen durch würzende Zutaten und viele Kräuter möglichst zu beseitigen sucht. Typisch sind weiter die Kombination von Süß und Salzig bzw. Sauer und das vorherrschende Wein- und Fischaroma. Dafür gab es eine Reihe von speziellen Präparationen: *passum* (süßen, extraktreichen, mit Traubenmost vermischten Wein, der neben Honig auch zum Süßen diente), *defrutum* (eingekochten herben Traubenmost) und *garum* oder *liquamen,* eine Würzsoße aus in der Sonne verfaulten Sardellen, die meist statt Salz verwendet wurde.

Ein Rezept zum Kennenlernen:

Flamingo *(phoenicopterus)*
Rupfe den Flamingo, wasche und dressiere ihn (= binde ihn zusammen) und lege ihn in einen Topf. Füge Wasser, Salz, Dill und etwas Essig hinzu. Wenn er halb gar ist, mache ein Bündel aus Lauch und Koriander und lasse es mitkochen. Kurz vor dem Garwerden gieße *defrutum* hinzu um Farbe zu geben. Gib Pfeffer, Kümmel, Koriander, Laserwurz (Teufelsdreck, ein Gewürz, das, in winzigen Mengen verwendet, ein feines Aroma geben sollte), Minze und Raute in den Mörser; stampfe; befeuchte mit Essig, gib Datteln aus Jericho dazu und gieße etwas von der Brühe darüber. Gib dies in denselben Topf, dicke mit *amulum* (Weizenstärke) an. [Lege den Flamingo auf eine Platte], gieße die Soße darüber und serviere. Dasselbe Rezept kann auch für Papageien verwendet werden.

Ein passendes Getränk dazu:

Erlesener Würzwein *(conditum paradoxum)*
Mische in einem Kupfergefäß 15 Pfund Honig mit etwas über einen Liter Wein, sodass der Wein einkocht, während du den Honig unter ständigem Umrühren über einem kleinen Feuer von trockenem Holz kochen lässt.

Überkochen lässt sich durch Zugeben von etwas mehr Wein oder Wegnehmen vom Feuer verhindern. Wenn die Mischung sich abgekühlt hat, setze sie nochmals aufs Feuer und wiederhole diese Prozedur ein zweites und ein drittes Mal. Erst dann nimm die Mischung endgültig vom Feuer und schäume sie am folgenden Tag ab. Dann füge folgende Gewürze hinzu: 120 g gemahlenen Pfeffer, 4 g Mastix, je eine Handvoll Gewürzblätter [Lorbeer] und Safran, 5 geröstete Dattelkerne samt den Datteln, die du zuvor in der richtigen Menge Wein geeigneter Qualität einweichen musst um eine gute Mischung zu erzeugen. Darauf gieße über das Ganze knapp 10 Liter süßen Wein. Zuletzt gib etwas Kohle hinzu [zur Neutralisierung von Bitterstoffen].

Ein Rezept zum Nachkochen

Frikassee mit Aprikosen *(minutal ex praecoquis)*

1 kg Schweineschulter
4 Schalotten
4 Esslöffel Olivenöl
¼ l trockener Weißwein
400 g frische oder 200 g getrocknete Aprikosen (Trockenfrüchte vorher einweichen und ca. 15 Minuten kochen, Kochwasser abgießen)
1 große Messerspitze gemahlenen schwarzen Pfeffer
½ Teelöffel gemahlenen Kümmel
je 2 Teelöffel Minze, Dill (beide getrocknet) und Honig
je 2 Esslöffel Weinessig und *passum* (ersatzweise Tokajer)
1 Esslöffel *garum* (ersatzweise nach Geschmack salzen)
Gebäck (am besten 2 bis 3 Butterkekse)
Fleisch von allem Fett befreien und etwa 1 Stunde lang in Wasser auf kleiner Flamme köcheln lassen. Brühe abgießen, Fleisch in nicht zu kleine Würfel schneiden. Zusammen mit den feingehackten Schalotten, dem Öl und dem Wein ½ Stunde schmoren lassen. Alle Gewürze, Essig, Honig und *passum* gut verrühren und über das Fleisch geben, die Aprikosen hinzufügen. Weiter dünsten, bis alles sehr weich ist. Am Schluss mit den in etwas Wein eingeweichten Keksen binden, nochmals aufkochen lassen und servieren.

Eine Kostprobe aus „kulinarischer" Literatur:

Der römische Dichter Marcus Valerius Martialis (um 40 n. Chr. – bald nach 100) schrieb über die Leidenschaft der Römer sich von einem Reichen zum Essen einladen zu lassen (Übersetzung von Karl Wilhelm Ramler, 18. Jh.):
Sieh, Freund, den Selius! Mit trübem Blicke,
Mit tief herabgesenktem Haupte trabt er
Im Portikus so spät noch auf und nieder
Und stößt mit seiner ungeheuren Nase
Fast auf den Boden, schlägt jetzt mit der Rechten
Sich vor die Brust und rauft sich jetzt die Haare.
Was für ein Leid denn frisst er schweigend in sich?

Nicht eines Freundes Tod, nicht eines Bruders
Beugt ihn so tief; ihm leben beide Söhne
(Der Himmel lasse sie noch lange leben!);
Wohl steht es um sein Weib und seine Sklaven;
Wohl steht es um sein Haus und seinen Hausrat;
Nichts hat sein Pächter, nichts hat sein Verwalter
Ihm durchgebracht. Woher denn dieser Kummer? –
Der arme Mann, ach, muss zu Hause speisen!

2. Daz buoch von guoter spîse

Mit der römischen Luxusküche war es im Mittelalter erst einmal vorbei. Zwar war in den romanischen Teilen des fränkischen Reichs das alte Kochwissen noch tradiert, aber nach und nach versiegten, vor allem nach dem Vordringen der Araber, die alten Bezugsquellen für Delikatessen. So war die Küche des frühen und auch noch des hohen Mittelalters eher einfach, Stand und Vermögen zeigten sich eher im Mehr (an Fleisch, Fisch und Wein) als in exotischen Zutaten und raffinierten Zubereitungen.

Die wichtigsten Gemüse waren Pferdebohnen, Kohl, Rüben, Pastinak und Zwiebeln, doch lag deren Bedeutung weit hinter der des Getreides. An der Spitze stand der Roggen, der das Mehl der kleinen Leute lieferte, gefolgt von Gerste, Hirse, Dinkel und Weizen. Der Lein – als Faserpflanze verarbeitet – war auch der wichtigste Fettlieferant. Gedörrtes Obst (rohes hielt man für ungesund) wie Pflaumen, Äpfel, Birnen und Quitten ergänzten den Speisezettel ebenso wie Nüsse, Käse und das, was die Natur von selbst hergab: Bucheckern, Beeren, Wurzeln, Kräuter, Pilze.

Fleisch war für die meisten Menschen eine Seltenheit. Jagd und teilweise auch Fischfang waren den Herren von Stand vorbehalten; zwar gab es auch Schweine, Ziegen, Schafe, Rinder und Hühner (übrigens auch in der Stadt!), aber geschlachtet wurde höchst selten – mangels Masse und weil viele Haustiere als Lebensmittel- und Rohstofflieferanten zu wertvoll waren.

Wurde doch einmal geschlachtet, galt der Grundsatz, dass jedes Teil des Tieres verwertet werden musste. Was man nicht essen konnte, ergab doch nützliches Material, von der Blase als Pfeffersack oder Fensterbespannung bis zum Schwanz als Fliegenwedel oder Türzug. Einer interessanten Quelle, den Gedichten des „Königs vom Odenwald" (es ist unbekannt, wer sich hinter diesem Künstlernamen versteckte), sind Einzelheiten darüber zu entnehmen.

Frisch verzehrt wurden Füße, Euter und Innereien, hochwertigeres Fleisch wurde getrocknet, eingesalzen oder durch langes Kochen in Rüben haltbar gemacht. Das Hirn wurde zu Wurst verarbeitet.

Zu trinken gab es für die kleinen Leute Wasser, vergorene Fruchtsäfte, ein wenig Milch und vor allem dünnes Bier.

Unvorstellbar „sauer" muss das Leben der Ärmeren gewesen sein. Rübenzucker gab es noch nicht, Rohrzucker, erst um die Wende vom 13. zum 14. Jh.

eingeführt, war ein sündhaft teurer Importartikel, Honig nicht weniger unerschwinglich. Außerdem hat man sich heutiges Obst, nach jahrhundertelanger
Veredelung, ungleich süßer vorzustellen als damals. Wer in der Stadt lebte und
über die Mittel verfügte auf dem Markt einzukaufen, hatte einen etwas abwechs-
lungsreicheren Speisezettel, ergänzt vor allem durch ein reichliches Angebot an
getrocknetem Fisch (Stockfisch), der wegen der strengen Fastenvorschriften sehr
begehrt war. Wer diese Mittel nicht hatte, war noch schlechter dran als die
Hufenbauern auf dem Land. Üblicherweise gab es zwei Mahlzeiten am Tag, die
erste etwa zwischen zehn und elf Uhr am Vormittag, die zweite nachmittags
zwischen 16 und 18 Uhr; bei den Bauern richtete sich die Nahrungsaufnahme
nach Art und Dringlichkeit der anfallenden Arbeiten.

Eine führende Rolle hinsichtlich der Koch- und Esskultur der Wohlhabenden
übernahmen bald die Klöster. Viele verfügten über einen Reichtum an Kräutern,
Gemüsen und Früchten, von denen der Durchschnitt der Bevölkerung nur
träumen konnte: Zwiebeln, Lauch, Rüben, Lattich, Pastinak, Kohl, Sellerie,
Koriander, Petersilie, Dill, Kümmel, Linsen, Knoblauch, Feldsalat, Erbsen, Senf,
Feigen, Erdbeeren, Kirschen, Pflaumen, Schlehen, Birnen, Äpfel, Holunder,
Brombeeren, Himbeeren, Nüsse und Maronen wurden in den Klostergärten
angebaut. Auf welch hohem Niveau sich die Lebensmittelversorgung reicher
Klöster befand, belegen unter anderem die *Casus Sancti Galli* des St. Gallener
Mönchs Ekkehard, in denen er einmal die Fische aufzählt, die im Refektorium
serviert wurden: Lachs, Anke, Hecht, Trüsche, Bachforelle, Saibling, Neunauge,
Aal, Barsch, Rotforelle, Waller, Gründling, Hausen, Flusskrebs und – Biber, der,
schwamm er doch im Wasser, zu den Fischen gezählt wurde und so eine
willkommene Bereicherung des Fastenspeisezettels darstellte.

Infolge der Lebensmittelvielfalt und der klösterlichen Lebenssituation, in deren
Gleichförmigkeit das Essen einen besonderen Stellenwert einnahm, entwickelte
sich große mittelalterliche Kochkunst zuerst in den reichen Klöstern, vor allem
denen der Männer, bei den Frauen ging es gewöhnlich asketischer zu.

Gegenüber der raffinierten Klosterküche war die der weltlichen Herren des
Hochmittelalters erheblich einfacher strukturiert. Das änderte sich erst um die
Wende vom 13. zum 14. Jh., als ein immer weiter gespanntes Handelsnetz
immer vielfältigere Lebensmittel und Gewürze – freilich zu Höchstpreisen –
nach Europa brachte. Die Kochkunst wurde von der *ars mechanica* zur *scientia*.
Im 14. Jh. entstand dann eine Reihe bedeutender Kochbücher, ausschließlich
an Höfen hoher geistlicher und weltlicher Herren, die die Entstehung sicher
gefördert, wenn nicht veranlasst haben. Denn ein solches Buch war auch ein
Stück Propaganda für Reichtum und Gastfreundschaft des Herrn, aus dessen
Küche es hervorging.

Eines dieser Kochbücher ist *Daz buoch von guoter spîse*. Es ist im *Hausbuch* des
bischöflich-würzburgischen Protonotars Michael de Leone überliefert, das um
die Mitte des 14. Jhs. angelegt wurde. Möglicherweise stammen die Rezepte
vom Koch des Fürstbischofs selbst, jedenfalls von einem echten Profi, der, ebenso

wie Apicius, meist auf genaue Mengenangaben und detaillierte Erklärungen einzelner Arbeitsschritte verzichtet, weil er die Kenntnis davon voraussetzt. *Daz buoch von guoter spîse* ist ein Luxuskochbuch für die Tafel eines großen Herrn, von „großen Gerichten" spricht der Autor in der gereimten Vorrede, davon, wie man „hohe Speise" herstellen könne. Französische, italienische, orientalische und andere Einflüsse sind in den Rezepten spürbar. Namen wie *Blamensir* (blanc manger), *Condimentlin* (von lat. *condimentum* für Gewürzsoße), aber auch Bezeichnungen wie *ris von Kriechen* oder *heidenische kuochen* belegen das. Kennzeichnend ist, dass Lebensmittel nur selten in ihrer eigentlichen Form dargeboten werden, also als Braten, als ganzer gedämpfter Fisch oder ähnliches, sondern meist in aufwendiger Verarbeitung: als Torte, Pudding, Ragout, Mus, Pastete. Typisch ist ferner die häufige Verwendung von Mandeln und Wein. Noch mehr als die römische übertönt diese Küche den Eigengeschmack der Speisen: Spätmittelalterliche Kochkunst ist vor allem die Kunst des aufwendigen Würzens. Nicht die Überdeckung des Hautgoût, wie oft behauptet, war dessen Zweck; wer sich diese Gewürze leisten konnte, vermochte sich auch frische Lebensmittel zu beschaffen, was im übrigen gar nicht so schwierig, sondern nur eine Frage des Geldes war.

Aber kostbaren, exotischen Gewürzen wurden geheimnisvolle Kräfte zugeschrieben, sie kosteten viel Geld und waren deshalb zur Demonstration des sozialen Ranges geeignet. Und das war ein wesentliches Anliegen auch dieser Küche.

Ein Rezept zum Kennenlernen:

Gefülltes, gebratenes Ferkel *(Ein gebraten gefueltes ferhelin)*
Ein gefülltes, gebratenes Ferkel mache folgendermaßen: Nimm ein drei Wochen altes Ferkel, überbrühe es und entferne alle Haare, aber so, dass es nicht verletzt wird, denn die Haut um den Leib herum soll ganz bleiben. Löse Fleisch und Knochen heraus und was es sonst noch im Leib hat, bis auf die Hufe an den Füßen. Nimm das Fleisch [hacke es klein], und zwei Eier [vermenge das Ganze], und koche es. Dann hacke es zusammen mit Speck klein. Vermenge die Masse mit rohen Eiern, geschnittenem Brot, Petersilie und Salz. Damit fülle die Ferkelhaut, nicht zu voll, und nähe die Schnauze zu. Dann lege es vorsichtig in einen Kessel mit Wasser und lass aufkochen, so bricht die Haut nicht. Dann nimm es, lege es auf einen hölzernen Rost und brate es sanft. Wenn es fertig ist, nimm ein Brett, lege es auf eine Schüssel und setze vier Pflöckchen darauf. Dekoriere das Brett mit Eierkuchen und setze das Ferkel [auf die Pflöckchen], bedecke es ebenfalls mit einem Eierkuchen, lass aber Ohren und Rüssel herausschauen, und trage es auf.

Ein passendes Getränk dazu:

Met *(Wilt du guoten met machen)*
Wer guten Met machen will, der nehme zwei Maß reines, handwarmes Wasser und dazu eine Maß Honig. Beides verrühre man und lasse es eine Zeit lang

stehen. Die Mischung koche man alsdann so lang, wie man braucht, um einen Acker abzuschreiten, und schäume sie dann mit einem Schöpflöffel ab. Danach gieße man den Met um und lasse ihn auf Handwärme abkühlen. Man mische dann einen halben Topf voll Hopfen und eine Handvoll Salbei dazu mit etwas von der Metflüssigkeit und koche die Mischung so lang, wie es dauert, eine halbe Meile zu gehen.

Die Würzbrühe seiht man in den Met und gebe außerdem frische Hefe dazu, die sich vollkommen auflösen muss. Das Ganze lässt man zugedeckt drei Tage und Nächte gären. Danach wird der Met durch ein sauberes Tuch oder Haarsieb abgeseiht, wobei darauf zu achten ist, dass keine Hefereste mehr in die Flüssigkeit gelangen, und acht Tage lang stehen gelassen. Anschließend wird er in ein geharztes Fass umgegossen. Man sollte ihn erst nach sechs bis acht Wochen trinken, dann ist er am besten.

Ein Rezept zum Nachkochen:

Huhn in Eierkuchen mit Äpfeln und Armen Rittern *(Ein guot spîse)*

1 gekochtes Huhn
4 Scheiben altbackenes Weißbrot ohne Rinde, 2 Eier, Milch, Butterschmalz
2 große saure Äpfel, Butterschmalz
6 Eier, 150 g Mehl, ca. $\frac{1}{2}$ l Milch, Butterschmalz
Gewürzmischung aus je $\frac{1}{2}$ TL Zimt und gemahlenem Ingwer,
je $\frac{1}{4}$ TL Anis, Safran und gemahlenem schwarzem Pfeffer,
1 Msp. gemahlenen Nelken, Salz
$\frac{1}{4}$ l trockener Weißwein, 2 TL Honig

Aus Eiern, Milch und Mehl einen Eierkuchenteig rühren, quellen lassen.
Das Hühnerfleisch von den Knochen lösen und in kleine Würfel schneiden.
Die Brotscheiben kurz in Milch weichen lassen, dann durch verquirltes Ei ziehen und in Butterschmalz rasch ausbacken, warmstellen.
Die Äpfel schälen, entkernen, in Scheiben schneiden, in Butterschmalz kurz anbraten, warmstellen.
Aus dem Teig vier große Eierkuchen in Schmalz backen, warmstellen.
Wein, Honig und Gewürze mischen, aufwallen lassen, Hühnerfleisch darin erhitzen, abgießen, Flüssigkeit auffangen, Fleisch warmstellen. Dann die Würzsoße auf die Hälfte einkochen lassen.
Eierkuchen auf vorgewärmte Teller geben, schichtweise einen Armen Ritter, Apfelscheiben und Hühnerfleisch geben, Würzsoße darüberträufeln, zusammenklappen und sofort zu Tisch bringen.

Eine Kostprobe aus „kulinarischer" Literatur:

Der Schreiber oder der Verfasser des Kochbuchs *Daz buoch von guoter spîse* (das waren nämlich mit Sicherheit zwei Personen) hat sich auch als Lyriker versucht und folgendes Gedicht an den Schluss des ersten Teils der Sammlung angefügt (übertragen vom Verfasser):

Ein gutes Gericht, wenn's denn einer gern isst.
Willst du ein feines Beigericht machen,
nimm alten Schweiß,
denn der macht den Magen heiß,
dazu gib Schmalz vom Kieselstein,
das wirkt bei hüftlahmen Mädchen fein.
Dazu kommt Erd- und Brombeermark,
das gibt Aroma, das macht stark.
Und bist kein großer Simpel du,
dann gibst du Weinlaub noch dazu.
Hinzu kommt reichlich Binsenstroh,
Liebstöckel, Minze ebenso:
Denn nimmst du die Gewürze –
wie duften dann die Fürze!
Mit Stiglitzbein und Mückenfüß
machst du die Speise köstlich süß.
Das alles riecht und schmeckt so fein:
Mit einem Wort – es ist zum Spei'n!
Ich bitte dich, versalz es nicht,
denn wunderbar ist dies Gericht.

3. Das Kochbuch der Sabina Welserin

Mit dem wirtschaftlichen Aufschwung der Städte im 16. Jh., mit der steigenden
gesellschaftlichen und politischen Bedeutung des Patriziats, etablierte sich die
Luxusküche auch in den reichen Bürgerhäusern. An Speis und Trank der kleinen
Leute änderte sich nicht viel, aber die städtische Elite trieb einen Aufwand in
der Küche, vor allem, wenn es Gäste zu bewirten galt, der dem an einer Residenz
in nichts nachstand, wenn man sich nur die räumlichen Dimensionen entsprechend kleiner vorstellt. Eine große Zahl von erstklassigen Kochbüchern des
16. Jhs. aus „bürgerlichen" Kreisen belegt das.
Hier wie dort hatten die Mahlzeiten repräsentativ und erkennbar teuer zu sein,
wurde auf die optische Präsentation größter Wert gelegt, hier wie dort fanden
Mengen kostbarer Gewürze, auserlesene Importlebensmittel und beste einheimische und ausländische Weine Verwendung. Kurz, für die führenden Patrizier-
familien hatte das Essen dieselbe Funktion wie für den reichen Adel: zu zeigen,
was man hat – ohne dass, wohlgemerkt, dabei die Freude am Genuss gekonnt
bereiteter Speisen in Abrede gestellt werden soll.
In der reichen Handelsstadt Augsburg des 16. Jhs. waren die Welser eine solche,
ja, neben den Fuggern *die* Familie. Sie sind dort seit dem 13. Jh. bezeugt, besaßen
in Nürnberg und Augsburg Handels- und Bergbauunternehmen und hatten
1498 eine Warenhandels- und Reedereifirma gegründet, die um 1550 die
bedeutendste in ganz Europa war.
Sabina Welsers Kochbuch (zwei Frauen aus der Familie kommen als Verfasserin-

nen in Frage, die Tochter Anton Welsers und die Ulrich Welsers) von 1553 wird der hervorragenden Stellung ihrer Familie gerecht: Es bietet eine wahrhaft fürstliche Küche. Im Unterschied zu der Küche der Adelshöfe führt hier die Hausfrau selbst das Regiment (und so war es wohl in vielen Patrizierhäusern), war Chefköchin, Wirtschaftsleiterin und repräsentierende Tochter bzw. Gattin in einem. In dieser Multifunktion hatte sie Kontakt nicht nur zu den hohen Gästen, sondern auch zu deren Maîtres de cuisine. Etliche ihrer Rezepte legen davon Zeugnis ab. Eines stammte vom Bischof von Konstanz, eines von einem der Fugger, mehrere vom Küchenmeister des Grafen von Leuchtenberg. Das Kochbuch der Welserin ist dem 200 Jahre älteren *buoch von guoter spîse* an Raffinesse weit überlegen. Die Zubereitungen sind anspruchsvoller, die Präsentation ist ungleich aufwendiger, die Würzung noch komplizierter. Eine Fischsülze etwa wird in einem höchst aufwendigen Verfahren um ein Wagenrad herumgegossen und dann als dekorativer, essbarer Tafelaufsatz verwendet. Eine andere wird hergestellt unter Verwendung von $5\frac{1}{2}$ l altem Würzburger Wein und mehr als 2 l Malvasier und gewürzt mit Muskatblüte, Safran, Zimt, Weinbeeren, Salz, Zucker, Ingwer und Mandeln. Einen beträchtlichen Teil des Kochbuchs nehmen Nachspeisen, Süßspeisen, Torten und Gebäck ein. Angerichtet wurde so, wie es bereits in der Antike und auch im Mittelalter üblich war: Die Tafel sollte sich biegen. Deshalb wurde nicht jedes Gericht für sich serviert; pro Gang (bei insgesamt drei bis fünf Gängen) kamen jeweils ein halbes Dutzend (oder mehr) Gerichte auf den Tisch. Auch wenn die Gäste das, was geboten wurde, beim besten Willen nicht aufessen konnten (Übriggebliebenes wurde an die Armen verteilt), so fuhren oder ritten sie doch in der festen Überzeugung nach Hause, bei wirklich bedeutenden Leuten eingeladen gewesen zu sein. Und das war bestimmt nicht der geringste Zweck des Mahles.

Ein Rezept zum Kennenlernen:

Ein Essen in verschiedenen Farben
Ein Essen, bei dem jedes Teil eine andere Farbe hat, mache folgendermaßen: Brate Hühner an einem Spieß, aber stecke sie nicht zu nahe zusammen. Und wenn sie gebraten sind, mache sechs Farben, die weiße mache folgendermaßen: Nimm Eiweiß, tu ein wenig Mehl hinein, mache einen dünnen Teig. Braun mache folgendermaßen: Nimm Weichsellatwerge [Sauerkirschenmus] und mache mit Eiern und Mehl einen braunen Teig an. Das Gelb mache folgendermaßen: Nimm Eidotter, etwas Weizenmehl, Safran und drei oder vier Eier, daraus mache einen Teig. Grün mache folgendermaßen: Nimm Petersilie, streiche sie zusammen mit Eiern durch ein Tuch, tu ein wenig Mehl dazu, mache einen Teig. Schwarz: Nimm Mehl und Eier, mache einen Teig daraus, tu gestoßene Nelken hinein, die über Nacht in aufgeschlagenen Eiern eingeweicht wurden, tu genügend hinein, dann wird es richtig schwarz. Wenn du die fünf Farben auf diese Weise gemacht hast, dann begieße jedes Huhn mit seiner Farbe und achte darauf, dass es nicht mehr zu heiß ist. Und wenn die Farbe angetrocknet ist,

dann ziehe die Hühner vom Spieß ab und lege sie neben anderes Gebratenes in eine Schüssel.

Getränke hat Sabina Welser in ihr Kochbuch nicht aufgenommen; stattdessen das folgende Rezept:

Birnentorte

Dann nimm die Birnen und schäle sie und tu die Kerngehäuse ordentlich heraus und teil die Birnen in zwei Hälften und schneide Schnitze daraus, so breit, wie die Birne ist, und wende sie in wenig Weizenmehl. Danach lass Schmalz gut heiß werden und brate sie darin, bis sie etwas braun werden, danach mache den [Mürbeteig-]Boden und lege sie darauf, nahe zusammen. Nimm Zucker, Zimt und Weinbeeren gemischt und streue das [vorher] auf den Boden und oben drüber, lass es eine Weile backen. Danach nimm Malvasier, tu Zucker hinein und Zimt, lass das miteinander kochen, gieße es darüber und lass es kurze Zeit backen.

Ein Rezept zum Nachkochen:

Terrine vom Kalb *(Eine Kalbfleischpastete machen)*
1 kg Kalbfleisch aus der Keule
300 g fetten, ungeräucherten Speck am Stück, dazu 4–6 große Scheiben
1 eingeweichte, altbackene Semmel
4 Eier
$\frac{1}{10}$ l Portwein, $\frac{1}{10}$ l Brühe aus kräftigem Fleischextrakt
je 1 TL gemahlenen schwarzen Pfeffer und Zimt, Salz nach Geschmack,
je $\frac{1}{2}$ TL Muskatblüte und Safran
3 EL Rosinen
Fleisch in Würfel schneiden und kräftig an– aber keinesfalls durchbraten, dann zweimal durch den Wolf drehen. Speck am Stück ebenfalls würfeln und durch den Wolf drehen, hinterher die ausgedrückte Semmel durchlaufen lassen. Die Masse rasch und gründlich (mit den Händen!) mit den verquirlten Eiern, den Gewürzen, Rosinen, Wein und Brühe verkneten und kaltstellen. Eine feuerfeste Form mit Speckscheiben auslegen, den Fleischteig hineinfüllen, mit Speckscheiben abdecken, Deckel auflegen. Im Wasserbad im 200°C heißen Ofen ca. 1½ Stunden garen. Etwas auskühlen lassen, dann den Deckel abheben, ein passendes Brettchen auf die Terrine legen und mit ca. 250 g beschweren (nicht mehr, sonst wird das Fleisch trocken!). Nach dem Auskühlen an einem kalten Ort mehrere Tage durchziehen lassen, aus der Form nehmen (das geht nicht ganz leicht!), den Speck entfernen und reichlich garniert im Ganzen oder in Scheiben servieren.

Man kann dieses Gericht auch in Blätterteig backen, dann dürfte man es eigentlich erst Pastete nennen, so ist es eine Terrine. Sabina Welser sagt gar nichts über die weitere Verarbeitung, sie gibt nur Zutaten und Zubereitung des Fleischteigs an.

Eine Kostprobe aus „kulinarischer" Literatur:
Im 15. Jh. lebte in Nürnberg der Rotschmied und Büchsenmeister Hans
Rosenplüt (1400 bis um 1470), von dem eine Fülle von Schwänken, Fastnachts-
spielen und anderen Dichtungen überliefert ist. Er war offensichtlich ein großer
Freund des Weins, denn ihm hat er mehrere Preisgedichte gewidmet, eines davon
dem Rheinwein.

Weinlied *(gekürzt)*
Wein, Wein vom Rhein,
so lauter, klar und fein,
du hast denselben Schein
wie Bergkristall und Edelstein.
Du bist die beste der Arznein
bei Traurigkeit. Jetzt schenk uns ein
und trink, mein liebes Käthelein,
das färbt die Wangen rosig ein! (...)
Niemals kam in ein Fass
ein köstlicheres Nass,
du gibst den Burschen Kraft, und das
noch mehr als selbst der Hypokras★.
Du schimmerst durch das Glas
zartgrün wie junges Gras (...)
Was deine Kraft für Wunder tut!
Dem Feigling gibst du frischen Mut,
dem schlimmsten Geizhals mildes Blut,
dem Narren, dass er Weises tut.

★ Hypokras ist ein Getränk aus gewürztem, gesüßtem Wein.

Literatur: *Kochbücher:* E. ALFÖLDI-ROSENBAUM (Hg.), Das Kochbuch der Römer.
Rezepte aus der „Kochkunst" des Apicius, Zürich/München 1989; H. HAJEK (Hg.),
Daz buoch von guoter spîse. (Texte des späten Mittelalters, Heft 8), Berlin 1958; H.
STOPP (Hg.), Das Kochbuch der Sabina Welserin (Germanische Bibliothek, Reihe 4,
Texte), Heidelberg 1980.
Illustrierte Darstellungen: H. WISWE, Kulturgeschichte der Kochkunst, München 1970;
R. HAUSCHILD, Das Buch vom Kochen und Essen, Stuttgart 1975; N. FOSTER,
Schlemmen hinter Klostermauern. Die unbekannten Quellen europäischer Koch-
kunst, Hamburg 1979; B. LAURIOUX, Tafelfreuden im Mittelalter, Kulturgeschichte
des Essens und Trinkens in Bildern und Dokumenten, Stuttgart/Zürich 1992; G. V.
PACZENSKY, A. DÜNNEBIER, Leere Töpfe, volle Töpfe. Die Kulturgeschichte des Essens
und Trinkens, München 1994.
Gedichte: Griechisch-römische Lyrik in klassischen und neuen Übersetzungen, ausgewählt von H. KLEINSTÜCK, Wiesbaden/Berlin o. J.; Daz buoch von guoter spîse
(vgl. o.); Deutsches Mittelalter, ausgewählt von F. V. D. LEYEN, Frankfurt/Main 1980.

H. P.

Reisen

Reise und herrsche! König Karl zieht durch das Reich

Eine Entfernung, die dem mehrfachen Erdumfang entspricht, soll Karl „der Große" während seiner Herrschaftszeit insgesamt zurückgelegt haben; jedes Jahr war er monatelang unterwegs. Ohne diese intensive Reisetätigkeit hätte sich das Riesenreich wegen der schlechten Verkehrsverbindungen und der mangelnden Kommunikationsmöglichkeiten kaum kontrollieren lassen; auch so gelang das nur notdürftig. Umso wichtiger war es, dass der König dort, wo er sich gerade aufhielt, repräsentativ auftrat und stets eine Anzahl von bedeutenden geistlichen und weltlichen Würdenträgern um sich versammelte. Minutiös wurden deshalb die Reisen vorbereitet. Ein Netz von Pfalzen und Hofgütern überzog das Reich, in denen der König angemessen wohnen konnte. Sonstige Aufenthaltsorte wurden niemals beliebig, sondern auch dann immer unter dem Gesichtspunkt strategischer oder politischer Bedeutsamkeit ausgewählt, wenn sie nicht das Ziel einer von Karls zahlreichen militärischen Unternehmungen waren.

Sommer 779: Reichstag auf dem Hofgut zu Düren. Hier fühlt sich der König wohl. Solide Gebäude aus Holz und Fachwerk halten die Hitze des Sommers fern, die Speisekammern sind gefüllt und eine Kapelle gibt es auch. Vor allem aber liebt der König das lebhafte Treiben, das hier herrscht. Musikanten, gelehrte Mönche und Händler kommen und gehen, Bischöfe und Äbte sind einzusetzen, Rechtsfälle zu lösen und Streitigkeiten zu schlichten. Etliche Freunde sind auch da, sodass es reichlich Gesellsigkeit gibt, die er so schätzt. Die vornehmsten Besucher wohnen wie Karl und seine Familie in Häusern, die anderen kommen in Zelten unter; Schäden an Zaumzeug, Gerät oder Kleidung werden in den Werkstätten beseitigt. So denkt niemand, der nicht Dringendes zu erledigen hat, an raschen Aufbruch, wer Zeit hat, genießt die Gastfreundschaft des Königs. Allerdings ist das Vergnügen diesmal nicht von langer Dauer. Die Nachricht erreicht Karl, dass die Sachsen sich erneut erhoben haben. Das bedeutet das Ende der bequemen Tage. In Eilmärschen geht es nach Norden, auf Booten und Lastkähnen überwindet das königliche Heer bei Lippeham den Rhein. Auf der anderen Seite gibt es keine gut erhaltenen Römerstraßen, durch dichten Wald, Sümpfe und unwegsames Gelände führen Wege, die kaum diesen Namen verdienen. Nachts schläft man in Decken oder Felle gehüllt unter freiem Himmel, nur für den König und hochrangige Gefolgsleute werden Zelte aufgestellt. Unterwegs werden die Felder, an denen das Heer vorbeizieht, abgeerntet: So kann man die Vorräte strecken und gleichzeitig den Gegner schwächen. Bei Bocholt kommt es zum Kampf, wieder werden die Sachsen besiegt, unterwerfen sich und stellen Geiseln.

Weihnachten 779: Der König feiert das Fest mit seiner Familie in Worms und verbringt dort einige ruhige Monate. Nach Ostern muß er erneut nach Sachsen, die Verhältnisse konsolidieren. An den Quellen der Lippe hält er eine Reichsversammlung ab um zu demonstrieren, dass er Sachsen als festen Bestandteil des Reichs betrachtet. Dann zieht er weiter bis an die Elbe; sein Aufenthalt dort soll deutlich machen, dass neuerlicher Aufruhr zwecklos ist. Auf der Rückreise, für die er sich viel Zeit nimmt, lässt er zahlreiche Missionsstationen gründen.

Herbst 780: Überraschend beschließt der König nach Rom zu ziehen um dort zu beten – aber nicht nur deshalb. Als Schutzherr des Papsttums will er sich dort, wie schon 774, präsentieren und gleichzeitig deutlich machen: Wenn es jemanden gibt, der für sich in Anspruch nehmen darf in der Nachfolge der römischen Kaiser zu stehen, dann ist er es! Die Reise ist beschwerlich, denn Alpen und Apennin müssen überwunden werden. Pferde kommen da nicht hinüber, Menschen und Gepäck werden auf Saumtieren befördert, oft sind die Reisenden gezwungen abzusteigen und sich ihren Weg selbst zu suchen. Am einfachsten geht es noch über den Brenner, er ist nur gut 1 370 Meter hoch und die Römer haben dort einen befestigten Übergang errichtet. Dafür müssen Romreisende einen weiten Schlenker nach Osten machen, wenn sie ihn wählen.

Karl ist nur ungern ohne seine Familie unterwegs. Auch jetzt begleitet ihn deshalb seine zweite Frau Hildegard; sie ist 22 Jahre alt und erwartet ihr achtes Kind. Daß der König mit seinem Gefolge in Pavia Halt macht und über Weihnachten bleibt, geschieht aber nicht nur um ihr eine Ruhepause zu gönnen. Vielmehr ist der Aufenthalt in Pavia, der Hauptstadt des vor wenigen Jahren eroberten Langobardenreichs, ein wichtiger diplomatischer Akt: Karl hält Hof, empfängt, entscheidet, repräsentiert – wer wollte da noch bezweifeln, dass der König der Franken auch König der Langobarden ist!

Nach den Feiertagen wird in Richtung Süden aufgebrochen, das Osterfest 781 verbringt die königliche Familie in Rom. Auf dem Rückweg bringt Hildegard ein Mädchen zur Welt, in Mailand wird es auf den Namen Gisela getauft.

Dann geht es endlich wieder einmal nach Hause, auf eines der fränkischen Hofgüter. Aber nicht für lange – die Sachsen werden schon wieder unruhig!

Nach N. OHLER, Reisen im Mittelalter, München 1991, S. 208–218.

H. P.

Venezianische Handelsreisen

Venedig – Repubblica Serenissima, Tor zum Orient, Herrin des Meeres und der griechischen Inseln, reichste Stadt des Abendlandes. – Grundlage dieser einzigartigen Stellung war der Handel mit den Ländern des östlichen Mittelmeeres. Der seefahrende Kaufmann galt als Leitfigur der venezianischen Gesellschaft; kühle kaufmännische Kalkulation bestimmte auch die Politik.

Die Venezianer unterschieden zwei Zielräume ihres Handels im Osten: die *Romania,* damit war das byzantinisch-oströmische Kaiserreich gemeint, und *Oltremare,* das heißt „jenseits des Meeres", der Ägäis, gemeint waren die Küsten der Levante: Zypern, Syrien, Palästina, Ägypten.

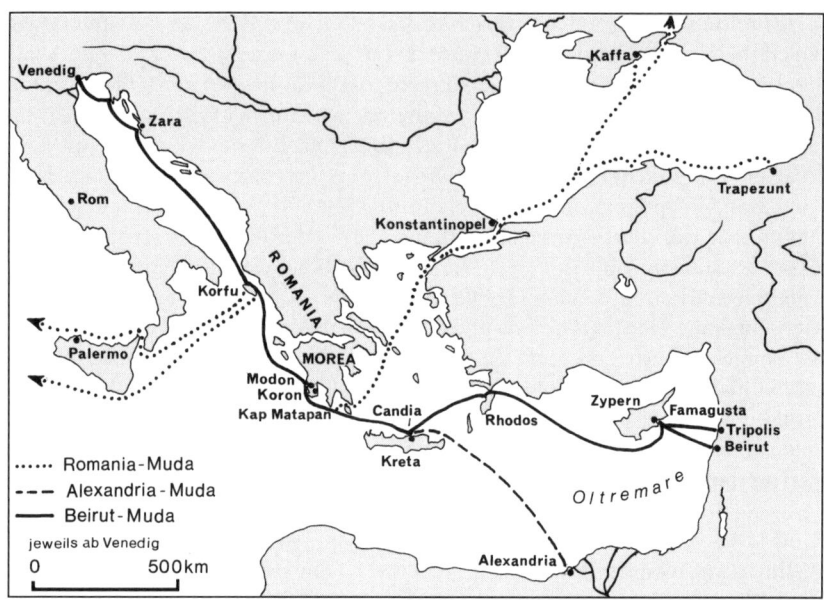

Die Schiffe, die in die Romania oder nach Oltremare ausliefen, taten dies in der Regel in Karawanen oder Muden. Die eine stach im Frühjahr in See und kehrte im Herbst zurück; die andere segelte Anfang August und kehrte im Frühjahr nach der Zeit der Stürme heim. Die Republik hatte die Abfahrtszeiten 1255 gesetzlich geregelt. Die Route führte um Morea (Peleponnes) herum, berührte die Kriegs- und Handelshäfen von Modon und Koron – Venedigs „Augen des östlichen Mittelmeeres" – und Negroponte (Euböa); dann ging es nach Byzanz und zum Teil ins Schwarze Meer. Die Orientmuda hatte gleiche Abfahrtszeiten. Bei Kap Matapan trennten sich die Karawanen. Es ging weiter nach Candia, dem Hauptort Kretas, der wichtigsten Insel des venezianischen Kolonialreiches. Die Schiffe teilten sich hier wieder in zwei Karawanen: die eine fuhr über Zypern an die Küste Palästinas, die andere nach Alexandria. Auch nach Westen waren venezianische Seekarawanen unterwegs: eine in die Provence, eine andere nach England und Flandern.

Eine Karawane des 13. Jhs. bestand aus etwa 20 Segelschiffen mit je 200 Tonnen Ladekapazität; auch kleinere Frachtschiffe waren bei dem Handel mit Luxusgütern rentabel; dagegen war die Zahl der großen Rundschiffe zu dieser Zeit gering. Im 15. Jh. waren es dann eher 40 Schiffe pro Karawane. Zum Schutz fuhren einige Galeeren mit. Seit dem Beginn des 14. Jhs. wurden große Galeeren auch als Handelsschiffe – Galea di mercato – benutzt. Diese Galeeren waren ausgerüstet wie ein Kriegsschiff und hatten eine Besatzung von wenigstens 200 Mann. Im 16. Jh. wurden sie abgelöst von einem venezianischen Typ

der hanseatischen Rundschiffe (Koggen), die mehr Geschütze hatten und trotz
ihrer Größe immer manövrierfähiger wurden. Die venezianische *Cocche* hatte
ein Ladegewicht von 400 bis 500 Tonnen. 1423 beispielsweise bestand die
venezianische Handels- und Kriegsflotte aus über 3 000 Schiffen unterschiedlicher Größe, auf denen ca. 36 000 Seeleute Dienst taten. Das war die größte
Seemacht des Abendlandes, wenn nicht der Welt.
Gehandelt wurde mit orientalischen Duftstoffen (Weihrauch, Benzoe, Moschus,
Amber), Arzneimitteln und Drogen. Im Gewürzhandel wurden in Venedig
jährlich gewaltige Vermögen umgesetzt, auch nach der Entdeckung des Seewegs
nach Indien. Weitgehend monopolisiert hatten die Venezianer den Handel mit
Seidenstoffen aus den hochspezialisierten Werkstätten von Byzanz. Venedig war
Europas größter Umschlagplatz für Baumwolle aus Syrien und Indien (über die
Levante oder Alexandrien), seit dem 13. Jh. auch von Kreta und Zypern. Von
den griechischen Inseln kamen Öl, Süßwein und Früchte. Eisen, Kupfer, Zinn,
meist von deutschen Kaufleuten geliefert, wurden in den Orient exportiert.
Der Kapitaleinsatz erfolgte auf verschiedene Arten: Reeder bzw. Kaufleute
konnten über eigene Schiffe verfügen; häufiger fand sich ein Konsortium
zusammen um ein Schiff auszurüsten und damit Handel zu treiben. In den
meisten Fällen vermietete jedoch der Staat Schiffe an mehrere private Unternehmer. Generell praktizierten die Venezianer eine möglichst große Risiko-
streuung: An einer Fracht konnten mehr als hundert Kapitalanleger beteiligt
sein, die unterschiedliche Summen einem Dutzend oder mehr reisenden Kaufleuten anvertrauten, die an den Abschlüssen mit Provisionen beteiligt waren.
Die Schiffsbesatzung war ein Spiegelbild der venezianischen Gesellschaft. Der
Capitano, Chef einer Muda oder eines Geschwaders von Kriegsschiffen, gehörte
ebenso dem Adel an wie der *Padrone,* Herr eines Handelsschiffes und natürlich
selbst Kaufmann, oder der *Sopracomito,* der eine Kriegsgaleere kommandierte.
Befehlsgewalt hatten Offiziere und Navigatoren; zur Mannschaftselite gehörten
Handwerker, die Schäden am Schiff beheben konnten (Zimmermann, Ruder-
schreiner, Küfer), der Koch natürlich und jene Matrosen, denen akrobatische
Fähigkeiten in den Masten abverlangt wurden. Aus den venezianischen Unterschichten rekrutierten sich einfache Matrosen und Ruderer (160 auf den
großen Galeeren). Auch letztere waren freie Venezianer, die unter ihrer Ruder-
bank so manches mitbrachten, was sich am Rialto zu Geld machen ließ. Erst im
16. Jh. sank das soziale Niveau der Ruderer; jetzt waren darunter viele Zwangs-
verpflichtete (Arme, Landstreicher, auch Sträflinge). Mitreisende Kaufleute, die
es erst zu Wohlstand bringen wollten, gehörten gleichzeitig zur Mannschaft des
Schiffes.

Literatur: F. C. LANE, Seerepublik Venedig, München 1980.

S. M.

Ein Bildungstourist des Mittelalters – Petrarca als Bergsteiger

Der italienische Dichter und Humanist Francesco Petrarca (1304–1374) stellte im Alter fest, er sei eigentlich sein ganzes Leben auf Wanderschaft gewesen. Tatsächlich war er – wenn man von den Fernhandelskaufleuten seiner Zeit absieht – so viel unterwegs wie kaum einer seiner Zeitgenossen. Als Dreijährigen schleppte ihn ein Vertrauter seines Vaters – in Leinen gewickelt und an einem Stock hängend – von Arezzo nach Pisa; mit sieben Jahren erlebte er seine erste Seereise (von Pisa nach Marseille) und wäre fast in einem Sturm ums Leben gekommen. Er studierte seit seinem 14. Lebensjahr in Montpellier, drei Jahre später in Bologna. Später reiste er unter anderem nach Paris, Köln, Rom, Prag und in die Niederlande, Oberitalien kannte er wie seine Westentasche.

1336 bestieg er mit seinem jüngeren Bruder den Mont Ventoux, einen über 1 900 m hohen Gipfel in den südwestlichen Ausläufern der französischen Kalkalpen. Diese „Reise" ist deshalb besonders bemerkenswert, als sie keinem anderen Zweck dient als dem, Wissbegierde zu stillen: Petrarca wollte „die ungewöhnliche Höhe dieses Flecks Erde durch Augenschein" kennen lernen. Während man sonst im Mittelalter die Mühen einer Reise eher widerwillig auf sich nahm, wenn es aus zwingenden Gründen notwendig war, unterzog er sich der mühsamen Wanderung um den Ausblick zu genießen und eine Erfahrung zu gewinnen, die der durchschnittliche Mensch seiner Zeit als ebenso unsinnig wie gefährlich eingestuft hätte – er war eben ein echter Humanist und auch schon so etwas wie ein Tourist.

26. April. Nach einem Ruhetag in Malaucène beginnen die Brüder, von zwei Dienern begleitet, mit dem Anstieg. Der Weg ist mühsam, denn sie müssen steile Felshänge überwinden, auf allen vieren kletternd, bald bis an die Grenzen ihrer Leistungsfähigkeit gefordert. Als sie einen Weg kreuzen, begegnet ihnen ein alter Hirte. Man sieht ihm an, dass er sein Leben in dieser unwirtlichen Landschaft verbracht hat: Seine Hände sind rauh und voller Schrunden, seine Haut wie gegerbt von Sonne, Kälte und Wind.

„Ihr seid wohl närrisch geworden", ruft er den Wanderern zu. „Kehrt um, wagt nicht euer Leben für so etwas Sinnloses! Vor fünfzig Jahren, als ich genauso jung und verrückt war wie ihr, da hab ich auch diesen Gipfel erstiegen. Was hat's mir eingebracht? Mit knapper Not bin ich dem Tod entronnen, vollkommen erschöpft und mit zerrissenen Kleidern bin ich heimgekehrt und nichts als Reue über meine Dummheit ist geblieben."

Der Alte predigt tauben Ohren. Je mehr er lamentiert, umso stärker wird das Verlangen das gefährliche Wagnis einzugehen. Hat er es nicht auch getan? Und ist er nicht zurückgekehrt?

Als der greise Hirte merkt, dass seine Warnungen nichts bewirken, zeigt er ihnen den Weg. Aber er schimpft hinter ihnen her, bis sie hinter dem nächsten Felsvorsprung verschwunden sind.

Die Wanderer haben ihren Schritt beschleunigt, als wollten sie sich beweisen, dass sie den Alten nicht ernst nehmen; vielleicht hat er auch bewirkt, dass sie

ihr Abenteuer jetzt so schnell wie möglich hinter sich bringen wollen. Doch schon bald werden sie müde; besonders Petrarca ist erschöpft, der Schweiß rinnt ihm den Körper herunter, er hat Seitenstechen. „Warum gehst du immer da, wo es am steilsten ist?", ruft er seinem Bruder zu, der die kleine Gruppe anführt. „Warum sich plagen, wenn man es auch bequemer haben kann?"
Der Jüngere winkt nur wortlos ab; unermüdlich stapft er vorwärts, überquert rutschend eine Geröllhalde, zieht sich über einen Felsvorsprung.
Schweratmend bleibt Petrarca stehen. „Halt an!", befiehlt er keuchend seinem Diener, „ich brauche eine Pause." Als er wieder zu Atem gekommen ist, meint er: „Lass die beiden sich abschinden, wir nehmen einen bequemeren Weg!" Sie suchen sich einen Pfad zwischen verkrüppelten Latschen, der nur gemächlich ansteigt. Bald hindert sie eine unüberwindliche Felswand am Weiterkommen, sie müssen einen weiten Bogen schlagen, Einschnitte umgehen, verlieren an Höhe. Auf einer Blöße blicken sie nach oben: Hoch über ihnen auf einem schmalen Grat stehen die anderen und winken ihnen triumphierend zu. „Verfluchte Dummheit!", ächzt Petrarca, „wann hätte schon einmal jemand durch Hinabsteigen die Höhe erreicht! Da drüben zwischen den Felsen, da könnte es direkt hinaufgehen."
Sie haben Glück. Der Anstieg ist beschwerlich, aber sie kommen zügig voran, es gibt kein Hindernis mehr, das sie nicht mit Händen und Füßen bezwingen können. Petrarca nimmt alle Kräfte zusammen und hält nicht mehr an, bis er seinen Bruder eingeholt hat. Dann lässt er sich ins spärliche Gras fallen und streckt alle viere von sich. Wenig später kommt sein Diener, nicht weniger erschöpft als er.
Sein Bruder lacht sie aus: „Ihr macht es wie Hunde und kleine Kinder", spottet er, „ihr rennt jeden Weg zweimal!" Petrarca hört gar nicht hin. „Es ist wie im Leben", sinniert er. „Auf dem Gipfel ist das Ende aller Dinge, auf ihn ist unsere irdische Pilgerfahrt gerichtet. Habe ich nicht gerade den Fehler vieler Menschen begangen, indem ich den scheinbar bequemeren Weg gewählt habe, der aber der Weg der niedrigen Gelüste ist und niemals zum Gipfel führt?"
„Ja ja, natürlich, du hast ganz Recht", meint sein Bruder belustigt, „aber vielleicht grübelst du darüber weiter nach, wenn wir wieder unten sind. Nicht auf deine klugen Gedanken, auf deine Füße kommt es jetzt an. Kommt, wir müssen weiter!"
Endlich erreichen sie den Gipfel. Nach dem Regen der letzten Tage ist die Luft von wunderbarer Klarheit. Überwältigt schauen die Wanderer in die Runde: Im Osten, zum Greifen nah, das gewaltige Massiv der Alpen, unter ihnen schlängelt sich die Rhone durch die grüne Ebene und im Süden schimmert das Meer, vereinigt sich am Horizont mit dem wolkenlosen Himmel.
Petrarca kann sich erst nicht sattsehen, aber dann greift er in die Tasche und zieht ein Buch hervor, eine winzige Ausgabe von Augustins *Bekenntnissen*, schlägt auf und beginnt zu lesen. Er wird zunehmend nachdenklich, seine Brauen ziehen sich zusammen. „Hört, was ich – rein zufällig, ich schwöre es

euch, wenn es denn überhaupt einen Zufall gibt – aufgeschlagen habe: „… Es gehen die Menschen zu bestaunen die Gipfel der Berge und die ungeheuren Fluten des Meeres … und haben nicht Acht ihrer selbst!"
„Was bin ich für ein Dummkopf!", ruft er zornig. „Ich bewundere die Erde, obwohl doch nichts außer der Seele bewundernswert ist; ich genieße ein oberflächliches Schauspiel und suche außerhalb, was doch in mir zu finden ist! Kommt, ich habe genug von diesem Gipfel!"
Er springt auf und beginnt eilig mit dem Abstieg, die anderen folgen ihm. Die Sonne geht unter, aber das Mondlicht weist ihnen den Weg. Spät in der Nacht erreichen sie ihr Wirtshaus in Malaucène. Immer noch ärgert sich Petrarca, dass er sich von den Reizen der Natur so hat einfangen lassen.
Doch ein gutes Abendessen bessert seine Laune. Und bald wird er wieder reisen.

Nach N. Ohler, Reisen im Mittelalter, München 1991, S. 380–383.

H. P.

Ein Waffenhändler unterwegs

In der Gasse gleich hinter dem Rathaus von Mailand herrschte reges Treiben. „Giovanni, Antonio, beeilt euch gefälligst, ich will das ganze Zeug noch vor Mittag auf dem Schiff haben!" Der Mann im roten Samtwams mit dem teuren Pelzbesatz an den Ärmeln nahm die Mütze ab und wischte sich den Schweiß von der Stirn.
„Francesco, hast du die Kreditbriefe besorgt?" „Ja doch, zum zehnten Mal!", brummte der Gefragte. „Warum seid Ihr denn heute gar so unruhig?" „Ich bin nicht unruhig!" Ludovico Sammartini lief nervös zwischen den Maultieren umher, auf deren Rücken sich die Ladung höher und höher türmte. „Aber dieses Geschäft darf uns nicht durch die Lappen gehn! Wir müssen die ersten sein!"
Von einem Geschäftsfreund aus Frankreich hatte Ludovico erfahren, dass die Entscheidungsschlacht zwischen den Truppen des Königs von Frankreich und denen des Herzogs von der Bretagne in den nächsten Wochen bevorstand. Bis dahin musste er unbedingt die Grenze zwischen Königreich und Herzogtum erreicht haben; der Gewinn würde ihn für jede Mühe entschädigen!
Endlich war alles verstaut: Panzer aus gehärtetem Stahl, Halsbergen, Helme und Beinschützer, alles Verteidigungswaffen, auf die sich Ludovico spezialisiert hatte. Flüchtig winkte er seiner Frau, die aus einem Fenster im ersten Stock seines Hauses auf ihn herabschaute, dann formierte sich der Zug und setzte sich in Bewegung: vorneweg drei berittene Armbrustschützen, gefolgt von Ludovico und seinen drei Gehilfen auf ihren Pferden, dann die zwölf schwer beladenen, aneinandergebundenen Maultiere, von zwei Treibern geführt, und am Schluss drei schwer bewaffnete Knechte. Auf den gepflasterten Straßen der Stadt ging es rasch voran; bald hatten die Reisenden den Wassergraben am Rand des Zentrums erreicht. Dort, wo der Kanal zum Ticino seinen Anfang nahm, lag ein

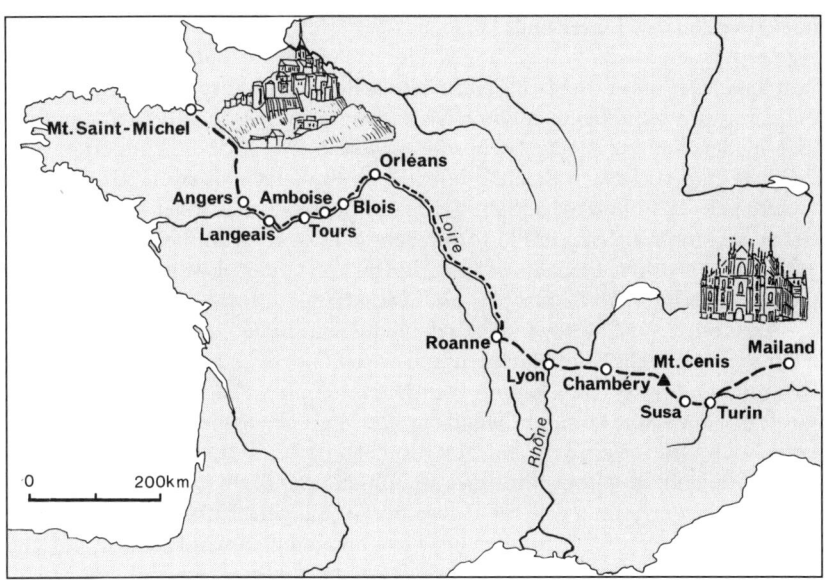

breiter, flacher Kahn, bereit sie aufzunehmen. Die Pferde, die das Schiff durch den Kanal treideln sollten, standen schon im Geschirr. Kaum eine halbe Stunde dauerte es, bis alles an Bord war. Am späten Abend erreichten sie die Mündung des Kanals in den Ticino und brachten ihre Fracht an Land. Ludovico betrat die kümmerliche Herberge, in der sie die Nacht verbringen würden, und seufzte. So leicht würde die Reise nicht weitergehen. Schon dieses Wirtshaus war eine Zumutung. Keine Betten, nur hölzerne Bänke, keine Nachttöpfe, sodass man in den Kamin pissen musste, das Essen so schlecht, dass er es vorzog, das Proviant-paket seiner Frau vorzeitig zu plündern. Und morgen, die Straße nach Turin – da gab es kein Pflaster mehr, nur Staub, Schlaglöcher und Steine, dazu die mörderische Hitze … Eine Stunde Zeit zum Essen gab Ludovico seinen Leuten, zwei Becher Wein gestattete er ihnen, dann schickte er sie schlafen. Bald nach Tagesanbruch ging es weiter.

Geschlagene fünf Tage brauchten sie bis Turin, ein fürchterliches Gewitter hatte sie fast einen halben Tag gekostet. Erschöpft sanken die Männer im Wirtshaus in die Betten, aber nach wenigen Stunden Schlaf weckte Ludovico sie unbarm-herzig. Gott sei Dank gab es in Turin, diesem winzigen Nest, nichts, was die Leute zum Verweilen eingeladen hätte, und so fügten sie sich ohne Murren. Weiter ging es über die staubige Straße, zwei Tage lang, bis nach Susa, dann nach Novalesa, wo sie in der Abtei übernachteten – wenigstens war dort das Essen gut. Am folgenden Morgen wurden die Lasttiere gewechselt und der Aufstieg zum Mont Cenis begann. Im Schritttempo ging es über die felsigen Pfade, die schwer beladenen Maultiere ließen sich nicht treiben. Es dämmerte schon, als die Reisenden ihre Unterkunft kurz nach der Passhöhe erreichten. Am nächsten Tag der Abstieg durch dichte Nadelwälder nach Savoyen und weiter nach Lyon. Fünf Tage! Die schönste Stadt Frankreichs sollte es sein, aber Ludovico erlaubte nicht, dass sich seine Leute auf dem Markt nach den hübschen Frauen umsahen oder in der Kathedrale die berühmte astronomische Uhr bewunderten. Das Geschäft ging vor! Nach Roanne führte der Weg jetzt – in zweieinhalb Tagen schafften sie es! –, dort wurde die Loire schiffbar, die Mailänder schafften ihre Lasten auf eine *sapinière*, ein Floß aus mächtigen Tannenstämmen, und konnten erst einmal ausruhen. Erst kamen sie recht langsam voran, obwohl es flussabwärts ging, denn zahlreiche Sandbänke und Wasserräder mussten umschifft, immer wieder Zölle entrichtet werden; reichlich Zeit hatten die Reisenden den „Garten Frankreichs", die Flussauen und die rebenbedeckten Hänge zu bewundern, nur Ludovico hatte kaum einen Blick für die liebliche Landschaft – er würde erst zur Ruhe kommen, wenn er seine Ware sicher an den Mann gebracht hatte. Nach Orleans ging es schneller, Blois, Amboise, Tour und Langeais glitten an den Mailändern vorbei, ohne dass sie anhielten, außer wenn es die allfälligen Gebühren zu entrichten galt. Elf Tage waren sie auf dem Fluss unterwegs, bis sie ihn bei Angers verließen und neue Tiere mieteten. Am folgenden Morgen wurden sie im Tal der Mayenne von einer Bande von Straßendieben überfallen. Aber sie waren armselig bewaffnet, und Ludovicos Söldner mussten nur einmal ihre Armbrüste abschießen um sie in die Flucht zu schlagen. Der Rest der Reise verlief ohne Zwischenfälle und am Abend des 27. Juli 1488, 35 Tage nach ihrem Aufbruch, langten die Mailänder Waffenhändler in Saint-Aubun-du-Cormier an, wo sich die feindlichen Truppen gegenüberlagen.

Die Strapazen der Reise hatten sich mehr als gelohnt, denn die Ritter des Herzogs, denen Ludovico seine Waren anbot, rissen ihm seine Panzer und Wehren nur so aus den Händen. Nutzen brachte es ihnen freilich keinen, denn am folgenden Tag wurden sie vom Heer des Königs geschlagen. Aber was kümmerte das Ludovico? Er hatte ein Geschäft gemacht, das seine kühnsten Erwartungen noch übertroffen hatte. Sieger und Besiegte gingen ihn – vorerst! – nichts mehr an. In aller Ruhe machte er sich mit seinen Leuten auf den Weg zurück nach Hause, ins schöne und reiche Mailand.

Nach L. CAMUSSO, Reisebuch Europa 1492. Wege durch die Alte Welt, München/Zürich 1991, S. 133–148.

H. P.

Auf Pilgerfahrt nach Santiago de Compostela

So oder so ähnlich hat wohl der eine oder andere mittelalterliche Pilger an die Daheimgebliebenen geschrieben und den Brief einem Rückkehrer mitgegeben:

„Geliebter Bruder, viele Wege führen zum Grab des heiligen Jakobus nach Santiago. Das erfahren wir immer wieder, wenn wir auf Pilger aus ganz Europa treffen. Nach all den Leiden und Entbehrungen kann ich dir heute melden, wir haben den Somportpass überwunden und Spanien erreicht. Eine Landschaft öffnet sich vor unseren Augen, wie du, geliebter Bruder, sie noch nie gesehen. Jetzt wenden wir uns nach Westen. Wir beten zu Gott, dass wir das Schlimmste hinter uns haben.

‚Wer euch aufnimmt, nimmt mich auf.‘ So sagt der Herr im Evangelium. Aber die Gastfreundschaft ist längst nicht so herzlich, wie es im Pilgerführer steht. Alle, die vom Grab des heiligen Jakobus zurückkehren oder dorthin unterwegs sind, sollen mildtätig und barmherzig aufgenommen werden. Die Wirklichkeit ist anders, glaube mir.

In Herbergen übernachten wir schon lange nicht mehr. Viel Schlimmes haben wir selbst dort erlebt. Noch üblere Erfahrungen berichten uns andere Pilger. Schlechten Wein und verdorbenes Essen hat uns ein Wirt schon vorgesetzt. In einer anderen Gaststube wurde gar in ein Gefäß mit doppeltem Boden eingeschenkt. Einer war so dreist seine Mägde mit den Gästen verkuppeln zu wollen. Kein Wunder, wenn die meisten von uns im Freien schlafen. Wir danken Gott,

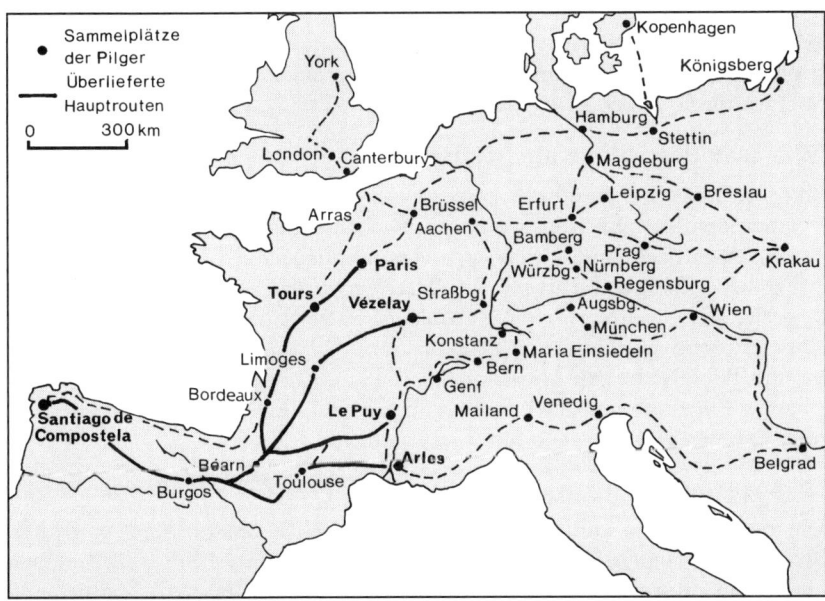

dass Bruderschaften und geistliche Orden zahlreiche Hospitäler entlang der Straßen errichtet haben. Schon von außen erkennen wir sie an der Jakobsmuschel. Wer dort Aufnahme findet, kann sich die schmerzenden Füße waschen und seinen Hunger stillen.

Leider können wir nicht einmal all jenen trauen, die sich durch die Jakobsmuschel als Pilger ausgeben. Gauner und Räuber haben sich auf den Straßen unter uns gemischt. Sie bestehlen uns oder ruinieren uns durch betrügerische Geschäfte. Nicht wenige Jünger des Jakobus pilgern völlig mittellos zu seinem Grab und hoffen auf die Gnade Gottes.

Der Herr wird die Sünder strafen. Ich hörte von einem Weber in Nantua, der einem Pilger des heiligen Jakobus ein Stück Brot verweigerte. Da fiel sein Webstoff zu Boden und riss in der Mitte entzwei. In Villenneuve, so wird erzählt, verwandelte der Herr ein Brot zu Stein. Dort hatte eine hartherzige Frau einen hungernden Jünger des Jakobus abgewiesen. Noch härter war das göttliche Gericht in Poitiers, wo ein rasendes Feuer eine ganze Straße niederbrannte, weil zwei Pilger vergebens um Gastfreundschaft gebeten hatten. Du siehst, Gott lässt uns nicht im Stich.

Morgen nehmen wir wieder den Pilgerstab im Namen unseres Herrn Jesus Christus, der uns sicher zum Grab des heiligen Jakobus geleitet. Gott segne dich."

Wer pilgerte nach Santiago?

„Dorthin zum Apostelgrab wenden sich die Armen, die Reichen, die Kriminellen, die Ritter, die Fürsten, die Regierenden, die Blinden, die Lahmen, die Wohlhabenden, die Edlen, die Helden, die hochgestellten Persönlichkeiten, die Bischöfe, die Äbte, viele barfuß und ohne Mittel, andere beladen mit Ketten aus Strafgründen." *(Liber Sancti Jakobi, 12. Jh.)*

Wie war der Pilger ausgerüstet?

Wenn er die Mittel dazu hatte, besorgte sich der Pilger folgende Ausrüstung:
– einen breitkrempigen Pilgerhut mit Nackenschutz und Pilgermuschel;
– eine Pilgertasche mit Löffel, Essgeschirr und einer Büchse. Hierin bewahrte er die wichtigsten Papiere auf. Dazu gehörten ein weltlicher und ein geistlicher Geleitbrief sowie Zertifikate aus Santiago de Compostela, die als Bestätigung der Pilgerreise dienten;
– eine Trinkflasche zum Umhängen;
– einen Pilgerstab und einen festen Pilgermantel, am besten mit Leder besetzt;
– empfohlen wurden weiterhin zwei Paar Schuhe.

Was waren die Motive für eine Pilgerreise?

Die meisten zogen zum Grab des heiligen Jakob „um Erlösung von ihren Sünden zu erlangen, Heilung von ihren Gebrechen zu erhalten, ein Gelübde einzulösen oder um der Unfreiheit ihrer Lebensverhältnisse zu entfliehen".

Durch Quellen belegen lassen sich außerdem manche weiteren Gründe, etwa Gebetsverbrüderung oder der Erwerb von Jakobsreliquien. Auch der Tod eines Partners oder der Wunsch, sich einem kriegerischen Unternehmen zu entziehen, konnten Anlass für eine Wallfahrt sein.

W.W.

Ri-ra-rutsch, wir fahren mit der Kutsch'!

Wenn ein Römer um 300 n. Chr. von Mediolanum nach Augusta Treverorum reisen wollte, konnte er dies durchgehend auf gut befestigten Straßen und in einem Reisewagen tun, dessen Karosserie durch eine Aufhängung an Lederriemen gefedert war. Bis ähnlicher Komfort und ähnliche Reisegeschwindigkeit in nachantiker Zeit wieder erreicht wurden, sollten weit über 1 300 Jahre vergehen.

Im 16. Jh. gab es die ersten Kutschen. Sie hatten eine bewegliche Vorderachse und waren auch sonst den römischen Reisewagen vergleichbar, einschließlich der Spurbreite, die sich tradiert hatte. Aber es war ein Gefährt nur für die Oberschicht, reich verziert, ein Statussymbol.

Im späten 17. Jh. baute das absolutistische Frankreich Kunststraßen oder Chausseen; in Deutschland setzte dies in der zweiten Hälfte des 18. Jhs. ein. Erst jetzt war römischer Reisekomfort wieder möglich. Technische Verbesserungen kamen um 1840/50 hinzu: eine Aufhängung mit stählernen Sprungfedern etwa oder „Radschuhe" zum Bremsen, wodurch die Sicherheit erhöht und tiefe Schleifspuren in den Wegen vermieden wurden, die durch „Sperren" der Räder mit Seilen oder Hölzern entstanden waren.

Kutschenreisen erforderten eine bestimmte Infrastruktur, die zum Teil schon im 17. Jh. von den alten Posthaltereien aufgebaut wurde. Diese *Relais* widmeten sich dem gewerblichen Personenverkehr, indem sie nicht mehr nur Reit- und Kurierpferde bereit hielten, sondern Wagenpferde, Ställe, Übernachtungsmög-

Dienstsignale

lichkeiten anboten. Vorausgeschickte „Laufzettel" garantierten, dass ein Gespann und ein Postillon zur Verfügung standen und zügiges Fortkommen mit der „Extrapost" bei Tag und Nacht möglich war. Ein nächster Schritt war, dass auch Mietwagen an Reisewillige abgegeben wurden.

Goethes Extrapost

1786–1788 war J. W. Goethe zum ersten Mal in Italien. Bei der Anreise von Karlsbad nach Verona hat er die Poststationen und Fahrzeiten notiert. Hier die Strecke von Regensburg nach Innsbruck (eine Meile rund 7,5 km):

Station/Relais	Meilen	Fahrtzeit
Regensburg		
Saal	3	2,5 h
Neustadt	3	2 h
Geisenfeld	3	2 h
Pfaffenhofen	3	2 h
Unterbrück	3	4 h
München	4	4 h
Wolfratshausen	4	3 h
Benediktbeuern	4	4,5 h
Walchensee	3	3 h
Mittenwald	3	3 h Übernachtung
Seefeld	2	2,5 h
Innsbruck	3	2,5 h
	38	35 Stunden

Auf dieser Strecke hatte er außer der Übernachtung so gut wie keinen Aufenthalt. Im Schnitt legte die Kutsche 8 km in der Stunde zurück. Eine Nachtfahrt jenseits des Brenners ging nach Goethes Worten mit einer „entsetzlichen Schnelle" vonstatten: fast 10 km pro Stunde: „Die Postillon fuhren, dass einem oft Hören und Sehen verging." (Italienische Reise)

Eine breitere, aber immer noch relativ wohlhabende bürgerliche Schicht konnte erst dann an die Kutsche als Reisemittel denken, als diese gewissermaßen als öffentliches Verkehrsmittel zur Verfügung stand. Seit dem frühen 18. Jh. gab es die *Ordinari-Post*: regelmäßig (lateinisch *ordinarius*) bediente Fahrtrouten mit Fahrplänen und festen Preisen; man musste sich an einer Station in die Passagierliste eintragen und den Fahrtpreis entrichten. Seit der Mitte des 18. Jhs. sind alle größeren Orte durch solche Linien verbunden. Das späte 18. Jh. ist der Beginn eines bürgerlichen Bildungstourismus. An die 10 000 Reiseberichte in deutscher Sprache sind im 18. Jh. entstanden; in der ersten Hälfte des 19. Jhs. hat sich die Zahl verdoppelt und verdreifacht. Es wird so viel gereist wie nie zuvor und die Kutsche wird zu einem unverzichtbaren Verkehrsmittel.

Verbessert wird dieses Verkehrssystem im frühen 19. Jh. durch die Einführung der „Schnellpost" (z. B. Preußen 1821, Württemberg 1822). Durch Straffung der Organisation und Verkürzung der Aufenthalte wurden die Fahrtzeiten um bis zu 75 Prozent verringert, zwischen Stuttgart und Frankfurt beispielsweise von 40 auf 25 Stunden. Einen Gesellen mit durchschnittlichem Einkommen hätte diese Reise allerdings mindestens einen Monatslohn gekostet, war also schlicht unerschwinglich.

In der zweiten Hälfte des 19. Jhs. löste die Eisenbahn mit dem „Dampfross" mehr und mehr die überregionalen Kutschenlinien ab; der Verkehr mit der Postkutsche beschränkte sich auf Nebenstrecken.

Literatur: 2000 Jahre Post. Vom cursus publicus zum Satelliten (Ausstellungskatalog), Wien 1985; Fränkische Postgeschichtsblätter, Heft 34, Nürnberg 1982.

S. M.

Gesellen auf der Walz

„... den soll man als G'sell erkennen
oder gar ein' Meister nennen,
der noch nirgends ist gewest,
nur gesessen in sein Nest?"

So heißt es in einem bekannten Wanderlied. Das Wandern war für junge Gesellen eine Pflicht. Das begann mit dem aufblühenden Handwerkertum und den sich ausbildenden Zünften seit dem 13./14. Jh. Wer Meister werden wollte, musste sich bei auswärtigen Meistern umsehen. Auf diese Weise sind Innovationen verbreitet worden, die eine immer größere Spezialisierung und Differenzierung der Gewerbe erst ermöglichten. Das Wandern war für junge Gesellen aber auch eine „Lust", wie Wilhelm Müller dichtete; es brachte Änderung und Wechsel im ewigen Gleichlauf der Dinge, einen Zugewinn an Freiheit gegenüber Enge und Geborgenheit der Lehrjahre, befriedigte Neugierde und Abenteuerlust. Wandernde Gesellen gab es bis weit ins 19. Jh. hinein, bis schließlich Gewerbefreiheit und Industrialisierung die alten Ordnungen und Gewohnheiten auflösten. Ein *Wanderbuch für junge Handwerker* von C. Th. B. Saal, erschienen in Weimar 1842, gibt einen Einblick in das Gesellenwandern – zwischen Tradition und neuer industrieller Zeit.

„Von dem Reiten", so Saal, „kann in Bezug auf Handwerksburschen nicht die Rede seyn; denn dazu gehört ein eigenes Pferd, was der Gesell nicht in der Werkstelle bis zur nächsten Reise füttern kann, und ein Beutel, in welchem sich mehr Dukaten als in dem seinigen Groschen finden." - „Ihr seid", so spricht er seine „jungen Freunde" an, „auf das Reisen zu Fuße angewiesen, wie es eure Vorfahren vorn Alters her waren und in Zukunft auch noch seyn werden. Denn diese Art zu reisen ist nicht allein die wohlfeilste, sondern auch die bequemste.

Ihr könnt anhalten und euch umsehen, wo ihr wollt, ausruhen, wo ihr Lust habt, euch unter jedem schattigen Baume lagern, an jeder frischen Quelle erquicken. Mit einem Worte: ihr reiset ohne allen Zwang." Gelegentlich könne man, wenn es nicht zu teuer kommt, die Postkutsche benutzen oder die Eisenbahn. Diese sei sogar am billigsten, „weil man Touren in einem Tage zurücklegen kann, auf welchen der Fußgänger 14 Tage und länger zubringt". Die Fahrt mit einem Dampfschiff empfiehlt er schon deswegen, weil man ein solches Erlebnis vielleicht nur einmal im Leben bekommt.

Die empfohlenen Wanderrouten gehen weit über den mitteleuropäischen Raum hinaus. Saal beschreibt Hauptrouten, die sich an Knotenpunkten – etwa Köln, Frankfurt, Nürnberg, Augsburg oder Leipzig und Berlin – kreuzen. Paris, Brüssel, Amsterdam, Hamburg, Danzig, Königsberg, St. Petersburg, Warschau, Krakau, Lemberg, Prag, Wien, Ofen, Venedig, Mailand, Lyon und andere europäische Städte sind mit diesen Wanderrouten verknüpft. Saal gibt jeweils die Tagesetappen an; die Entfernungen schwanken zwischen einer Meile (rund 7,5 km) und vier, selten fünf Meilen. Im Durchschnitt ist eine Tagesreise auf zwei bis zweieinhalb Meilen bemessen.

Gegenüber dem neuen Phänomen der Auswanderung nach Amerika ist der Verfasser skeptisch und verweist auf viele enttäuschte Rückkehrer: „Die meisten Handwerke werden in America mit größerer Vollkommenheit betrieben als bei uns und ein Deutscher findet darin sein Glück nicht." Von Bremen aus gibt es fast jeden Monat wenigstens eine Fahrtgelegenheit mit Paketschiffen nach Baltimore, New York oder Philadelphia. Die Überfahrt dauerte 30 bis 40 Tage; der billigste Tarif kostete 40 Rheinische Taler.

Der fahrende Geselle wird mit reichlich guten Ratschlägen versehen. So muss man sich bei der Polizeibehörde ein Wanderbuch beschaffen um sich ausweisen und seine Tätigkeiten nachweisen zu können, damit man nicht als Landstreicher in Verdacht gerät.

Als Garderobe werden folgende Stücke genannt: ein zweiter Rock (Obergewand oder Jacke), ein „Staubmantel", eine Reisejacke, ein Hut, eine Mütze, ein Paar Schuhe und Stiefel, ein Arbeitsbeinkleid und eine Arbeitsweste, vier Paar Strümpfe, vier Hemden, vier Schnupftücher und Halstücher, Handschuhe und zwei Nachtmützen. Das genügt! Als Gepäckstück diente ein „Ränzchen" oder Felleisen.

Der Besitz von Waffen wie Dolch oder Pistole wird in den meisten Ländern streng bestraft. Saal empfiehlt sich mit einem kräftigen Stock vor möglichen Überfällen zu schützen. Wichtige Papiere und Geld soll man am Leib tragen und keinesfalls in Außentaschen aufbewahren.

Die beste Zeit des Reisens ist das Frühjahr, weil dann das Fortkommen am wenigsten beschwerlich ist und man am leichtesten Arbeit finden kann, etwa in den Baugewerben. Saal empfiehlt mit dem Aufgang der Sonne aufzubrechen; von zehn Uhr bis nachmittags drei Uhr (im Sommer vier Uhr) soll man Rast machen und nie mehr als fünf bis sechs Stunden am Stück laufen.

Der Reisende soll immer ein Stück Brot bei sich haben. Von dem Genuss von
Bier rät er ab, höchstens zum Mittagessen will er ein Glas zugestehen. Man soll
nicht aus kleinen stehenden Gewässern trinken, nicht aus Teichen, in denen
Schilf wächst, weil die Gefahr bestehe, kleine Eidechsen oder Schlangen
mitzutrinken, die dann im Magen weiterleben, die Gesundheit ruinieren und
das Leben kosten können.

In der Beziehung zum anderen Geschlecht soll man sein Handeln stets der
„Richterin Vernunft" unterwerfen und sich nicht losen Sitten hingeben, nach
dem Motto: „Ein ander Städtchen, ein ander Mädchen."

Die Dauer der Wanderschaft beträgt in der Regel drei bis sechs Jahre, so
schreiben es die Zunftordnungen vor. Saal empfiehlt allerdings länger zu bleiben,
sich weiter zu vervollkommnen und zu warten, bis sich zu Hause die Chance
ergibt Meister zu werden. – Wenn es denn eine gibt!

Literatur: C. TH. B. SAAL, Wanderbuch für junge Handwerker oder populäre
Belehrung, Reprint der Ausgabe Weimar 1842, Leipzig 1982.

S. M.

Reisen mit dem Dampfross

In England begann die Geschichte des Dampfrosses – die Revolutionierung des
Reisens. Der erste Schritt geschah nicht im Personenverkehr, sondern im
Bergbau, wo es längst vom Pferd gezogene Wagen auf Schienen gab. Richard
Trevithick experimentierte mit einer Dampfmaschinenlokomotive (1804). Wei-
terentwicklungen von George Stephenson machten das Dampfross für den
Personenverkehr interessant. 1825 wurde die 16 km lange Strecke Stockton-
Darlington an der Ostküste zum erstenmal von einem Dampfross befahren, dann
aber als Pferdebahn weiterbetrieben. Den Durchbruch schaffte Stephenson mit
der Strecke Liverpool - Manchester (ca. 60 km), die als erste ausschließlich mit
dem Dampfross betrieben wurde.

Eine Stephenson-Maschine – der „Adler" – zog am 7. Dezember 1835 den
ersten Zug der deutschen Eisenbahngeschichte zwischen Nürnberg und Fürth.
Die 200 Passagiere der Jungfernfahrt legten die knapp sechs km in etwas
weniger als einer Viertelstunde zurück. Der Berichterstatter vom *Stuttgarter
Morgenblatt* schrieb damals: „Es imponiert, wenn man den Wagen wie von selbst,
wenn auch nicht pfeilgeschwind, doch gegen alle bisherige Erfahrung schnell,
unaufhaltsam heran, vorüber und in die Ferne dringen sieht." ca. 30 km/h war
die Durchschnittsgeschwindigkeit der Züge in den nächsten Jahrzehnten. Skep-
tiker glaubten, der Mensch könne solche Geschwindigkeiten gar nicht aushalten; durchgesetzt haben sich jedoch Visionäre wie Friedrich List, der schon 1833
ein Eisenbahnnetz für Deutschland entwarf.

Der Reisekomfort der ersten Bahnen war bescheiden. Die Waggons ähnelten
einer auf die Schiene gesetzten Postkutsche; der Kutschbock war nun Bremser-

sitz. Es gab offene und gedeckte Wagen, Holzbänke, nur bei der besseren Version waren die Abteile mit Tuch ausgeschlagen und die Fenster verglast. Erst allmählich ging man von der Kutschenform ab und entwickelte spezielle Abteilwagen, aus der Idee heraus, mehrere Postkutschenkästen auf ein gemeinsames Fahrgestell zu setzen. Solche frühen Wagen waren ca. sieben m lang und wogen zwei Tonnen. Die Abteile hatten eine Höhe von nur 1,70 m, acht Sitzplätze, in der besseren Klasse gepolstert, und ein Gestänge für Gepäckstücke. Toiletten gab es erst ab 1860, als mit dem Ausbau des Netzes die Strecken immer größer wurden. Das „Örtchen" befand sich im Packwagen oder in einem bestimmten Waggon, sodass man bei einem Zwischenaufenthalt umsteigen musste. In den ersten Jahren fuhr die Eisenbahn nie bei Dunkelheit. Als dann eine Beleuchtung notwendig wurde, versah man zunächst die Abteile der ersten Klasse mit einer Kerzen- oder Öllampe. Seit 1871 gab es Ölgasbeleuchtung durch eine Lampe an der Wagendecke. Es dauerte einige Jahrzehnte, bis die Gesellschaften eiserne Fußwärmer mit heißem Sand oder Wasser zur Verfügung stellten; dann gab es Kohleöfen unter den Bänken. Die Dampfheizung von der Lokomotive aus bekam man technisch erst in den 70er Jahren in den Griff. Die Fenster waren verglast und auch Lüftung war möglich. In den 70er Jahren war ein hoher Standard an Komfort erreicht: Federung, Puffer und Bremssystem waren verfeinert; es gab Liege-, Schlaf- und Speisewagen – oder Salonwagen für die ganz Reichen und die Regierenden. In wenigen Jahrzehnten hatten sich die Möglichkeiten des Reisens mehr verändert als in Jahrhunderten vorher.

Bahnreise – das war immer auch technische Faszination. Eisenbahnbrücken entstanden, die wie römische Aquädukte aussehen (Göltzschtalbrücke im sächsischen Vogtland), Gebirgsbahnen (z. B. Schwarzwaldbahn 1867–1873) mit Tunneln, Kehren und Doppelschleifen – und Bahnhöfe mit Anklängen an gotische Kirchen, Ritterburgen, Renaissancepaläste. Vieles davon gibt es noch, aber kaum mehr das Dampfross – und für Diesel- oder Elektrolokomotiven hat sich keine so liebevolle Bezeichnung gefunden.

Fahrzeit Personenverkehr Nürnberg – Frankfurt/Main		Streckenausbau in Deutschland	
1863	7 h 25 min	1837	20 km
1873	5 h 52 min	1838	140 km
1903	4 h 59 min	1840	550 km
1933	4 h 43 min	1845	2 300 km
1953	4 h 48 min	1850	6 040 km
Elektrifizierung		1860	11 660 km
1961	3 h 12 min	1870	19 700 km
1968	2 h 16 min	1880	33 800 km
1996	2 h 08 min	1885	39 500 km

Literatur: Verkehrsmuseum Nürnberg: Bahn/Post, München 1982.   *S. M.*

Mode

Auf dem Laufsteg durch die Geschichte

„Mode ist der schillernde Ausdruck eines kollektiven Fetischismus" (G. Witt-kop-Ménardeau) und bezieht sich auf alle Bereiche der Inszenierungsmöglich-keiten menschlichen Lebens – also nicht nur auf Kleidung, um die es hier gehen soll, und keineswegs beschränkt auf die Damenmode.

Zu allen Zeiten wurde die Kleidung von bestimmten Faktoren beeinflusst, die neben dem Schutz des Menschen vor klimatischen Einflüssen oder Verletzungen sowohl relativ konstant bleibende individuelle Bedürfnisse wie auch gesellschaftliche Gegebenheiten umfassten. Sie konnten sich von Epoche zu Epoche ganz oder teilweise ändern. Schematisch dargestellt ergibt sich folgendes Bild:

Dominante Faktoren wechselnd	
Männer-Frauen-Verhältnis:	
individuelle Gründe, z. B.:	Schamempfinden, Erotik, Eitelkeit, Schmuckbedürfnis, Nachahmungstrieb, altersbedingtes Interesse an der Mode
Kultur, Zeitgeist einer Epoche, z. B.:	religiöse Vorschriften, Körperbewusstsein
gesellschaftliche und ökonomische Gründe, z. B.:	technische und wirtschaftliche Gege-benheiten, Beschaffbarkeit und Weiter-verarbeitungsmöglichkeiten von Mate-rialien, Handelsverbindungen, Rechts-verhältnisse, wirtschaftliche Lage der Gemeinschaft, der Gruppe, des Indivi-duums, Herrschaftsverhältnisse

Die Wichtigkeit der Faktoren änderte sich natürlich. So wurden z. B. vom Altertum an bis zur Französischen Revolution die Herrschaftsverhältnisse durch Kleiderordnungen dokumentiert, in denen geregelt wurde, welche Kleidungs-stücke, welcher Zierrat oder Schmuck angelegt werden durfte, nach Stand, Geschlecht, Alter und Anlass genau unterschieden. Kleiderordnungen konnten aber auch aus Gründen der Staatsfinanzen modifiziert werden: Friedrich Wil-helm I. sah gleichermaßen auf die Tugend wie auf die Staatskasse, als er Frauenspersonen minderen Standes das Tragen seidener Mieder verbot und wollene anempfahl, deren Stoff aus eigenen Manufakturen stammte.

Im 19. Jh. bestimmten wirtschaftliche und gesellschaftliche Faktoren den nun schnelleren Wechsel der Mode. Die Textilindustrie brauchte Umsatz, jeder durch Geburt oder Reichtum zur Oberschicht Zählende wollte sich nach unten hin abgrenzen. Heutzutage sind andere Gesichtspunkte hinzugekommen. Kleidung hat sich auch durch die weltweiten Informationsmöglichkeiten egalisiert. Während früher einige Zentren bestimmend waren, teils durch das Vorbild herrschaftlicher Mode, später als Sitz bedeutender Modehäuser (Paris, Rom, München), ist heute theoretisch für jeden überall auf der Welt ohne besondere Schwierigkeiten jede Kleidung erhältlich. Daher zählt jetzt mehr die individuelle Entscheidung, weniger der Nachahmungstrieb. Durch die Zugehörigkeit des Individuums zu verschiedenen Lebensbereichen kann jeder ganz unterschiedliche Facetten von Persönlichkeitsauffassung vorzeigen: Berufskleidung, Freizeitlook, Sportdress einer Person müssen heutzutage keineswegs mehr den

Münchner Marktszene, Aquarell von J. M. Mettenleiter, 1810. Links ein topmodisch gewandetes Paar, Bürger und Bürgersfrauen präsentieren sich konventionell, die Landleute rechts bleiben bei der Tracht, einer Art verbäuerlichtem Rokoko.

gleichen Stil haben. In diesem Zusammenhang hat auch die Haute Couture noch ihre Berechtigung, da sie nicht nur für eine winzigkleine privilegierte Kundschaft Maßgerechtes kreiert, sondern einer viel größeren Öffentlichkeit ganze Kollektionen von Prêt-à-Porter, Bademode, Zubehör und Kosmetik unter den Markenzeichen der Modeschöpfer bietet und damit vielen Menschen die Möglichkeit gibt sich ihr Image maßzuschneidern.

Besonders die modische Kleidung war früher auf wenige rechtlich oder wirtschaftlich Privilegierte beschränkt. Das Alltagsgewand der Unterschicht änderte sich über lange Zeit hinweg kaum, da weder die Anlässe sich wandelten noch die Neuanschaffung möglich war. Ein Kleidungsstück stellte früher einen erheblichen Wert dar – davon zeugt z. B. das Erbrecht!

Bei der Bekleidung bildeten sich regional verschiedene Abwandlungen der häufig getragenen Kleidung – der Tracht – heraus, von der sich erst in neuerer Zeit die städtische Kleidung abhob, da die selbstbewussten Bürgerinnen sich dort schneller an den modischen Neuheiten der Oberschicht orientierten. Zudem galten für die bäuerliche Bevölkerung strengere Beschränkungen z. B. hinsichtlich der Farbverwendung – nur Braun und Grau, allenfalls mit farbigen Randborten, waren zugelassen, bestenfalls Blau für die Festtagskleidung erlaubt (daher: „Blaumachen"). In den verschiedenen Trachten Deutschlands sieht man noch sehr deutliche Relikte früherer Moden (gefältelte Röcke der Renaissance, Rokokokniebundhosen mit Schnallenschuhen oder weit ausgeschnittene Dirndloberteile mit eng anliegendem Mieder). In den Trachten hat sich auch sehr lange die differenzierte Kleidung der Frauen nach ihrem Familienstand gehalten. Sie blieben in verschiedenen ländlichen Gegenden länger üblich als in den Städten.

Grundsätzlich gab es bis ins späte 19. Jh. keine eigene Kinderkleidung, außer dass man kleine Jungen bis zum dritten oder vierten Lebensjahr in Kleidchen steckte. Kinder galten als kleine Erwachsene und wurden entsprechend gekleidet – repräsentativ in der Oberschicht, bei den Unterschichten meist Altes auftragend. Eine besonders für Kinder entworfene Kleidung ist Ausdruck vom „Jahrhundert des Kindes", sie wurde zunehmend praktischer gestaltet. Interessant sind Spiegelungen des Zeitgeistes – Matrosenkleider bzw. -anzüge, Schülermützen, gelegentlich Schuluniformen. Im Zusammenhang mit der Überbewertung von Jugendlichkeit heutzutage wurde gegenläufig zu früheren Zeiten auch die sportlich orientierte Kleidung der jungen Erwachsenen von Älteren übernommen, sodass heutzutage kaum noch eine Altersdifferenzierung nach Schnitt und Farbe gilt.

Neben der Kleidung der Oberschicht, der Kleidung der Normalsterblichen und der Amts- und Festtagskleidung gab es auch Sonderkleidung für bestimmte Bevölkerungsgruppen – wie z. B. die dunkle Toga für römische Dirnen, die Stigmatisierung der Juden durch spitze Hüte oder den gelben Fleck auf der

Kleidung seit dem Vierten Lateranischen Konzil von 1215 um soziale Kontakte zu unterbinden. Der gelbe Fleck wurde später als „Judenstern" von den Nationalsozialisten wieder aufgegriffen.

Verordnete Einheitskleidung, Uniformen, kamen mit dem stehenden Heer des Absolutismus auf. Sie waren einerseits zur Disziplinierung der Soldaten gedacht, natürlich auch zur Erkennung des Feindes oder von Deserteuren, hatten aber zudem praktische Erwägungen als Grundlage: Neben der für den Fiskus erfreulichen Massenfertigung der Uniformen in landeseigenen Manufakturen war die Einfärbung der Uniformstoffe in die häufigsten Farbstoffe Rot und Blau natürlich kostengünstiger, außerdem sah man auf roten Uniformen das Blut nicht so deutlich.

 Da nicht alle Faktoren zu gleicher Zeit gleich wichtig waren, konnte die Mode erstaunliche Kapriolen schlagen: So setzte sich nach dem Zweiten Weltkrieg trotz desolater wirtschaftlicher Verhältnisse aufgrund des gewünschten Frauenbildes eine ausgesprochen aufwändige, feminine Kleidung durch – nach den kargen Zeiten mit kriegsverpflichteten, zum Teil uniformierten Frauen in vielen Teilen der Welt lockten nun weite, lange und schwingende Röcke und enge Oberteile, hervorgehoben noch durch Nylons und hohe Absatzschuhe – der New Look machte begehrenswert.

Ein anderes Beispiel ist die Mode nach der Französischen Revolution: Befreit von den Kleidervorschriften, verbannte man Reifröcke, Perücken, Schneppen (die weiblichen Körpermerkmale betonende Korsettart). Die Damen kleideten sich in einfache, antikisierende Gewänder, jedoch blieb die raffinierte Betonung des weiblichen Körpers. Es waren also zwar die Schranken der ständischen Kleidung gefallen, die rollenspezifischen wurden dagegen eher kultiviert. Der Bürger als Geschäftsmann zeigte sich im Gegensatz zum müßiggehenden Adel der vorrevolutionären Zeit nicht mehr prunkvoll und modisch orientiert, sondern es entwickelte sich eine Art gehobener, sachlicher Arbeitsanzug: Arbeit galt als ehrenvoll und legitim. Die Damenmode wurde zum Aushängeschild der Familienfinanzen und sollte möglichst häufig und unterschiedlich präsentiert werden. Da sich im 19. Jh. die Stellung der Frauen nicht grundsätzlich von der der vorrevolutionären Zeiten unterschied, wurde die Mode rückläufig und stellte sich nicht zufällig mit ganz ähnlichen Bestandteilen wie Krinoline, Schleppenkleidern, Turnüre in einem „Zweiten Rokoko" dar – nur die Perücken oder aufwändigen Haarfrisuren verschwanden zugunsten „praktischerer" Riesenhüte. Der einzige Unterschied war insgesamt, dass die Modetorheiten einem größeren Kreis ermöglicht wurden.

Erstaunlich ist die Vielfalt und Feinheit der Textilien schon frühzeitig in der Geschichte: Neben Fellen und Leder wurden im Altertum bereits die gleichen tierischen und pflanzlichen Grundstoffe wie heute verarbeitet (Tierhaare als Filz oder gesponnene Wolle, Seide, Leinen, Nessel, Baumwolle), stets verfeinert und kunstvoll z. B. durch gewebte Muster oder Einwirken von Goldfäden. Einen hohen technischen Standard hatte die Färbekunst bereits im Altertum.

Materialien und Farben waren Ausdrucksformen der Mode, ihre Exklusivität zeigte Stand und Reichtum des Trägers an: Zwei breite Purpurstreifen an der Toga wiesen den römischen Senator aus, ein Streitpunkt für Nero, der die Farbe für das Kaiserhaus reserviert haben wollte. Hermelinbesatz war später Königen vorbehalten. Während die natürlichen tierischen oder pflanzlichen Farben zunächst durch Züchtung und Plantagenwirtschaft in größerem Maße produziert werden konnten, aber stets noch sehr teuer waren, wurden im 19. Jh. durch Chemiefarben nun nuancenreich und haltbar gefärbte, industriell gefertigte Stoffe für einen größeren Abnehmerkreis erschwinglich.

Auch neue Materialien (Kunststoffe) oder neue Herstellungstechniken (Rundwirken) erlaubten modische Änderungen, z. B. nach den Fußlappen mechanisch gestrickte Strümpfe. Nach den zu teuren „Seidenen" gestatteten die begehrten „Nylons" nach dem Zweiten Weltkrieg jeder Frau, mehr Bein zu zeigen; Strumpfhosen aus Kunststoff ermöglichten erst die Mini-Mode, die Ausdruck für Körperbewusstsein bzw. das gewandelte Männer-Frauen-Verhältnis war.

Die wichtigste Änderung für die Beteiligung breiter Schichten an der Mode dürfte die Erfindung und Verbreitung der Nähmaschine gewesen sein, später dann die immer preiswerter erhältliche Konfektionskleidung.

G. S.

„Die Singer" demokratisiert die Mode

 Die gusseisernen, verschnörkelten Unterteile der Nähmaschine findet man noch als Dekorationsstücke ... ansonsten ist Omas platzraubende Tretmaschine hierzulande verschwunden. Dabei haben ihr mehrere Generationen viel zu verdanken.

Gleich viermal wurde die Nähmaschine Anfang des 19. Jhs. erfunden. Die französische Variante von Thimonnier fabrizierte ab 1832 Militäruniformen fast hundertmal schneller als per Hand. Alle Exemplare dieser bedrohlichen Konkurrenz wurden von wütenden Lyoner Schneidern samt dem Fabrikgebäude zertrümmert. In den USA stritten sich mehrere Erfinder um das Patent für eine Nähmaschine, „die Singer" setzte sich jedoch bald weltweit durch. Warum? Sie war leistungsfähig wie die französische Nähmaschine, wurde aber nicht nur zur fabrikmäßigen Fertigung genutzt, sondern auch geschickt „unter die Leute gebracht": Erstmals konnte man derlei – auch in Europa – auf Teilzahlung erwerben. Da die Damenwelt an die gerade aufkommende Konfektionskleidung nicht so recht heranwollte und nicht jede Frau Schneiderwerkstätten in Anspruch nehmen mochte oder konnte, kam die Nähmaschine gerade recht. Außerdem: Stoffe waren seit deren maschineller Fertigung massenhaft zu haben und relativ billig, und die Erfindung praktischer Amerikanerinnen, die Schnitt-musterbögen (1875 gab es bereits zehn Millionen), machte Mode für fast alle möglich, die Bögen wurden abonniert und per Post auch ins letzte Dorf versandt. Mit Geschick und Geschmack konnte jede Hausfrau Modisches nähen, Getragenes abändern und – Spezialität lieber Großmütter – die gesamte, sonst sehr teure Kindergarderobe verfertigen. All das brachte Lob ein, schonte den Geldbeutel und die bürgerliche Ehefrau umging den Makel, außer Haus eine Arbeit annehmen zu müssen. Die obligatorische Aussteuer junger Mädchen war nun einfacher und schneller herzustellen; bald gehörte die Nähmaschine selbst zur Aussteuer, besonders in Zeiten der „Flucht in die Sachwerte".

Für eine andere Bevölkerungsschicht wurde die Nähmaschine Grundlage für eine selbstständige Existenz: Gelernte Schneiderinnen oder Weißnäherinnen konnten mit dem nötigen Kapital eine eigene Werkstatt eröffnen oder wurden als „Hausschneiderinnen" im Bekanntenkreis empfohlen. Die weniger attrak-tive Variante war die „Störnäherin", die eine Zeit lang in fremden Haushalten gegen Verpflegung und geringes Entgelt flickte und nähte. Schlimm dran waren allerdings Frauen, die in Heimarbeit maschinennähen mussten. Trotz unerträg-lich langer Arbeitszeiten erhielten sie jämmerliche Pfennigbeträge und wurden meist nach wenigen Jahren wegen der einseitigen Körperbelastung krank.

Während der vielfachen Kriegs- und Notzeiten waren alle Frauen gut dran, die eine Nähmaschine besaßen und mit ihr umgehen konnten: Unablässig musste aus Altem Neues gemacht werden, weil es keine Stoffe gab. Uniformjacken wurden zu Trachtenjankern, Fahnenstoffe zu Kleidern, Fallschirmseide zu Blusen.

Durch den elektrischen Antrieb handlicher geworden, war die Nähmaschine auch in Kleinwohnungen unterzubringen, „für alle Fälle" oder für kreative Hobbyschneiderinnen. Da man aber einerseits in der Freizeit- und Konsumge-sellschaft lieber schneller zu Neugekauftem greift, andererseits Wäsche sowie Kleidung als Konfektionsware stets und billig zu haben sind, wird die Nähma-schine hierzulande im Privathaushalt wohl keine große Rolle mehr spielen. In der Dritten Welt übernehmen selbst die Uraltmodelle jetzt die gleiche Rolle wie die Nähmaschinen vor 100 Jahren bei uns.

G. S.

Modellierte Körper

Männliche Vorstellungen prägen Betonung oder Verhüllung der weiblichen Körperformen seit dem Altertum. Fanden z. B. die selbstbewussten Kreterinnen nichts dabei, ihren Busen zur Schau zu stellen, wurde diese Offenherzigkeit in der von Männern dominierten Welt Athens und Roms reduziert – der Busen wurde verdeckt und mit einem Brustband, manchmal gar aus Leder, flach-gedrückt. Die verborgenen weiblichen Formen erschienen später den Kirchen-

Betonte Körperformen – auch, wenn's wehtut: Dame mit Reifrock und Schneppentaille

vätern ebenfalls angemessen. – Die etwas verbreiterte Fassung des Brustbandes, das Mieder, wurde im Lauf der Zeit je nach dem modisch-ästhetischen Empfinden gepolstert, offen gelassen oder gar mit Bleiplatten verstärkt. Das Nachfolgemodell des Mieders, das Hüfte, Taille und Brust durch Schnürung und Schnitt betonte, verengte oder präsentierte und von Damen wie Herren getragen wurde, bekam im Barock eine Superwirkung durch den neuen Absatzschuh, der die Körperhaltung veränderte und die betonten Partien noch mehr herausstellte. Mit der Französischen Revolution kamen die einschnürenden Mieder in Verruf. Studenten warfen symbolisch auf dem Wartburgfest 1817 die Schnürleiber ins Feuer; nur besonders eitle Gardeleutnants hielten weiter auf Taille. Nach kurzer Befreiung durch die „Revolutionsmode" wurden die Damen wieder ins Korsett gezwängt, allerdings nicht mehr durch rechtliche Verordnungen. Wie schon im Ancien Regime wurde der ausladende Unterrock, die Krinoline, mit Rosshaar (französisch *crin*) aufgepolstert. Einer merkwürdigen Vorstellung von weiblicher Formvollendung huldigte man etwas später mit der Turnüre (einem Gesäßpolster unter einem schmalen Rock mit Schleppe) – auch einer Neuauflage aus der vorrevolutionären Zeit. Spottend wurde das Polster

damals „Cul de Paris" = „Pariser Hintern" oder „falscher Steiß" genannt. Busen und Popo wurden unglaublich betont, was im gewaltigen Gegensatz zur sonstigen Verhüllung durch hochgeschlossene Kleidung stand. Die Schnürerei des Korsetts war zeitaufwändig und gesundheitsschädigend: Häufige Ohnmachten und schwere Verletzungen waren die Folge, wenn sich eine Korsettstange löste und sich in den Körper bohrte. Um die Jahrhundertwende regte sich gegen diese den Körper verformende Mode Widerstand: Ärzte, Frauenrechtlerinnen und auch Künstler propagierten das lose fallende Reformkleid.
Nach dem Ersten Weltkrieg war es soweit: das Korsett „löste sich auf" – in den BH, in Strumpfhaltergürtel und Hüfthalter. In den 60er Jahren warfen erboste junge Frauen ihre BHs als Zeichen der Emanzipation ins Feuer – aber sie hatten wohl nicht bedacht, dass jugendliche Körper irgendwann einmal erschlaffen. Ansprechende Formen sollen möglichst lange erhalten oder vorgetäuscht werden – ohne Stützen kaum möglich. Hilfe für die Frau kam vom körpergerechten BH, den die Amerikanerinnen Mary Phelps Jacobs (= Caresse Crosby) und Ida Cohen Rosenthal in den 30er Jahren „erfanden", perfektionierten und standardisierten.

G. S.

Kopfschmuck aller Arten

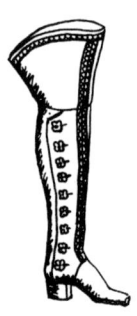

Daß eine Kopfbedeckung vorrangig zum Schutz der Haut und des Haars da ist, möglicherweise auch des edlen Körperteils selbst, sagt schon der Name – der Träger ist gut „behütet". Außerdem kann eine Kopfbedeckung auch aus religiösen Gründen vorgeschrieben sein: Juden wollen damit eine Grenze zwischen ihrem Gott und sich demonstrieren. Muslime zeigen in Form und Farbe oft auch den Grad ihrer Bemühungen um die Religion.
Kopfbedeckungen vorrangig zum Schutz waren die Ritterhelme – vom Topfhelm bis zum prunkvollen Zierhelm mit aufgesteckter hoher Helmzier, die den Helden nicht nur kenntlich machte, sondern auch dessen Imponiergehabe diente. Beim Stahlhelm, im Ersten Weltkrieg entwickelt, wäre das wenig dienlich gewesen. Selbstverständlich gab es auch bei ihm national unterschiedliche Modelle wegen der Erkennung im Nahkampf. Schutzhelme haben sich als Arbeitskleidung sowie bei Rad- und Motorradfahrern durchgesetzt.
Als Teil einer repräsentativen Amtskleidung wie den Baretts der Gelehrten, der Richter und der Geistlichkeit sind auch Uniformmützen erhalten geblieben, die aber nicht mehr wie bei den Helmen den Träger mit Federspiel oder Rossschweifen auch optisch erhöhen.
Innerhalb der letzten 60 Jahre verschwanden hierzulande weitgehend die „offiziellen" Hüte wie die Melone oder der Zylinder, der, aus Seide gefertigt,

pfleglichst behandelt, im Besitz jedes reputierlichen Mannes sein musste. Als Berufskleidung der Schornsteinfeger, Kutscher und auch der Turnierreiter ist er noch heute im Gebrauch. Eher belächelt wurde der Feierlichkeitenhut des kleinen Mannes, der „Chapeau claque", der mit Knall entfaltbare Klappzylinder. Eine praktische Eigenschaft hatte er mit dem Dreispitz gemeinsam, den Militärs wie auch Zivilisten trugen, man konnte ihn unter den Arm klemmen, wenn man grüßte, sich unterhielt oder in ein Haus eintrat – die Sitte des Hutabnehmens beim Betreten eines Hauses wurde übrigens erst im 18. Jh. üblich. Sonderrechte hatten die englischen Unterhausabgeordneten, sie durften ihren Zylinder stets aufbehalten.

Nicht nur der Sicherheit, Schönheit diente er, auch Stand oder Geisteshaltung ließen sich vom Kopfputz ablesen: Im alten Rom bekamen Freigelassene einen Hut. Nach 1848 zeigte man sich mit dem breitrandigen „Demokratenhut" im Unterschied zum konservativen Zylinder. Ballon- oder später Schiebermützen signalisierten eine „linke/rechte" Einstellung.

Elegante Herrenhüte sind kaum noch zu erblicken, sicher liegt das am Trend zu legerer Kleidung, und so sieht man im Stadtbild häufig ältere Männer mit Baseballmützen. Auch bei der Damenwelt, die – im Altertum eher hutscheu – seit dem Mittelalter kräftig aufgeholt und es zu fantastischen Ausmaßen des Kopfputzes gebracht hatte, ist der Hut heute nicht mehr selbstverständlich. Besondere Anlässe wie Papstaudienz oder Pferderennen in Ascot zaubern aber immer noch ausladende Modelle auf die Damenköpfe.

G. S.

Exemplarische Anzüglichkeiten von A bis Z

(Antik bis zeitgenössisch: 1 = Altertum, 2 = Gotik,
3 = Renaissance, 4 = Barock/Rokoko,
5 = Revolutionsmode, 6 = 19. Jh., 7 = Gegenwart)

Anzug. (6/7)   Seit Mitte des 19. Jhs. zwei- oder mit Weste dreiteilige korrekte Herrenbekleidung meist aus dem gleichen Stoff – „Jacke wie Hose". Unterschiedliche Stoffarten und Farben für unterschiedliche Anlässe. Er hat sich kaum verändert, traditionelle Details werden weiter getragen: Taschen für Uhren oder Einstecktücher, am Jackenrevers ein Loch ohne Knopf – das löst bei manchem eine fiebrige „Knopflochkrankheit" aus: die Erwartung eines dort zu tragenden Ordens.

Aumonière. (2)   Ein aufwändiges Accessoire zur Handhabung von Christenpflichten: Almosen spenden! Aus dem Orient übernommen, wurde sie von Männern und Frauen im 12. bis 15. Jh. am Gürtel getragen oder umgehängt.

Beinling und Broche. (2) Da die langen Hosen durch Einführung langer Männerröcke unmodern wurden, zerfielen sie: Der obere Teil entwickelte sich zur leinenen Unterhose (Broche), der untere zum Langstrumpf oder Beinling aus Stoff bzw. Leder.

Bliaut oder Bliaud. (2) Ein langes Obergewand für beide Geschlechter aus kostbaren Materialien, bei Damen zweigeteilt in geschnürtes, verlängertes Oberteil und Schleppenrock, oft mit aufwändigen Details, wie z. B. weiten Ärmelschlaufen.

Dame im Bliaut mit raffinierten Ärmelschlaufen vor dem Spiegel – da kann der Teufel nicht weit sein!

Bubikopf. (7) Diese Damenfrisur kam nach 1920 auf. Konnte der Vorgänger „Pagenkopf" noch zum Gesicht hin frisierte Haarsträhnen als „Herrenwinker" haben, gab sich die Trägerin mit dem seitengescheitelten, noch kürzer geschnittenen Bubikopf ganz anders: – „Das Mädchen sieht aus wie ein Mann, der wie ein Mädchen aussieht!"

„Was guckt denn der alte Esel immer her! Der hat wohl noch nie eine Frau gesehen!"
Aus den „Lustigen Blättern",
Berlin 1927

 **Chemise-Kleider.** (5) 1789 – alle Menschen werden Brüder – auch Schwestern? Die Damen werden nur teilweise befreit (die Vorkämpferin der Gleichberechtigung, Olympe de Gouges, endete auf dem Schafott, Robespierre verbot den Frauen das Hosentragen per Gesetz). Immerhin entfiel das Korsett. Das neue, meist weiße, antikisierende lange Hemdkleidchen, das weibliche Reize – besonders den deutlich markierten Busen – durchaus in Szene zu setzen wusste, wurde bald entschärft: Wegen der Kälte bekam es lange Ärmel, den leichten Musselin aus Indien zu importieren verbot Napoleon, zudem verordnete er zusätzlich eine schwere Schleppe zur Hofrobe.

Chiton. (1) Der Name verrät die Herkunft des wichtigsten, oft auch einzigen Kleidungsstückes der Griechen aus dem Orient, das auch die Römer übernahmen. Durch eine Seitennaht, eine Schulterfibel und einen Gürtel zusammengehaltenes, rechteckiges, von Männern und später auch Frauen getragenes, verschieden drapiertes Leinen- oder feines Wolltuch. Es zeigte Wuchs, Haltung und in der Art des Faltenwurfs auch den Geschmack des Trägers. Älter waren Chlaina für Männer bzw. Peplos für die Frauen, unterschiedlich genannt, aber gleich geschnitten, ein rechteckiges, farbiges Wolltuch. Daß es an den Seiten Einblicke eröffnete, störte im körperbewussten Griechenland nicht.

Dreispitz. (4) Zunächst dem Adel vorbehaltener Filzhut, dessen Krempe an drei Seiten aufgeschlagen war und über dem Gesicht eine Spitze bildete. Unterschiedlich geziert, blieb stets die Hutschnur wichtig, „über die nichts ging" – vermutlich preislich, da z. B. Max Emanuel von Bayern eine aus Perlen trug. – Man konnte ihn unter den Arm klemmen, um die kunstvollen, hoch aufgetürmten Perücken zu schonen. Ab 1780 schrumpfte er zum Zweispitz.

Entenschnäbel. (3) Lösten die waffenscheinpflichtigen spitzen Schnabelschuhe der Gotik ab, deren hochgebogene Spitzen dem Stand in der Hierarchie entsprachen. Entenschnäbel waren zehenfreundlich breit, hatten nur noch kleine Spitzen und entwickelten sich zu „Kuhmäulern" bzw. zu den in zwei ausgestopften Spitzen endenden „Hornschuhen", die so breit waren, dass sie rechten wie linken Füßen beider Geschlechter passten.

Flohpelzchen. (3/4) An goldenen Kettchen getragene Fellchen von Zobel, Marder oder ähnlichem, deren Köpfe ausgestopft und reich verziert waren. Ungeziefer aller Art sollte darin abgefangen werden.

Fontange. (4)   Nach einer Geliebten des Königs Ludwig XIV. benannte Hochfrisur, die mehr zufällig entstand: Die Frisur der Dame löste sich, sie band ihre Locken mit dem juwelenbesetzten Strumpfband oben zusammen und fand Anerkennung bei den Anwesenden. Zur damaligen Modelinie passend, wurde die ganze Figur optisch verlängert, dafür galt es Torturen auszuhalten: Die Haare wurden auf ein Drahtgestell frisiert, mit Bändern, Federn, Stoffen durchzogen, ganze Szenarien wurden darauf drapiert – ein Coiffeur war somit unentbehrlich.

Fontange 1776 – Hals, halt's!

Gänsebauch. (3)   Aus der spanischen Mode übernommener „Magenbuckel" oder „Erbsenschotenbauch" – wie ein Horn hervorstehende Wams- bzw. Miederpolsterung, vom Kragen bis unter die Gürtellinie spitz zulaufend – eine echte Modetorheit!

Hennin. (2)   Zur aufwändigen und auf Schlankheit bedachten spätgotischen Mode passend, wurde dieser Damenhut wohl aus dem Orient übernommen, durch Isabella von Bayern am burgundischen Hof eingeführt. Der drei bis vier Fuß hohe, steife Kegel war kostbar überzogen und von einem durchsichtigen, manchmal bodenlangen Schleier geziert. Er hielt sich mit Abwandlungen, z. B. kunstvollen Aufbauten, über ein Jahrhundert, seine Höhe war „standesgemäß" verordnet.

Hosenrock. (6/7)   Auf der Suche nach einer schicklichen und praktischen Bekleidung für Radfahrerinnen in verschiedenen Längen und Weiten um die Jahrhundertwende erfunden. (Radfahren erlaubte einen größeren Aktionsradius für Frauen – nicht nur zu Spazierfahrten, besonders wichtig für die Fahrt zur Arbeitsstätte, weswegen es bald nicht mehr als vornehm galt.) Der Hosenrock hielt sich in der Sportkleidung.

Justaucorps. (4)   Knielanges Maßjackett, das die barocken Herren optisch verschlankte. Mit großen Ärmelaufschlägen und Taschen geziert, aus kostbaren Stoffen gefertigt, das bei den 60 allerfeinsten Franzosen noch mit Metallfäden bestickt war (Reste finden sich noch bei Uniformen!) und, wo es irgend ging, mit Borten und kostbaren Knöpfen, etwa aus Diamanten, prunkte.

Krinolinen. (6) Hatten ab 1840 die gleiche Funktion wie ehedem Reifröcke und später Petticoats – eine möglichst üppige Rockweite zu erzielen. Die unterschiedlich angebrachte Versteifung an diesem Unterrock durch Rosshaar (= französisch *crin*) konnte verschiedene Silhouetten erzielen: rund oder oval. Später wurden Stahlreifen eingearbeitet, das war billiger. Darüber trug man enorm weite Röcke, die noch von Volants erweitert wurden – die industrielle Stoffherstellung machte es möglich.

Landsknechtsmode. (3) Die farbenfrohe, körperbetonte Kleidung der Landsknechte wurde aufgeschlitzt, die nunmehr bequemere Kleidung gefiel und wurde allenthalben nachgemacht (durch andersfarbige, unterlegte Stoffmengen, die herausquollen), veredelt und sogar hoffähig.

 **Mi-parti.** (2) Ab dem 12. Jh. aus Burgund übernommene komplizierte Mode: Kleidungsstücke wurden unterteilt und manchmal im Schnitt (z. B. Ärmelweite) bzw. mit zwei Farben nach der komplizierten mittelalterlichen Farbensymbolik unterschiedlich gestaltet. Streng beachtetes Privileg!

Mühlsteinkrause. (3) Kam aus Spanien und wurde von Männern und Frauen zu hochgeschlossener Kleidung getragen, maß bis zu einem $\frac{1}{2}$ m im Durchmesser und wurde aus feinem weißen Leinen gefältelt, eventuell spitzenverziert, heftig mit Reismehl gestärkt und mit Draht gestützt. Da bügelintensiv und schnellschmutzend, hielt sie sich nicht lange, existiert verkleinert aber noch heute in der Amtstracht hanseatischer Pastoren.

New Look. (7) Dior stellte 1947 die Mode auf Friedenszeiten um, kreierte wadenlange, weit schwingende Röcke, schmale Taillen und breite Schultern, betonte Busen – weltweit wollten frustrierte Soldaten sehen, was sie an ihren Frauen hatten. Woher aber Stoff und Geld nehmen? Trotz aller Begeisterung für den neuen Weiblichkeitskult trugen die Frauen fortan, was sie kleidete und was sie selbst für richtig befanden – auch Hosen.

Ofenrohr. (6) Umgangssprachliche Bezeichnung für Zylinder.

Papierkragen. (6/7) Ab 1870 unterschied man Herrenunter- und Oberhemden. Der neue Stand der Angestellten und Beamten hatte in korrekter Kleidung zum Dienst zu erscheinen, blütenweiße Hemden und besonders Kragen waren ein Muss. Zur Arbeits- und Kostenersparnis wurden bis weit ins 20. Jh. die Kragen abgeknöpft und gesondert gewaschen, gestärkt und gebügelt. Etwas billiger waren Hemden mit Papierkragen, damit konnten auch Ärmere den Sonntagsstaat an gehobene Kleidung angleichen, abschätzig sprach man von „Stehkragenproletariern".

Perücken. (1–4)   Trug man schon im Altertum, ihre größte Bedeutung erlangten sie aber ab dem 17. Jh.. Ludwig XIV., der sie anfangs ablehnte, förderte sie heftig, als sich seine eigene Haarpracht lichtete. Damen und Herren ließen sich kunstvolle Gebilde auf den Kopf türmen, gepuderte Perücken blieben zunächst dem Adel vorbehalten.

 **Quant, Mary.** (7)   Kreierte 1963/64 die Mini-Mode: jugendlich, selbstbewusst, populär.

Reifrock. (4)   Reifen aus Draht oder später Fischbein wurden in den Unterrock eingenäht und hielten den aus kostbaren Stoffen gefertigten Rock, dessen Form weiter durch Aufpolsterung z. B. an den Hüften oder mit dem „Cul de Paris", dem „Pariser Hintern", modisch abgewandelt wurde. Außer gemessenem Schreiten waren Bewegungen schier unmöglich! Trotz seiner Unförmigkeit war er allgemein beliebt. Drunter trugen die Damen nichts.

Sandalen. (1)   Trug jeder, römische Herrschaften von Rang aber nur daheim, für auswärts gab es unterschiedlich gefärbte Stiefelettchen mit Zusatzzierrat.

Stola. (1)   Für ehrbare Ehefrauen römischer Bürger offizielle Kleidung, über der Tunika zu tragen. Sie in der Öffentlichkeit nicht anzulegen reichte als Scheidungsgrund. Dabei war sie überaus unbequem – eng, schwer durch die Stofffülle und bodenlang zum Stolpern. Unter einer komplizierten Verschnürung über den Schultern hielt eine Art Metallkapsel die reichgefältelten Stoffbahnen. Ein Vierecktuch machte die Verhüllung komplett. Verschiedenartige Mäntel darüber waren jedem erlaubt.

Toga. (1)   Schmutzempfindliches, da meist weißes Ehrenkleid für römische Bürger. Wegen der komplizierten Drapierungstechnik der halbkreisförmigen, riesenhaften Stoffbahn wurden mindestens eine Ehefrau, besser aber noch speziell ausgebildete Kleidersklaven benötigt. Daher wurde sie im Laufe der Zeit mit abnehmender Begeisterung getragen. Augustus bestand aber darauf! Augenfällige Besonderheiten der Toga zeigten Stand und Absichten an: Verschiedenartige Purpurstreifen unterschieden Ritter und Senator; die schneeweiße Toga wies den Amtsbewerber aus – wenigstens zu diesem Zeitpunkt noch mit „weißer Weste"! Nur Damen mit ganz eindeutigem, aber schlechtem Ruf durften auch eine Toga tragen, jedoch eine dunkle.

Tunika. (1)   Für jedweden erlaubtes, hemdartiges Allroundgewand bis zu den Knien, bei den Frauen knöchellang. Wurde tags wie nachts getragen, meist durchgehend! Keine standesgemäßen Unterschiede, sondern nur solche in Stoffqualität und Farbe. Fibeln an den Schultern bzw. Gürtel boten zusätzlich Möglichkeiten für Prachtentfaltung.

Turnüre. (5) Die in der Gründerzeit als Nachfolgerin der Krinoline beliebte Neuauflage des „Cul de Paris", Überbetonung der Hinterpartie und des Busens.

Turnüre – ganz Gans?

Vatermörder. (6) Hoher, abknöpfbarer Herrenkragen mit steifen, bis über das Kinn aufgerichteten Ecken, die die Träger bis ca. 1860 piesackten.

Werthertracht. (4) Der Held von Goethes Briefroman unterläuft die französisch ausgerichtete Lebensweise und die offiziöse Kleidung – er sucht Natürlichkeit und orientiert sich an englischen Vorstellungen. Empfindsame Zeitgenossen und Vertreter des „Sturm und Drang" kleideten sich wie er mit rundem, grauem Filzhut auf ungepudertem Haar, blauem Frack und gelben, ledernen Reithosen.

X-Beine. (7) Zu allen Zeiten misslich, bei Damen jedoch erst im Zeitalter kurzer Röcke und enger Hosen.

Y-Linie. (7) Der Nachholbedarf nach dem Zweiten Weltkrieg verschaffte besonders der französischen Haute Couture weltweit ein gläubiges Publikum, das durch Kopien in Konfektionskleidung und Modeheften für große Verbreitung der fast jährlich neu kreierten „Linien" nach dem New Look 1947 sorgte. Prinzessform, Bleistiftlinie, H- und A-Linie wurde 1955/56 von der sehr femininen Y-Linie abgelöst: bis zur Taille durch große Kragen V-förmig, unterherum ganz schmal.

Zaddel. (2) Vorläufer der Spitze: ausgezackte Säume oder – häufig in Kontrastfarben – aufgenähte Stofflappen, die z. B. an weiten Ärmeln angebracht wurden und bis zum Boden baumelten. Nachfolger: Pelzbesatz.

Literatur: E. FUCHS, Illustrierte Sittengeschichte in 6 Bänden, Frankfurt/M. 1985; H. H. HANSEN, Knaurs Kostümbuch. Die Kostümgeschichte aller Zeiten, München/ Zürich 1954; L. KYBALOVA, Das große Bilderlexikon der Mode, Prag 1966; I. LOSCHEK, Mode- und Kostümlexikon, Frankfurt/M. 1994; C. PANATI, Universalgeschichte der ganz gewöhnlichen Dinge, Frankfurt/M. 1994; G. RITTER/J. KOCKA, Deutsche Sozialgeschichte. Dokumente und Skizzen 1870–1914, Bd. II, München 1977; U. TROITSCH/W. WEBER, Die Technik. Von den Anfängen bis zur Gegenwart, Stuttgart 1987; K.-W. WEEBER, Alltag im Alten Rom. Ein Lexikon, Zürich 1995.

G. S.

Sport

Römische Gladiatorenspiele – Kampf auf Leben und Tod

Öffentliche Spiele, besonders die Gladiatorenspiele, erfreuten sich bei der Bevölkerung des Römischen Reiches großer Beliebtheit. Manchmal wurden die Zuschauer dabei auch bewirtet und beschenkt. Der Ort, an dem Gladiatorenkämpfe stattfanden, waren die Amphitheater. Es gab sie in allen Städten Italiens und in den Provinzen. Das Colosseum in Rom war das größte und konnte 50 000 Zuschauer aufnehmen. Eine Veranstaltung *(munus)*, in der Gladiatoren auftraten, war ein Geschenk des Veranstalters an die Zuschauer, die dafür keinen Eintritt bezahlten. In Rom war dies stets der Kaiser. Der Verlauf war genau festgelegt. Zunächst begannen die Kämpfe mit einer Tierhetze *(venatio)*, bei der speziell geschulte Gladiatoren, die *bestiarii*, wilde Bären, Löwen, Tiger und Stiere, jagten. Im Anschluß daran wurde oft eine Schauhinrichtung durchgeführt. Erst dann standen die Kämpfe zwischen verschiedenen Gladiatoren auf dem Programm. Aus Pompeji wissen wir, dass etwa 15 bis 20 Paare an drei Nachmittagen gegeneinander kämpften. Bei großen Feierlichkeiten, die einige Wochen dauerten und die in Rom ausgerichtet wurden, beteiligten sich mehrere tausend Gladiatoren.

Wer waren die Kämpfer? Die meisten waren Unfreie, Kriegsgefangene, Verbrecher oder Sklaven. Gezwungen wurde allerdings niemand Gladiator zu werden. Doch bot sich dadurch für Sklaven eine Möglichkeit nach etwa siebenjährigen erfolgreichen Kämpfen freigelassen zu werden. Erstmals werden Gladiatorenspiele 264 v. Chr. erwähnt. Private Unternehmer richteten bald Schulen ein, wo die Gladiatoren bei freier Kost und Logis zu professionellen Kämpfern „abgerichtet" wurden. Es gab leicht bewaffnete und schwer bewaffnete Kämpfer. Die leicht bewaffneten Thraker trugen einen Helm mit Visier, einen kleinen runden Schild sowie Beinschienen; der rechte Arm war bandagiert. Bewaffnet waren sie mit einem Dolch. Die Retarier besaßen weder Helm noch Schild. Zu ihrem Schutz trugen sie lediglich schmale Bandagen an den Füßen und einen über die linke Schulter fallenden Gesichtsschutz. Die Bewaffnung bestand aus einem Netz und einem Dolch. Die schwer bewaffneten Kämpfer trugen Helme mit Visieren und lange Schilde. Füße und Beine sowie der rechte, schwertführende Arm waren bandagiert. Um den Reiz der Kämpfe zu erhöhen, trafen nur Schwerbewaffnete auf Leichtbewaffnete. Durch Disziplin, Körperbeherrschung, Schnelligkeit, jahrelanges Training und Mut konnten auch Thraker und Retarier den Sieg davontragen. Die Gunst des Publikums, besonders der jungen Damen, galt daher ihnen. Von Wandgemälden in Pompeji wissen wir, dass Frauen für erfolgreiche und selbstbewusste Gladiatoren regelrecht schwärmten.

Leben oder Tod des Unterlegenen lag in der Hand des Veranstalters. Sein erhobener Daumen bedeutete Leben, der gesenkte den Tod. Oft entschied aber auch das Publikum per Akklamation über das Schicksal des Besiegten. Gladiatorenkämpfe dienten jedoch nicht nur der Ablenkung der Bevölkerung vom tristen Alltag oder der Entpolitisierung. Sie waren vielmehr Teil der Repräsentationspflicht des Adels und der Kaiser, weil sich in der Arena der Mächtige und das Volk von Angesicht zu Angesicht gegenübertraten. Indem der Kaiser dem Volk gegenübersaß, bezeugte er ihm seinen Respekt. Der Dichter Juvenal spottete jedoch: „Denn das Volk, welches früher Oberbefehl und *fasces* verlieh, Legionen, kurz alles, ruhig bescheidet sich's jetzt und wünscht zwei Dinge nur eigentlich, Brot und Spiele *(panem et circenses).*"

Gladiatorenkämpfe hatten im Wesentlichen Symbolcharakter. Die Tierhetze inszenierte den Kampf der Zivilisation gegen die Natur. Der Kampf Gladiator gegen Gladiator stellte die Bedrohung der Ordnung durch Kriminelle und äußere Feinde dar. Der Sieger wahrte symbolisch die Sicherheit aller Bürger durch überlegene Kampftechnik, Disziplin und Todesverachtung. Obwohl die Kämpfe ein Ritual darstellten, befriedigten sie auch das sadistische Vergnügen der Zuschauer am Anblick von Leichen und Sterbenden. Als die besten Kämpfe galten diejenigen, die mit der völligen Erschöpfung des Besiegten endeten.

Literatur: A. HÖNLE, A. HENZE, Römische Amphitheater und Stadien, Zürich/ Freiburg 1981.

G.W.

Turniere im Mittelalter – der liebste Sport der Hautevolee

Mark Lausitz, am 17. November 1175. Auf den hölzernen Tribünen drängen sich die Zuschauer, die meisten von ihnen Frauen, an die besten Plätze und blicken gespannt auf das markierte Feld, wo sich ihnen ein prächtiges Bild bietet. An jedem Ende des Platzes sitzt eine Gruppe von Rittern regungslos im Sattel. Jeder hat die Zügel um die Hand des Schildarms geschlungen und hält die Lanze, deren Spitze nach oben zeigt, in der Rechten. Die Stimmung ist bestens, denn das Fest des Markgrafen Dietrich hat alle Erwartungen übertroffen: Jagd, Spiel, Tanz, üppige Mahlzeiten und einige Sänger von beachtlicher Qualität haben den geladenen Damen und Herren ein paar höchst vergnügliche Tage beschert, und auch der Höhepunkt des Festes, das Turnier, verspricht einiges. Denn Konrad, der Sohn des Markgrafen, ist unter den Rittern, die jetzt gleich ihre Kräfte messen wollen, und er soll ein hervorragender Kämpfer sein. Jetzt ist es soweit! Die Herolde blasen das Signal, die Lanzen senken sich wie auf Kommando, die behelmten Köpfe wenden sich dem Hausherrn zu. Da – er gibt das Zeichen! Stachelsporen pressen sich in die Flanken der Tiere, sie traben an, werden schneller und schneller, mit ungeheurer Wucht prallen die Gruppen aufeinander. Dumpf kracht es, wenn die eisernen Lanzenspitzen auf die Schilde treffen, Holz splittert, die Pferde wiehern und werfen erschrocken die Köpfe zurück, während sie mühsam versuchen das Gleichgewicht zu wahren. Noch sitzen alle Ritter im Sattel, aber einer schwankt, kann sich kaum mehr aufrecht halten – Konrad! Sein Schild ist in hohem Bogen davongeflogen, in der rechten Hand hält er noch den Stumpf seiner zerbrochenen Lanze, die Linke, die die Zügel hat fahren lassen, hat er gegen die Brust gepresst. Die Zuschauer halten den Atem an. Muss er aufgeben? Der Markgraf auf der Ehrentribüne schüttelt ärgerlich den Kopf. Ausscheiden im ersten Durchgang, das wäre wahrhaftig ein unerfreuliches Ende des Tages! Der Junge soll sich zusammenreißen, die Zügel nehmen und – was ist das? Konrads Pferd tänzelt unruhig, geht ein paar Schritte rückwärts, da verliert er den Halt, kippt zur Seite und stürzt schwer zu Boden. Helfer eilen herbei, auch Dietrich verlässt die Tribüne und geht mit raschen Schritten auf den Verletzten zu. Der Helm ist ihm vom Kopf gefallen, sein Gesicht ist blass, die Augen sind geschlossen. Entsetzt sieht der Markgraf den breiten Riss im Überrock, aus dem das Blut hervorsickert. Die Lanze muss am Schild abgeglitten und durch den Kettenpanzer in die Brust gedrungen sein! Dietrich kniet bei seinem Sohn nieder. Er atmet noch, aber die Verwundung ist schwer …

Ein Priester wird gerufen. Nach einer Zeit endlosen Wartens schlägt Konrad die Augen auf. Er kann kaum sprechen. Mit leiser Stimme bittet er den Geistlichen seine Beichte anzuhören. Nie mehr, verspricht er stockend, werde er an einem Turnier teilnehmen und sich den Kirchenbann zuziehen, falls Gott ihm das Leben schenke. Zur Sühne wolle er außerdem das Kreuz nehmen. Der Priester hat Mitleid. Er nimmt ihm die Beichte ab, löst ihn vom Kirchenbann und spendet ihm das Abendmahl. Wenig später erliegt Konrad seiner Verletzung.

Als Wichmann von Seeburg, dem Erzbischof von Magdeburg, die Nachricht von Konrads Turniertod überbracht wird, ist er außer sich vor Zorn. Hat er nicht diesen verderblichen Sport strengstens untersagt und alle, die ihn trotzdem ausübten, mit dem Kirchenbann belegt, weil allein in diesem Jahr in seiner Erzdiözese bereits sechzehn Ritter dabei ums Leben gekommen sind? Sofort entsendet er Boten in die Mark, die Konrad ein christliches Begräbnis verwehren sollen. Wer kirchlichen Geboten so dreist zuwiderhandelt, der muss auch *post mortem* die Folgen dafür tragen und bleibt ausgeschlossen aus der Gemeinschaft der Gläubigen! Zwei Monate dauert es, bis sich Wichmann endlich erweichen und Konrad auf Flehen seines Vaters in geweihter Erde bestatten lässt. Aber der Markgraf muss schwören nie wieder ein Turnier zuzulassen und niemals mehr an einem teilzunehmen.

Das Turnier, das die Kirche so vehement ablehnte, und zwar nicht nur, weil die Verletzungsgefahr so groß war, sondern auch, weil man es als sündhaft eitle Selbstdarstellung einschätzte, war um die Mitte des 11. Jhs. in Frankreich in Mode gekommen und wurde ab 1127 auch in Deutschland ausgeübt. Es war vielleicht die typischste Form der Selbstdarstellung der höfischen Gesellschaft: Nur an großen Höfen konnten Turniere veranstaltet werden, nur schwerreiche Fürsten konnten sie ausrichten; hatten sie anfangs noch eher den Zweck einer Waffenübung, wurden sie später immer mehr zum exklusiven Sport.

Um die Vorbehalte der Kirche wenigstens zum Teil auszuräumen, wurde gegen Ende des Jahrhunderts vor allem mit stumpfen Waffen gekämpft; die Lanzen etwa wurden an Stelle der Spitze mit einem stumpfzackigen Krönchen versehen. Doch minderte das die Verletzungsgefahr kaum; Quetschungen, Prellungen und Knochenbrüche waren an der Tagesordnung, auch Todesfälle kamen immer wieder vor. Doch tat weder das noch der drohende Bann der Beliebtheit der Turniere Abbruch. Vielmehr wurde es geradezu eine Frage der Ehre sich einer Aufforderung zur Teilnahme nicht zu entziehen. In friedlichen Zeiten war durch nichts mehr Ruhm zu erringen als durch einen Turniersieg. Hinzu kamen für die weniger Wohlhabenden, finanzielle Anreize: Preisgelder wurden ausgelobt, Pferd und Rüstung des Besiegten gehörten dem Sieger.

Gekämpft wurde vor allem in zwei Formen: Im Buhurt trafen zwei Mannschaften aufeinander, beim Tjost maßen zwei mit Lanzen bewaffnete Ritter ihre Kräfte, oft wurde der Zweikampf zu Fuß mit dem Schwert weitergeführt, bis einer der beiden Kontrahenten nicht mehr konnte.

Das ganze Mittelalter hindurch blieb das Turnier die exklusivste Unterhaltung der Hautevolee; noch 1473, als Karl der Kühne von Burgund mit Kaiser Friedrich III. in Trier zusammenkam, ließen sich die hohen Herrschaften mit Buhurt und Tjost unterhalten, auch wenn es längst wirksamere Waffen gab als Schwert und Lanze: „Als auf jeder Seite sich vierzehn Ritter gegenüberstanden, ließ der Herzog all sein grobes Geschütz abschießen, dann bliesen die Trompeter, da stießen die Ritter alle mit den Spießen zusammen. Als die verstochen waren, zogen sie die Schwerter und schlugen aufeinander (…).“ Kirchenbann hin, Kirchenbann her – man wusste schließlich, was man sich schuldig war!

Literatur: H.-W. Goetz, Leben im Mittelalter vom 7. bis zum 13. Jh., München 1986; W. Lautemann/M. Schenke (Hg.), Geschichte in Quellen, Mittelalter, München 1989, S. 453 f. und S. 823.

H. P.

Tennis – vom königlichen Zeitvertreib zum Volkssport

Wenn der Tennisprofi heute den Ball beim Aufschlag mit 200 km pro Stunde über das Netz donnert, verfolgen ihn Millionen Augenpaare. Sein Service wird weltweit per Satellit übertragen. Tennis ist zum Massensport geworden, dessen Regeln jeder kennt. Kaum einer aber weiß Bescheid über die Geschichte des Tennis, des einstmals exklusiven weißen Sports.

Die Liste blaublütiger Spieler in der Frühzeit des Tennis ist lang. Doch so vornehm britisch der Sport selbst heute noch anmutet, er ist keine englische Erfindung, sondern eine französische. Noch immer sind die meisten im Tennis verwendeten englischen Ausdrücke französischer Herkunft (z. B. *court*/Tennisplatz, *advantage*/Vorteil, *service*/Aufschlag, *fault*/Fehler, *point*/Punkt, *ace*/As, *mixed*/gemischtes Doppel, *unpire*/Schiedsrichter aus *non-pair*).

Wenn wir auch die Regeln des Ur-Tennis nur annähernd rekonstruieren können, steht zumindest so viel fest: Bis zum Ende des 15. Jhs. wurde mit der Hand gespielt, die man mit einem Handschuh vor harten Bällen schützte. Daher kommt auch der zunächst übliche Name Jeu de paume – Spiel mit der Handfläche. Sicher ist außerdem, der Service musste anfangs auf die Längsseite eines Daches platziert werden. Das ist wohl so zu erklären, dass ursprünglich Mönche den Innenhof des Kreuzganges zum Tennis-Court machten und das Dach als Anspielfläche einbezogen.

Anfangs dienten bei Hofe die Schlossgräben als Spielfläche, soweit sie nicht zur Verteidigung bestimmt und mit Wasser gefüllt waren. Erst später errichtete man im Schlossbereich eigene Plätze. Dass auch wohlhabende Bürger, z. B. in flandrischen Städten, Tennis spielten, war nicht gern gesehen. Noch 1477 wurde dies in England sogar durch königlichen Erlass bei Androhung von Gefängnisstrafen verboten. Tennis sollte ein Privileg der feinen Gesellschaft bleiben.

Von Sponsoren und frühen Tennisstars

Besonders Könige gehörten in der Frühzeit des Sports zu den Tennisnarren und förderten ihn. Es wurde vielfach um so hohe Preisgelder gespielt, dass der Vorwurf der Verschwendung laut wurde. Wie auch heute Politiker sich gerne mit Spitzensportlern umgeben, trat schon Ludwig der Schöne mit Tennisstars in der Öffentlichkeit auf. Unter ihnen war auch der vermutlich erste weibliche Tennisprofi, eine gewisse Margot aus dem Hennegau. Ein Chronist berichtet uns über den Star: Sie spielte eine sehr starke Vor- und Rückhand. Man wollte sie dazu überreden, in Männerkleidern anzutreten, da dies bequemer sei – doch sie lehnte ab. Am Ende ihrer sehr einträglichen Tenniskarriere wurde sie Nonne in einem Kloster bei Namur. Selbst dort soll sie noch Tennis gespielt haben und eine der ersten Trainerinnen gewesen sein. Über ihren Tennisdress ist nichts weiter bekannt.

Ein Sport wird Mode

Das goldene Zeitalter des frühen Tennis wurde das 16./17. Jh.. An englischen und französischen Höfen wurde der Sport zu einer bevorzugten Freizeitbeschäftigung der feinen Gesellschaft. Die Zahl der Tennisplätze vermehrte sich rasch und es wurden erste Tennishallen errichtet, „Ballhäuser" genannt, weil in ihnen Ball gespielt, nicht etwa getanzt oder gefeiert wurde. Eines von ihnen hat lange Zeit später, 1789, beim Ballhausschwur, auch politische Geschichte gemacht: In ihm wurde die Französische Revolution eingeläutet.

Die Zahl privater Tennisplätze wuchs so rasch, dass eine Begrenzung des Sports auf die höfische Gesellschaft bald nicht mehr durchsetzbar war. Englische Besucher bezeichneten die Franzosen zu Anfang des 17. Jhs. als geradezu spielwütig, lobten aber gleichzeitig ihr sportliches Können. Auf den deutschen Sprachraum dürfte dies zu diesem Zeitpunkt nicht zutreffen, da hier die Zahl der Tennisplätze außerhalb von Adelsresidenzen im 16./17. Jh. äußerst gering war. Im Unterschied dazu mussten Professoren wie Studenten an einer englischen oder französischen Universität auch gute Tennisspieler sein um Ansehen unter den Kommilitonen zu genießen.

Mit der Verbreitung des Sports wuchs seine ökonomische Bedeutung. So verfasste man Tennislehrbücher und Tennislehrer fanden ihr Auskommen. Schläger und Bälle ließen einen einträglichen Markt entstehen. Die Tennisbälle waren mit heutigen nicht zu vergleichen. Sie waren aus Leder und enthielten einen Kern aus Wolle oder Haar. Mitunter waren sie auch mit Sand, Erde oder Metallspänen gefüllt. Nicht verwunderlich war es daher, dass unter Spielern und Zuschauern Unfälle mit teilweise schlimmen Verletzungen vorkamen. Seit dem 16. Jh. spielte man mit Schlägern, die mit Darmsaiten bespannt waren. Ihre Form hat sich bis heute im Grunde kaum geändert.

Niedergang und Neubeginn

Je weiter sich das *jeu de paume* verbreitete und je höher die Spieleinsätze wurden, umso mehr gerieten die Ballhäuser in die Nähe von Spielhöllen, in denen vor allem gewettet, getrunken, geprügelt und gestohlen wurde. So verkam das Tennisspiel im 17. Jh. zum Vorwand für fragwürdige Geschäfte von Gaunern und Falschspielern. Die Zahl der Ballhäuser ging drastisch zurück. Viele wurden nun als Theatersäle verwendet oder verfielen. Der Aristokratie verging im 18. Jh. die Lust am Spiel, das Bürgertum folgte. Allerdings bewahrte man die Tradition des alten *jeu de paume* in England besser als auf dem Kontinent. Hier erlebte der Sport im 19. Jh. als exklusives Freizeitvergnügen auf adligen Landsitzen eine Renaissance, diesmal nach neuen, veränderten Regeln und mit der Bezeichnung *real* oder *royal tennis*. Eine besondere Variante davon war das *lawn-tennis*, der direkte Vorläufer des heutigen Tennisspiels. Seinen Erfolg verdankte es vor allem zwei Tatsachen: die Regeln waren einfach und es war auf jedem Rasen spielbar. Vom ersten Rasenturnier in Wimbledon 1877 bis zum weltweiten Volkssport Tennis dauerte es aber noch fast 100 Jahre.

Literatur: T. STEMMLER, Vom Jeu de paume zum Tennis. Eine Kurzgeschichte des Tennisspiels, Frankfurt 1988.

W. W.

„Jagd"-Vergnügen am barocken Hof

Einen Einblick in die Zeit des Barocks und ihre ausschweifenden Vergnügungen gewährt uns das fiktive Tagebuch eines Adligen, der als Gast an einem deutschen Fürstenhof Vorbereitungen und Durchführung eines höfischen Jagdvergnügens miterlebt. Seine Beobachtungen könnten auf verschiedene Höfe zutreffen, da die adelige Lust am Jagen als standesgemäßer Zeitvertreib überall gepflegt wurde. Es unterschieden sich lediglich die Vorlieben der einzelnen Herrschaften und der Aufwand, der für die Jagden veranstaltet wurde.

Da die Jagd Teil der Zerstreuung und Selbstbestätigung der Höfe war, wurde sie pompös und aufwändig inszeniert. So kam es nicht selten vor, dass der gesamte Hofstaat, unter Umständen mehrere hundert Personen, eine Einladung erhielt. Die Jagd sollte eine im Grunde beschäftigungslose und den Müßiggang pflegende Gesellschaft unterhalten und drohende Langeweile abwenden. Friedrich der Große behauptete sogar in deutlicher Kritik am Lebensstil des hohen Adels, Könige und Fürsten vergeudeten aus purer Langeweile drei Viertel ihrer Lebenszeit bei der Jagd.

17. Oktober 1721. Überall herrscht geschäftiges Treiben: Die Bauern der Umgebung fahren unablässig mit ihren Ochsenkarren die Hügel hinauf, laden auf einer höhergelegenen Wiese Bretter und Bohlen ab. Der Verwalter ist zuversichtlich, dass die Gebäude und Galerien rechtzeitig zur Treibjagd fertiggestellt werden. Um den ganzen Hofstaat das Jagdvergnügen genießen zu lassen müssen über zwei Dutzend Baulichkeiten errichtet werden. Auch ein künstlicher See ist angelegt worden. Eine hübsche Idee! Welch ein Anblick, welch Schauspiel, wenn das Wild durch das flache Wasser auf die Galerien zugetrieben wird! Da wird uns nichts durch die Lappen gehen, wie man so schön sagt. Freilich auch ein gewaltiger Aufwand für dieses einmalige Jagdvergnügen, wenn man bedenkt, dass zwölf Dörfer monatelang mit zwanzig Wagen dafür beschäftigt waren.

Aber die Bauern haben nicht gemurrt und ihre Spanndienste brav geleistet. Wer jedoch durch die Dörfer geht und auf die Gespräche des gemeinen Volkes achtet, kann wohl manches kritische Wort hören. Freilich, das Ohr des Fürsten werden solche Klagen nicht erreichen. Die Herren sollten die Jagdfron aber nicht zu sehr ausdehnen, denn ihre rühmliche Beschäftigung in freier Wildbahn ist für den einfachen Mann eine arge Last. Der hohe Wildbestand fügt den Feldern großen Schaden zu, die Bauern müssen es still ertragen. Am meisten stöhnen sie darunter, dass sie die herrschaftliche Hundemeute das ganze Jahr über füttern müssen. Ich habe heute den Hundezwinger besucht. Der Fürst kann stolz auf seine Tiere sein. Der Preis dafür ist allerdings hoch. Während die Jagdhunde das beste Brot bekommen, fehlt es in vielen Familien beinahe an allem um satt zu werden.

Gestern sah ich einen Hund mit zusammengebundenen Hinterbeinen. Ein trauriger Anblick. Aber es ist offenbar nötig, damit die Untertanen sie nicht zum Wildern loslassen. Selbst Katzen dürfen nicht unerlaubt auf die Jagd gehen. Deshalb hat man ihnen, wie ich hörte, die Ohren teilweise abgeschnitten. Das hält sie davon ab, sich an die Beute anzuschleichen. So wird der Herrschaft auch nicht das kleinste Stück Wild geraubt.

18. Oktober 1721. Täglich treffen mehr Gäste ein, die im Jagdschloss logieren und ungeduldig dem großen Ereignis entgegenfiebern. Bald wird hier der ganze Hofstaat versammelt sein. Auch Herrschaften befreundeter Fürstenhäuser haben ihr Kommen angezeigt. Die fürstliche Küche ist schon darauf eingerichtet, aber an Wohnquartieren fehlt es noch um alle standesgemäß unterzubringen. Eine wirklich illustre Gesellschaft erfahrener Jagdgenossen. Im Salon und im Park tauschen wir aufs lebhafteste unsere Erfahrungen aus. Es werden die erstaunlichsten Erlebnisse berichtet. In Württemberg wird, wie ich höre, in Kürze eine Jagd abgehalten, die wir auf keinen Fall versäumen sollten. Angeblich werden dabei bis zu 8 000 Tiere an den reich geschmückten Schießständen vorbeigetrieben. Eine sichere Beute für die Büchsen der Jagdgesellschaft und ein außergewöhnliches Vergnügen. Es sollen jetzt auch Jagdschlösser in Mode kommen, die so angelegt sind, dass die adeligen Herrschaften vom Fenster aus das vorbeigetriebene Wild erlegen können. Man muss sich nicht einmal mehr aus seinem Sessel erheben.

Wer etwas auf sich hält, bevorzugt immer noch eine echte Parforcejagd. Hier muss der Jäger sich als Mann bewähren und dem gestellten Wild den Todesstoß versetzen. Einigen scheint dies aber zu wenig unterhaltsam. So hörte ich wahre Wunderdinge von den neuerdings immer mehr gepflegten Wasser- oder Sprung-jagden. Ich konnte mich noch nicht damit anfreunden. Ist es denn überhaupt ein ernsthaftes Jagdvergnügen, wenn man Wild über eine Klippe stürzen lässt um es im Fallen abzuschießen? Die meisten Edelleute haben sich, wie sie versichern, aufs beste amüsiert, und es sei ihnen mancher schier unmögliche Blattschuss gelungen. Auch auf Tiere zu zielen, die sich im seichten Wasser eines künstlichen Sees vorwärtskämpfen, ist nicht jedermanns Geschmack. Wollen wir abwarten, wie es morgen ausgeht und wer das größte Jagdglück hat.

19. Oktober 1721. Heute ist es endlich soweit, die Treibjagd wird eröffnet. Im Jagdschloss und im weiten Umkreis lässt der Lärm das große Ereignis ahnen. Die Hundemeute bellt wie wild. Wenn der Fürst seine Morgentoilette beendet hat, brechen wir auf. Für die Damen hat er ein besonders kurzweiliges Vergnügen vorbereiten lassen. Sie vertreiben sich die Zeit mit Fuchsprellen. Ich habe mir die Technik dieses Zeitvertreibs erklären lassen. Dabei werden die Tiere in einem großen Netz so lange in die Luft geschleudert, bis sie unter allgemeinem Jubel verenden. In Sachsen soll diese Art der Unterhaltung so beliebt sein, dass bei einer Gelegenheit Dutzende von Tieren durch Prellen erlegt wurden. Ich kann es mir gar nicht vorstellen. Der rechte Jäger hält sich davon fern, aber die Damen haben eben auch Anspruch auf Kurzweil und Jagdvergnügen.

Literatur: H. ECKART, Herrschaftliche Jagd, bäuerliche Not und bürgerliche Kritik. Göttingen 1976.

W. W.

Fußball – ein Sport der Arbeiter

Das Ballspielen mit dem Fuß, der Hand und anderen Körperteilen wird bereits seit einigen Jahrtausenden betrieben: Wir kennen Darstellungen ballspielender Griechen auf Vasen. Auch in China spielte man bereits vor der Zeitrechnung Ball. Das Spiel diente dem Training der Soldaten und gehörte zu deren militärischer Ausbildung, weil es Reaktionsschnelligkeit, taktisches Verhalten und Mannschaftsgeist förderte. Auch im Mittelalter wurden in Europa Ballspiele ausgetragen. Die Bälle bestanden meist aus Leder, die innen mit trockenem Moos oder anderen Materialien ausgestopft waren. Bereits 1175 wurde über die beliebteste Freizeitbeschäftigung englischer Jugendlicher berichtet: „Sie haben Tricks ihren Gegner mit dem Ellenbogen aufs Herz zu treffen und mit den Fäusten unter die kurzen Rippen zu stoßen oder hundert andere mörderische Kniffe dieser Art anzuwenden." Wegen der großen Verletzungsgefahr wurde das Spiel immer wieder verboten. In den ersten Jahrzehnten des 19. Jhs. wurde Fußball zunehmend an den Universitäten Oxford und Cambridge gespielt. Mit der raschen Ausbreitung in Internaten und Schulen wurde es aber wichtig, Regeln zu erlassen. 1863 wurde deshalb in London die „Football Association" gegründet. Der Ball durfte nur noch mit den Füßen getreten werden. 1894 wurden die Regeln, die heute noch das Fußballspiel bestimmen, festgelegt. England gilt daher als der Geburtsort des modernen Fußballs.

Doch Fußball breitete sich rasch in ganz Europa aus, vor allem in Arbeiterkreisen. Der Fußball als Massensport wurde jedoch in den Arbeitersiedlungen Englands geboren. Die Umgebung der weltberühmten Stadien von Tottenham, Aston Villa, Liverpool, Sheffield oder Manchester bietet überall das gleiche Bild: Arbeitersiedlungen. Die Klubs aus den englischen Industriestädten des Nordens gewannen mehr Pokale als die südenglischen eher bürgerlichen Klubs.

Was faszinierte vor allem Arbeiter an dem neuen Mannschaftssport? Fußballspiele waren für sie ein Ausdruck ihres Gruppen- und Schichtenstatus und identitätsstiftend. Fußball schuf auch eine Atmosphäre von Vertrautheit und Freundschaft. Erst nach der Einführung des halben freien Samstags hatten Arbeiter Gelegenheit als Spieler und Zuschauer an Spielen teilzunehmen. Bei Begegnungen herausragender Mannschaften betrugen die Zuschauerzahlen um 1870 bis 10 000, um 1900 bis 50 000 Zuschauer. Damit war Fußball zu einem populären Spiel geworden. 1900 wurde in Deutschland der „Deutsche Fußballbund" gegründet, der 1913 bereits 2233 Mitgliedsvereine mit fast 200 000 Mitgliedern hatte. Auch unter deutschen Arbeitern wurde Fußball schnell ein beliebtes Spiel. Ähnliches wie in Nordengland ist auch im Ruhrgebiet zu beobachten. Viele der fußballbegeisterten Arbeiter waren in Bergwerken und in der Stahlindustrie beschäftigt. Sie lebten in enger Nachbarschaft, ein für den Fußball wichtiges Umfeld: Es bewirkte Solidarität und Zusammenhalt. Der Sportklub „F. C. Gelsenkirchen – Schalke 04" z. B. war ein typischer Arbeiterverein. Er war, 1904 von jugendlichen Arbeitern zwischen 14 und 16 Jahren gegründet, ursprünglich eine „Straßenmannschaft", die keinem Sportverband angehörte und als „wilder Verein" Spiele austrug. Zunächst hatte der Verein 16 Mitglieder, kurz vor dem Ersten Weltkrieg waren es bereits 90 und 1930 1 100. Zum größten Teil waren sie Arbeiter, vor allem Bergleute, Fabrikarbeiter und Handwerker. Im Verein wurden Zusammengehörigkeitsgefühl, Solidaritätsbewusstsein und auch Geselligkeit gepflegt. So gaben Spiele gegen auswärtige Gegner immer Anlass regelrechte Familienausflüge zu unternehmen. Nach dem Spiel saßen die Spieler mit ihren Anhängern bis in die späten Abend hinein in geselliger Runde zusammen. Die meisten Mitglieder wohnten in unmittelbarer Nähe der Platzanlage und des Vereinslokals, so konnte ein Netz enger Bindungen entstehen, über das bürgerliche Fußballvereine meist nicht verfügten.

Vor dem Ersten Weltkrieg kosteten ein Paar Fußballschuhe zwischen 9 und 13 Mark, ein Fußball zwischen 6 und 8 Mark. Ein Bergmann verdiente damals pro Schicht nicht einmal 2 Mark. Dies zeigt den Idealismus der Spieler und Mitglieder, die trotz der zeitlichen und finanziellen Probleme einen Fußballklub aufbauten. Die Schalker Fußballer gewannen in der Zeit zwischen 1934 und 1942 sechs deutsche Meisterschaften und machten den Namen Schalke 04 zum Synonym für höchste Fußballkunst.

Literatur: S. GEHRMANN, Fußball in einer Industrieregion, in: J. REULECKE, W. WEBER (Hg.), Fabrik, Familie, Feierabend, Wuppertal 1978.

G. W.

Tödliche Krankheiten und menschlicher Alltag

Lieber sterben als leben – Aussatz im Mittelalter

1. Die Krankheit

Der Aussatz (von „aussetzen", aus der Gemeinschaft ausgliedern), auch Lepra (von griechisch *leprós*, schuppig) oder *miselsuht* (von lateinisch *misellus*, elend) genannt, trat in größerem Umfang ab etwa 400 n. Chr. auf. Er kam ursprünglich wohl aus Afrika, gelangte durch Sklaven über Arabien und Palästina ins Römische Reich und verbreitete sich in zwei Phasen durch die Völkerwanderung und die Kreuzzüge über ganz Europa. Erreger ist das 1873 entdeckte Mycobacterium leprae. Die Krankheit tritt in zwei Formen auf: als Knotenlepra (Lepra lepromatosa) mit massiver Infiltration der Haut und gravierenden Entstellungen („Löwengesicht") sowie verhältnismäßig hoher Sterblichkeitsrate und als Nervenlepra (Lepra nervosa) mit Nervenschädigung, die aufgrund von Sensibilitätsverlust zu Verstümmelungen führt; sie hat eine günstigere Prognose. Beide Formen werden von Menschen auf Menschen übertragen und haben eine lange Inkubationszeit (von neun Monaten bis zu 40 Jahren). Nach 1300 hatte die Seuche, nicht zuletzt durch die rigide Isolierung der Kranken, ihren Höhepunkt überschritten, flackerte gegen Anfang des 16. Jhs. nochmals auf und war etwa ab 1580 in Europa (bis auf Teile Skandinaviens) fast völlig erloschen. Vor allem in Südostasien und Afrika gibt es heute noch ca. 15−20 Millionen Leprakranke; die Spenden aus den wohlhabenden Nationen reichen längst nicht aus sie alle zu behandeln.

2. Aussatz und Medizin

Im Sinn der Humoralpathologie führte die mittelalterliche Medizin den Aussatz auf ein Übermaß an (verdorbener) schwarzer Galle (*melancholia*) zurück. Dies konnte durch übermäßig gewürztes Essen, verdorbene Speisen, üble Luft, Gift, Milch einer aussätzigen Amme, ausschweifenden Lebenswandel und natürlich Ansteckung verursacht werden. Die Therapieansätze reichten vom Aderlass um den Körper von giftigen Säften zu befreien, bis zur magisch-medizinischen Vorstellung, Kinder- bzw. Jungfrauenblut könne die Krankheit heilen (vergleiche Hartmanns von Aue Roman *Der arme Heinrich*). Die Erkenntnis, dass solche Mittel nichts fruchteten und dass der Gefahr der Ansteckung am ehesten durch Isolierung der Erkrankten zu begegnen sei, führte allmählich zu einer genauen Diagnostik. Als Symptome galten Geschwüre in den Nasengängen, Sensibilitätsverlust, Kehlkopfveränderungen, Muskelschwund, „erdiges" (schwarzgalliges) Blut, Haarausfall, Schuppen, schwere Träume und anderes mehr.

3. Aussatz und Kirche

Die Ausgrenzung der Kranken wie die Eindämmung der Seuche machte sich die Kirche zur Aufgabe, ausgehend vom Alten Testament, nach dem die Absonderung von „Aussätzigen" zum Schutz der Gemeinschaft Gesetz sei. Auf dem dritten Laterankonzil 1179 wurden strenge Vorschriften für die Behandlung von Aussätzigen erlassen. Wer, nach der Untersuchung durch „Leprosenmeister", sachverständige Kranke, als infiziert galt, wurde aus der Gemeinschaft herausgelöst und wie ein Verstorbener ausgesegnet. Gleichzeitig kümmerte sich die Kirche um die Versorgung und geistliche Betreuung der Patienten. In den *Leprosorien* (Gutleuthäusern) sollten sie in klosterähnlichen Gemeinschaften enthaltsam leben und fleißig beten. Leprosorien gab es ab dem 7. Jh. (Metz, Verdun, Maastricht); auf dem Höhepunkt der Seuche im 12./13. Jh., als man sie vielfach als Stiftungen zur Beförderung des Seelenheils einrichtete, sollen in Europa etwa 10 000 existiert haben, viele von ihnen nur mit wenigen Insassen.

4. Aussatz und Gesellschaft

Obwohl Lepra eine verhältnismäßig seltene Krankheit, die Zahl der Erkrankungen und der Todesfälle nicht annähernd mit der der Pest zu vergleichen war, war die Furcht vor den Aussätzigen groß: Unheilbarkeit, Ansteckungsgefahr, Entstellung (im Gesicht!) und progressiver Verlauf bis zu Verkrüppelung, Erblindung und Tod durch Fieber und Auszehrung führten zur Dämonisierung der Krankheit. Den Leprösen wurde z. B. der böse Blick nachgesagt. Allgemein galt die Erkrankung als Strafe für schwere Sünden – die Fäulnis der Seele, dachte man, greife auf den Körper über. So diente die Isolierung der Leprösen nicht nur der Verhinderung von Ansteckung, sondern entsprach auch dem Wunsch ihre Existenz möglichst zu verdrängen; wer das Leprosorium verließ um auf Almosen- oder Pilgerfahrt zu gehen, musste sich mit hölzernen „Lazarusklappern" bemerkbar machen und Gestalt und Gesicht verhüllen. Wie groß Abscheu und Furcht vor den Aussätzigen waren, belegt eine Stelle aus *Le Roman de Tristan* des Bretonen (?) Béroul (12. Jh.): Als König Marc Isolde für ihren Ehebruch verbrennen lassen will, schlägt ihm ein Aussätziger vor, sie ihm und seinen Genossen für Liebesdienste zu überlassen. Wirft schon die Amoralität des Vorschlags ein Licht darauf, wie man die Aussätzigen, die als besonders triebhaft galten, einschätzte, so ist auch die Strafe selbst entsetzlich: Ein schlimmeres Ende, sagt der Kranke, habe noch nie eine Dame genommen, sie werde lieber sterben als so leben wollen und wünschen, man hätte sie verbrannt. Anderseits, und das zeigt, wie wenig man die Menschen des Mittelalters durch irgendwelche Schablonen betrachten darf, gab es viele Fälle, in denen Männer und Frauen ihren erkrankten Ehegatten freiwillig in die Isolation folgten. Auch flossen die Spenden reichlich, sodass die Versorgung der Leprösen oft besser als die des Durchschnitts der Bevölkerung war. So gab es Leprosorien, die über Vieh, Felder, Scheunen, Back- und Brauhaus verfügten.

Literatur: A. BORST, Lebensformen im Mittelalter, Frankfurt, Berlin, Wien 1973, S. 576–580 (Abdruck und Kommentierung der Quelle von Béroul). G. KEIL, Seuchenzüge des Mittelalters, in: B. HERRMANN (Hg.), Mensch und Umwelt im Mittelalter, Stuttgart 1987, S. 109–128. H. KÜHNEL, Große Seuchen des Mittelalters, in Die Kunst des Heilens, Katalog der Niederösterreichischen Landesausstellung in Gaming, Wien 1991, S. 407–422.

H. P.

Der schwarze Tod

Figura Mortis. Gestalt des Todes. Ein Gerippe triumphiert über die Menschen, Pfeile abschießend, die plötzlich, unerwartet, willkürlich, hinterhältig treffen. Jung und Alt sind die Opfer, Mann und Frau, Adliger und Bauer: jedermann, und auch Tiere. Wir sehen vor uns eine Darstellung der Pest, des schwarzen Todes. Der Tod als Herr der Welt, als Dämon und grausamer, unerbittlicher Feind,

Figura Mortis. Anonymer Holzschnitt aus Geiler von Keiserspergs „Sermones", 1514

der, so scheint es, außerhalb des göttlichen Willens agiert – solche Bilder sind schon im frühen 14. Jh. nachweisbar; zur kollektiven Vorstellung werden sie durch die erste große Pestepidemie von 1346–1350. Genuesische Galeeren hatten die Krankheit von der Krim eingeschleppt und zunächst Messina verseucht (1346). Von hier aus durchlief die Pest Europa von Süden nach Norden, wobei sich in Hafenstädten wie Genua, Marseille und Venedig zusätzliche Herde bildeten. Eine Statistik, die Papst Clemens VI. (1342–1352) in Auftrag gab, nannte weltweit eine Verlustziffer von fast 43 Millionen. Indien soll nahezu völlig entvölkert worden sein; aber darüber erreichten Europa nur höchst ungesicherte Nachrichten. Moderne Schätzungen, beruhend auf zahlreichen regionalen Studien, gehen von etwa 20–24 Millionen Toten in Europa aus; das wäre etwa ein Drittel der Bevölkerung. Über 200 000 Flecken und Dörfer lagen in Europa nach dieser Katastrophe wüst. In England beispielsweise dezimierten die Pestwellen von 1348/49 und 1360/62 die Bevölkerung um die Hälfte. Im Deutschen Reich wurde die Siedlungsdichte der ersten Hälfte des 14. Jhs. erst wieder 1560 erreicht (ca. 11 bis 14 Millionen; Tiefpunkt um 1470 mit ca. 7 Millionen Menschen). Seit 1347/48 gehörte die Seuche zur Lebenswirklichkeit der Menschen in Europa, bis sie im 18. und 19. Jh. ausklang.

Das Pestbakterium entdeckte 1894 der Schweizer Alexander Yersin anlässlich einer Epidemie in Hongkong. Seither ist die Infektkette weitgehend bekannt. Überträger sind Ektoparasiten (Flöhe, Läuse, Wanzen und andere), am häufigsten der Rattenfloh. Sind Wanderratten befallen, ist der Kontakt mit Menschen geringer; die Seuche ist endemisch: sie tritt da und dort auf, ohne zu einer wirklichen Epidemie zu werden. Bei der Hausratte dagegen gelangt der Erreger in alle Wohn- und Lebensräume: Häuser, Kontore, Speicher, Keller, Laderäume von Schiffen. Massenhaft gehen Pestflöhe auf Menschen über, wenn die infizierten Ratten eingehen. Die Flöhe können etwa 30 Tage ohne Wirt überleben und die Menschen aus Kleidern, Wand- oder Holzritzen heraus befallen. Bei zehn Grad Celsius verfällt der Floh in eine Gliedstarre. Das zeigt sich an den Epidemieabläufen, die vielfach überliefert sind und die man idealtypisch so beschreiben kann: Im späten Frühjahr sterben die ersten an der Pest, in den Sommermonaten erreicht die Sterblichkeit ihren Höhepunkt, im Herbst klingt sie ab. Im Winter kann die Epidemie abbrechen; häufiger ist jedoch, da der Erreger bei pestresistenten Ratten überwintert, ein erneuter Umlauf der Seuche. Das zweite Pestjahr kann sogar noch verheerender werden als das erste. Im Herbst des zweiten Jahres ist ein solches Maß an „Durchseuchungsimmunität" erreicht, dass die Epidemie ausklingt. Bei einem solchen Verlauf ist damit zu rechnen, dass wenigstens 25% der betroffenen Bevölkerung sterben. Durch Krieg und Hunger wird das Ansteckungsrisiko erhöht und die Verbreitung begünstigt, weshalb im Dreißigjährigen Krieg mehr Menschen durch die Pest als durch unmittelbare Kriegshandlungen gestorben sind.

Durch den Stich des Rattenflohs wird der Pestbazillus übertragen. Es entsteht die *Beulen-* oder *Bubonenpest.* Der Ausbruch erfolgt innerhalb von zwei bis sechs Tagen, scheinbar aus völliger Gesundheit heraus. Es kommt zu einer Schwellung der Lymphdrüsen, die der oder den Einstichstellen am nächsten liegen, meist Leiste, Achselhöhlen, Hals oder Hinterkopf. Die sich blauschwarz verfärbenden Eiterbeulen erhalten die Größe eines Eies oder eines Apfels. Der Kranke hat heftiges Fieber, Schüttelfrost, rasende Kopf- und Gliederschmerzen, schließlich fällt er in völlige Erschöpfung. Brechen die Eiterbeulen auf, kann man die Krankheit überstehen. Zerfrisst dagegen der Eiter die Lymphbarriere und dringt der Erreger in die Blutbahn ein, führt dies zum Tod. Infolge des sich im Organismus verbreiteten Erregers kann es leicht zu einem Befall der Lunge kommen. Man spricht dann von einer sekundären *Lungenpest.* Der Erreger kann aber auch ähnlich wie bei einer Erkältung durch Tröpfcheninfusion primär übertragen werden. Die Lungenpest ist in den allermeisten Fällen tödlich, weil der Erreger unmittelbar ins Blut übertragen wird. Die Lunge zersetzt sich, was durch Blutspeien sichtbar wird. Mittelalterlichen Berichten ist das Entsetzen über Kürze und Heftigkeit des Anfalls anzumerken. So hätten Ärzte, noch gesund, einen Kranken besucht und seien eher als dieser gestorben. Eine leichte Form der Beulenpest nennt man *Fleckenpest.* Statt Beulen bilden sich rote, dunkelbraune oder schwarze Flecken. Hat man diese leichte Form der Pest überlebt, ist man immun. Das erklärt die immer wieder beschriebene Beobachtung, dass junge Menschen von der Seuche eher getötet werden als ältere.

Keine nachfolgende Pestepidemie hat sich zu einer solchen Katastrophe ausgewachsen wie die erste von 1347/48. Es war die schwerste Krise des europäischen Kontinents seit der Spätantike, mit tiefgreifenden Folgen für die Gesellschaft und das Bewusstsein der Menschen. Augenzeugen oder zeitnahe Chronisten berichten übereinstimmend von einer Auflösung der Ordnungen, von einer

Verrohung der Menschen, von Habgier, Grausamkeiten und unsäglichen Verbrechen. Die Seuche zerstörte mit einem Schlag kulturelle und zivilisatorische Errungenschaften. Auch die engsten Familienbindungen blieben davon nicht frei.

So schreibt Johannes de Mussis in seiner Chronik von Piacenza: „Allein in seinem Elend lag der Kranke in seiner Behausung. Kein Verwandter wagte ihm zu nahen, kein Arzt seine Wohnung zu betreten. Selbst der Priester reichte ihm nur mit Entsetzen das Sakrament. Mit herzzerreißendem Flehen riefen Kinder ihre Eltern, Väter und Mütter ihre Söhne und Töchter, ein Gatte die Hilfe des anderen an. Vergebens! Und selbst die Leichen der Ihrigen wagten sie nur zu berühren, weil sich niemand fand, der sich um Lohn den letzten Pflichten unterzog. […] Ratsherrn und Anwälte widersetzten sich dem Wunsch der Sterbenden die Testamente aufzunehmen, und – was noch schlimmer war – selbst die Priester kamen nicht um die Beichte zu hören."

Mit der Pest gehen Judenpogrome einher und ziehen eine Blutspur durch Europa: Hetzer und Einpeitscher reden von organisierter Brunnenvergiftung, und Judenmord wird ein Mittel der Schuldentilgung. Sündenböcke, auf die sich der Hass richtet, sind auch Fremde, Bettler, Arme: Menschen, die sonst aus religiösen Gründen geduldet wurden.

Die Pesterfahrung dieser und nachfolgender Generationen bringt einen tiefgreifenden Bewusstseinswandel, dessen Kennzeichen eine erhöhte Sensibilität für die Flüchtigkeit des Seins ist. Wie ist die kurz bemessene Zeit zu nutzen? Die Antwort ist zum einen eine stärkere Diesseitsorientierung; die Pesterfahrung wird somit zur Voraussetzung für Renaissance und Moderne. Dies äußert sich in einer hedonistischen Lebensführung: in einer Sucht nach Vergnügen, Zerstreuung, Ausleben von Sexualität. Das Jetzt, der Augenblick wird zur letzten Gelegenheit. Die Knappheit der Zeit gibt aber auch Impulse für eine *vita activa* im Sinne zielgerichteten kaufmännischen Handelns und einer bewussten Planung von Zukunft. Das Bewusstsein von der Knappheit der Zeit intensiviert andererseits die Religiosität, was in Stiftungen an die Kirche und Handlungen christlicher Nächstenliebe oder in Wallfahrten und Pilgerreisen Ausdruck findet, bis hin zu ekstatischen Geißlerzügen als extremer Bußübung, mit der die Gnade des „tauben" Gottes gewissermaßen erzwungen werden soll.

Die Pest war immer eine Herausforderung für Magistrate und andere Obrigkeiten. Waren Gegenmaßnahmen möglich? Wie konnte man das Chaos steuern? Boccaccio in Florenz und Lorenzo de Monacis in Venedig berichten allerdings über eine Lähmung der Behörden, weil die meisten Amtsträger gestorben oder geflohen waren. Dazu kam die Unkenntnis über Ursache und Verbreitung der Seuche. Trotzdem wurden ganz richtige Maßregeln getroffen, zumal in späterer Zeit, als man mit dem Phänomen vertraut war. Es gab Zwangsverpflichtungen von Ärzten und Menschen, die für den Abtransport der Toten und Sterbenden (!) und für das Ausheben der Massengräber verantwortlich waren. Man wusste, dass Berührung anstecken konnte, und vermied deshalb direkten Hautkontakt. In Textilien vermutete man „Pestzunder" und ordnete deshalb das Verbrennen von Kleidern und Bettzeug an. Sehr früh erkannte man, dass Quarantäne die Gesunden schützen konnte. So wurden Häuser mit Kranken, aber auch ganze Städte unter Quarantäne gestellt, oder Schiffe, die aus Pestgebieten kamen. Ein signifikantes Beispiel behördlichen Handelns – nicht ganz unähnlich modernem Krisenmanagement – schildert Daniel Defoe in seinem Werk *Die Pest zu London* von 1722. Defoe hat sich in einem intensiven Quellenstudium (Statistiken, Verordnungen, Augenzeugenberichte) ein Bild von der großen englischen Pestkatastrophe von 1665/66 verschafft, die er einen fiktiven Erzähler erleben lässt. Die ersten Meldungen von Pestfällen werden übergangen; die Gesundheitsbehörden beruhigen, dementieren, wiegeln ab: Nur keine Panik! London muss eine offene Stadt bleiben und das Wirtschaftsleben darf nicht gestört werden. Weil nicht sein kann, was nicht sein darf, verzichtet man auf Vorsorge: keine Quarantäne und keine Einrichtung von Pestlazaretten. Inzwischen ist es Sommer und die Pest breitet sich explosionsartig aus. Am Ende des Jahres 1665 zählt man allein in London knapp 70 000 Pesttote; das sind nur die registrierten Fälle.

Seit dem frühen 18. Jh. klingt die Pest in Europa aus. Über die Gründe gibt es nur Vermutungen: Die Haus- wird von der Wanderratte verdrängt; die Hygiene hat sich verbessert, die Immunität erhöht; die absolutistischen Flächenstaaten treffen Vorsorgemaßnahmen, Österreich z. B. errichtet Quarantänestationen, die bei der Einreise aus dem Osmanischen Reich zu durchlaufen sind.

Die österreichisch-ungarische Monarchie erlebte 1679 die letzte Großepidemie. Pestsäulen in vielen Städten – wie die berühmte am Graben in Wien – legen heute noch davon Zeugnis ab. Damals entsteht das Lied über ein stadtbekanntes Original, den „lieben Augustin", der betrunken ins Massengrab fällt und am nächsten Tag seine „Auferstehung" erlebt. In einer Fassung des 19. Jhs. mischen sich weinseliges Selbstmitleid, Untergangsstimmung und tragikomischer Überlebenswille:

> Jeden Tag war sonst ein Fest/Jetzt aber hab'n mir d'Pest/Nur a groß' Leichenfest, das ist der Rest. // O du lieber Augustin/Leg nur ins Grab dich hin/O du mein herzliebes Wien, alles ist hin.

Literatur: M. VASOLD, Pest, Not und schwere Plagen, München 1991. K. BERGDOLT, Der Schwarze Tod in Europa, München 1994; B. TUCHMAN, Der ferne Spiegel, München 1982; Historisches Jugendbuch, als Klassenlektüre von der 7. bis zur 9. Jahrgangsstufe geeignet: H. PARIGGER, Im Schatten des schwarzen Todes, München 1998.

S. M.

Die Krankheit mit ihren eigenen Waffen schlagen – die Pocken

Entstehung und Ausbreitung der Krankheit

Vermutlich ist schon Pharao Ramses V. um 1160 v. Chr. an Pocken gestorben. Nach Europa soll die Krankheit mit den Sarazenen gekommen sein. Jedenfalls ist sie seit dem 8. Jh. hier bekannt. Sie gehörte neben Pest, Typhus, Cholera, Grippe und Tuberkulose zu den weltweit wütenden Infektionskrankheiten. Bis ins 19. Jh. war die Menschheit den Pocken hilflos ausgeliefert.

Wer an den Pocken erkrankte, hatte durchaus eine Chance zu überleben, wenn er die ersten zehn Tage überstand. Zu diesem Zeitpunkt sank das hohe Fieber und damit die Gefahr eines akuten Herz- und Kreislaufversagens. Die Pusteln trockneten ab und hinterließen vor allem im Gesicht entstellende Pockennarben. Viele Pockenkranke erblindeten durch die Infektion. Wer die Ansteckung überstanden hatte, war von nun an immun.

Wie furchtbar die Pockeninfektion wütete, kann man daran erkennen, dass vor 1800 nur Lungenkrankheiten mehr Todesopfer forderten. Schätzungen gehen von ca. 60 000 Pockentoten pro Jahr in den deutschen Ländern aus. Weil Pocken die häufigste Kinderkrankheit im 18. Jh. waren, dürfte sie auch dafür verantwortlich sein, dass die Sterblichkeitsrate die steigenden Geburtenziffern vielerorts übertraf. Die Ärzte führten auf Anweisung der Obrigkeit vielfach genaue Statistiken über das Pockenelend. Zwar breitete sich die Krankheit langsam aus, weil nur direkter Kontakt mit Infizierten zur Ansteckung führte. Aber sie konnte jeden treffen und zunächst war kein Gegenmittel bekannt. Selbst hochgestellte Persönlichkeiten wie Wilhelm II. von Oranien oder Kaiser Joseph I. erlagen der Krankheit.

Der Kampf gegen die „Pockennoth"

Um die Sterblichkeit zu senken wurden von Seiten des Staates Anstrengungen unternommen die Ausbreitung der Krankheit einzudämmen. Daneben forschten Ärzte und Wissenschaftler nach Methoden Pocken überhaupt auszurotten. Die Bemühungen waren so erfolgreich, dass sie die erste große Infektionskrankheit war, gegen die schon im 19. Jh. entscheidende Erfolge gelangen: Jetzt konnten sich die Menschen gegen diese Krankheit wehren.

Aus dem Orient war eine Methode bekannt, die behandelte Personen gegen die Pocken immun werden ließ. Dieses Mittel, die Einimpfung von Blattern, empfahl in Deutschland zuerst der Arzt Johann Christian Juncker. Infizierte man einen Menschen mit eitrigen Pockenpusteln, kam es in der Regel zu einem harmlosen Verlauf der Krankheit. Gleichzeitig war der Patient in Zukunft vor Ansteckung geschützt. Die so infizierten Patienten waren allerdings eine hochgefährliche Ansteckungsquelle und außerdem konnte im Extremfall auch bei ihnen die Pockenkrankheit ausbrechen und zum Tod führen. Unsachgemäße

Behandlung gefährdete zudem viele Patienten, da auch Kurpfuscher ein Geschäft mit der Impfmethode machten. Der eigentliche Durchbruch gelang erst dem englischen Arzt Edward Jenner. Er hatte damit experimentiert, einen Jungen mit Kuhpocken zu infizieren um ihn so zu immunisieren. Tatsächlich gelang der riskante Versuch. Die bei Kühen vergleichsweise harmlos verlaufende Krankheit blieb bei dem Kind ohne sichtbare Folgen und es war tatsächlich vor weiterer Ansteckung mit echten Blattern geschützt. Um das neue Wundermittel auszuprobieren ließ man sich auch in Deutschland vom Londoner Impfinstitut eine Probe schicken. Vorurteile verhinderten allerdings zunächst die Anwendung einer Schutzimpfung mit Kuhpocken. Ab 1800 setzten schließlich Regierungsverordnungen in deutschen Staaten die Impfmethode durch. Wer als Geselle auf Wanderschaft gehen wollte, erhielt die Erlaubnis nur noch nach Vorlage eines Impfzeugnisses. In kurzer Zeit sank die Pockensterblichkeit auf verschwindend geringe Werte. 1874 wurde im Deutschen Reich die Impfpflicht eingeführt, sodass es nur noch zu vereinzelten Epidemien kam. Vor allem die Unterschichten in den Großstädten waren aufgrund ihrer ärmlichen, unhygienischen Lebensbedingungen von Ansteckung bedroht. Als der eigentliche Virus 1906 entdeckt wurde, hatten die Pocken längst ihren Schrecken verloren. 1980 erklärte die Weltgesundheitsorganisation die Welt für pockenfrei.

Folgender Text könnte zu Beginn des 19. Jhs. in einer Zeitung gestanden haben:

**Aufklärung unserer Leser über die schlimmen Folgen
der Kuhpockenhysterie (1803)**

Wie unsere Korrespondenten aus allen Landesteilen berichten, herrschen Angst und Unsicherheit unter den Menschen. Einfältige Personen verbreiten Gerüchte, wonach durch die Kuhpocken gesunde Menschen krank und auf eine schlimme Weise entstellt werden. So sollen manchen schon Körperteile von Kühen aus dem Leib gewachsen sein, nachdem sie mit Kuhblattern behandelt worden sind. Euter, Hörner, Kuhschwänze und andere schaurige Missbildungen seien zu beklagen.

Dies alles sind Hirngespinste von übelmeinenden oder unverständigen Menschen, die glauben, dass irgendwelche bösen Zauberkräfte von den Rindviechern auf uns übertragen werden. Die ganze gebildete Welt weiß aber, welch eine wohltätige Erfindung die Kuhpockenimpfung ist. Ein Segen für die ganze Menschheit, wo immer der Arzt mit der notwendigen Vorsicht zu Werke geht. Beachtet er alle Vorschriften für die Aufbewahrung des Impfstoffes, kann sein Tun nicht misslingen. Nicht einerlei ist außerdem, wie er impft. Ob er tiefe Stiche oder Einschnitte macht oder bloß leicht die Haut ritzt und kratzt. Auch soll er genau beachten, die Pflaster mit warmen Dämpfen zu lösen und den Eiter mit warmem Wasser aufzuweichen, nicht mit Speichel und im warmen Blute der Wunde.

Literatur: M. VASOLD, Pest, Not und schwere Plagen, Seuchen und Epidemien vom Mittelalter bis heute, München 1991, S. 178–185.

W. W.

Die Strafe Gottes für die Lust? –
Syphilis, die „Franzosenkrankheit"

In einem Lehrgedicht von Girolano Fracastoro taucht 1530 der Begriff Syphilis zum ersten Male auf: Der Hirte Syphilus – ergrimmt über die sengende Glut der Sonne – fällt eines Tages vom Sonnenkult ab und verkündet stattdessen die Verehrung seines Königs Alcithous. Zur Strafe für seinen Frevel sendet Apollo die neue Krankheit. Zuerst wird Syphilus, dann der König, schließlich das ganze Volk von ihr ergriffen. Nach ihm benennt die Menschheit heute noch die Seuche. Woher sie wirklich stammt, ist noch immer umstritten.

Ein Teil der Fachwelt ist der Überzeugung, die Seuche sei mit der Entdeckung Amerikas nach Europa gelangt. Fest steht, in den italienischen Kriegen 1494–1559 trat die gefährliche Geschlechtskrankheit erstmals massenweise auf. Seuchenartig verbreitete sie sich im Heer des französischen Königs Karls VIII.; seine Söldner schleppten sie in andere Länder. Seitdem hieß sie „Franzosenkrankheit". Im Gegensatz zur Pest war sie keine Seuche der armen Leute, sondern sie grassierte vielfach auch in der Oberschicht, Zeichen ihres ausschweifenden Lebenswandels.

Durch kontrolliertes Verhalten konnte diese Seuche leichter eingedämmt werden als etwa die Pest. Wer allerdings infiziert war, musste furchtbar leiden, bis er starb. Das lag zum einen am über Jahre hinweg immer qualvolleren Verlauf und zum anderen peinigte man die Erkrankten mit schauerlichen Gewaltkuren, die nicht selten ebenfalls zum Tode führten. So wurden bis ins 20. Jh. Quecksilberkuren durchgeführt, die zwar oft halfen, aber schwere Nebenwirkungen hatten, von denen Haarausfall noch die harmloseste war; wen man so behandelt hatte, der trug außerdem ein unübersehbares Stigma: blau schimmernde Zähne.

Gefragt waren deshalb Schutzmaßnahmen. Das seit der Antike bekannte Kondom kam verstärkt in Gebrauch. Weniger zur Verhütung von Kinderreichtum, sondern von Ansteckung. Der Italiener Gabreile Faloppia entwickelte 1564 ein angeblich sicheres Leinensäckchen, das mit anorganischen Salzen getränkt war. Der Fantasie waren keine Grenzen gesetzt und die Nachfrage war gewaltig. Ab dem 18. Jh. bevorzugte man bei Hof geölte Blinddärme von Ziegen, Kälbern oder Hammeln. Und von Ludwig XIV. wissen wir, dass er englische Spezialpräparate besonders schätzte – aus Samt und Seide. Eine Marquise am Hofe des Sonnenkönigs meinte zu diesem Thema: Die bewussten Venushütchen seien „ein Panzer gegen das Vergnügen, aber ein Spinnweb gegen die Gefahr".

Das sinnenfrohe Badewesen des Mittelalters hatte dazu beigetragen, die Lustseuche über die Ständegrenzen hinweg zu verbreiten. Im Badehaus gab man sich weitaus ungezwungener, als dies die sonst so strenge Gesellschaftsordnung im Alltag zuließ. Männer und Frauen hatten hier eine gewisse Gleichberechtigung. Und was außerhalb als Todsünde galt, wurde hier vor aller Augen vollzogen: der Ehebruch. Insbesondere die Bademägde gelangten immer mehr in die Rolle von Prostituierten. Bei Pest und Lepra glaubte man noch daran, dass Schwitzen im heißen Wasser oder Dampf Schutz bieten könne. Die Rolle der Bäder bei der Ansteckungsgefahr mit Syphilis war offensichtlich. Diese Krankheit hatte daher für das Badewesen ernste Folgen. Erasmus von Rotterdam klagte im 16. Jh., dass viele öffentliche Bäder kalt stünden, da die Angst vor Ansteckung größer sei als der Wunsch nach ausgelassener Badefreude. Die Zahl der Badestuben nahm rasch ab. Immer mehr Beachtung fanden auch die Klagen der Kirche, dass die Syphilis als Strafgericht Gottes gegen die moralische Verderbtheit der Zeit zu verstehen sei.

Wer unter der „schimpflichen Krankheit" litt, versuchte dies nach Möglichkeit sogar vor dem Arzt zu verbergen. Daher rührte auch der Erfolg dubioser Rezepte zur Selbstbehandlung. Im 19. Jh. hielt man zudem Missbildung und Geisteskrankheiten für eine erbliche Folge der Syphilis und den Beweis heimlicher Sünden. Die grassierende Furcht vor Erbkrankheiten steigerte sich im 19. Jh. schließlich zur Hysterie. Zeigten sich unabweisbare Symptome, wurden die Syphilitiker jetzt in Krankenhäusern oder auch Gefängnissen unter Quarantäne gehalten. Wer immer in dem Ruf stand „verdorbenes Blut" zu haben, wurde von der ehrbaren Gesellschaft gemieden.

In Frankfurt am Main z. B. könnte man sich 1555 folgende Situation vorstellen:
Mit großer Sorge vernimmt der Rat der Stadt Frankfurt die Klagen wohlanständiger Bürger und angesehener Geistlicher. Sie geißeln mit Recht die Sittenlosigkeit in den öffentlichen Badestuben. Wie anders als eine Strafe Gottes für begangene Sünden sollen wir die Ausbreitung der Lustseuche verstehen? Mancher sucht die Gesellschaft der Frauen im Bade. Er wäscht den Leib, aber befleckt die Seele. Schauspiele der Verderbnis und wollüstige Gebärden werden dem keuschen Zuschauer hier geboten. So werden die Herzen durch Sünde geschwärzt. Und wer gesund ins Badehaus ging, kehrt angesteckt zurück. Verwundet durch die Pfeile der Venus erliegt sogar der Keusche der verderblichen Krankheit.

Daher fordert der Rat dieser Stadt die Schließung der beiden letzten von einstmals 29 Badehäusern. Die neue Hautkrankheit und unser Seelenheil gebieten uns von ihrem Gebrauche abzusehen.

Literatur: G. KEIL, Seuchenzüge des Mittelalters, in: B. HERRMANN (Hg.), Mensch und Umwelt im Mittelalter, S. 109–128.

W.W.

„Trinke Arrac, Cognac, Grog von Rum" – die Cholera

Niemals, so scheint es, sind die Menschen vor dem Ausbruch einer neuen, unbekannten Epidemie gefeit, trotz aller Fortschritte in der Medizin und trotz aller Fortschrittsgläubigkeit von Ärzten und Patienten. Seit den 80er Jahren ist es die Immunschwächekrankheit Aids, die auch in den reichen Ländern der Alten und Neuen Welt zur Seuche wird und bis heute nicht heilbar ist. Zu Beginn des 19. Jhs., als die moderne wissenschaftliche Medizin entstand, als mit Edward Jenners Vakzination zum ersten Mal eine Epidemie, die Pocken, mit medizinischen Mitteln wirksam bekämpft werden konnte, war es die Cholera, bei der alle ärztliche Kunst versagte.

Was war das für eine Krankheit, an der 50% der Erkrankten binnen weniger Tage qualvoll starben? „Die medicinische Reform" beschrieb 1848, beim dritten großen Choleraausbruch in Deutschland, die Krankheitsentwicklung eines Opfers so: Es war ein Fuhrmann, „der in der Nacht vom Sonnabend auf den Sonntag um zwei Uhr plötzlich unter heftigem Durchfall, Brechen und krampfhaften Erscheinungen erkrankte, sehr bald ein cyanotisches Aussehen bekam, der pulslos wurde und marmorkalt, während er über brennende Hitze innen klagte, und (…) nach siebeneinhalb Stunden (…) verstarb".

Keinem Arzt fiel es da schwer, die richtige Diagnose zu stellen, zumal die Kranken alsbald das „Choleragesicht" bekamen, durch Wasserverlust eingefallene Züge, die denen einer Mumie glichen. Aber danach war er mit seiner Weisheit am Ende und konnte nur auf die Selbstheilungskräfte seines Patienten hoffen.

Die Ursache der Krankheit war völlig unbekannt. Der Münchner Arzt Andreas Röschlaub etwa fabulierte, Cholera beruhe nicht auf Ansteckung, sondern sei „ein eigenartiges wirksames Wesen, das von Zeit zu Zeit in den Luftgebieten anderer Gegenden sich bilde und entwickle". Der Hygieniker Max von Pettenkofer mutmaßte, dass sich das Choleragift im Boden entwickle, dort, wo viele organische Stoffe in ihm seien. Ebenso hilflos wie die Ursachendeutung waren die Therapieversuche. Knoblauch, Heilwässer und Leibbinden wurden empfohlen, der Aderlass, der jedenfalls das Ende der Kranken noch beschleunigte, und der Genuss von Alkohol. Noch während der letzten Epidemie, 1892, reimte ein Hamburger Spirituosenhändler, Fürsorglichkeit mit gesundem Geschäftssinn verbindend: „O Publico, o Publicum!/Trinke Arrac, Cognac, Grog von Rum!/Stellt dennoch Cholera sich ein,/Dann trinke guten, rothen Wein;/Desinfiziere Haus und Wagen./Vergesse aber nicht den Magen;/(…) Ein gutes Prophylactictum/Ist aber Arrac, Cognac, Rum" – zu beziehen selbstverständlich über den Urheber dieser Zeilen.

Die Cholera kam aus Indien, ab 1817 wurde sie zur weltweiten Pandemie. Über Singapur, Sumatra und Ceylon gelangte sie nach Russland, von wo aus sie auf

Europa und auch Nordamerika übergriff. In vier großen Schüben legte sie diesen Weg zurück; man vermutet, dass das Auftreten von Epidemien jeweils mit dem Heranwachsen einer Generation, die noch keine Abwehrstoffe gebildet hatte, zusammenhing. Handelsverkehr, Truppenbewegungen und die beginnende Lust an Fernreisen waren die Ursachen der Ausbreitung. 1883 endlich, als die Zahl der Choleratoten in Europa schon Hunderttausend betrug, entdeckte der Bakteriologe Robert Koch den Choleraerreger, die Vibrio cholerae, den sogenannten „Kommabazillus". Da man ihn jedoch noch nicht bekämpfen konnte, war entscheidend, wo er vor allem zu finden war, nämlich in verschmutztem Trinkwasser; wo es einwandfreies Wasser gab, trat die Krankheit kaum auf.

Damit war den Verantwortlichen das Mittel in die Hand gegeben, die Seuche wirksam zu bekämpfen. Dass sich indes wissenschaftliche Erkenntnisse oft nicht so schnell gegen Hochmut und Ignoranz von Behörden und Politikern durchsetzen können, belegt die letzte große Epidemie 1892 in Hamburg. Am 14. August 1892 zeigte ein alter Mann die bekannten Symptome und starb, binnen kürzester Zeit waren 250 Menschen erkrankt. Der Rat der Stadt jedoch sah keinen Grund eine Dreiviertelmillion Bürger zu beunruhigen und den Lauf von Handel und Wandel zu stören; waren die Kranken doch ausnahmslos Angehörige der untersten Schichten. Die Folgen dieser Politik des Aussitzens waren entsetzlich: Bald stieg die Zahl der Toten auf täglich über 450. Viele Tausende ergriffen die Flucht und trugen die Seuche in weitere 30 Städte. Jetzt endlich entschloss man sich zum Handeln und holte den Rat Kochs ein, der Direktor des Reichsgesundheitsamts war. Der fand unbeschreibliche Zustände vor: dichtbesiedelte Armenviertel, in denen sich die Menschen in winzigen Behausungen („Pesthöhlen" nannte sie Koch) drängten, ohne Toilette und fließendes Wasser im ganzen Haus; Wasser wurde aus der Elbe herbeigeschafft, in die auch die Ausscheidungen gekippt wurden. Durch Rückstau während der Flut gelangte die Brühe dann auch in die flussaufwärts gelegenen Leitungswassersammelbecken. „Ich vergesse, dass ich mich in Europa befinde", kommentierte der Bakteriologe die Verhältnisse. Er erreichte, dass der Genuss von nicht abgekochtem Wasser verboten, die hygienischen Verhältnisse in den Elendsvierteln verbessert und Sandfilterbecken für das Trinkwasser angelegt wurden.

Heute ist die Cholera in den reichen Ländern ausgerottet; wer verreist, schützt sich durch eine Impfung, Erkrankte können mit Rehydrierung und Tetrazyklin geheilt werden. Aber in den armen Ländern Asiens und Afrikas, in Flüchtlings- und Gefangenenlagern wütet die Cholera noch immer.

Literatur: H. GOERKE, Arzt und Heilkunde. Vom Asklepiospriester zum Klinikarzt, 3 000 Jahre Medizin, München 1987, S. 68 f.; M. VASOLD, Pest, Not und schwere Plagen, Seuchen und Epidemien vom Mittelalter bis heute, München 1991, S. 226–236.

H. P.

Recht und Wirtschaft

Gerecht sein gegen Arm und Reich – das Bamberger Stadtrecht

Was die Besonderheit des mittelalterlichen Rechtslebens ausmacht, sind vor allem die Fülle von Einzelrechten und das Fehlen überall geltender Gesetze. Beides hat seine Ursache in der Entstehungsgeschichte des Deutschen Reiches, das aus einer Vielzahl von Bestandteilen mehr oder weniger zusammengewachsen ist, in denen unterschiedliche Rechtsauffassungen herrschten. Da waren die Stämme und ihre alten Stammesrechte, die, wie z. B. das sächsische während der Herrschaft Heinrichs I., auf das Königsrecht einwirkten. Da entstanden Städte und Märkte mit besonderen Privilegien, aus denen sich spezifisches Recht entwickelte, da gab es Genossenschaften und Zünfte, die rechtsbildend wirkten, geistliche und weltliche Herrschaftsbereiche, in denen eigene Rechtsnormen entstanden.

Zu einem einheitlichen Normenkatalog und Institutionen, die ihn überwachten, kam es angesichts dieser Vielfalt und einer kaum jemals genügend starken Zentralgewalt nicht. Es gab zwar Ansätze zentraler (königlicher) Gesetzgebung, z. B. die salische und staufische Gottes- und Landfriedensgesetzgebung, aber sie blieben Ausnahmen und für die Rechtsfindung im Alltag waren sie überdies nicht gemacht. So entwickelte sich eigenes Recht überall da, wo eine Gruppe von Menschen auf überschaubarem Raum kontrollierbar zusammenlebte. Übergreifende Rechtskodifikationen wie der *Sachsenspiegel* waren das Werk von Privatleuten und hatten keinen wirklich bindenden Charakter. Erst durch die Rezeption des römischen Rechts, die im 12. Jh. begann und sich bis in die Neuzeit fortsetzte, entstand allmählich so etwas wie einheitliches Territorial- oder Reichsrecht.

Natürlich gab es dennoch Gemeinsamkeiten in der Rechtsauffassung; sie ergaben sich durch gemeinsame gewohnheitsrechtliche Wurzeln, durch Querverbindungen wie z. B. Stadtrechtsfamilien oder einfach durch ähnliche Lebensverhältnisse. Unabhängig davon aber orientierte sich die Rechtsbildung an den Bedürfnissen, die sich aus dem Zusammenleben im lokalen oder regionalen Raum ergaben.

Das gilt auch für die Stadt Bamberg. Ungewöhnlich ist, dass hier städtisches Recht erst so spät, nämlich gegen Ende des 14. Jhs., aufgezeichnet wurde. Der Grund waren die Probleme, die Bamberg damit hatte, eine richtige, eigenständige Stadt zu werden: Fünf geistliche Stifte um die Stadt herum, die sogenannten Immunitäten, die seit 1154 rechtliche Unabhängigkeit genossen, behinderten Bambergs Entwicklung auf alle mögliche Weise: Sie gründeten einen eigenen Markt, gewährten ihren Inwohnern Steuerfreiheit und wachten eifersüchtig darüber, dass nur ja keines ihrer Immunitätsrechte verletzt wurde. Gegen Ende des 14. Jhs. begannen die Bürger sich gegen die unliebsame Konkurrenz zu wehren und forderten die Eingliederung der Immunitäten in die Stadtgemeinde – freilich ohne Erfolg. Aber sicher nicht zufällig fiel in diese Zeit die Entstehung des Stadtrechtsbuchs: Eine selbstbewusste Bürgerschaft erhob den Anspruch einen zusammenhängenden Wirtschafts- und Rechtsraum zu kontrollieren.

Anders als viele Stadtrechte, die aufgrund von Privatinitiative oder durch Übernahme fremden Rechts entstanden, ist das der Bamberger aus der praktischen Arbeit des Stadtgerichts entstanden und zeichnet deshalb ein besonders anschauliches Bild der Rechts- und Lebensverhältnisse. Von altüberlieferten Rechtsgewohnheiten wie etwa der Schöffenwahl oder Teilen des Erb- und Schuldrechts abgesehen sind die in ihm festgehaltenen Normen aus dem aktuellen Bedarf heraus geschaffen: Ein bestimmter Fall forderte eine Entscheidung, die die vorhandene Rechtsunsicherheit beseitigte. Nach moderner Auffassung ist diese Art der Rechtssetzung bedenklich: Eine richterliche Entscheidung muss auf einem bereits bestehenden Gesetz beruhen (im Strafrecht heißt dieser Grundsatz *nulla poena sine lege*). Aber einen Gesetzgeber in diesem Sinn gab es im Mikrokosmos Stadt nicht – der Rat, der auch die Schöffen stellte, war gleichzeitig Rechtsetzer, Gericht und Ordnungsbehörde; übergeordnete Instanz war nur der Stadtherr, also der Bischof.

Im Jahr 1306 bekam der städtische Schreiber den Auftrag ein Protokollbuch anzulegen, in das wichtige Entscheidungen des Rats und des Gerichts aufgenommen wurden. Um 1380 wurden dann mehrere Gerichtskodices angelegt, in das überkommene Rechtsbräuche sowie 30 Paragraphen aus dem Protokollbuch Aufnahme fanden. Zwischen den Abschnitten wurde reichlich Platz für Nachträge gelassen, weil ja zu jedem Rechtskomplex immer neue, noch nicht in ihm erfasste Fälle kommen konnten. Erkennbar ist das Bemühen des Schreibers die Vorschriftensammlung inhaltlich zu ordnen; eine Systematik im modernen Sinn darf man freilich nicht erwarten, zumal die ursprüngliche Ordnung durch Nachträge, für die an der richtigen Stelle kein Platz mehr war, ziemlich durcheinandergeraten ist. Außerdem kannte das Mittelalter die Scheidung von privatem und öffentlichem Recht nicht: Auch Straftaten bedurften in aller Regel der privaten Klage, beide Rechtsbereiche sind deshalb immer wieder vermischt. Doch im Großen und Ganzen sind folgende Abschnitte zu erkennen: Gerichtsverfassung – Stadtverfassung und Bürgerrecht – Schuld-, Bürgschafts- und Pfandrecht – Erb- und Vormundschaftsrecht – Grundstücksrecht – Bestimmungen für Handwerker und Dienstleistende – Straf- und Geleitrecht. Welche Bedeutung das neue Stadtrechtsbuch für das Alltagsleben in Bamberg hatte, zeigt die Tatsache, dass es in mehreren Redaktionen in 13 Handschriften des 14. bis 17. Jhs. überliefert ist; beträchtlich mehr müssen es ursprünglich gewesen sein.

Aus einer gereimten Vorrede, die in mehreren Textzeugen überliefert ist, geht hervor, was die Bürger von der Rechtsprechung erwarteten: Sie sollte eine

Spiegelung der göttlichen Gerichtsbarkeit sein, Christus, der Weltenrichter, lieferte den Maßstab für alle irdischen Richter. Gott, so beginnt die Vorrede, möge dafür sorgen, dass mit diesem Rechtsbuch, zum Nutzen aller, Gerechtigkeit gegen Arm und Reich geübt werde. Von großer Bedeutung sind die Unbestechlichkeit des Richters, seine Unabhängigkeit und seine einwandfreie Amts- und Lebensführung: Das Schlimmste für die Gerechtigkeit, heißt es, sei, wenn einer „heute so Recht spricht und es morgen selber bricht". Ferner werden Ausgewogenheit und Beständigkeit gefordert: Was heute Recht sei, dürfe morgen nicht Unrecht werden. Kennzeichnend für die Denkweise des Mittelalters ist schließlich der Glaube an die Überlegenheit des Überlieferten, die Ehrfurcht vor dem Althergebrachten: Nur was in der Tradition verankert ist, kann gut sein. Als Garanten des Rechts werden deshalb in der Vorrede die „Weisen" und die „Ältesten" der Vergangenheit genannt. In den Titeln und Paragraphen finden sich entsprechend oft Formeln wie „von alters her" oder „es ist von jeher Recht und Gewohnheit gewesen", bisweilen auch dann, wenn eine völlig neue Regelung folgt.

In über 400 Paragraphen regelt das Rechtsbuch das Alltagsleben einer mittelalterlichen Stadt. Es befasst sich mit Schwerkriminalität ebenso wie mit dem Aufstellen von Abtritten, mit der Ausbeutung von Hintersassen ebenso wie mit dem Besuch von Badehäusern. Manche Regelung erscheint uns erstaunlich liberal, manche unmenschlich, manche skurril, manche auch unsinnig. Aus allen aber spricht das Anliegen, dass jeder sie verstehen sollte. Und das ist etwas, was man von unseren Gesetzbüchern wohl nicht mehr sagen kann.

Auszüge aus dem Bamberger Stadtrecht (die Texte sind vereinfacht und ins Neuhochdeutsche übertragen)

Zu den überlieferten Rechtsnormen gehören die Regelungen, die die Gerichtsverfassung betreffen, wie etwa die Einsetzung, die Rechte und Pflichten der Schöffen. Walpurgismesse: 1. Mai; Schultheiß: der vom Bischof eingesetzte oberste Verwaltungsbeamte der Stadt; Zent: Halsgericht.

§§ 1–2 Seit alters her ist es üblich, dass der Schultheiß, wenn er zur Zeit der Walpurgismesse im Auftrag des Bischofs die Ratsmitglieder benennt, die das Jahr über Schöffen sein sollen, vorher die Meinung des gesamten Stadtrats einholt. Er soll die Schöffen nach dessen Vorschlägen auswählen und die Liste dann dem Bischof oder seinem Beauftragten vorlegen. (…) Zwölf Schöffen müssen es sein, ausnahmslos Ratsmitglieder, und sie sollen einen Eid leisten (…).

Bevor sie nicht geschworen haben, darf kein Halsgericht stattfinden und kein Stadtbrief gesiegelt werden (…). Die Stadtgerichtsschöffen können auch an der Zent urteilen, wenn der Schultheiß, ein Kläger oder ein Beklagter es wünscht, sie dürfen aber dazu nicht gezwungen werden (…). Die Schöffen sollen schwören, dass sie ihren Pflichten bis zum nächsten Walpurgistag nachkommen, wenn sie nicht dringende Geschäfte daran hindern (…). Sie sollen ferner schwören, dass sie gerecht und bei allen gleich urteilen, bei Armen und Reichen, Einheimischen und Fremden, nach bestem Wissen und Gewissen, dass sie sich weder durch Neid, Hass, Freundschaft, Feindschaft, Liebe, Leid, Misstrauen oder Bestechung beeinflussen lassen noch durch sonst irgend etwas, was der Gerechtigkeit schaden könnte.

Wer es in der mittelalterlichen Stadt zu etwas bringen wollte, der musste unbedingt das Bürgerrecht erwerben. Nur so genoss er Rechtssicherheit, konnte ein Haus kaufen oder ein Gewerbe ausüben.

§ 118 Ein Fremder, der Bürgerrecht gewinnen will, muss in Begleitung von Bürgern, die ihn kennen, vor den Rat treten. Der Rat soll sich genau über ihn erkundigen und prüfen, ob er aus der Sicht des Bischofs, der Stifte und der Stadt geeignet erscheint. Wenn das der Fall ist, wird er vor den Schultheißen und das Gericht geschickt und dort soll er dann das Bürgerrecht bekommen (...). Er soll bei allen Heiligen schwören, dass er des Stadtherrn und der Stadt Nutzen und Frommen nach besten Kräften fördert, dass er Schaden von ihr wenden will, so gut er kann. Ferner, dass er frei und ledig und kein betrügerischer Beamter und kein entlaufener Eigenmann sei, dass er nicht mit Acht, Bann oder sonstwie bestraft sei (...). Dass er niemals einen Bürger oder eine Bürgerin (...) vor einem fremden Gericht verklagen, sondern sein Recht nur hier suchen werde, es sei denn, man verweigere ihm das vorsätzlich, und dass er dem Rat gehorsam sein wolle.

Wenn er aber vor dem Rat falsche Angaben macht und jemand verklagt ihn wegen einer früheren Straftat und er kann sich nicht rechtfertigen, so hat die Stadt nichts mit seinen Angelegenheiten zu schaffen und er erhält das Bürgerrecht nicht.

Dem Rat muss er mit fünf Pfund Pfennig der alten Münze bürgen, dass er zwei Jahre in der Stadt bleibt, in guten und schlechten Tagen; die Summe verfällt der Stadt, wenn er sich nicht daran hält. Außerdem hat er eine neue Armbrust abzuliefern (...).

Ehepartner wurden von den Eltern ausgesucht; wer ihrem Willen zuwiderhandelte, hatte mit schwerwiegenden Nachteilen zu rechnen. Das galt besonders für Mädchen.

§ 60 Wenn die Tochter eines Bürgers, ob er arm oder reich ist, ohne Zustimmung ihrer Eltern heiratet, die hat sofort jeden Anspruch auf deren Erbe verloren; weder sie noch ihr Ehemann können entsprechende Rechte geltend machen, wenn ihr Vater oder ihre Mutter es vor Gericht fordern und eine entsprechende Entscheidung getroffen wird. Für den Fall, dass entweder Vater oder Mutter tot sind, gilt der Wille des Überlebenden (...). Wird die Angelegenheit jedoch nicht vor Gericht ausgetragen oder sterben beide, bevor das Urteil gefällt ist, so geht das Erbe nicht verloren und die Geschwister haben kein Mitspracherecht dabei.

In besonderen Härtefällen konnte vom normalen Erbrecht abweichend verfahren werden.

§ 151 Wenn ein Mann als Witwer stirbt, so haben seine Kinder an seiner Stelle die erste Anwartschaft auf das Erbe der Großeltern, die dann noch leben, denn sie haben schon Schaden genug dadurch, dass sie Vater und Mutter verloren haben.

Überraschend ist, dass in Bamberg offensichtlich auch das Zusammenleben in „wilder Ehe" nicht unbekannt war und dass hierbei für den Erbfall sogar eine gerechte Regelung getroffen wurde.

§ 162 Seit langer Zeit schon ist es üblich und gilt als städtisches Recht, wenn Mann und Frau, die ohne Vertrag eheähnlich zusammen leben und auch Verkehr haben: Stirbt einer von ihnen, ohne dass leibliche Kinder vorhanden sind, so geht sein Hab und Gut an den Hinterbliebenen über.

In allen Städten des Mittelalters bereitete das Treiben der ledigen Bürgerssöhne den Stadtvätern Sorge. Das betraf nicht nur Unzucht, Zechprellerei und Randalieren im Wirtshaus, sondern auch das Glücksspiel. Frevel: leichte Verletzung

§ 59 Ledige Bürgerssöhne, die ihre Erbschaft noch nicht angetreten haben, dürfen, ganz gleich, wie hoch ihre Schuld sein mag, nicht mehr geben, als was sie an Bargeld und Gegenständen mit sich führen, einschließlich ihrer Kleider bis auf das Hemd (...).

§§ 211–213 Wo zwei oder drei oder mehr miteinander zechen, und einige verschwinden vorzeitig, so haften die, die als letzte noch da sind; sie müssen dem Wirt die Zeche bezahlen. Sie können aber das ausgelegte Geld von ihren Zechgenossen einklagen (...). Wenn alle gehen ohne zu zahlen, so können sich der Wirt oder seine Diener an irgend einen von ihnen halten, wenn sie ihn treffen, der muss für alles geradestehen, der Wirt muss nicht jedem hinterherlaufen (...).

Wenn ein Wirt und seine Diener während der Schankstunden streitende Zecher im Guten oder mit Gewalt auseinanderbringen (...), so haben sie keinen Frevel begangen (...) Wenn jemand dabei leicht oder schwer verwundet wird, so haben sie keine Schuld (...). Kommt es aber zu einem Mord, muss sich jeder verantworten, der beschuldigt wird.

Im alltäglichen Zusammenleben war der Standort der Abtritte ein häufiger Streitpunkt.

§§ 194–196 Wenn eine Hofstatt veräußert wird, auf der sich Abtritte befinden, so sollen sie unverrückt bleiben, wie nahe sie auch am Nachbargrundstück stehen, es sei denn, es wird vertraglich etwas anderes ausgemacht. Wer einen neuen Abort errichten und eine Grube ausheben will, der darf dies erst in einer Entfernung von sieben Schuhen vom Nachbargrundstück entfernt tun. Oberhalb des rechten Regnitzarms darf man Abtritthäuschen auch ohne ausdrückliche Zustimmung des Nachbarn errichten; aber man muss Rücksicht nehmen und sie wegen des Gestanks möglichst solide bauen.

Um die Gesundheit der Bürger zu schützen wurde eine Anzahl von Vorschriften zur Lebensmittelhygiene erlassen. Finnig: mit einer Erkrankung durch die Finnen der Bandwürmer befallen, häufig bei Schweinen, auf den Menschen übertragbar.

§§ 347, 349 Seit alters her ist es allen Fleischhackern verboten wissentlich finniges Fleisch zu verkaufen; außerhalb der Stadt ist es erlaubt. Wer es aber in der Stadt auf seinem Stand bei gesundem Fleisch feilbietet, muss dem Schultheißen 60 Pfennig und der Stadt ein Pfund Pfennig bezahlen.

Ein Beispiel für Rechtsetzung bei aktuellem Bedarf ist die Schlichtung des Streits zwischen Schuhwarten (Schuhmachern) und Reußen (Flickschustern) im Jahr 1397.

§§ 358–359 Im langen Zwist zwischen den Schuhwarten und den Reußen ist vom Rat folgendermaßen entschieden worden, und das soll für alle Ewigkeit Bestand haben: Die Reußen dürfen keine Schuhe anfertigen und auch keine neuen verkaufen, wohl aber die alten reparieren, am Leder und am Futter. Wenn sie dagegen verstoßen, können die Neumeister klagen und die Reußen müssen für jedes Paar drei Schilling Pfennig der alten Münze Buße geben (...). Kein Schuster, der neue Schuhe macht, darf gebrauchte Schuhe verkaufen oder reparieren, (...) nur wenn er sie selbst gemacht hat (...), darf er sie füttern, besohlen oder flicken (...). Wer dagegen verstößt (...), der soll jedesmal eine Buße von drei Schilling Pfennig alter Bamberger Münze zahlen (...).

Hinsichtlich der Kriminal-(Hals-)Gerichtsbarkeit ist auch in Bamberg das für das Mittelalter typische dingliche Rechtsverständnis festzustellen; das kriminologische Indiziengeflecht des modernen Strafprozesses fehlte – der mittelalterliche Richter hielt sich an Leumund, Zeugen und Augenschein. Dabei galt es nicht selten auch schwierige Entscheidungen zu fällen. Nach der Einleitung des Verfahrens vor dem Stadtgericht kamen Halsgerichtsfälle vor die Zent. Handhaft: Gegenstand, der die begangene Tat symbolisiert; Dille: eine Vorrichtung zur Enthauptung, ähnlich dem Fallbeil; Landzwinger: Landfriedensbrecher; Schleifen: Schleppen zur Richtstätte unter körperlichen Misshandlungen.

§ 226 Einem Bauern am Main wurden sein Haus und Stadel am Main angezündet; seine Tochter verbrannte darin, und zwar völlig, bis auf den angesengten Kopf, den man kaum noch als menschlichen Kopf erkennen konnte. Den brachten der Vater und seine Verwandten vor Gericht und erhoben Klage; es wurde beschlossen, über den Fall wie über einen Mord zu richten.

§§ 227–236 Einem Mörder soll man Schwert, Spieß, Messer oder andere Waffen und Werkzeuge auf den Rücken binden, mit denen man einen Menschen töten kann; das sollen die Schöffen beschauen und bezeugen, dass sie eine Handhaft eines Mörders an ihm gesehen haben, damit dem Kläger Recht verschafft werden kann. Der Leichnam soll vor Gericht gebracht werden, den sollen die Schöffen auch beschauen (...). Einen Mörder soll man richten durch das Rad (...).

Auf einen Brandstifter soll man einen erloschenen Brand binden (...), ihn soll man richten mit dem Feuer.

Auf einen Vergewaltiger soll man ein Frauenkleid binden, das blutige Flecken hat (...); ihn soll man richten durch die Dille.

Auf einen Fälscher soll man eine Fälschung binden (...), ihn soll man richten durch das Feuer.

Auch einen Dieb, Räuber, Verräter oder Landzwinger soll man mit einer Handhaft versehen (...).

Ein Dieb wird durch den Strang, ein Räuber durch das Schwert, ein Verräter nach dem Schleifen ebenfalls durch das Schwert und ein Landzwinger durch den Strang gerichtet.

Literatur: H. PARIGGER (Hg.), Das Bamberger Stadtrecht (Veröffentlichungen der Gesellschaft für fränkische Landesgeschichte, Reihe X, 12. Band), Würzburg 1983.

H. P.

Der Kaiser als Quelle des Rechts – die Peinliche Halsgerichtsordnung Karls V.

1. Von der Antike hat das Mittelalter die Vorstellung übernommen, dass der Kaiser die Verkörperung des Rechts ist. Selbst an menschliches Recht nicht gebunden, konnte er neues Recht setzen. Die deutschen Könige als Nachfolger römischer Imperatoren standen in dieser Rechtstradition. Der *Sachsenspiegel* unterstreicht das: Der Kaiser, so heißt es, sei jedermanns Richter über Hals und Hand. Er konnte also Normen setzen und diese selbst anwenden. Unklares Recht konnte nur der Kaiser richtig auslegen.

In spätstaufischer Zeit gewann die römisch-italienische Rechtsauffassung bedeutenden Einfluss auf die Reichsverfassung (vergleiche *Confoederatio cum principus ecclesiasticis,* Frankfurt, 26. April 1220; *Statutum in favorem principum,* Cividale/Friaul, Mai 1232; Mainzer Reichslandfrieden, August 1235). In diese Reihe der Reichsgrundgesetze gehören die *Aurea Bulla* (Goldene Bulle, so benannt nach der goldenen Siegelkapsel) Kaiser Karls IV. von 1356 zur Regelung der Königswahl und die Reichsreformen Kaiser Maximilians I. auf dem Wormser Reichstag von 1495 (Ewiger Landfriede, Fehdeverbot, Errichtung des Reichskammergerichts zum gerichtlichen Austrag von Streitfällen). Maximilians Sohn und Nachfolger, Kaiser Karl V., versuchte die Rechtssetzungskompetenz des Reichs auf das Strafrecht auszudehnen. Vorausgegangen waren regionale Reformen des Strafrechts und des Strafprozessrechts, so Kaiser Maximilians Halsgerichtsordnung für Tirol (1499). Die Peinliche Halsgerichtsordnung für das Hochstift Bamberg *(Constitutio Criminalis Bambergensis)* diente als Modell für die *Constitutio Criminalis Carolina,* die Peinliche Halsgerichtsordnung Kaiser Karls V., die auf dem Regensburger Reichstag von 1532 verabschiedet wurde.

2. Der Begriff „Pein", mittelhochdeutsch *pîne,* kommt vom mittellateinischen *poena:* Strafe, Leibesstrafe; Qual, Not; Mühe. „Peinlich" bedeutet somit strafwürdig, quälend, schmerzlich. Eine „peinliche Befragung" ist ein Verhör unter Anwendung körperlicher Gewalt, der Folter. „Peinliche Strafen" fügten Schmerzen und körperliche Schäden zu; auch Todesstrafen waren „peinlich". Unser Begriff verlagert Schmerzen und Qualen ins Seelische oder hat nur noch die abgeschwächte Bedeutung von „unangenehm".
Aber zurück zur Constitutio Criminalis Carolina: Das Gesetzeswerk war umstritten. Ein Scheitern konnte durch eine *clausula salvatoria* vermieden werden, die besagte, dass altes Landrecht weiter in Geltung bleiben konnte, wenn sich dieses als „wohl hergebracht, rechtmäßig und billig" erwiesen hätte. Das war dehnbar. Durch die salvatorische Klausel fand die Carolina also nur subsidiäre Anwendung; das Recht engerer Rechtskreise hatte Vorrang. Trotzdem war ihr normbildender Einfluss nicht gering.
Die Carolina hat die Folter als Mittel der Wahrheitsfindung zugelassen (es wäre unhistorisch, zu dieser Zeit etwas anderes zu erwarten). „Modern" allerdings war, dass die „peinliche Befragung" Einschränkungen unterworfen war: So durfte sie nur bei Verbrechen angewendet werden, die als todeswürdig erachtet wurden oder schwere Körperstrafen nach sich zogen. Das Geständnis musste verifizierbar sein (z. B. durch Auffinden der Beute nach den Angaben des Täters) und es war nur gültig, wenn es nach der Folter wiederholt wurde. Die Folter durfte nur zwei- bis dreimal angewandt werden. Die Dauer war auf eine Stunde begrenzt.
Vor der Folter musste eine Beweisaufnahme erfolgen und dem Beschuldigten die Möglichkeit der Verteidigung eingeräumt werden; er wurde z. B. nach

Vorbereitung der Folter durch Aufziehen, in Anwesenheit des Richters, zweier Beisitzer und des Gerichtsschreibers, 1580

Zeugen für ein Alibi befragt. Erst wenn die Beweislage gegen den Beschuldigten sprach, war die „peinliche Befragung" zulässig. Das war der Fall, wenn z. B. die Aussage eines Augenzeugen oder ein außergerichtliches Geständnis des Verdächtigen vorlag, wenn der Fundort der Beute den Beschuldigten belastete oder das sterbende Opfer den Namen genannt hatte. Nach modernem Strafrecht würden solche Umstände die Verurteilung nach Indizien möglich machen. Diese Beweiswürdigung kannte aber das mittelalterlich-frühneuzeitliche Strafrecht nicht – waren die Indizien auch noch so erdrückend.

Der Grund war, dass auch das weltliche Strafrecht in einem Kontext religiöser Vorstellungen stand. Der Täter hatte nicht einfach nur weltliches Recht verletzt, sondern die göttliche Ordnung gebrochen; er war ein Werkzeug des Satans, von bösen Dämonen besessen. Strafe bedeutete Vernichtung des Bösen (sinnfällig im Verbrennen) und Abwendung göttlicher Strafen (wie Seuchen, Missernten und Hunger) für die Allgemeinheit. Ein Geständnis bedeutete Abschwören des Satans, Wiederherstellung der Ordnung Gottes – und nicht zuletzt die Rettung der Seele des „armen Sünders" vor der ewigen Höllenstrafe, gegen die die körperlichen Qualen der Folter gering waren. Schmerzen sollten reinigende, ja exorzistische Wirkung haben, im Sinne einer Vertreibung des Teufels. Deshalb konnte die Folter von Gebeten, von Auflegung des Kreuzes begleitet sein. So befremdend uns dies heute erscheinen mag: Hier macht sich christlicher Einfluss gegen unbedingten Rache- und Vernichtungswillen geltend. Denn ein Geständnis ermöglichte bei der Auferstehung der Toten die Rückkehr in die Gemeinschaft.

Folter widerspricht in jedem Fall einem modernen und humanen Rechtsverständnis (vergleiche Grundgesetz, Artikel 1 und 2). Und zweifellos ist es für den Betroffenen relativ unwichtig, aus welchen Motiven heraus er gefoltert wird. Dennoch sollte man das mittelalterlich-frühneuzeitliche Rechtsverständnis nicht einfach mit Methoden heutiger Unrechtsregimes gleichsetzen, für die die

Verschiedene Strafen: Verbrennen, Hängen, Blenden, Ausdärmen, Rädern, Auspeitschen, Enthaupten, Handabschlagen, 1508

Folter ein Mittel des Machterhalts ist. Die Carolina hat demgegenüber eine Tendenz zur Humanisierung des Prozessverfahrens bewirkt, indem die Folter auf eine klare und rationale Weise eingeschränkt und begrenzt wurde. Die salvatorische Klausel wirkte sich allerdings hemmend aus. Das Prozessrecht der Carolina ist insbesondere bei Ketzer- und Hexenprozessen in vielen Fällen völlig zur Makulatur geworden.

3. Auf den Abbildungen sind verschiedene Hinrichtungsarten und schwere peinliche Strafen zu erkennen. Sie machen deutlich, dass als Strafmotive Sühne

und Vergeltung im Vordergrund standen – und Abschreckung, denn der Vollzug der Strafen war grundsätzlich öffentlich. Die Enthauptung erfolgte mit dem zweihändigen Schwert, seltener mit Richtstock und Beil. Die Hinrichtungsart erforderte besonderes handwerkliches Geschick des Henkers, weil er zwischen zwei Halswirbel treffen musste, sollte der Kopf mit einem Streich vom Rumpf getrennt werden (nur dann hatte er Anrecht auf den vollen Lohn). Der Kopf wurde häufig auf Stecken aufgespießt und ausgestellt, z. B. auf der Richtstätte oder am Stadttor. Verhängt wurde diese Strafe gegen politische Straftäter. Mörder, Totschläger und Brandstifter konnten enthauptet oder erhängt werden. Der Galgen galt als besonders ehrlos und schändlich; schwerer Diebstahl wurde so bestraft. Die schimpflichste und ehrloseste Strafe war jedoch das Rädern. Sie wurde nur gegen Männer verhängt, besonders bei (mehrfachem) Mord oder Raubmord. Dem Verurteilten wurden zuerst die Knochen der Gliedmaßen zerschlagen; dann wurden Arme und Beine zwischen die Speichen des Rades geflochten. Das Rad mit dem Verurteilten blieb stehen, bis dieser elend und nach langen Qualen starb. Durch Sieden in Wasser oder Öl wurden Fälscher bestraft. Ertränkt wurden meist verurteilte Frauen. Das Verbrennen auf dem Scheiterhaufen wurde in der Regel gegen Menschen verhängt, die der Ketzerei oder Hexerei beschuldigt wurden. Die magische Vorstellung von der Vernichtung des Bösen wird hier besonders deutlich; an dieser Vernichtung sind alle Elemente beteiligt: Luft, Feuer und Wasser, wenn die Asche z. B. in einen Fluss gestreut wurde. Eine Strafmilderung war es, wenn der Henker das Opfer vorher durch Erdrosseln oder Herzstoß tötete. Die Magie vom Bann des Bösen steht hinter der Hinrichtungsart des Lebendig-Begrabens und Pfählens. Der Pfahl soll das Böse unter der Erde festhalten; dies begegnet uns auch beim Aberglauben von Widergängern. Die Carolina bestraft mit dieser Hinrichtungsart den Kindesmord. Auch Unzucht, Ehebruch oder Bigamie werden so bestraft; oft ließ man in solchen Fällen Milde walten und bestrafte durch Pranger, Rutenschläge und Landesverweisung.

Leibesstrafen in Form von Verstümmelungen hatten zum Ziel den einmal straffällig gewordenen Täter für alle Zeit aus dem Kreis der Ehrbaren auszuschließen. Dem Straftäter sollte man lebenslang die Missetat ansehen; er war gebrandmarkt. Es ging nicht um Besserung oder Resozialisation, sondern um Vergeltung und Schutz der Gemeinschaft. In der frühen Neuzeit waren die Leibesstrafen eher rückläufig (mit Ausnahme der Rachejustiz nach dem Bauernkrieg), im 18. Jh. verschwanden sie weitgehend, außer in der Militärjustiz (Spießrutenlaufen).

Das Blenden war eine Form der Begnadigung bei todeswürdigen Verbrechen. Die Hand wurde bei Friedensbruch, schwerer Körperverletzung, Meineid und Betrug bei Rückfall abgehackt. Es wurde also derjenige Körperteil entfernt, mit dem vornehmlich das Verbrechen begangen wurde. Fingerabschneiden war eine abgeschwächte Form des Handabschlagens, angewandt bei ähnlichen, aber weniger schändlichen Delikten; bei Jagdfrevel, Beutelschneiderei und anderen

Räderung, 1586 (Bild links)

Ehrenstrafe Stock, 1508 (Bild rechts)

kleinen Diebstählen war es meist der rechte Daumen. Ein diebischer Knecht und Höriger, dessen Arbeitskraft erhalten werden sollte, wurde durch das Abschneiden oder Einschlitzen eines Ohres bestraft. Zungenabschneiden stand auf Meineid, Gotteslästerung oder schwerer Schmähung der Obrigkeit.

4. Mit Ehrenstrafen wurden gemeinschädliches Verhalten oder – weil es die Unterscheidung zwischen privat und öffentlich nicht gab – Handlungen geahndet, die wir dem Privatbereich zuordnen würden. Es galt der Grundsatz, dass man Menschen vom sündigen Tun abhalten müsse, auch wenn sie damit anderen keinen Schaden zufügen. Man muss mit Generalisierungen vorsichtig sein. So gab es hinsichtlich der Strafarten regionale Unterschiede (im Süden und Westen waren sie variantenreicher als im Norden). Praktiziert wurden Ehrenstrafen noch im frühen 19. Jh., aber längst nicht mehr überall.
Die Symbolik der Ehrenstrafen sollte heimliche und als hinterhältig empfundene Vergehen öffentlich machen. Lebensmittelfälschungen oder andere Betrügereien wurden so bestraft (die berühmte „Bäckertaufe" wegen zu kleiner Brote oder Verfälschung des Mehls gehört hierher). Unmäßiges Trinken, Lästern und Verleumden, unzüchtiges Reden und Handeln, Krach in der Ehe konnten mit Ehrenstrafen belegt werden. Urteil und Vollstreckung waren in den Dörfern und Städten eine Angelegenheit aller. Mit den Verurteilten am Pranger wurde „Spaß" getrieben; sie wurden beschimpft, verspottet, beworfen. Aber Lachen kann töten, jedenfalls gesellschaftlich. War (ausnahmsweise) ein Bürger betroffen, wurde nach der Strafe auf Kosten des Verurteilten gemeinsam gegessen und getrunken.

Das Mahl stellte die Gemeinschaft wieder her. Oder es wurde als Ersatz eine Wallfahrt auferlegt. Auf diese Art bestraft wurden viel häufiger Außenseiter, Arme, Fremde, die dann des Landes verwiesen wurden. Überhaupt war die Anwendung der Ehrenstrafen ein eher seltenes Ereignis, häufiger noch in der Zeit, in der Leibesstrafen üblich waren: Pranger, Verstümmelung und Vertreibung bildeten dann eine Einheit.

Redensarten, die aus dem Rechtswesen stammen:
- Einem die Ehre abschneiden
- Jemand ist ein Schlitzohr
- Jemanden ungeschoren lassen
- Jemanden anprangern
- Sich wie gerädert fühlen
- Jemanden brandmarken
- Jemanden auf die Folter spannen
- Einem das Handwerk legen
- Über einem den Stab brechen

5. Ist er die schrecklichste Figur des alten Gerichtswesens oder die bedauernswerteste oder beides? – Gemeint ist der Henker, Peiniger oder Nachrichter (weil seine Tätigkeit nach der des Gerichts beginnt). Das Amt des Henkers ist ein städtisches Phänomen und ein relativ spätes: 1276 wird im Augsburger Stadtbuch zum ersten Mal in Deutschland ein professioneller Nachrichter erwähnt. Früher lag die Vollstreckung beim Kläger, bei der Gemeinschaft durch Steinigung oder beim jüngsten Schöffen. Nur große Städte haben einen Nachrichter besoldet; kleinere Hochgerichte haben ihn gegen Honorar ausgeliehen und ihm gegebenenfalls die einwandfreie Arbeit bescheinigt, ein Qualifikationsnachweis. Im späten Mittelalter gab es Scharfrichterzünfte, die Ungelernte von ihrem Beruf fernhalten wollten, galt es doch nicht nur die Hinrichtung fachgemäß zu vollziehen, sondern auch zu foltern ohne dabei zu töten: Ein Nachrichter brauchte medizinische und anatomische Kenntnisse.

Die Carolina gab auch der Tätigkeit des Nachrichters einen rechtlichen Rahmen. Er wurde mit einem Bann belegt, das heißt, niemand war berechtigt in sein Handeln einzugreifen. Der Richter musste ihm öffentlich die Rechtmäßigkeit und Straffreiheit seines Tuns bescheinigen.

Er war notwendig, gehasst, gefürchtet, mit dem Nimbus magischer Vorstellungen umgeben, denn er kam mit Blut und mit dem Bösen, dem Dämonischen in Berührung: Seine Handschuhe und Maske bargen die Gefahr der Ansteckung, sie waren tabu; man schützte sich vor seinem „bösen Blick". Er war folglich jahrhundertelang ausgegrenzt aus der menschlichen Gemeinschaft: Er durfte nicht in der Stadt wohnen oder höchstens in einer Randlage und nicht mit anderen verkehren. In der Kirche hatte er einen gesonderten Platz. Sein Vieh durfte nicht mit der Gemeindeherde grasen. Eine Strafe für Unzucht war der Tanz mit dem Scharfrichter, das war der soziale Tod. Mit seinen Kindern spielte niemand. Heirat war nur mit der Tochter eines anderen Nachrichters möglich, vielleicht noch mit der eines Totengräbers. So bildeten sich Scharfrichterdynastien heraus. Erst im 18. oder 19. Jh. verschwindet nach und nach die soziale Ausgrenzung: Seine Umgebung weiß nichts mehr von seiner Tätigkeit, der er in der Regel nicht mehr an seinem Wohnort nachgeht.

Literatur: Strafjustiz in alter Zeit. Bd. III der Schriftenreihe des Mittelalterlichen Kriminalmuseums Rothenburg ob der Tauber, Rothenburg o. d. T. 1980; CH. HINCKELDEY (Hg.), Justiz in alter Zeit. Bd. VI der Schriftenreihe des Mittelalterlichen Kriminalmuseums Rothenburg ob der Tauber, Rothenburg o. d. T. 1989; H. BOOCK-MANN, Das grausame Mittelalter, in: GWU 1987/1; R. VON DÜLMEN, Theater des Schreckens. Gerichtspraxis und Strafrituale in der frühen Neuzeit, München 1988.

S. M.

Die Vernichtung der teuflischen Sekte – Hexenprozesse in der frühen Neuzeit

Kein Wahn des finsteren Mittelalters

Wer heute Schreckensgeschichten von den Hexenverfolgungen hört oder erwähnt, belegt sie gewöhnlich mit dem Prädikat „finsteres Mittelalter" und rückt sie damit in eine historische Ferne, zwischen der und der Gegenwart das Bollwerk der Aufklärung liegt. Das ist falsch. Der Höhepunkt der Verfolgungen war in Deutschland etwa um das Jahr 1630 erreicht, zu einem Zeitpunkt, als der aufgeklärte Philosoph René Descartes bereits 34 Jahre alt und der nicht weniger aufgeklärte Staatsrechtslehrer (und eifrige Befürworter der Hexenprozesse) Jean Bodin bereits 34 Jahre tot war.

Ein zweites Attribut, mit dem die Verfolgungen gern gekennzeichnet werden, ist das vom „Wahn". Das ist nicht weniger falsch. Zwar läge es nahe, die abenteuerliche Beweisführung für das Vorhandensein von Hexen, die Missachtung aller auch damals geltenden Rechtsgrundsätze, die Unmenschlichkeit, den Charakter der Massenverfolgung, den die Prozesse zeitweilig hatten, als wahnhaft zu bezeichnen, zumal es ja – aus unserer Sicht – um einen lediglich fiktiven Straftatbestand ging. Dennoch darf man nicht übersehen, dass die Verfolgungen rational begründet und mit bemerkenswerter bürokratischer Gründlichkeit betrieben wurden, dass ferner das Bewusstsein rechtswidrig zu handeln durchaus vorhanden war. Überdies ging den Prozessen eine viele Jahre lang geführte theologische Diskussion voraus. Wer Prozesse einleitete, handelte ganz bewusst aus staats- oder kirchenpolitischen Erwägungen heraus.

Ein dritter Mangel vieler Urteile über die Hexenprozesse ist die Verkennung der Tatsache, dass allzu generalisierende Deutungsmuster nicht passen. Zu viele regionale Ausformungen hat es gegeben, zu viele unterschiedliche Ursachen sind in den Regionen wirksam geworden, zu unterschiedlich sind auch die Verfolgungswellen verlaufen.

Die Hexen und die Kirche

Der Glaube an Hexen und Zauberei war eigentlich für die kirchliche Dogmatik durchaus keine Selbstverständlichkeit. Die Christianisierung in den Jahrhunderten nach der großen Wanderung war ein langwieriger Prozess: Magische Bräuche wurden weiter ausgeübt, nichtchristliche religiöse Vorstellungen blieben lebendig. Die Kirche war daher um die eigene Position zu festigen, bestrebt all diese Praktiken als „heidnischen" Aberglauben zu brandmarken. Das galt natürlich auch für alle Formen der Zauberei: Sie war, da „heidnisch", nur teuflische Vorspiegelung, in der Realität wirkungslos. Da es sie folglich gar nicht gab, konnte sie auch nicht strafwürdig sein – zu bestrafen war vielmehr nur der Glaube an sie. Noch im 11. Jh. bedrohte Bischof Burchard von Worms ausschließlich den mit Kirchenstrafe, der der Wirksamkeit eines Zaubers vertraut hat, weil er sich der Sünde der *incredulitas*, des Aberglaubens, schuldig gemacht hatte. Für das frühe und hohe Mittelalter gilt also, dass die Kirche fast immer nur den Glauben an Zauberei geahndet hat – Zaubereiprozesse waren eine Seltenheit, endeten überdies fast immer unblutig.

Diese Haltung änderte sich, als sich die Kirche in ihrem religiösen Monopol und ihrer Machtstellung bedroht sah, als im 13. und 14. Jh. häretische (Laien-) Bewegungen so viele Anhänger fanden, dass das kirchliche Machtgefüge ins Schwanken geriet. Derartige Ketzerei wurde jetzt nicht mehr als abergläubische Verirrung lediglich mit Kirchenstrafen belegt, sondern mit allen Mitteln bekämpft, bis hin zum Vernichtungsfeldzug gegen die Albigenser von 1208/09. In diesem Zusammenhang gewann die Zauberei einen völlig neuen Stellenwert. Der überraschende Erfolg der Ketzerbewegung wurde nicht etwa als Folge gesellschaftlicher und innerkirchlicher Krisen, sondern als Ergebnis von Zauberei und teuflischer Verführung begriffen; nun galt Zauberei als besonders schwerwiegende Häresie. In völliger Umkehr der bisherigen Lehre war nun nicht mehr der Glaube an Hexerei, sondern vielmehr deren Leugnung ketzerisch. Die auch aus mittelalterlicher Sicht schon abstruseste Fähigkeit von Hexen und Zauberern, auf einem Besen, einer Ofengabel oder einem Tier durch die Luft fliegen zu können, gewann herausragende Bedeutung. Um das zu verstehen, muss man sich klar machen, dass die Amtskirche, durch große Ketzersekten bedroht, jetzt auch Hexen und Hexer als solche einschätzte, als eine schlagkräftige, allgegenwärtige Sekte, deren Mitglieder sich bei geheimen Sabbattreffen verschworen die kirchliche Weltordnung zu untergraben. Solche Treffen schienen aber nur möglich, wenn größere Entfernungen in kurzer Zeit durch den Hexenflug überwunden werden konnten. Man mag es kaum glauben, aber auf dem Höhepunkt der Prozesse, im aufgeklärten 17. Jh., spielten die Fragen nach Sabbattreffen und Hexenflug eine besondere Rolle.

Fortan galt also Zauberei nicht mehr als abergläubische Spinnerei, sondern als *häretica pravitas*, als häretische Schlechtigkeit, und wurde dementsprechend verfolgt und erbarmungslos geahndet.

Ein grausiger Bestseller

Eine ganze Flut von gelehrten Traktaten sorgte im 15. Jh. innerhalb des geistlichen Standes für die Verbreitung der neuen Einstellung zur Dämonologie. Der wirkungsmächtigste von ihnen war der 1487 erschienene *Hexenhammer (Malleus Maleficarum)* des Dominikaners Heinrich Institoris. Er und sein Mitbruder Jakob Sprenger, der als Theologieprofessor und damit anerkannte Autorität als Mitverfasser zeichnete, waren seit 1484 kraft päpstlicher Ermächtigung Inquisitoren im oberdeutschen Raum und mit weitreichenden Befugnissen ausgestattet. Der *Hexenhammer* wurde bis ins letzte Drittel des 17. Jhs. dreißigmal aufgelegt, obwohl er materiell wenig Neues bot. Sein Erfolg erklärt sich zum einen daraus, dass er eindeutig festlegte, wer für die Versuchung durch den Teufel besonders anfällig war: „Also schlecht ist das Weib von Natur, da es schneller am Glauben zweifelt, auch schneller den Glauben ableugnet, was die Grundlage für die Hexerei ist (…) Suchen wir danach, so finden wir, dass fast alle Reiche der Erde durch die Weiber zerstört worden sind (…) Alles geschieht aus fleischlicher Begierde, die bei ihnen unersättlich ist (…)" Freilich, dieser Dominikaner war ein pathologischer Frauenhasser, aber seine Einschätzung der Frauen als moralisch minderwertige, auf den Trieb reduzierte Lebewesen scheint doch auch zeittypisch gewesen zu sein: Die Hexenverfolgungen des 16. Jhs. waren fast ausschließlich Verfolgungen von Frauen.

Ein weiterer Grund für den Erfolg des *Hexenhammers* war die Definition der Hexerei als nicht nur gotteslästerlicher, sondern auch sozial schädlicher Akt: Hexen verleugnen nicht nur Gott, sondern töten Kinder, machen Männer impotent, schicken Hagelschlag und Viehseuchen – sie stellen also eine ständige Bedrohung der Gesellschaft dar. Künftig wurde es zu einem Hauptziel aller Inquisitionsprozesse, das Geständnis einer solchen Übeltat (*maleficium*) zu erzwingen. Denn damit hatte die Hexe ein *crimen mixtum*, ein Verbrechen gegen Gott und die Menschen, begangen, konnte so der weltlichen Obrigkeit übergeben und mit dem Tod bestraft werden.

Zum dritten lag der Erfolg des *Hexenhammers* wohl darin, dass sein drittes Buch eine Art Leitfaden für die Prozessführung darstellt: Das gesamte Verfahren, von der ersten Zeugenbefragung und dem ersten Verhör über die Tortur bis zur Urteilsvollstreckung wird genauestens beschrieben. Die beispiellose Entrechtung der Angeklagten, die den Charakter der späteren Prozesse bestimmte, hier wird sie begründet: Denunziation, auch wenn sie durch persönliche Feinde erfolgt, wird als Beweismittel anerkannt, dem Richter das Recht zur bewussten Täuschung der Angeklagten zugebilligt, das Appellationsrecht bestritten usw.

Zu denen, die der Anfechtung des Teufels nicht erlagen (und denen folglich auch die Denunziation nichts anhaben konnte), zählte Institoris vor allem jene,

„welche die öffentliche Gerichtsbarkeit gegen die Hexen üben oder durch irgendein öffentliches Amt gegen sie wirken". Nicht nur die Macht der Inquisitoren belegt dieser Satz, auch die Ohnmacht der Delinquenten.

Zauberei und Alltag

Wenn die gelehrte Theologie in ihrer Haltung zur Zauberei einig war, so galt das noch nicht für die Bevölkerung; niemand kannte die umfangreichen, in lateinischer Sprache verfassten Traktate. Wollte man also den Glauben an Hexen und ihre gemeinschaftsschädigenden Übeltaten „populär" machen, musste man ihn in geeigneter Form vermitteln. Dies geschah vor allem durch die Predigt; im 16. und 17. Jh. werden zahllose Hexenpredigten katholischer und auch protestantischer Geistlicher gedruckt. Die Bevölkerung sah Zauberei durchaus nicht immer als böse an; die Unterscheidung von weißer und schwarzer Magie war fester Bestandteil des Volksglaubens: Wer etwa sein Vieh mit einem „bösen" Zauber belegt glaubte, versuchte ihn mit einem „guten" zu neutralisieren. Im Bemühen den Menschen diese Unterscheidung auszureden dürfte wohl das Konstrukt des *maleficium* eine wichtige Rolle gespielt haben. Unwetter, Kindstod, Missernte fanden so eine plausible Erklärung, als Untat der Hexen, immer wieder durch Geständnisse auf der Folter bestätigt – Sündenböcke waren gefunden. Hinzu kam die „dingliche" Frömmigkeit des späten Mittelalters und der frühen Neuzeit. Eine „Religion zum Anfassen" bedurfte auch einer Verkörperlichung des Teufels und seiner Diener. Und die waren eben die Hexen in der Nachbarschaft. Wenn sich also Schicksalsschläge (die in Predigten als *maleficia* gedeutet wurden) und Krisen häuften, dann, so könnte man vermuten, stieg die Akzeptanz der Prozesse und die Bereitschaft die Verfolgungsmaßnahmen zu unterstützen. Und genauso war es.

Besonders erschreckend war die Prozessflut in den süddeutschen geistlichen Fürstentümern etwa in den Jahren 1615 bis 1632; sie forderte Tausende von Opfern. Zu den traurigen Vorreitern hinsichtlich der Zahl der Opfer zählte das Bistum Bamberg. Tatsächlich litt hier die Bevölkerung zwischen 1615 und 1617 unter einer besonders hohen Kindersterblichkeit, die Hand in Hand mit einer Agrarkrise ging. Im Anschluss an Missernten und Teuerungen setzten ab 1626 Massenverfolgungen ein: Die Bevölkerung, die sich existenziell bedroht fühlte, war in solchen Zeiten bereit eine radikale Hexenpolitik zu unterstützen, ja sie zu fordern.

Eine weitere tiefgreifende Krise hat gerade hier die Brutalität der Verfolgungen zusätzlich gesteigert: Noch viel weitgehender als durch die Ketzerbewegungen des Mittelalters war die Kirche durch die Reformation in ihrem Machtanspruch bedroht worden. Der Versuch die alten Verhältnisse wiederherzustellen, die „Rekatholisierung", wurde in Bamberg (und nicht nur dort) am Beginn des 17. Jhs. mit Härte und Energie betrieben. Es ist kein Zufall, dass die erbarmungslosesten Hexenverfolger, die Bischöfe Johann Gottfried von Aschhausen und Johann Georg II. Fuchs von Dornheim sowie ihr Weihbischof Friedrich Förner, auch die rücksichtslosesten Rekatholisierer waren: „Gegenreformation" und Hexenverfolgung dienten gleichermaßen der Ketzerverfolgung, der Beseitigung alles tatsächlich oder vermeintlich Abweichenden. Zusätzlich förderten menschliche Schwächen die Massenverfolgungen: Zahlreiche Zeugnisse belegen, dass Hexenrichter sich an ihren Opfern bereicherten und dass Neid und Feindschaft Anlass für Denunziationen waren. Vor allem aber die auf der Tortur erzwungenen „Besagungen", Nennungen von weiteren angeblichen Teilnehmern an der Verschwörung der Hexen gegen die Kirche, sorgten für den ständigen Fortgang der Prozesse und verstärkten gleichzeitig die Angst vor dem allgegenwärtigen Bösen.

Die Leiden der Verdächtigen

Wer in dieser Zeit in die Mühlen der Hexenjustiz geriet, für den gab es kaum ein Entkommen. Nichts zeigt die Grausamkeit und Rechtswidrigkeit der Prozessführung in diesen Jahren so wie die Schilderung eines durchschnittlichen Prozessverlaufs, wie er in Bamberg und anderswo vielhundertfach stattfand: Eine Person kam infolge Denunziation, Besagung oder weil sie das Missfallen der Obrigkeit, etwa durch Kritik, hervorgerufen hatte, vor die Malefizkommission, zwei bis vier weltliche Räte, ausnahmslos Juristen. Sie wurde „gütlich" verhört und mit anderen Verdächtigen, die auf der Folter ihren Namen angegeben hatten, konfrontiert. In der Regel gestand zu diesem Zeitpunkt noch niemand. Es folgte ein zweites Verhör, in dessen Verlauf der angeklagten Person die Folterwerkzeuge gezeigt wurden. Kam es auch hierbei noch nicht zu einem Geständnis, wurde „peinlich" befragt, das heißt unter Anwendung von Daumenschrauben, spanischen Stiefeln, Auspeitschung, dem Zug (dabei wurde die oder der Gefolterte an den auf den Rücken gefesselten Händen in die Höhe gerissen, teilweise mit Gewichten an den Füßen). Wer jetzt nicht gestand, hätte nach den Regeln des Reichsrechts, der *Constitutio Criminalis Carolina*, eigentlich wegen erwiesener Unschuld freigelassen werden müssen, doch in den Hexenprozessen wurde die Tortur ohne Befristung wiederholt. Zu den körperlichen Qualen, die durch Wasser- und Nahrungsentzug, Baden in Kalkwasser, Zwangsernährung mit Salzheringen und andere Quälereien verstärkt wurden, kam psychischer Druck: Wochen verstrichen zwischen den Verhören, geistlicher Beistand wurde verweigert, Mithäftlinge wurden den Delinquenten in die Zelle geschickt um sie von der Aussichtslosigkeit ihres Widerstands zu überzeugen. Auf das Geständnis folgten endlose Verhöre nach einem festgelegten Fragenkatalog, der die einzelnen „Hexenvergehen" betraf: Teufelspakt (Gottesleugnung), Teufelsbuhlschaft (Sodomie), Teilnahme am Sabbat (Aufruhr gegen die Kirche), Schadenzauber (*maleficium*, als weltliches Verbrechen Grundlage für das Todesurteil) und Hostienschändung (Gotteslästerung). Schließlich, unter ständiger Androhung weiterer Folterung, mussten Beteiligte genannt werden; oft wurden deren Namen auch vorgegeben. Am Ende des Prozesses wurde der oder die Beschuldigte dem weltlichen Richter vorgeführt, der das Todesurteil verkündete: Tod durch

Verbrennen, oft verschärft durch vorhergehende Misshandlung mit glühenden Zangen und Abschlagen der rechten Hand. Bei vollständigem „Geständnis" wurde in der Regel ein „Gnadenzettel" erlassen; die Hinrichtung erfolgte dann durch Enthaupten oder Erwürgen vor der Verbrennung. Über das ganze Verfahren wurde ein Protokoll angefertigt, das gewöhnlich mit den Worten schloss: *Huius anima requiescat in pace.*

Verbrechen oder zeitbedingte Verblendung?

Auch wenn man nicht die Maßstäbe der Jetztzeit anlegt, sind die Hexenprozesse als ungeheuerliches Verbrechen einzuschätzen. Freilich, der Glaube an das dingliche Böse und den Pakt zwischen Teufel und Menschen war Allgemeingut. Martin Luther glaubte ebenso daran wie der große Kritiker der Verfolgungen, Friedrich Spee von Langenfeld. Aber die Prozesse zielten nicht auf Wahrheitsfindung (auch nicht im damaligen Sinn), sondern auf Vernichtung. Sie dienten nicht der Bekämpfung des Bösen, sondern dem Machterhalt. Niemals ging es in der Prozessführung mit rechten Dingen zu, das wussten auch die Verantwortlichen. Die letzten Häftlinge des Bamberger Hexengefängnisses etwa mussten vor ihrer Freilassung 1632, als die Schweden vor der Stadt standen, schwören niemandem zu erzählen, wie man sie behandelt hatte. Der Vorwurf der Bereicherung wurde immer wieder geäußert, klar war auch, dass die fortgesetzte Folter eine Scheidung von Schuldigen (nach damaligem Verständnis) und Unschuldigen unmöglich machte; im Sinn der verfolgten Ausrottungsstrategie wurde das billigend in Kauf genommen. Wenn Einwendungen des kaiserlichen Appellationsgerichts in Speyer vorlagen, wurden Hinrichtungen in aller Heimlichkeit vorgenommen, erbarmungslos wurden ganze Familien vernichtet, wenn aus ihren Reihen Kritik an der Prozessführung laut wurde. Diese wenigen Hinweise belegen bereits, dass die Verantwortlichen sich der Unrechtmäßigkeit ihres Tuns sehr wohl bewusst waren; man darf die Verwerflichkeit ihrer Handlungsweise nicht relativieren. Der Nürnberger Ratskonsulent Dr. Johann Hepstein sprach sich 1536 für die Freilassung zweier angeblicher Hexen aus, weil „es besser sey 100 schuldige ledig zu lassen; dann einen unschuldigen zu urtheilen". Diese Äußerung war des heraufziehenden Zeitalters der Aufklärung würdig; was danach kam, war finsterer, als es das Mittelalter je gewesen ist.

Literatur: *Darstellungen:* Eine bis heute unübertroffene Gesamtdarstellung bietet W. G. SOLDAN/H. HEPPE/M. BAUER, Geschichte der Hexenprozesse, 2 Bde., Nachdr. d. Ausg. 1911, Hanau o. J. Die Verhältnisse in einzelnen Regionen beleuchten z. B. G. SCHORMANN, Hexenprozesse in Nordwestdeutschland, Hildesheim 1977 und W. BEHRINGER, Hexenverfolgung in Bayern, München 1988. Einzelaspekte untersucht der Aufsatzband R. V. DÜLMEN (Hg.), Hexenwelten. Magie und Imagination vom 16. bis zum 20. Jh., Frankfurt/M. 1987. Mit der Rolle von Kindern als Opfern aber auch als Denunzianten befaßt sich H. WEBER, Kinderhexenprozesse, Frankfurt 1991. *Quellen und Materialien:* J. SPRENGER/H. INSTITORIS, Der Hexenhammer, a. d. Lat. übertr. u. eingel. v. J. W. R. SCHMIDT, Nachdr. d. Ausg. 1906, München 1883; F. SPEE

VON LANGENFELD, Cautio Criminalis oder Rechtliches Bedenken wegen der Hexen-prozesse, a. d. Lat. übers. u. eingel. v. J.-F. RITTER, Nachdr. d. Ausg. v. 1939, München 1983.
Weithin unbekannte Quellen aus der Bamberger Verfolgung sind in F. LEITSCHUH, Beiträge zur Geschichte des Hexenwesens in Franken, Bamberg 1883, enthalten. Eine umfangreiche Materialiensammlung mit zahlreichen auch für den Unterricht geeigneten Quellen liegt vor mit W. BEHRINGER, Hexen und Hexenprozesse in Deutschland, München 1988. Einen kommentierten Interrogatorienkatalog enthält H. PARIGGER, Wider Gott und Billigkeit, in ders. (Hg.), Porta Ottoniana. Bayreuth 1986, S. 187–211. Den Brief eines Gefolterten aus dem Bamberger Hexenhaus an seine Tochter ediert und erläutert ausführlich H. PARIGGER, Ich sterbe als ein rechter Märtyrer, in GWU 1990/1, S. 17–34. Ein reichhaltiger Fundus an Abbildungen findet sich in CH. HINCKELDEY (Hg.), Justiz in alter Zeit, Rothenburg o. d. T. 1984.
Jugendbücher: Für die Lektüre im Unterricht sind geeignet I. ENGELHARDT, Hexen in der Stadt, München 1975; I. BAYER, Der Teufelskreis, Würzburg 1976; U. HASS, Teufelstanz, Reinbek 1982; I. HEYNE, Hexenfeuer, Bayreuth 1990; H. PARIGGER, Die Hexe von Zeil, München 1996.

H. P.

Das Auskommen mit dem Einkommen – Seitenblicke auf die Geschichte aus der Perspektive des Geldbeutels

Geld hat viele Gesichter

Bezahlen kann man eigentlich mit fast allem, man muss nur die richtige Währung zur rechten Zeit zur Hand haben. Doch was ist so wertvoll, dass es als Zahlungsmittel akzeptiert wird und von möglichst vielen verwendet werden kann? So unterschiedlich Währungen in der Geschichte auch waren, es handelte sich immer um Gegenstände oder Materialien, die einen bestimmten sozialen Status garantierten und nur einer Oberschicht in größerem Umfang zur Verfügung standen. Dennoch mussten sie für jeden erreichbar sein.

Naturprodukte in ihrer Urform oder solche, die erst bearbeitet einen gewissen Wert besaßen – alles finden wir in der Kulturgeschichte der Zahlungsmittel. Manchmal lag der Wert in der Seltenheit des Vorkommens, in anderen Fällen waren es magische Vorstellungen, die Dinge aufwerteten. Auch ließ die pure Armut manches zu Zahlungsmitteln werden, was unter anderen Umständen völlig wertlos gewesen wäre.

Ein Blick auf die Geschichte der Zahlungsmittel lässt uns staunen über die Vielfalt. Besonders häufig finden sich Nahrungs- und Genussmittel, denn diese stellen eine Frühform des Tauschgeldes dar, mit dem schon zur Zeit der reinen Naturalwirtschaft in unterschiedlichen Gesellschaften und Epochen Tausch-geschäfte getätigt wurden. Diese Zahlungsmittel wurden dabei nur einmal getauscht und danach verbraucht. Es handelte sich also um eine Frühform des

Geldes, die zwischen Hortgeld und dem vollentwickelten Tauschgeld liegt, das längere Zeit im Umlauf bleibt.

Einige Beispiele aus der Palette verwendeter Zahlungsmittel:
Baumwolle (Barbados)
Bier (Ostfriesland)
Bratspieße (Griechenland)
Datteln (Oase Siwa)
Erdnüsse (Nigeria)
Felle (Sibirien, Afrika)
Fische (Alaska)
Gewebe (Europa, Afrika, Japan, Java)
Gongs (Vorderindien)
Kakao (Mexiko)
Kampfer (Sudan)

Quelle: W. M. TREICHTLINGER, Das Geld, seine Geschichte in Geschichten, Salzburg 1968, S. 13–14.

Von Muscheln und anderen Währungen

Schon in der Steinzeit war Schmuck das bevorzugte Zahlungsmittel. Dazu verwendete man die Materialien, die in der Natur häufig vorkamen und gut zu verarbeiten waren. Beliebt waren vor allem Tierknochen, Tierzähne, Steine, Muschelschalen und Schneckenhäuser. Besonders vielfältig ließen sich Muschelschalen einsetzen. Einerseits dienten sie zu praktischen Zwecken, als Angelhaken, Nadeln, Messer oder Musikinstrumente. Aber auch Schmuck konnte man daraus herstellen.
Alle diese Eigenschaften der Muscheln machten sie zum weitverbreiteten Zahlungsmittel. Dabei wurde die Kaurimuschel mit Abstand zur beliebtesten Währung in der Bronzezeit. Wir finden sie in Asien und Afrika genauso wie in Nordamerika oder Europa. Sogar Nachbildungen aus Kupfer oder Bronze sind erhalten, die beweisen, dass man ihre Funktion offenbar untrennbar mit der Form verband.
Wie sollte man dieses Geld einsetzen, wenn man sich mit dem Rechnen schwertat? Man verzichtete einfach weitgehend aufs Zählen, sicher vor allem auch deswegen, weil das Verfahren viel zu langwierig und unübersichtlich gewesen wäre. Besonders ausgewählte Männer reihten die durchbohrten Muscheln vielmehr an Schnüren auf. Sie wurden nach einer bestimmten vereinbarten Länge dann als Währungseinheit gebraucht oder auch zu Ringen von bestimmter Dicke gerollt. Um das Zählen zu vermeiden traten an die Stelle der Muschelschnüre bei den Azteken z. B. genormte Körbe, die mit Kakaobohnen gefüllt waren. So wechselten größere Summen der gängigen Kakaowährung den Besitzer.

Während wir bei Assyrern und Babyloniern bereits Kreditbriefe für reisende Priester finden, war man außerhalb dieser Hochkulturen von vergleichbaren Zahlungsmitteln noch weit entfernt. Wir wissen zwar, dass in der jüngeren Steinzeit schon ein florierender Handel über weite Strecken bestanden haben muss, wie diese Sendungen bezahlt und verschickt wurden, ist aber weitgehend noch ein Geheimnis. Es ist sehr wahrscheinlich, dass es eine Reihe unterschiedlicher Zahlungsmittel gab, die über den reinen Naturaltausch hinausgingen. Seit dem 3. Jt. bekam Silber in Babylonien als Währung eine besondere Bedeutung. Es war wegen seiner Weichheit für Werkzeuge und Waffen nicht geeignet, aber leicht zu bearbeiten und zu reinigen. Unedle Zusätze wie Blei, Zinn und Kupfer wurden nach einer neuen Technik „ausgewaschen". Man hatte damit eine genau einzuteilende Geldsubstanz.

Aber erst die Griechen entdeckten neben der Substanz des Geldes auch seine Funktion, indem sie im Lauf der Zeit wertvolle Opfergaben durch weniger kostbare Symbole ersetzten, diesen aber die gleiche Geltung zusprachen. Umstritten ist die Herkunft der ersten Münzen. Wahrscheinlich kamen sie im 8. und 7. Jh. v. Chr. aus dem griechisch-orientalischen Kulturkreis. Von Ionien aus gelangte das Münzgeld auf das griechische Festland und wurde bald zur allgemein akzeptierten „Währung".

Wie man sein Geld vermehrt – der legendäre Gewinn des Nathan Rothschild

Als genialer Finanzjongleur hatte sich der Baron Rothschild längst einen Namen gemacht, und sein Reichtum war bereits ungeheuer, als er zu einem seiner größten Coups ausholte. Wie er sich genau abgespielt hat, ist bis heute umstritten. Die einen behaupten, Nathan Rothschild sei nervös an der englischen Küste auf und ab gegangen, da er wusste, dass eine Schlacht zwischen Napoleon und den Verbündeten geschlagen wurde. Er wollte als erster erfahren, wie sie ausging. Schließlich habe ihm ein Seemann die Siegesmeldung zugerufen, worauf sich der Bankier in seinen Wagen geworfen habe um in London die Nachricht für sich auszuschlachten.

Nach einer zweiten Version soll er sich sogar am Rande der Schlacht bei Waterloo aufgehalten haben, bis der Ausgang unzweifelhaft war um dann sofort nach England zu eilen.

Wahr ist wahrscheinlich eine dritte Version, die Rothschilds Gespür für Macht und Geld eindrucksvoll belegt. Der Bankier hielt sich während der Schlacht in London auf und traf alle Vorbereitungen für die Stunde X. Er hatte vor allem Vorkehrungen getroffen, dass er die Nachricht über den Ausgang der Schlacht durch einen seiner Leute als erster erhalten würde. Taktisch geschickt ließ sich Rothschild darauf beim Premierminister melden um ihm den Sieg zu verkünden. Da dieser von Wellington noch keine Nachricht erhalten hatte, ließ er sich von der Mitteilung wenig beeindrucken und blieb reserviert. Damit hatte der

Bankier seine vaterländische Pflicht erfüllt. Während in London die Stimmung in Erwartung einer Niederlage noch äußerst gedrückt war, begann Rothschild Aktien zu verkaufen. Das löste an der Börse eine allgemeine Verkaufswelle aus, weil es als Signal galt, dass die Lage tatsächlich verzweifelt war. Auf dem tiefsten Punkt gab Rothschild die Order die Aktien zu lächerlichen Kursen unauffällig aufzukaufen. Als am folgenden Tag die Siegesmeldung in London eintraf, stiegen die Börsenkurse steil an, sodass Nathan Rothschild durch sein geschicktes Verhalten über Nacht einen enormen Gewinn verbuchen konnte.

Was kostet die Gesundheit?

Wie die Lebensverhältnisse im Preußen des 18. Jhs. für die Masse der Bevölkerung wirklich waren, lässt sich schwer ermitteln. Uns liegen zwar Zahlen über Löhne und Preise vor, aber bei einer näheren Betrachtung erweisen sie sich als problematisch. Eine wirklich exakte Angabe über den Lebensstandard ist daraus kaum abzuleiten. Selbst wenn wir z. B. die Tagelöhne in einigen Berufen erfahren, wissen wir noch nicht viel mehr. Das Problem liegt vor allem darin, dass sich der Wert der Münzen kaum sicher umrechnen lässt und starken Schwankungen unterliegt.

Auch wenn wir Löhne kennen, ist nicht immer zuverlässig bekannt, was noch als Zusatzleistungen hinzukam, z. B. Kost und Logis, Brennholz oder Lebensmittel. Handelt es sich um Brutto- oder Nettolöhne? Auch die Brotpreise sind nicht immer einwandfrei zu ermitteln, da der offizielle Taxpreis nicht identisch sein musste mit den tatsächlich gezahlten Preisen. Daneben weichen die Angaben über Mengen und Maße teilweise erheblich voneinander ab. So war etwa ein Scheffel in Berlin nicht gleichzusetzen mit einem Scheffel in Magdeburg. Es bleiben also viele Fragen offen, wenn wir mehr erfahren wollen über den Lebensstandard im 18. Jh., z. B. in Preußen.

Vor den genannten Schwierigkeiten stand auch der Historiker Manfred Stürzbecher, bis er eine originelle Methode entwickelte um einen Einblick in die Lebensverhältnisse zu bekommen, zumindest in einem kleinen Ausschnitt. Bei der Umrechnung von Leistungen oder Waren auf Getreidepreise ergab sich die Problematik der abweichenden Hohlmaße und die Edelmetallpreise unterlagen ebenfalls kaum kontrollierbaren Veränderungen. Er suchte daher ein Produkt, das er als zuverlässige Basis ansah, und fand es im – Hühnerei.

Vor anderen Umrechnungsverfahren hat es den Vorteil, dass die Preisangaben für Eier normalerweise auf ein Schock bezogen sind und die Stückzahl eines Schocks meist gleich geblieben ist. Das Ei, das dürfen wir annehmen, weicht auch heute nach über zweihundert Jahren wohl nur unwesentlich von seiner Form und seiner Größe ab. Werten wir daher einen Blick auf Arzthonorare, umgerechnet auf Eier, kommen wir zumindest in einem Punkt den Lebensverhältnissen der Menschen zu Beginn des 18. Jhs. einen Schritt näher. So viel steht fest: Die Arzthonorare waren gesalzen und für den einfachen Untertan praktisch unerschwinglich.

Honorare der Medizinaltaxe von 1725, umgerechnet auf Eier

Medicis

Für jedes Rezept, so die Patienten von den Medico aus seinem Hause holen lassen	30 Eier
Vor den ersten Gang in gemeinen Krankheiten	240 Eier
In ansteckenden, außer der Pest	480 Eier
Vor jede Visite ohne Verfassung eines Recepts in gemeinen Krankheiten	60 Eier
Mit Verschreibung eines Recepts	80 Eier
In anklebenden Krankheiten	120 Eier
Mit einem Recepte	150 Eier
Vor die erste Consultation einem jeden Medico	240 Eier
Vor eine jede folgende Conference, mit 2, 3, oder mehr Medicis, wegen vieler Versäumniß, die in solchen zu gewissen Stunden angesetzten Zusammenkünften sich finden, einem jeden Medico	120 Eier
Vor eine Visite bei nachtschlafender Zeit	240 Eier
Vor eine Reise über Land, vor jede Meile bis zu den Patienten, oder wo eine Besichtigung angeordnet	240 Eier
Vor jeden Tag, bis der Medicus wieder zu Hause kommet	480 Eier
Vor ein geschrieben Consilium werden sich die Medici von selbsten der Billigkeit befleißigen, und solches nach der Weitläufigkeit von der Person Gelegenheit zu aestimiren wissen, zum wenigsten	480 Eier
Vor Besichtigung und Eröffnung eines todten Körpers wegen üblen Geruchs und anderer vielen Incommoditaeten, ohne und über die gewöhnlichen Reisekosten	960 Eier
Vor Abstattung der schriftlichen Relation	480 Eier

Chirurgis

Vor eine gemeine frische Wunde, die von keiner sonderlichen Erheblichkeit, sollen sie haben vor den ersten Band	
Vor eine große oder auch Beinschrötige Wunde, die doch nicht gefährlich, noch tödlich ist, vor den ersten Band	
Vor eine Fleisch-Wunde zu heilen, nach derer Beschaffenheit	240–480 Eier
Vor eine Beinschrötige Wunde zu heilen, nachdem sie groß und gefährlich	1 200–4800 Eier
Vor eine Wunde, so gestochen, nachdem sie tief und gefährlich	1 440–2400 Eier
Vor eine gemeine Haupt-Wunde, so gehauen	480–960 Eier
Vor eine Haupt-Wunde, so vom Schlagen oder Fallen	960–1 200 Eier
Vor eine Haupt-Wunde, so gefährlich, dabei das Cranium und Pericranium verletzte, oder eingedrückte, doch ohne Fissur	1 440–1 920 Eier
Vor eine Verletzung des Hauptes, da das Cranium cum Fissura merklich eingedrücket ist, und mühsam gehoben werden muss	2 400–3 600 Eier

Quelle: W. MENGL, So lebten sie alle Tage, Berlin 1984, S. 116.

Armut geht durch den Magen

Hundert Jahre brauchte die Kartoffel, bis sie sich wirklich durchgesetzt hatte. Sie wurde auf persönlichen Wunsch des Großen Kurfürsten 1649 im Lustgarten des Berliner Schlosses angepflanzt, aber keiner wollte so richtig an die neue Frucht und ihre nahrhaften Eigenschaften glauben. Trotz mancher Hungerkatastrophen im 18. Jh., die mit Kartoffeln hätten zumindest gelindert werden können, ließen die deutschen Herrscher die Frucht links liegen. Lediglich die Preußen propagierten sie unermüdlich, allen voran Friedrich II. Um seine Armee zu verpflegen ließ er unter Militäraufsicht Kartoffelfelder anlegen. Doch die Untertanen hielten die Pflanze für ungenießbar, manche sogar für gefährlich. Angeblich sollte sie Schwindsucht und Geschwüre verursachen.

Dagegen hatte sich Brot aus Roggen, Gerste, Hafer und Dinkel im 18. Jh. in den meisten Regionen Deutschlands für die Nebenmahlzeiten durchgesetzt. Trotzdem war es für die ärmeren Schichten noch nichts Alltägliches. Bis zum Ende des 19. Jhs. sanken Hafer und Gerste fast völlig zum Viehfutter herab. Brot wurde nur noch aus Weizen oder Roggen gebacken. Auf dem Land geschah dies nach Möglichkeit im eigenen Ofen oder im Gemeindebackofen, es musste also nicht beim Bäcker gekauft werden.

Dabei war Roggenbrot nicht nur billiger, es erlaubte auch einen sparsameren Verbrauch. So wurde es im 19. Jh. zu einer Frage des Sozialprestiges, welches Brotgetreide man sich leisten konnte. Während sich das Weizenbrot allmählich im Laufe des Jahrhunderts ausbreitete, aß man die beliebte Semmel in den ärmeren Schichten der Bevölkerung höchstens am Sonntag.

Endlich im letzten Drittel des 18. Jhs. wurde die Kartoffel nach zahllosen vergeblichen Bemühungen zum Nahrungsmittel Nummer eins. Auch uneinsichtige Bürger mussten schließlich zugestehen, dass es kein besseres Mittel gegen die regelmäßigen Hungersnöte gab. Außerdem konnte die Kartoffel als Brei serviert werden. Dies förderte ihren Siegeszug, denn brei- und musartige Speisen gehörten praktisch zu jeder Mahlzeit.

Bald genoss der einfache Mann Kartoffeln beinahe zu jeder Mahlzeit, wodurch das Brot als Zugabe zu einer warmen Speise verdrängt wurde. Brot gab es noch zur Vesper, auf dem Acker und bei Arbeiten im Wald. Bis sich die Kartoffel durchgesetzt hatte, verspeiste eine Person als wichtigstes und billigstes Nahrungsmittel täglich zwei bis drei Pfund Brot.

Wer mit jedem Pfennig rechnen musste, konnte mit Kartoffeln satt werden. Doch nicht einmal dazu reichte es immer. Der Luxus des Fleisches blieb auf wenige Tage und Festtage beschränkt. Dabei war das Schwein bevorzugter Fleischlieferant, da es auch in nichtbäuerlichen Haushalten unter anderem mit Küchenabfällen aufgezogen werden konnte. Je fetter das Schweinefleisch war, umso begehrter war es, ganz im Gegensatz zu heute. Frisches Fleisch war, wenn überhaupt, nur zur Schlachtzeit im Winter üblich. Den Rest des Jahres aß man es gedörrt oder geräuchert in Brei- oder Gemüseeintöpfen.

Auf dem Land wurden zwar Butter, Milch und Eier produziert, gegessen haben sie die meisten dennoch selten. Sie wurden nämlich verkauft und waren für die Masse als regelmäßige Nahrung unerschwinglich. Man aß daher selbst vor allem die Abfallprodukte der Milchverarbeitung, wie etwa Käse, Quark, Buttermilch und Molken. Oftmals karge, aber nach unseren heutigen ernährungsphysiologischen Kenntnissen durchaus gesunde Mahlzeiten.

Zur eintönigen Speisenfolge gehörte auch bei einfachen Leuten vor dem mittäglichen Hauptgericht eine meist einfache Mehl- oder Wassersuppe. Essen blieb für die Masse der Untertanen auch im 18. Jh. vor allem ein ständiger Kampf gegen den Hunger. Wie schlimm Armut, Missernten und Hunger sich auswirken konnten, lässt die Klage eines adeligen Gutsherrn erkennen, der 1756 an die Regierung in Berlin schrieb. Aus purer Not hätten die Bauern das Sommergetreide, das jetzt ausgesät werden sollte, aufgegessen und würden sich nur noch von Rüben und Wurzeln ernähren.

Kleider machen Leute, wenn man es sich leisten kann

Bis in die Zeit um 1830 kleideten sich die einfachen Menschen auf dem Land in Stoffe aus Flachs (Leinen) und Wolle. Besonders robust war ein Mischgewebe aus beidem, das „Beidermang". Fast in jedem Haus fand man um 1800 in ländlichen Regionen, wie etwa dem Spessart, Webstuhl oder Spinnrad. Man stellte seine Kleidung selbst her bzw. verdiente damit sogar seinen Lebensunterhalt.

Etwas Besonderes war es schon, wenn man sich Kleidung für kirchliche und andere feierliche Anlässe aus wertvollerem Material schneidern oder kaufen konnte. So ein „Sonntagsstaat" musste ein Leben lang halten, oft genug wurde er sogar noch weitervererbt. Was man zum Schneidern brauchte, konnte man bei Krämern oder fliegenden Händlern erwerben, die übers Land zogen und auch günstige gebrauchte Kleidung anboten. Wer in größere Orte kam, der fand auf den regelmäßig stattfindenden Märkten eine reichhaltige Auswahl.

Auf bildlichen Darstellungen sehen wir heute meist nur Menschen in Festtagskleidung. Weil die Künstler oft von der romantischen Vorstellung eines „idyllischen Landlebens" geleitet wurden, bieten ihre Bilder dem Betrachter häufig eine Mischung aus Fantasie und Wirklichkeit. Einen besseren Eindruck davon, welche Kleidung ein einfacher Mann, etwa im Spessart, tatsächlich getragen hat, vermitteln z. B. Hinterlassenschaftsverzeichnisse.

Staatsarchiv Würzburg/Verlassenschaftsakten des Landgerichts Lohr, Nr. 2: 1815 – Caspar Müller aus Rieneck hinterlässt an Kleidungsstücken: 1 blau tucheren Mannsrock, 1 manschesterne Weste gelbgedubt, 1 alte lederne Hose, 1 blau baumwollenen Kappe, 1 alt blautuchernes Wams, 1 Paar alte Schuh mit Schnallen, 1 Paar Strümpf

Mode für die einfachen Leute

Von dem Arzt und Sozialforscher Professor Rudolf Virchow ist ein Bericht über eine Inspektionsreise durch den Spessart überliefert, die er 1852 unternahm. Daraus kann man unter anderem entnehmen, dass die Menschen selbst in den ärmsten Dörfern bemüht waren Kleidung nach modernem Schnitt zu tragen. Die Hausweberei und -spinnerei waren in den vorausgegangenen Jahren stark zurückgegangen. Der Grund lag vor allem in den veränderten Produktionsmethoden der Textilbranche. So hatten die Technisierung bei der Herstellung von Stoffen und die Erleichterung der Zoll- und Handelsbestimmungen es ermöglicht, dass preisgünstige ausländische Ware auf den deutschen Markt gelangte. Kleiderstoffe wurden dadurch für nahezu alle Bevölkerungsschichten erschwinglich.

Professor Virchow beurteilte diese Tendenz kritisch: „Die zweckmäßige ursprüngliche Tracht ist dem modernen, leichten, ebenso vergänglichen als unhaltbaren Stoffe gewichen, die Bedürfnisse sind gesteigert, während die Nahrungsquellen sich bei einer zunehmenden Bevölkerung verminderten."

Die Not war groß, aber das Modebewusstsein stieg. Was dies für die Bevölkerung bedeutete, lässt sich ermessen, wenn man die Preise für Bekleidungsartikel mit Einkommen und Lebenshaltungskosten in Beziehung setzt. Die folgenden Angaben stammen aus den Jahren 1855–1859:

Preise für Bekleidungsartikel:

1 feinwollene Gesundheitsjacke (auf dem bloßen Leib zu tragen):	ab 1 fl 30 kr
1 Unterhose:	42 kr
1 Stück Leinwand zu einem Dutzend Hemden …	
durabel und kernig gearbeitet:	ab 13 fl
1 Stück feine holländische Leinen zu einem Dutzend Oberhemden:	25 bis 60 fl
1 blauer Tuchrock mit weiß-blauem Barchent gefüttert:	13 fl
1 schwarztuchene Hose mit grauem Sarfenet gefüttert, mit schmalem Latz:	6 fl
1 schwarze Tuchweste mit Rücktheil und Futter von schwarzem Sarfenet:	3 fl

1 Krawatte oder Binde, aus Seide oder Atlas:	30 bis 54 kr
1 Paar amerikanische Gummischuhe:	ab 1 fl 12 kr
1 Hose von grauroth und blauem Zeuge gestreift:	1 fl 45 kr
1 kurze Mannsjacke von grün und blauem Druckzeug:	2 fl 30 kr
1 weiße Pique-Weste mit bläulichen Füllhörnern besäet:	48 kr
1 Weste von russisch grünem Wollentuch:	1 fl
1 Paar rindslederne Halbstiefel, noch ziemlich neu,	
mit Nägeln beschlagen, inwendig gefüttert:	5 fl
2 Ellen seidenes Band mit weißem Grund und karrirtem Rande	
(Hutband):	36 kr
1 schwarzseidene Haube ohne Band, mit schwarzseidenen Spitzen:	36 kr
1 hellbraunes Seidenkleid, Leib u. Ärmel mit grauem Sarfenet,	
der Rock mit Futtergaze gefüttert, auf der Brust braune	
seidene Fransen, nach älterer Mode gemacht:	10 fl
1 türkischrothes seidenes Halstuch mit grünen Fransen:	5 fl
1 Paar weiße baumwollene Strümpfe:	24 kr
1 wattirter Rock mit geblumtem blauen Überzuge und	
rosenrothem Futter:	1 fl 30 kr
1 roth und weiß gestreifte Frauenschürze, halbleinen:	30 kr
1 braun wollenes Kopftuch:	9 kr
1 leinenes Kinderhemdchen, offen:	12 kr
1 weiße Leinenwindel:	15 kr
1 Stück Stoff unverwüstlicher Qualität, für Knabenhose:	18 fl 36 kr
1 lila kattunenes Kinderschürzchen:	9 kr

Lebensmittelpreise:

1 Laib Roggenbrot/6 Pfd.:	24 kr
1 Weißbrot/3 Pfd.:	20 kr
1 Semmel/4 Loth 2 Quint:	1 kr
1 Bretze/8 Loth 2 Quint:	2 kr
1 Pfd. Mastochsenfleisch:	13 kr
1 Pfd. Kuhfleisch:	12 kr
1 Pfd. Kalbfleisch:	7 kr
1 Maß Traubenmost:	16 kr
1 Maß Apfelwein:	10 kr
25 Pfd. Mehl:	4 fl 45 kr

Sonstige Preise:

1 Lamm:	10 fl
1 Stier:	65 fl
1 Kuh:	50 fl
1 Wagen mit Zubehör:	30 fl
1 Ztr. Heu:	1 fl
1 Pflug mit Egge:	12 fl
1 kleines Wohnhaus mit Umgriff:	1 000 fl
1 photografisches Portrait:	1 fl 30 kr bis 8 fl
1 Licht (Unschlittkerze):	3 kr
1 Seife:	3 kr
Alimente für 1 unehel. Kind:	15 kr pro Woche
(bis zum 14. Lebensjahr)	

Jahresverdienst:

Kgl. bayer. Landgerichtsarzt:	600 fl
Hammerschmied:	400 fl
Fuhrmann:	300 fl
Köhler:	250 fl
Taglöhner:	175 fl

1 fl (Gulden) = 60 kr (Kreuzer
1 bayer. Elle = 83,3 cm/1 bayer. Maß = 1,069 l
1 bayer. Pfd. = 560 g

Quelle: B. GRIMM, Der Spessart als menschlicher Lebensraum (Spessartmuseum, Handblätter für Besucher 005/2/91), Lohr 1991.

Nähmaschine und Massenartikel

Die serienmäßige Anfertigung von Kleidung wurde ermöglicht durch die Nähmaschine. So konnte man nach 1860 in Deutschland nahezu alles „von der Stange" kaufen. Ob Mäntel, Mantillen, Umhänge oder auch Unterwäsche, Kindersachen und Arbeitskleidung, alles wurde als Konfektionsware hergestellt. Wer das nötige Kleingeld besaß, ließ Damenkleider und Herrenanzüge beim Schneider nach Maß machen. Die Regel aber wurde die sogenannte kundenlose Kleiderproduktion.

Trotzdem blieb modische Kleidung in den armen ländlichen Regionen noch lange ein Luxus. So mussten sich die meisten Frauen bis in die 30er Jahre unseres Jahrhunderts ihr Hochzeitskleid in Schwarz wählen, weil es als gutes Kleid auch danach zu allen feierlichen Anlässen im Leben getragen werden musste. Überhaupt galt als Faustregel, Kleidung so lange auszubessern, zu flicken und anzustückeln, bis wirklich nichts mehr zu machen war. Zuletzt hob man die Reste noch auf um sie vielleicht noch für neue Kleidungsstücke zu verwenden. Wenn nichts mehr ging, wurden Putzlappen daraus. Dass heute kaum Originalkleidungsstücke der einfachen Bevölkerung aus dem 19. Jh. erhalten sind, dürfte darin wohl seinen Hauptgrund haben.

Das Elend der Frauen an der Nähmaschine

In besseren bürgerlichen Kreisen durften die Töchter an der Nähmaschine ihre Aussteuer selbst schneidern und damit häusliche Fähigkeiten erlernen, die ihnen in Notzeiten nützlich sein konnten. Für Proletarierinnen waren diese Notzeiten Alltag. Aber nicht nur aus dem Proletariat waren Frauen im 19. Jh. darauf angewiesen, ihren Lebensunterhalt durch Näharbeiten zu verdienen. Auch in den bürgerlichen Unterschichten bedeutete Nähen sich am Kampf um das nackte Überleben zu beteiligen, ausgeliefert einer ruinösen Konkurrenz auf einem übersetzten Arbeitsmarkt.

Für Hungerlöhne rackerten sich Frauen in den „Schwitzstuben" genannten Räumen der Konfektionsindustrie ab, wo die Arbeitsbedingungen dennoch nicht selten noch besser waren als in den feuchten, überbelegten Proletarierquartieren. Heimarbeit an der Nähmaschine brachte häufiger noch weniger ein, auch weil Kinder und nebenbei der Haushalt versorgt werden mussten. Wenn Frauen und Mädchen mit entzündeten Augen Stunden um Stunden über feinste Stoffe gebeugt saßen und nähten, was sie sich selbst nie würden leisten können, wurde ihnen ihre Ohnmacht und soziale Deklassierung sicher bewusst. Dennoch war ihr Verdienst, wenn auch durch Lohndrückerei noch so karg, oft genug die einzige Chance mit harter Arbeit halbwegs das Existenzminimum für die Familie zu sichern.

Frauenarbeit und Armut auf dem Land: Heiter trage deine Last, niemals sage, was nicht passt!

Neben dem Heer von Fabrikarbeiterinnen und Dienstmädchen in den Städten mussten auch die Landfrauen kräftig zupacken um ihre Familien einigermaßen über die Runden zu bringen. Ihr Beitrag zur Volkswirtschaft war beträchtlich und doch wurde er gering geschätzt. Dies schlug sich besonders im Lohn nieder. Nicht selten erhielten Landarbeiterinnen im 19. Jh. die Hälfte des Lohnes, der männlichen Kollegen zuerkannt wurde. Mit etwa 80 Pfennig pro Stunde ein wahrer Hungerlohn, wenn man bedenkt, dass gegen Ende des Jahrhunderts für ein Kilo Butter ca. 1,90 Mark und für einen Doppelzentner Kartoffeln 4,40 Mark bezahlt werden mussten.

Dass Frauen auf dem Land mit den Kindern auch häufig den Bedarf der Familie erwirtschaften mussten, war eine selbstverständlich ertragene Doppelbelastung. Den Männern fehlten vielfach Erwerbsmöglichkeiten in der näheren Umgebung. Daher arbeiteten sie oft weit entfernt und kamen nur einige Male im Jahr nach Hause.

Um das Pensum überhaupt zu bewältigen mussten Kinder schon früh in der Landwirtschaft mitwirken, aber auch auf den Wochenmärkten der Umgebung Naturprodukte oder Beeren verkaufen. Wie sonst sollte man zu dem nötigen Geld kommen? Wenn Werkzeuge, Schuhe, Saatgut oder Ähnliches gekauft werden sollte, musste auf allen möglichen Wegen Bargeld beschafft werden.

Geld sparen und selbst versorgen

Um alle Möglichkeiten zum Sparen auszuschöpfen und Geld für wirklich unvermeidliche Anschaffungen zurückzuhalten wurden die meisten Nahrungsmittel in den Haushalten auf dem Land selbst hergestellt. Alles, was man kaufen musste, war schon etwas Besonderes, wie z. B. Salz, Zucker, Gewürze, Heringe, Tabak und Schokolade. Entsprechend selten kam es auf den Tisch, auch wenn es im Dorfladen, auf Märkten oder bei herumziehenden Händlern zu haben war.

Wenn nach Erwerbsarbeit, Landwirtschaft und der Zubereitung von Lebensmitteln noch Zeit blieb, mussten die Frauen dafür sorgen, mit allen möglichen Methoden Nahrungsmittel haltbar zu machen. Es galt vorzusorgen für den Winter. Da ging es ans Trocknen und Dörren von Kräutern, Gemüse und Obst.

Eier blieben monatelang frisch, wenn man sie in Kalkmilchtöpfe einlegte; Fleisch wurde konserviert durch Einsalzen oder Einlegen in Essig. Ausgelassenes Fett vom Schlachttag bewahrte man in Steinzeugtöpfen auf. Gepökeltes oder geräuchertes Fleisch sicherte die Versorgung über die langen Wintermonate. Dazu gab es oft Sauerkraut. Durch die Methode der Milchsäuregärung gelang es, den Vitamingehalt des Krautes zu erhalten. Man schichtete es in ein großes Holzfass, gab lagenweise Salz hinzu und stampfte es immer wieder fest. Dann ruhte es, mit Wacholder, Kümmel und Äpfeln gewürzt, bis etwa drei Wochen später die oberste Schicht abgeschöpft werden konnte.

Zu Hause waschen: Quälerei – lass waschen in der Wäscherei
Von diesem Werbespruch einer Dampfwaschanstalt traf nur der erste Teil für die meisten Familien im Deutschland des 19. Jhs. zu. Man konnte sich diesen Luxus nicht leisten. Wäschewaschen gehörte im Gegenteil zu den anstrengendsten Hausarbeiten. So musste das Wasser in Bütten vom Brunnen oder der Pumpe im Hof herbeigeschleppt werden um die Wäsche einzuweichen. Am folgenden Morgen kam sie, gut eingeseift, in den heizbaren Waschkessel, getrennt nach Weißwäsche und Alltagskleidung. Gesondert mussten Socken, Strümpfe und stark färbende Arbeitskittel in den Sud gegeben werden. Am härtesten war das Schrubben und Rubbeln auf dem Waschbrett. Die nasse schwere Wäsche wurde anschließend in Waschkörben, manchmal auch auf Schubkarren zum Dorfplatz gefahren. Hier konnte sie am Brunnen oder am Fluss gespült, gewrungen und geklopft werden. War all das erledigt, hängte man sie im Garten oder auf dem Dachboden auf die Leine. Im Sommer wurde die Weißwäsche auch auf die Dorfbleiche gelegt und dort mehrfach mit Wasser begossen.
Wenn die Wäsche endlich wieder frisch ins Haus getragen werden konnte, ging's ans Ausbessern, Flicken, Stopfen und Ändern. Da über all den anderen Tätigkeiten die Woche und die Arbeitstage längst vergangen waren, blieben für solche Arbeiten nur die Abende oder die Sonntage.

W. W.

Mensch und Umwelt

Tiere in der Stadt

Tiere und Stadt – das ist heute ein fast unvereinbarer Gegensatz. Katzen sind ins Haus verbannt. Gegen Hundekot gibt es städtische Verordnungen. Wer hat schon noch Platz für einen Ziegen- oder Kaninchenstall? Tiere gehören in die Wohnung (das beschränkt die Artenvielfalt ganz erheblich) oder in den Zoo. Kein Schwein würde auch unseren Straßenverkehr lange überleben. Und selbst die Hühner in den Dörfern (sofern sie überhaupt noch frei herumlaufen dürfen) enden nicht immer im Kochtopf. Seit Beginn der mittelalterlichen Stadtentwicklung im späten 12. und 13. Jh. lebten Tiere und Menschen in den Städten ganz selbstverständlich zusammen; sie gehörten zum Straßenbild. Auch wenn Behörden seit dem späten Mittelalter die Tier-, vor allem die Schweinehaltung in den Städten erschwerten, waren Tiere bis in unser Jahrhundert hinein Stadtbewohner.

Das *Pferd* war Bestandteil des Alltagslebens. Zu einer patrizischen Haus- und Hofhaltung gehörten als standesgemäßes Fortbewegungsmittel Reitpferde. Je größer eine städtische Ansiedlung wurde, je mehr sie in den Fernhandel eingebunden war, desto höher wurde der Bedarf an Transportkapazitäten. So bestimmten Pferdefuhrwerke das Straßenbild: Lebensmittel und zu verarbeitende Rohstoffe wurden in die Stadt gebracht oder Fertigprodukte, in Ballen oder Fässer verpackt, ausgeführt.

Auch im 19. Jh. ist die städtische Gesellschaft noch vom Pferd abhängig, ja noch bis weit in unser Jh. hinein verkehrten in den großen Städten nicht nur Pferdeomnibusse, Pferdebahnen und Pferdedroschken, sondern auch Kutschen sowie kleine und große Lastwagen. Eine Erhebung in Hamburg von 1892 ergab, dass in den Stallungen der Innenstadt und der unmittelbar angrenzenden Vorstädte wie St. Pauli oder St. Georg rund 12 000 Pferde gehalten wurden; 7 000 waren Lastpferde, 5 000 dienten dem öffentlichen und privaten Personenverkehr. Das Wachstum der Industriestädte hatte zunächst also den Pferdebedarf erhöht, bevor er durch moderne industrielle Verkehrsmittel geringer wurde.

Da Milch ein leicht verderbliches Nahrungsmittel ist, musste der Bedarf durch Viehhaltung in der Stadt oder in unmittelbarer Stadtnähe gedeckt werden. In den mittelalterlichen und frühneuzeitlichen Städten wurden so viele *Kühe* gehalten, dass größere Städte die Zahl beschränken mussten. So erlaubte Straßburg im 15. Jh. den Bewohnern ohne Pflug nur noch bis zu sechs, den Ackerbürgern acht, den Klöstern zehn milchgebende Kühe. Die Zahl der *Ziegen* dürfte in den Städten nicht geringer gewesen sein; die Ziege war die „Kuh des kleinen Mannes" und versorgte die ärmeren Leute mit Milch und Käse.

In den Städten gab es allerlei *Federvieh*. Es war nichts Ungewöhnliches, dass zumindest bei ärmeren Leuten Hühner in den Wohnungen gehalten wurden. Die *Kaninchen*zucht erlebte ihre große Zeit in den Industriestädten des 19. Jhs. Soweit dies irgendwie möglich war, hielten sich Arbeiterfamilien Stallhasen um wenigstens gelegentlich den Speisezettel mit Fleisch anreichern zu können.

Es gibt keine mittelalterlichen oder frühneuzeitlichen Statistiken über die Zahl der *Schweine* in den Städten, aber zahlreiche Indizien dafür, dass es sich um große Mengen gehandelt haben muss. 1409 erließ die Stadt Frankfurt am Main eine Verordnung, in welcher die Reihenfolge geregelt wurde, in der Schweineherden morgens auf die Weiden am Main und abends zurück in die Ställe getrieben werden mussten. Es wurde auch festgelegt, welche Tore und welche Gassen für den Viehtrieb genutzt werden durften. Zu häufig war es passiert, dass sich

Schweineherden kreuzten – mit Folgen, die man sich leicht ausmalen kann. Bei kleineren Leuten fütterten mehrere Familien ein Schwein fett. Müller und Bäcker vor allem betrieben nebenher eine größere Schweinezucht, denn Kleie und Backwarenreste waren hervorragende Mastmittel und ließen sich so am besten verwerten. Auch Schweinemärkte wurden mitten in der Stadt abgehalten, bei denen auch geschlachtet und Frischfleisch verkauft wurde.

Größere Städte versuchten schon im Mittelalter die Schweinehaltung zu regulieren und zu begrenzen. So erlaubte Hamburg 1476 pro Haushalt nur noch sechs Schweine, Bäcker durften bis zu zehn Schweine mästen. Nürnberg erlaubte seinen Bürgern 1547 nur noch drei Schweine, Bäcker und Müller durften zehn halten. Schon im späten 14. Jh. untersagten Nürnberg und Kiel Schweine im Stadtgebiet frei herumlaufen zu lassen; sie mussten fortan innerhalb der Türschwelle in einem Stall gehalten werden. Bei Verstößen gegen diese Verordnung wurden die Tiere beschlagnahmt. Waren sie mager, behielt sie die Stadt, waren sie fett und schlachtreif, erhielten sie die Armen.

Aber solche Regelungen, die die Schweine in die Ställe verbannte und die Schweinehut vor die Stadttore verlegte, haben sich keineswegs allgemein durchgesetzt. Man schätzte die Schweine als Restevertilger und gewissermaßen aus sicherheitspolitischen Gründen: im Kriegsfall garantierten sie für längere Zeit eine autarke Fleischversorgung. Auch sonst erwiesen sich Schweine, vor allem die frei herumlaufenden, als durchaus nützlich. Die Reichsstadt Nördlingen im Ries verdankte 1440 einem Schwein die Rettung vor einem Überfall durch den mit der Stadt verfeindeten Grafen von Oettingen. Das Schwein wetzte sich nämlich nachts an einem Torflügel, der sich daraufhin öffnete. So wurde offenbar, dass bestochene Wächter das Tor unverschlossen gelassen hatten. Bis ins 18. Jh. wurde alljährlich eine Dankpredigt gehalten, die im Volksmund „Saupredigt" hieß. Unter dem frei herumlaufenden Borstenvieh befand sich im Mittelalter nicht selten ein „Antoniusschweinchen", das dem Antoniterorden gestiftet worden war, der sich in besonderer Weise um die Krankenfürsorge kümmerte. Das Schwein wurde von der Allgemeinheit gemästet und meist am Tag des heiligen Antonius (am 17. Januar), der Tag des „Schutzpatrons" der Schweine und anderer Haustiere, geschlachtet oder verkauft; den Erlös erhielt eine Ordensniederlassung.

Es waren nur die ganz großen Städte, die die Schweinehaltung in der Innenstadt generell verboten, zu den ersten gehörten Frankfurt (1481) und Nürnberg (1699). Hamburg untersagte sie erst 1818. Für den benachbarten Stadtteil St. Georg wurde 1869 das Verbot ausgesprochen, nicht aber für andere Vorstädte. Hier gab es sogar mitten in Wohnvierteln große Schweinemästereien. Noch im 19. Jh. verlief die Verbannung der Schweine aus den Städten nicht widerstandsfrei. In der englischen Stadt Dudley – mit immerhin 40 000 Einwohnern – erhob sich heftiger Protest gegen die Gesundheitsbehörden, als diese 1856 die Schweine aus der Stadt verbannen wollten. Der Historiker F. B. Smith zeigt dafür durchaus Verständnis, wenn er schreibt, Schweine seien „tüchtige und vergleichsweise gesunde Abfallverwerter", die die Sterblichkeit „deutlicher gesenkt [hätten] als Reformer".

Aber nochmals zurück ins Mittelalter: Bei großen Städten um die 20 000 Einwohner ist auf jeden Fall mit einigen tausend Schweinen, Kühen und Ziegen zu rechnen, die immer wieder durch die Straßen der Stadt getrieben wurden um auf die Weiden zu gelangen. Dazu kamen die Reit- und Zugpferde. Zu bedenken ist dabei, dass vor dem 15. Jh. kaum Straßen gepflastert waren. Nürnberg gehörte zu den Pionieren, als es 1377 mit der Straßenpflasterung begann. Im 15. und 16. Jh. waren in der Regel nur Hauptstraßen und -plätze gepflastert. Bei Regenwetter stapften Mensch und Tier durch knöcheltiefen, mit Fäkalien vermischten Morast. Die etwas wohlhabenderen Leute trugen dann Überschuhe mit hohen Holzsohlen oder Holzstöckeln um einigermaßen sauber durch den Dreck zu kommen. Gelegentlich wurden auch Stelzen benutzt. Die Wasserversorgung wurde durch Grundwasser (öffentliche und private Brunnen) oder durch Flusswasser sichergestellt. Dass es da eine erhebliche Gefahr der Verunreinigung gab, liegt auf der Hand, zumal es neben der Tierhaltung auch umweltbelastende Gewerbe gab (z. B. Fleisch- und Fischverarbeitung, Gerbereien).

Abwässer wurden in Jauchen- und Sickergruben „entsorgt" oder in fließende Gewässer geleitet, zunächst durch Rinnsteine, seit dem 18. Jh. auch durch Sielrohre. Wer Tiere hielt, hatte zunächst auch einen Misthaufen vor der Türe. Es gibt städtische Verordnungen aus dem 14. Jh., wonach der Mist, der auf öffentlichen Straßen gelagert wurde, mindestens jede Woche oder alle vier Tage abzufahren sei. Dann wurden zur Aufnahme von Stallmist und Unrat aus Haushalten in den Stadtteilen zentrale Misthaufen und Abfallgruben eingerichtet, die auch als Aborte dienten, wenn nicht eine extra angelegte Fäkaliengrube zur Verfügung stand. Nürnberg beispielsweise stellte 1547 einen Mistmeister an, der mit seinen Knechten für die regelmäßige Leerung zu sorgen und darauf zu achten hatte, dass die privaten Misthaufen verschwanden.

Besonders die Schweinehaltung schuf immer auch günstige Lebensbedingungen für Ratten, die wiederum als Krankheitsüberträger in Frage kamen. Insbesondere in den Zeiten der Pest war dies eine Gefahrenquelle ersten Ranges. So dämmerte es schon frühneuzeitlichen Stadtbehörden, dass es einen Zusammenhang zwischen Tierhaltung und Entstehung von Krankheiten geben könnte. Aber noch im 19. Jh. hatte man die Probleme keineswegs im Griff.

Literatur: H. KÜHNEL (Hg.), Alltag im Spätmittelalter, Graz/Wien/Köln 1985.

S. M.

Der Wald – Nutzung und Ausbeutung in Mittelalter und früher Neuzeit

Waldnutzung und Waldschutz

Der Wald spielte vom Mittelalter bis in die Neuzeit im Leben der Menschen eine wichtige Rolle. Er war im engeren Sinne „Nährwald". Da die Felder geringe Erträge brachten, wurde der Wald in die landwirtschaftliche Produktion mit einbezogen. Die mit der Ansiedlung ganzer Dörfer verbundene intensive Nutzung des Waldes hatte weitgreifende Umweltveränderungen zur Folge. Siedlungs- und Agrarkulturrodungen zerstörten dabei weite Waldflächen. Darüber hinaus diente der Wald als Viehweide. Am meisten verbreitet war die Schweinemast, die als ein sehr altes und wichtiges Recht galt. Schon im germanischen Volksrecht standen daher hohe Strafen auf das unerlaubte Schlagen eines fruchttragenden Baumes. Wie wichtig die Schweinemast war, lässt sich daran erkennen, dass diese Tiere bis zum Ende des Mittelalters die wichtigsten Fleischlieferanten waren. Eichen- und Buchenwälder wurden deshalb wegen ihrer Bedeutung für die Mast besonders geschätzt. Die zentrale Rolle des Waldes als Viehweide für Schweine wird auch daran deutlich, dass häufig nicht der Holzvorrat, sondern die Anzahl der Schweine, die in einen Wald getrieben werden konnten, als Bewertungsmaßstab galt.

Wie belastet der Wald als Viehweide war, ergibt sich daraus, dass oftmals auch Ziegen, Pferde, Rinder und Schafe hineingetrieben wurden. Für die Territorialherren konnte die Überweidung des Waldes zum Problem werden. Große Schweineherden, wurde öfter geklagt, fraßen die Waldfrüchte so radikal weg, dass Futter für das Wild knapp wurde. Die herrschaftlichen Jagdinteressen waren also unmittelbar gefährdet. Daneben ließ der natürliche Nachwuchs fruchttragender Bäume nach. Nutzten verschiedene Tierarten die Waldweide, vernichteten sie häufig kleine Bäume. Dies galt vor allem für Ziegenherden, die das Laub als Grünfutter abfraßen. Die Obrigkeiten versuchten daher mit Verboten und strengen Auflagen den Schaden zu begrenzen.

Erst mit der Einführung der Kartoffel und der Stallhaltung der Tiere nahm die Schweinemast im Wald ihr Ende. Eine weitere Belastung des Waldes war damit jedoch noch verschärft worden. Bereits seit dem Mittelalter gestatteten es Weistümer, im Wald Laub als Streu zu gewinnen. Mit der Asche aus verbranntem Laub düngte man außerdem die Felder. Die Folgen waren eine Verminderung der Bodenqualität und eine nachhaltige Schädigung des Waldes.

Bürgerholz und Waldfrevel

Vielerorts besaßen die Bürger das Recht auf allerhand „Holzwerk" aus dem Stadtwald. Ursprünglich ging man davon aus, dass der Holzvorrat eines Waldes unerschöpflich sei. Dies änderte sich aber mit dem Anwachsen der Städte und ihrer holzverarbeitenden Gewerbe. Nicht nur als Baumaterial für Häuser oder

Schiffe wurde es verwendet, auch die meisten Dinge des täglichen Gebrauchs waren aus Holz. Die Wagner brauchten Holz z. B. für Speichen und Achsen, die Gerber verwendeten Lohe aus der Rinde von Eichenprügeln. Holz war ein lebensnotwendiger Rohstoff, der nur begrenzt verfügbar war. Deshalb wurden seit dem 17. Jh. verstärkt Holzordnungen erlassen, die den Transport und die erlaubte Menge regelten. Auch durfte Bauholz nur noch aus dem Stadtwald geholt werden, wenn der Rat dem Bauvorhaben zugestimmt hatte. Um den Verbrauch einzuschränken, wurde oftmals verordnet das untere Stockwerk aus Stein zu bauen.

Neben dem Bauholz verschlang auch die Nutzung als Brennholz große Mengen. Da ein Herdfeuer nie ausgehen durfte und Holz der einzige Brennstoff war, lässt sich leicht ermessen, wie hoch der Holzverbrauch der wachsenden Städte war. Erhielt man sein „Bürgerrechtsholz" zum Heizen kostenlos oder zu geringem Entgelt, durfte dies natürlich nicht verkauft werden. Dennoch wurde ein schwunghafter Handel damit getrieben.

Dass Waldfrevel ein schwerwiegendes Delikt war, erkennen wir an den Strafen, die schon seit dem 16. und 17. Jh. in den Holzordnungen ausdrücklich genannt werden. Städte wie Würzburg oder Frankfurt, in der Nähe des Spessarts, hatten einen immensen Holzbedarf. Entsprechend höher waren dort die Preise für den begehrten Rohstoff. Also entwickelte sich an verschiedenen Stellen ein regelrechter Schwarzmarkt, der wohlorganisiert war. So wurde das Holz häufig zunächst in Scheunen gelagert, die günstig zum Main lagen. In finsteren Nächten schafften es die Schmuggler auf ein bereitstehendes Schiff. Damit ihnen keiner auf die Schliche kam, umwickelten sie die Räder ihrer Karren mit Lumpen. So füllten sie ihre Taschen und plünderten den Stadtwald. Die größten Gewinne machten dabei natürlich nicht die „kleinen Leute", die Holz bündelweise aus dem Wald schleppten, sondern bestechliche Vertreter der jeweiligen Stadt- und Forstverwaltung und Unternehmer, die ohne Skrupel Umweltkriminalität in großem Stil betrieben.

All diese Belastungen zusammen ließen den Laubwald vielerorts stark abnehmen. Eine herausragende Rolle spielte dabei auch die „holzfressende" Glasmacherei, die auf waldreiche Gebiete angewiesen war. Wo der Wald nachhaltig geschädigt war, wurde er häufig durch anspruchsloses Nadelholz aufgeforstet. Dies ist z. B. für den Spessart seit Ende des 18. Jhs. belegt.

Glasmacherei und Umweltbelastung

Das Beispiel des Spessarts zeigt, welch großen Schaden die Glaserzeugung den Wäldern zufügte. Gewaltige Mengen Holz benötigte man als Brennmaterial für die Schmelzöfen oder zur Gewinnung von Asche. Ab dem 17. Jh. ersetzte man die für die Glasherstellung notwendige Buchenasche teilweise durch Pottasche, die jedoch ebenfalls aus Holz gewonnen wurde.

Die Obrigkeit zog aus der Glasmacherei zwar einen großen finanziellen Nutzen, dennoch ergaben sich für sie auch wachsende Probleme. So erzielten sie

Die Abbildung zeigt einen Blick ins Innere einer Glashütte (1556). Entgegen
dem Uhrzeigersinn betrachtet, beschreibt das Bild den Weg des Glases vom
Ofen bis zum Verbraucher. Die Holzstücke im Vordergrund links und die
Bäume im Hintergrund verweisen auf den engen Zusammenhang von
Glasproduktion und Wald.

Gewinne durch Pacht, Steuern und die Belebung des Handels. Aber die übermäßige Rodung des Waldes bei der Glaserzeugung schränkte ihre Jagd ein und bedrohte die eigene Holznutzung. Daher betrieben die jeweiligen Herren schon sehr früh aus vorwiegend wirtschaftlichen Gründen eine Art „Umweltschutz" um einen völligen Kahlschlag ganzer Gebiete zu verhindern. Bereits im 14. Jh. erließ die Mainzer Obrigkeit für ihren Herrschaftsbereich im Spessart Verbote und Anordnungen zum Schutz des Waldes. So begrenzte sie die Zahl der Glashütten auf vier. Auch durfte ein Meister nur vier Knechte anstellen und zwei Kühe halten. Im Lauf der Jahre wurden die Vorschriften immer ausführlicher. Im 16. Jh. ist bereits festgelegt, dass zunächst liegendes Scheitholz verwendet werden muss. Ist Holz einzuschlagen, muss man sich, soweit möglich, an minderwertige Hölzer halten. Erst dann dürfen dichte Waldungen gelichtet werden ohne sie übermäßig zu verwüsten. Diese komplizierten Vorschriften konnten in der Realität sicher nicht eingehalten werden. Es wird aber deutlich, dass der Wald zunehmend als etwas betrachtet wird, was der Mensch planmäßig bewirtschaften muss. Der Schutz der Eiche stand im Vordergrund, da sie großen Wert als Bauholz für Gebäude und Schiffe hatte. Auch ihre Rolle als Futterbaum für die Wild- und Hausschweinemast wurde immer wieder betont.

Nach der Mainzer Forstordnung von 1666 mussten sich die Glasmacher zusätzlich die Erlaubnis einholen, wo sie ihr Vieh weiden lassen durften und ihre Hunde an die Kette legen, damit sie nicht wilderten. Außerdem war es bei strenger Strafe untersagt eine Büchse zu tragen, denn sonst könnte das eine oder andere Stück Wild geräubert werden. Selbst das Laubrechen wurde ihnen verboten, weil angeblich das Einäschern des Laubes zu Waldbränden führte.

Zunächst legten sich die Glasbläser eine Art freiwillige Selbstbeschränkung auf und verpflichteten sich durch ihre Zunftordnung von 1406 nur in einem bestimmten Zeitraum zu produzieren, und zwar von Ostern bis St. Martin. Als der Mainzer Kurfürst zu Beginn des 16. Jhs. die Nutzung des Waldes noch weiter einschränken wollte, kam es zum offenen Konflikt. Die Obrigkeit legte unter anderem fest, dass im Winter, wenn kein Glas produziert wurde, die Belegschaften ihre Hütten zu verlassen hätten. Sie sollten sich dann am Rande des Spessarts ansiedeln. Damit wollte man verhindern, dass sich um die Hüttenbetriebe größere Ortschaften bildeten. Die Glasmacher fühlten sich schikaniert. Als sie sich daraufhin 1525 dem Bauernkrieg anschlossen, erging ein Verbot für den Betrieb von Glashütten, das aber bald danach aufgehoben wurde.

Nach einer Absatzflaute blühte Anfang des 17. Jhs. der internationale Handel mit Spessartglas wieder auf. Gleichzeitig nahm auch die Belastung für den Wald zu. Daher mussten im frühen 18. Jh. alle privaten Glashütten im Spessart schließen. Der Kurfürst befürchtete zu große Verluste für den Wald, und er hatte inzwischen eine einträglichere Einnahmequelle: die Spiegelmanufaktur.

Die Auswirkungen für den Wald waren verheerend. Weil die Bewohner der Glasmachersiedlungen nun vermehrt Landwirtschaft betreiben mussten, rodeten sie weite Flächen und äscherten Laub ein um ihre Felder zu düngen.

Holzverbrauch und Eisenerzverhüttung

Da Eisen in der Natur nicht in reiner Form vorkommt, muss es aus bergmännisch abgebautem Eisenerz gewonnen werden. Dabei bewirkt die Erhitzung mit Kohle, die Verhüttung, eine Reduktion des Eisenerzes zu Eisen, weil durch diesen Vorgang die Verbindung mit anderen Elementen aufgelöst wird.
Um Eisenerz zu verhütten benötigte man enorme Massen von Holz. So waren z. B. im 17. und 18. Jh. acht Tonnen Holzkohle nötig um eine Tonne Roheisen zu erschmelzen. Für die Gewinnung der Kohle wiederum mussten rund 30 Tonnen Holz verarbeitet werden. Um sich die Menge vorzustellen halte man sich vor Augen: Dies entspricht dem Holz, das in einem Buchenwald auf der Fläche von etwa fünf Hektar in einem Jahr nachwächst. Die durchschnittliche Tagesproduktion einer Hütte betrug rund zwei Tonnen. Zum Vergleich produziert ein moderner Hochofen von rund 30 Meter Höhe heute bei einem Einsatz von ca. 10 000 Tonnen Erz, 2–3 000 Tonnen Zuschlagstoffen und 2 500 Tonnen Koks rund 5 000 Tonnen Roheisen pro Tag.
Aufgrund akuten Holzmangels mussten früh Maßnahmen ergriffen werden um den Wald zu schonen. Daher wurde in England bereits im 18. Jh. die Holzkohle durch Koks ersetzt, der aus Steinkohle gewonnen wurde. In Deutschland dagegen nutzte man die Kokshochöfen erst seit dem Ende des 19. Jhs. in großem Ausmaß.

Holzhandwerk und Wald: der Wagner oder Stellmacher

Wagen und Gestelle für Fahrzeuge waren die wichtigsten Produkte des vielseitigen Holzhandwerkers, den man Wagner oder Stellmacher nannte. Neben Leiterwagen und Schlitten fertigte der Wagner noch eine Vielzahl weiterer Produkte, die einen durchschnittlichen Handwerker im Jahr ca. zehn Kubikmeter Holz verarbeiten ließen.
Welche Rolle der Werkstoff Holz für das Handwerk spielte, lässt sich veranschaulichen, wenn man an folgende Produktpalette denkt: Pflüge, Eggen, Schubkarren, Leitern, Sägeböcke, Waschböcke, Futterkrippen, Heuraufen, Dreschflegel, Heugabeln, Sensengriffe, Schäfte und Stiele.
Die Hauptarbeit der Wagner war die Herstellung von Rädern. Daher mussten sie auch zur Gesellenprüfung ein Speichenrad fertigen. Sie konnten hierbei alle wichtigen Techniken zur Holzbearbeitung und damit ihr handwerkliches Können unter Beweis stellen. Um haltbare Holzräder zu bauen brauchte man auch ein gründliches Verständnis der besonderen Eigenschaften verschiedener Holzarten. Das Rad eines Wagners bestand aus einer Nabe, dem in der Mitte des Rades befindlichen ausgehöhlten Holz, in das die Achse eingeführt wird und worin die Speichen eingesetzt sind. Diese Speichen sind von den Felgen eingefasst.
Mit der Herstellung von Rädern beteiligte sich der Wagner an der Entwicklung und Verbreitung einer der folgenreichsten Erfindungen in der Geschichte der

Menschheit. Aus archäologischen Funden wissen wir, dass Räder wohl schon vor 5 000 Jahren verwendet wurden. Aber nicht nur zur Fortbewegung, sondern für alle Techniken, die von wiederkehrenden Drehbewegungen abhängig sind, ist die Erfindung des Rades von weitreichender Bedeutung.

Mit dem Aufkommen neuer Materialien starb der Beruf des Wagners allmählich aus. Heute werden mit den Holzprodukten der Stellmacher Vorgärten und Gaststätten geschmückt, und die wenigsten wissen noch, wie wichtig dieses Handwerk bis ins 20. Jh. war.

Verwendung von Holz beim Schiffbau

Schon im 8. Jt. v. Chr. ist mit dem Einbaum das älteste Wasserfahrzeug nachgewiesen. Dieser Schiffstyp wurde zunächst durch Bearbeiten mit Steinen oder Muscheln, später Metallwerkzeugen hergestellt. Als man beim Ausbrennen eines Baumstammes entdeckte, dass feuchtes Holz in Verbindung mit Hitze biegsam ist, konnte der Einbaum durch Einsetzen von Querhölzern, Spanten, stabilisiert werden. Diese Wasserfahrzeuge waren geräumiger und kenterten weniger leicht. Im Verlauf der weiteren technischen Entwicklung fertigte man schließlich Schiffe aus gebogenen Brettern (Planken) und Spanten. Diese Methode nannte man Schalenbauweise, da zunächst eine Holzschale hergestellt wurde, der man nachträglich durch Querstreben die nötige Festigkeit verlieh.

Im 15. Jh. kam zunächst in Italien die Skelettbauweise auf. Hierbei wird erst der flache Schiffsboden zusammengefügt bzw. der Kiel gelegt, der das „Rückgrat" des Schiffes bildet. Anschließend werden quer dazu die „Rippen" (Spanten) aufgesetzt. Im letzten Arbeitsschritt wird das ganze „Skelett" mit entsprechend gebogenen Brettern verkleidet (verplankt). Bei dieser Bauweise spielen Planung und Konstruktion eine weit größere Rolle, denn zuerst muss ein Spantgerüst entworfen werden. Damit wird die Gestalt des Schiffes genau festgelegt.

Natürliche Voraussetzungen für den Schiffbau boten Flüsse und ein nahe gelegener Wald möglichst mit Eichenbestand. Die Lebensdauer eines hölzernen Flussschiffes betrug je nach Qualität des verwendeten Eichenholzes 15–30 Jahre. Auf den am Main gebauten Schiffen ließen sich z. B. 200 bis 3 000 Zentner transportieren.

Bis in die zweite Hälfte des 19. Jhs. wurden Holzschiffe für den Transport auf Flüssen in so großer Zahl gebaut, dass die Werften etwa am Main eine überregionale Bedeutung besaßen und ihre Fachkräfte im Ausland sehr gesucht waren. Mit der Eisenbahn und ihrer relativ billigen Frachtbeförderung erwuchs dem Wassertransport ein mächtiger Konkurrent. Auch die Holzpreise zogen gegen Ende des 19. Jhs. sehr stark an und verschlechterten zusätzlich die Wettbewerbssituation. Nur die Werften konnten schließlich überleben, die sich rechtzeitig auf den Bau von Metallschiffen umgestellt hatten.

Literatur: C. GRIMM (Hg.), Glück und Glas. Zur Kulturgeschichte des Spessartglases (Ausstellungskatalog), München 1984; M. BRAMWEL (Hg.), Das große Buch vom Holz, Herrsching 1976.

W. W.

Langer Schnabel gegen die Pest – Arbeit und Gesundheit vor 600 Jahren

Die Alraunwurzel (*Mandragora officinarum*) war wegen ihrer entfernt menschenähnlichen Gestalt und ihres hohen Gehalts an giftigen Alkaloiden ebenso gefürchtet wie als Heilmittel begehrt. Wer sie zu magischen (Heilung von übermäßigem Sexualtrieb oder Melancholie) oder medizinischen (z. B. bei Magen- und Darmkrämpfen) Zwecken verwenden wollte, musste besonders vorsichtig sein um sich nicht selbst zu schaden. Aus dem alten Glauben, man müsse die Alraunwurzel an einem Freitag vor Sonnenaufgang von einem schwarzen Hund aus der Erde ziehen lassen, entwickelte sich die Vorstellung, die Berührung der frischen Alraunwurzel sei tödlich. So fand die seltsame Erntemethode auch Aufnahme in ein spätmittelalterliches Arzneibuch: Man lässt die gefährliche Wurzel von einem Hund, der durch einen Leckerbissen motiviert wird, mit einer Leine aus dem Boden reißen.

Dieses eher skurrile Beispiel für mittelalterlichen Arbeitsschutz verweist auf eine Gruppe, die von Berufs wegen besonders viel mit gefährlichen Stoffen zu tun hatte: die *Apotheker.* Sei es beim Anrühren von Schlafmohntinktur (*Laudanum*), Arzneien aus Tollkirsche (*Belladonna*), Bilsenkraut, Eisen- oder Fingerhut, Aphrodisiaka aus spanischer Fliege und andere – durch Dämpfe oder Staub drohten beträchtliche Gefahren für die Gesundheit. Bildquellen zeigen, wie sich der Apotheker des Mittelalters vor ihnen zu schützen versuchte: durch Masken, durch Abdecken der Rührgefäße und Mörser, durch Herstellung der Arzneien in gut belüfteten Räumen oder gar im Freien. Regeln gab es dafür freilich nicht, die Maßnahmen blieben dem einzelnen überlassen.

Einem noch erheblich größeren Erkrankungsrisiko waren die *Ärzte* ausgesetzt. Insbesondere in Zeiten der Pest führte das zu aufwändigen Schutzmaßnahmen, die nicht nur den Arzt selbst schützen, sondern auch verhindern sollten, dass er zur noch schnelleren Verbreitung der Krankheit beitrug. Berühmt geworden sind die (frühneuzeitlichen) Bilder von Doktoren, die, von Kopf bis Fuß verhüllt und mit riesigem Schnabel bewehrt, zweibeinigen Raubvögeln gleich sich ihren Patienten nähern. Der Schnabel war mit essiggetränkten Tüchern oder mit aromatischen Kräutern gefüllt und sollte verhindern, dass der giftige Pesthauch, den man sich als die Ursache der Krankheit dachte, in den Atem des Arztes gelangte; Verhüllung, Kopfbedeckung und Brille sollten vor Kontakt mit verseuchter Luft schützen. Krankenzimmer mussten ständig gelüftet, mit Essenzen besprengt oder ausgeräuchert werden. Solche Verhaltensmaßregeln finden sich in schriftlicher und bildlicher Form in allen Pestbüchern, waren vielleicht auch obrigkeitlich verordnet. Dass angesichts ihrer offenkundigen Nutzlosigkeit die allermeisten Ärzte den Pestkranken vorsichtshalber überhaupt fernblieben, wird immer wieder berichtet.

Bei *Handwerkern* (und Künstlern) kümmerten sich Genossen-, Bruderschaften und Zünfte um den Schutz der Gesundheit am Arbeitsplatz. Das betraf die Festlegung von Ruhezeiten, geeignete Vorkehrungen zur Unfall- und Krankheitsverhütung (stabile Gerüste und Seilsicherung beim Kirchenbau, Gesichtsmasken beim Umgang mit giftigen Werkstoffen usw.) sowie finanzielle Unterstützung im Fall von Verletzung oder Erkrankung. Besonderen Bestimmungen waren in diesem Zusammenhang die Gerber unterworfen. Der Umgang mit Tierhäuten, an denen verwesende Fleischreste zum Himmel stanken, mit pflanzlichen (Lohe) und mineralischen (Alaun) Gerbmitteln, mit Fischtran (zur Sämischgerbung), Kalk (zur Enthaarung) und mit kaltem Wasser führte zur Häufung von rheumatischen, Lungen- und Hauterkrankungen. Vorgeschrieben war deshalb eine Schutzkleidung (natürlich aus Leder!), die Nässe und Chemikalien möglichst abhielt. Doch nicht nur der Gerber selbst war durch seine Arbeit gefährdet. Auch Mitmenschen und Umwelt wurden durch sie geschädigt: Ohne Wasserverschmutzung, Lärm- und Geruchsbelästigung ging es nicht ab, durch organische Abfälle drohten außerdem Seuchen. Deshalb griff vielerorts die städtische Obrigkeit regelnd ein: Die Gerberviertel wurden an den Stadtrand verlegt, Schutz- und Strafbestimmungen erlassen: Die Vorschriften für Gerbereibetriebe sind eines der wenigen Beispiele für eine hoheitliche Arbeits- und Umweltschutzpolitik im Mittelalter.

Literatur: V. ZIMMERMANN, Ansätze zu einer Sozial- und Arbeitsmedizin am mittelalterlichen Arbeitsplatz, in: B. HERRMANN (Hg.), Mensch und Umwelt im Mittelalter, Stuttgart 1987, S. 140–149.

H. P.

Hitze, Staub und Gift –
die Arbeit in der Spiegelmanufaktur

Die Herstellung der Glasplatten

Im 18. Jh. galt die Arbeit in einer Glas- und Spiegelmanufaktur als eine der angesehensten, aber auch als eine der schwersten. Die Beschäftigten benötigten ein umfangreiches Spezialwissen und eine gute körperliche Verfassung. Es bestand ein großes Risiko sich die Gesundheit zu ruinieren.

Bereits bei der Herstellung der Spiegelscheiben entstand eine kaum erträgliche Hitze, in der Steinzeugtiegel mit geschmolzenem Glas und andere schwere Gegenstände herumgetragen werden mussten. Oft wurden die Glasplatten aus aufgeschnittenen Glasrohren hergestellt, die man dann plattwalzte. Glasbläser litten wegen Überanstrengung häufig an Lungenerweiterung und Atemnot. Wer unter diesen Bedingungen in Akkordarbeit tätig war, klagte meist über Herzbeschwerden.

Die anstrengende Arbeit und die hohen Temperaturen erhöhten die Unfallgefahr am Arbeitsplatz. Es reichte eine kleine Nachlässigkeit aus um z. B. am Gusstisch, an dem zwölf Personen auf engstem Raum zusammenarbeiteten, mit glühendem Glas alle zu gefährden und tiefe Brandwunden zu verursachen.

Das Belegen von Spiegeln

Nur auf den ersten Blick angenehmer waren die Arbeitsbedingungen dort, wo die Glasplatten zu Spiegeln weiterverarbeitet wurden. Zunächst musste dazu das Glas geschliffen werden. Man legte die Platten aufeinander, streute Sand dazwischen und rieb sie so lange, bis alle Unebenheiten beseitigt waren. Ein für die Ohren schmerzhaftes Quietschen und Knirschen war dabei ein unvermeidliches Begleitgeräusch. Und das zwölf Stunden am Tag! Noch schlimmer aber war die Belastung der Lungen durch den feinen Glasstaub.

In den sogenannten Belegstuben wurden aus den glattgeschliffenen Glasscheiben die Spiegel gefertigt. Hier begann der lebensgefährliche Teil der Arbeit in einer Spiegelmanufaktur. Die Glasplatten wurden mit Quecksilber und einer Zinnfolie belegt, wobei die Arbeiter in direkte Berührung mit diesen giftigen Stoffen kamen. Quecksilberspuren hafteten an den Händen und giftige Dämpfe wurden den ganzen Tag über eingeatmet. Verbreitet waren daher chronische Quecksilbervergiftungen, die sich in Mund- und Zahnfleischentzündungen, Krämpfen und Lähmungen sowie einer blassen, fahlen Hautfarbe äußerten. Den Arbeitern blieb nicht verborgen, dass ihre schlechte gesundheitliche Verfassung mit ihrer Tätigkeit in der Belegstube zusammenhing. Auch die Schädlichkeit des Quecksilbers ahnten sie wohl, aber sie hatten keine Alternative ihren Lebensunterhalt zu verdienen.

Als einziger Ausweg blieb sich selbst zu kurieren und für den Lohn eine Arznei zu kaufen. Diese war zwar sehr kostspielig, aber völlig wirkungslos. Bald merkten die Glasarbeiter außerdem, dass ihre knappen Mittel nicht dafür ausreichten, die Familie zu ernähren und gleichzeitig Medikamente zu finanzieren. Also mussten sie zu unerlaubten Mitteln greifen. Was für die Manufakturarbeiter z. B. im kurmainzischen Staat ein schreckliches Schicksal bedeutete, ist für Wissenschaftler und andere geschichtlich Interessierte ein Glücksfall gewesen. Wären die Betroffenen damals nicht straffällig geworden, hätten wir nie etwas über ihre Lebens- und Arbeitsbedingungen erfahren. So aber kamen ihnen Mainzer Polizeibehörden auf die Schliche, befragten sie genau und hielten 1776 die Zeugenaussagen in Akten fest, die über 200 Jahre unbeachtet und unbearbeitet im Archiv lagen. Heute sind sie eine wichtige Quelle für die Arbeitsabläufe in einer Spiegelmanufaktur und die Alltagsgeschichte im 18. Jh.

Die Rekonstruktion eines Kriminalfalls

Jahrelang hatten die Beleger einer Manufaktur ihr Einkommen dadurch aufgebessert, dass sie behaupteten etwa 10% mehr Quecksilber für ein Pfund Zinnfolie zu benötigen, als dies tatsächlich der Fall war. Der Werkstoff war sehr teuer, und deshalb versuchte die Direktion eine Unterschlagung dadurch zu verhindern, dass genau abgewogene Mengen ausgegeben und unverarbeitete Reste wieder eingesammelt wurden. Da aber weniger als angegeben benötigt wurde, konnte überschüssiges Material in einem Gefäß, das unter der Kleidung verborgen war, aus der Manufaktur geschmuggelt werden. Hatte man genügend beisammen, verkauften es häufig die Frauen an Markttagen zu den üblichen Schwarzmarktpreisen. Zwischenzeitlich wurde das Quecksilber zu Hause, mal im Stall, mal in der Scheune, aber auch im Schlafzimmer unter dem Bett aufbewahrt. Mitunter kam es so zu akuten Vergiftungen, die sogar bis zum Tod führten und nicht selten spielende Kinder trafen. Sie wussten nicht um die Gefährlichkeit des Stoffes und hantierten sorglos damit herum.

Über Mittelsmänner steuerte eine Organisation das florierende Geschäft des Quecksilberhandels, in dem jüdische Händler eine wichtige Rolle spielten. Grenzüberschreitende Aktivitäten erschwerten den Zugriff der Verfolgungsbehörden. Als dieser Schwarzhandel schließlich aufflog, traf es zunächst einmal die kleinen Leute in der Manufaktur. Aber die Behörden wurden dadurch auch erstmals auf die Arbeitsbedingungen in den Belegstuben aufmerksam und erließen erste Schutzgesetze für die Arbeiter. Die Leistungsfähigkeit der hochspezialisierten Fachkräfte sollte möglichst erhalten bleiben, denn Spiegelmanufakturen waren für den Herrscher vorzügliche Einnahmequellen, die nicht so einfach zu ersetzen waren.

Literatur: C. GRIMM (Hg.), Glück und Glas. Zur Kulturgeschichte des Spessartglases (Ausstellungskatalog), München 1984.

W. W.

Mit der Schnauze in die Milch – Lebensmittelhygiene im 19. Jahrhundert

Angebrütete Eier in Nudeln, Methanol im Wein, hormongespritztes Fleisch – wer könnte nicht weitere aktuelle Beispiele anführen? Und doch leben und essen wir heute in relativer Sicherheit, verglichen mit Art und Umfang der Lebensmittelverfälschung vor 100 oder 150 Jahren. Denn im 19. Jh. – das zeigen Untersuchungen in Deutschland wie in England – verschlechterten sich Lebensmittel spürbar; nicht dort, wo es Selbstversorgung gab oder Produzenten und Verbraucher in direktem Kontakt standen: Gefährdet waren vor allem die Menschen in den rasch wachsenden industriellen Zentren. Mangelnde Hygiene und eine um sich greifende Lebensmittelverfälschung waren die Ursachen.

In den Großstädten funktionierten die seit alters üblichen Qualitätskontrollen nicht mehr. Die Ideologie des freien Wettbewerbs setzte sie außer Kraft und verhinderte die Entwicklung neuer. Bauern vermarkteten nicht mehr selbst; der Zwischenhandel breitete sich aus. Je mehr aber mitmischten, desto größer waren die Möglichkeiten einer Verfälschung. Der Konkurrenzdruck stieg stark an: 1861 kamen in Deutschland 83 Verbraucher auf einen Einzel- oder Großhändler, 1907 waren es 30. Ende der 70er Jahre sank die Gewinnspanne durch Besteuerung und Einfuhrzölle. Da lag es nahe zu verdünnen und Ersatzstoffe beizumischen oder sich der Möglichkeiten der Chemieindustrie zu bedienen.

An staatlichen Kontrollen fehlte es weitgehend. Zwar gab es – nach einer breiten öffentlichen Diskussion in den Zeitungen – seit 1879 das Reichsnahrungsgesetz, das die „Überwachung des Verkehrs mit Lebens- und Genussmitteln" vorsah; aber ohne Kontrolleure und Labors zeigte es zunächst wenig Wirkung. Erst seit den 1890er Jahren änderte sich das – sehr allmählich. Seit 1892 gab es beispielsweise in Hamburg ein Hygienisches Institut.

Die Qualität von Lebensmitteln ist eine Frage des Preises, das heißt, Arbeiter und ihre Familien waren von den Verfälschungen am meisten betroffen. Für diese ärmeren Schichten war Brot neben Kartoffeln Hauptnahrungsmittel. Berichten aus den Jahren 1877/78 ist zu entnehmen, dass Mehl durch Beigabe von Schwerspat, Gips, Kreide und anderen Substanzen um 20 bis 30% gestreckt wurde. Oder es wurden Ersatzstoffe wie z. B. Kartoffeln beigemengt. Feuchtes und säuerliches Mehl wurde mit Hilfe von Alaun, Kupfervitriol oder Zinksulfat belebt, „damit es eine weiße Farbe bekam und der Teig sich leichter kneten ließ" (Berliner Tagblatt 13. September 1877). Über 60% der 1889 in Hamburg gezogenen Butterproben waren eher ein Gemisch aus Margarine und tierischem Fett. Bier wurde vielfach verwässert, Schokolade als Massenprodukt aus Gummiharz und billigem Hammelfett hergestellt. Der Bundesratsbericht von 1878, der auf den Erlass des Reichsnahrungsgesetzes abzielte, konstatierte auch die Verfälschung von Teigwaren. Als Färbemittel bei Kuchen und Gebäck dienten Chromgelb, Kupferoxid, Mirbanessenz (Nitrobenzol) und andere Schadstoffe. Um Eiernudeln die gewünschte gelbe Farbe zu verleihen gab man dem Teig mit Urin vermischte hochgiftige Pikrinsäure bei. „Die Werkstätten der Konditoren", so der Bericht, sind „zu vollständigen Ateliers für eine fast gewerbsmäßige Anwendung von Giften" geworden. Die ersten wissenschaftlichen Einrichtungen der Lebensmittelkontrolle in den 90er Jahren konnten das schon 1878 erahnte ungeheure Ausmaß der Verfälschungen nur bestätigen.

Eine regelmäßige Fleischbeschau gab es ebenfalls erst seit den 90er Jahren. Auch danach wurden kranke Tiere häufig schwarz geschlachtet und billig verkauft. So wurden Krankheiten wie Milzbrand, Tuberkulose oder gefährliche Infektionen mit Parasiten – wie die Trichinose – auf den Menschen übertragen. Es gab im Deutschen Reich bis 1914 mehrere Fälle von Massenvergiftungen, zum Teil mit Todesfolge, durch verdorbenes Fleisch. Das „Schönen" mit Farbstoffen war auch bei Metzgern und Fleischverkäufern durchaus verbreitet.

Milch war ein wichtiges Grundnahrungsmittel. Für Hamburg hat man für 1906 einen täglichen Verbrauch von durchschnittlich 282 000 Litern ermittelt. Den größten Teil brachten Milchhändler mit Hundekarren in die Stadt. Erst 1894 gab es in Hamburg eine Verordnung, die für Milcheimer einen Deckel vorschrieb. Vorher war die Milch Regen, Sonne und Staub ausgesetzt oder der Hund, der den Karren zog, steckte seine Schnauze hinein. Die Bauern durften die Milch vor dem Verkauf nicht kühlen, weil sich von warmer Milch der Rahm leichter abschöpfen ließ. Anschließend wurde oft gelbe Farbe zugesetzt um ihr das Aussehen von Vollmilch zu verleihen. Das zugefügte Wasser war nicht selten verunreinigt und wimmelte von Krankheitserregern. Im Sommer mischte man Borax und Borsäure bei um ein rasches Schlechtwerden zu verhindern, manche Händler verwendeten Formaldehyd. Pasteurisierung der Milch war kostspielig und setzte sich seit den 90er Jahren nur langsam durch. Eine privat initiierte Untersuchung von 1878 ergab in Hamburg, dass 80% der Milchproben verfälscht waren. 1894 waren es bei der ersten staatlichen Milchüberprüfung 25% der Proben: Man musste seit einiger Zeit mit Kontrollen rechnen!

Die Verfälschungen führten zu zahlreichen Gefahren für Gesundheit und Leben. Kupfersulfat, Chromgelb und andere anorganische Substanzen konnten zum Tod führen. Blei, Kupfer und Arsen lagerten sich im Körper ab und führten zu einer allmählichen Schwächung des Verdauungssystems. Insgesamt beeinträchtigten Verfälschungen den Nährwert. Nicht nur das Beispiel der Milch macht deutlich, dass Säuglinge und Kleinkinder besonders gefährdet waren. Eine amtliche Statistik in Hamburg aus den siebziger und 80er Jahren verzeichnet bei über 60% der Todesfälle von Babys als Ursache Störungen des Verdauungssystems: „Sommer-Brechdurchfall", Krämpfe, Auszehrung lauteten die „Diagnosen". An verdorbenes Wasser ist dabei ebenso zu denken wie an verunreinigte und verfälschte Lebensmittel.

Literatur: J. Evans, Tod in Hamburg. Stadt, Gesellschaft und Politik in den Cholera-Jahren 1830–1910, Reinbek bei Hamburg 1990.

S. M.

Menschenbild und Weltbild

Philosophie

1. Berühmten Denkern auf der Spur: ein Rätsel um antike Philosophen, nicht nur für Schüler

Als ein kluger **Mann aus Milet** nach dem Ursprung der Dinge fragte, setzte er sich damit an die Spitze der Philosophen, die über wissenschaftliche Fragen zu Erkenntnissen gelangen wollten. Mit der Berechnung der ägyptischen Pyramiden nach der Schattenlänge folgte eine sensationelle Entdeckung, die nur durch die Vorhersage der Sonnenfinsternis vom 28. Mai 585 v. Chr. übertroffen wurde. Naturereignisse waren offenbar erklärbar, wenn man sie mit den richtigen Methoden erforschte.

In Unteritalien wirkte ein bedeutender **Denker,** der eigentlich aus **Samos** stammte. Viele sehen in ihm den Begründer der wissenschaftlichen Mathematik, nicht zuletzt auch deswegen, weil ein grundlegender Lehrsatz nach ihm benannt ist. Neben vielen anderen Fragen untersuchte er das Verhältnis von Tonhöhe und Saitenlänge bei gleicher Spannung und glaubte im Weltall entsprechende „Sphärenklänge" zu finden. Sein Bemühen um Erkenntnis steigerte sich so sehr, dass er die Berechenbarkeit von Natur und All überschätzte.

Sein ganzes Leben war der Arzt, Wundertäter, Prophet und **Philosoph aus Akragas** unterwegs. Er sah in Erde, Wasser, Feuer und Luft die Elemente, die den Urstoff allen Lebens bilden. Entstehen und Vergehen sind nach seiner Meinung nur eine Mischung oder Entmischung dieser Elemente. Die Seele des Menschen ist aber göttlichen Ursprungs. Sie wandert auf Erden, bis sie durch Sühne und Askese von aller Schuld gereinigt ist.

Mit verblüffenden Trugschlüssen überraschte der **Philosoph aus Leontinoi** sein Publikum, z. B.: „Was du nicht verloren hast, hast du noch. Hörner hast du nicht verloren; also: Du hast Hörner." Er war ein gefeierter Mann in Athen, gehörte zur Richtung der Sophisten, lebte in großem Prunk und liebte es in seinen Reden die Manipulierbarkeit der Menschen darzulegen.

„Das Wesen der Atome ist Bewegung", sagte ein **Denker aus Abdera.** Seine Überlegungen haben Galilei, Leibniz und die moderne Atomphysik beeinflusst. Nach seiner Meinung setzt sich Materie aus unendlich vielen, unteilbaren Einheiten zusammen, die das ewige, unvergängliche Sein darstellen. Aus den bewegten Atomen entstehen ganze Welten, ihre Verbindung oder Trennung ist Werden und Vergehen. Auch die Seele besteht aus Atomen. Im Tode lösen die Atome nur ihre derzeitige Verbindung, sie selbst aber vergehen nicht. Seiner ganzen Struktur nach gleicht der Mensch einem Kosmos im Kleinen. Er muss immer darauf bedacht sein seinen Atomkosmos in Ordnung zu halten. Also ist maßloser Genuss ebenso zu vermeiden wie Mangel und Not.

Der **Sohn eines Bildhauers** und einer Hebamme lebte **in Athen** und war stets auf der Suche nach der Wahrheit. Auch mahnte er zur Wahrhaftigkeit in der eigenen Lebensführung und dazu, sich selbstkritisch zu prüfen. Einer seiner Wahlsprüche war, man dürfe unter keinen Umständen Unrecht tun, auch nicht um Unrecht zu vergelten. Als Mahner und Warner sah er sich selbst in der Rolle einer Stechfliege am müden Pferd Athen. Bemerkenswert ist, dass von ihm selbst kein Wort schriftlich überliefert ist. Als man ihn und seine unbequemen Wahrheiten nicht mehr ertragen wollte, wurde er in Athen zum Tode verurteilt.

Aus vornehmem athenischen Adel stammte der Mann, der eine „Akademie" gründete, die dem philosophischen Gedankenaustausch, aber auch verschiedenen Einzelwissenschaften wie Mathematik und Astronomie dienen sollte. Man konnte dort kostenfrei studieren, da reiche Athener die Akademie freigebig unterstützten. Berühmt geworden sind die bis heute erhaltenen Schriften dieses Philosophen, die weitgehend aus Dialogen bestehen. Nach seiner Ansicht müssen wir unterscheiden zwischen den Ideen, die wir geistig erfassen können, und der Sinnenwelt, die wir sinnlich wahrnehmen können. Neben der Idee des Guten stellt er das Wahre und das Schöne als Ideale heraus. Um dorthin zu gelangen muss der Mensch Weisheit, Tapferkeit, Besonnenheit und innere Vollkommenheit anstreben.

Im Jahr 366 kam ein **Sohn einer Arztfamilie,** geboren in Thrakien, an die Akademie nach Athen, gründete Jahre später aber eine eigene Schule. Anders als seine Lehrer bediente er sich der empirischen Methode. Er war der Auffassung, dass die Grundbegriffe der Logik die Werkzeuge des Denkens sind. Bei seinen Überlegungen zum Zusammenleben der Menschen hielt er die Aristokratie schließlich für die beste Staatsform und war davon überzeugt, dass der Mensch von Natur aus für ein Leben in staatlicher Gemeinschaft angelegt ist. Sein Werk, das auf abenteuerlichen Umwegen überliefert wurde, gelangte schließlich durch die Kreuzzüge nach Europa. Es beeinflusste viele Jahrhunderte die abendländische Philosophie.

Der als Wanderlehrer umherziehende **Philosoph aus Sinope** vertrat das Ideal der Bedürfnislosigkeit. Er und seine Anhänger verachteten Reichtum ebenso wie politische Macht. Überhaupt lehnten sie Konventionen und Bindungen an die Gesellschaft ab. Angeblich soll der Philosoph sogar in einem Fass gewohnt und aus der hohlen Hand statt aus einem Glas getrunken haben. Der extreme Individualismus dieser philosophischen Richtung wurde auch als Anarchismus aufgefasst und fand bei den Menschen auf der Straße weit mehr Anklang als in der Philosophiegeschichte.

Der Mensch muss sich selbst getreu leben, das heißt in ausgeglichener, „stoischer" Ruhe. Diese Meinung vertrat ein **Philosoph aus Zypern,** der mit seinen Anhängern eine bedeutende Schule begründete. Unter anderem meinte er, man müsse die eigene Vernunft einer „Weltvernunft" unterstellen. Diese wird von einer Gottheit bestimmt. Nur wenn man eine unerschütterliche Seelenruhe besitzt, wird man frei und glücklich. Schönheit und Reichtum sind dagegen völlig wertlos. Alles in der Welt Geschehende vollzieht sich durch die Notwendigkeit, die der Mensch Schicksal nennt. Wem das Leben nach vernünftigen Erwägungen wertlos erscheint, darf Selbstmord begehen. Tatsächlich haben Zeitgenossen diese radikale Konsequenz gezogen.

Um 306 kaufte ein **Philosoph aus Samos** in Athen einen Garten, in dem er seine Schüler um sich versammelte. Sein Schülerkreis, die „Gartenphilosophen", war eine feste Gemeinschaft, von der der liebenswürdige Meister geradezu vergöttert wurde. Ziel seines Lehrsystems war das glückliche Leben, das der Mensch über die Lust erreicht. Sie ist das einzige Gut. Der Schmerz ist das einzige Übel. Aber nicht Befriedigung des Augenblicks bringt wirkliches Glück, sondern der Zustand vollkommener Ruhe. Angst und Furcht, vor allem vor den Göttern und dem Tod, muss der Mensch verlieren. Ein angenehmes Leben gewährt nur die Weisheit, die man am besten erlangt, wenn man sich von jeglicher Bindung fernhält und das Glück des Weisen im stillen Winkel genießt. Wer sind die elf Philosophen? Auflösung auf S. 326.

2. Auf ein Wort, Frau Sokrates – ein Anruf bei der Ehefrau des Philosophen

Anrufer (A): Guten Morgen, Frau Sokrates, hätten Sie einen Moment Zeit?

Xanthippe (X): Was soll das? Sie wollen doch sicher meinen Mann sprechen?

A: Nein, von Ihnen möchten wir gerne etwas erfahren, über Ihr Leben …

X: Was soll ich Ihnen schon groß zu erzählen haben. Machen Sie sich nur nicht lustig über die gestrafte Frau eines Philosophen.

A: Aber Frau Sokrates …

X: Nennen Sie mich einfach Xanthippe und lassen Sie dieses alberne „Frau Sokrates".

A: Stört es Sie denn nicht, dass Ihr Name zum Markenzeichen der zänkischen Frauen geworden ist?

X: Ganz und gar nicht! Ich bin stolz auf ihn, schließlich bedeutet er „blondes Pferdchen". Klingt doch schön und ganz sanft.

A: Aber so sind Sie doch gar nicht, wenn es stimmt, was von Ihnen behauptet wird.

X: Das meiste wird schon stimmen. Wenn Sie meinen Mann geheiratet hätten, wären Sie vielleicht auch nicht anders.

A: Also liegt Ihre üble Laune an seinem Verhalten.

X: Sehen Sie, so einfach ist das alles nicht. Als ich ihn kennen lernte, war er schon etwas Besonderes. Zugegeben, mit seiner verbeulten Nase nicht gerade eine Schönheit. Darauf kam's mir aber nicht an. Er konnte ausgezeichnet reden, war überall beliebt und ich stellte mir eine wunderbare Zukunft mit ihm vor.

A: Warum wurde daraus nichts?

X: Nun, in unserem Dorf, wo wir damals lebten, wäre sicher alles ganz anders gekommen. Sokrates war Steinmetz, hatte auch durchaus Aufträge. Die Arbeit machte ihm aber keinen Spaß, und ich glaube, er hielt sich nicht für sehr begabt als Handwerker. Jedenfalls zogen wir als Verliebte oft stundenlang herum, und damals hätte ich schon merken müssen, was mit ihm los war.

A: Was wollen Sie damit sagen?

X: Was schon? Er wollte weg, nach Athen. Bei uns im Dorf passte ihm nichts mehr, er arbeitete immer weniger und um unsere drei Kinder kümmerte er sich einen Dreck. Tagelang redete er mit Freunden und Bekannten über alles Mögliche. Da fing es schon an, dass er dieses Gerede Philosophieren nannte.

A: Und Sie hielten nicht viel davon?

X: Ach was, ein Tagedieb war und ist er. Ihm ist es völlig egal, was wir essen sollen. Seit wir nach Athen gezogen sind, führen wir ein so ärmliches Leben, dass ich mich schämen muss.

A: Aber er ist inzwischen ein bekannter Mann in der Stadt. Macht Sie das nicht auch etwas stolz?

X: Stolz? Worauf denn? Heute schimpfen die Menschen über ihn, weil er sie immer in Gespräche verwickelt und sich dumm stellt. Er ist gefürchtet, da er so lange nachfragt, bis seine Partner sich immer mehr in Widersprüche verfangen, so will er auf den Grund eines Gedankens kommen.

A: Aber er hat damit doch verblüffende Erfolge, wie wir hören.

X: Was habe ich davon? Wenn ich ihn frage, wovon wir leben sollen, erzählt er überall herum, was ich für ein zänkisches Weib sei.

A: Und trotzdem lieben Sie ihn?

X: Ja, natürlich, den Menschen Sokrates, aber nicht den Philosophen, der alles in Zweifel zieht.

A: Vielleicht wird die Welt ihn eines Tages rühmen als den Mann, der dafür warb, durch Nachdenken zur Erkenntnis des richtigen Handelns zu gelangen.

X: Kann sein, mir wäre es aber lieber, wenn er wenigstens heute auf dem Markt etwas zu essen besorgt hätte.

A: Xanthippe, wir danken Ihnen für dieses Gespräch.

3. Zu Besuch bei Kant

Um den berühmten Philosophen kennen zu lernen, könnte sich eine Gruppe Studenten aufgemacht haben ihn dort zu besuchen, wo er lebt und arbeitet. Sie treffen dabei auf den Menschen Kant:

Wir waren nicht wenig überrascht, bei unserem Treffen in Königsberg mit dem Herrn Immanuel Kant einen Philosophen vor uns zu sehen, der so gar nicht unseren Vorstellungen entsprach. Zumindest auf den ersten Blick wirkte er etwas wunderlich. Aber je länger wir uns mit ihm unterhielten, umso sympathischer wurde uns dieser etwas weltfremde, leicht zerstreute Philosoph. Eben doch ein typischer Professor, wird jetzt mancher denken. Immerhin aber ein Mensch mit sehr viel Witz und einem wachen Geist.

Als er von seinem Leben in Königsberg sprach, wollten wir zunächst kaum glauben, dass er diesen abgeschiedenen Ort sein ganzes Leben nahezu nie verlassen hat. Ein wirkliches Wunder, wenn man bedenkt, wie gebildet und weltgewandt er auftreten kann. Nicht jeder hat sofort erkannt, welch ein großer Geist in ihm steckt. So musste er über fünfzehn Jahre als Privatdozent ausharren, sich zweimal vergeblich um eine Professur bewerben, bis er schließlich einen Lehrstuhl erhielt. Das hat ihn gehörig erbost, wie er uns berichtete. Nicht ohne Schmunzeln wusste er zu erzählen, man habe ihm sogar einmal eine Professorenstelle für Dichtkunst angeboten. Statt der berühmten *Kritik der reinen Vernunft* hätte er dann vielleicht Gedichtbände verfasst. Der Gedanke amüsierte ihn, denn zum Dichten sind wirklich andere berufen. Das wisse keiner besser als er selbst, meinte Kant.

Als Universitätslehrer muss er sehr vielseitig und fleißig sein. Er stöhnte ziemlich über seine große Lehrverpflichtung an der Universität. So hat er neben Philosophie auch Unterricht in Mathematik, Physik, Geografie, Naturrecht, Mechanik und Mineralogie zu erteilen. Ein wirklicher Gelehrter, der von Studenten wegen seiner munteren und heiteren Art sehr geschätzt wird.

Es scheint ihm nichts auszumachen, dass manche ihn für einen Kauz halten. Unangenehm wird er nur, so sagen seine Freunde, wenn er in seinem Tagesablauf gestört wird. Er steht um fünf Uhr morgens auf und legt sich pünktlich um 22 Uhr zum Schlafen. Mittags speist er gerne im Kreise seiner Freunde und der übrige Tag ist genauestens eingeteilt. Stört jemand diese Regelmäßigkeit, ist er zu allem fähig. Wir hörten von einem Hahn seines Nachbarn, der durch sein Krähen den Philosophen so aus der Ruhe brachte, dass Kant das Tier seinem Besitzer abkaufen wollte. Als ihm dies nicht gelang, wechselte der genervte Philosoph seine Wohnung und zog in eine ruhigere Straße. Das jedenfalls glaubte er. In Wahrheit muss er nun ertragen, dass in der Nachbarschaft den halben Tag geistliche Lieder gesungen werden. In Königsberg ist man schon gespannt, wie lange Kant das aushält und was er sich dazu einfallen lässt.

Diese und andere Wunderlichkeiten hätte manch einer nicht erwartet von einem, der als großer Gelehrter überall hochgeachtet wird. Natürlich sprachen wir auch über seine Philosophie. Dabei erfuhren wir von ihm, dass er sich vor allem für die Metaphysik interessiert. Das bedeutet, er beschäftigt sich mit den Dingen, die hinter unserer sichtbaren Wirklichkeit liegen; z. B. fragt er sich, ob es einen Gott gibt, was wir von der Unsterblichkeit halten sollen oder ob der Mensch wirklich frei sein kann. Sein Philosophieren hat ihm die Erkenntnis gebracht: Weil wir Menschen sind, können wir auf diese Fragen keine gesicherten Antworten bekommen. Woran das liegt? Ganz einfach, Kant sagt, wir sehen die Wirklichkeit nicht so, wie sie tatsächlich ist. Da unser Erkenntnisvermögen beschränkt ist, können wir die Wirklichkeit nur so erkennen, wie sie uns erscheint. Wenn wir auch nicht alles erfassen können, muss der Mensch sich trotzdem immer bemühen über sein beschränktes Dasein hinauszugelangen. Er muss Fragen stellen, seine Freiheit suchen und nach Gerechtigkeit streben. Das erinnerte uns an den Satz Kants, den wir von ihm gelesen hatten: „Habe Mut dich deines Verstandes zu bedienen." Am meisten beeindruckte uns, dass Kant erklärte, ein Philosoph müsse nicht Antworten finden, sondern Fragen stellen, nach dem, was die Menschen wirklich bewegt.

Ob die Königsberger die Werke ihres berühmten Philosophen schon gelesen haben, wissen wir nicht. Aber wir konnten persönlich feststellen, dass Kant eine wichtige Rolle in der Stadt spielt. Da er nämlich seinen Tagesablauf auf die Minute genau einhält, hat sich eine merkwürdige Gewohnheit durchgesetzt: Wenn er zu bestimmten Zeiten durch die Straßen geht, stellen die Bürger ihre Uhren nach ihm. Manch ein Philosoph wünschte sich vielleicht, dass ihm seine Mitbürger so viel Beachtung schenkten.

Literatur: W. WEISCHEDEL, Die philosophische Hintertreppe. 34 große Philosophen in Alltag und Denken, München 1995.

W.W.

Astronomie und Himmelskunde

Dass Menschen Himmelskörper mit dem eigenen Schicksal in Verbindung bringen, reicht in unbestimmte Vorzeiten zurück. Sonnen- und Mondmythen gehören zum Urbestand religiöser Vorstellungen. Die Mondzyklen symbolisieren nicht nur, sie bestimmen nach einem uns fremd gewordenen analogen Denken den Rhythmus des Werdens und Vergehens, wie den der weiblichen Fruchtbarkeit, die ebenfalls einem Monatszyklus folgt. Die Sonne ermöglicht Leben und Wachstum und verbindet sich deshalb für die Menschen mit der Vorstellung vom Schöpfergott.

In den ältesten Hochkulturen gab es eine hochentwickelte Himmelsbeobachtung – als Geheimwissenschaft von Priestern, die daraus Macht und Legitimation bezogen. Denn sie geschah immer unter der Prämisse, dass die Götter sich den Menschen mitteilen. Daneben gab es aber auch sehr fundierte astronomische Erkenntnisse. Die Babylonier etwa konnten Sonnen- und Mondfinsternisse berechnen. Die Ägypter hatten schon im 3. Jt. v. Chr. einen Sonnenkalender auf der Grundlage des tropischen Jahres entwickelt. Die Jahreszeiten – Nilschwemme, Wachstum, Ernte – entsprachen der praktischen Notwendigkeit die Arbeit zu organisieren. Der Stand des Sternes Sirius bestimmte, in welchem Jahr ein Schaltmonat einzufügen war.

Durch die Akademie in Alexandria (seit ca. 300 v. Chr.) wurde ein Teil der orientalischen Wissenschaft von den Sternen den Griechen vermittelt. *Claudius Ptolemäus* (85–160 n. Chr.), Ägypter mit hellenistischer Bildung, hat in der Spätzeit der Akademie Beobachtungen und Wissen zusammengefasst. Das Ptolemäische System blieb für eineinhalb Jahrtausende der astronomische Deutungsrahmen für das Abendland. Mittelpunkt des Universums ist nach dieser Lehre die Erde, sie steht still und wird umkreist von Sonne, Mond, fünf Planeten und der Fixsternensphäre. Die Bewegung wird durch das *primum mobile* verursacht, das große Weltenrad. Das Ptolemäische System hatte den Augenschein für sich, nicht die wissenschaftliche Stringenz. Denn wegen des Wechsels der Jahreszeiten hatte die Sonne eine verschlungene Kreisbahn; beim Planetenumlauf ergaben sich eigenartige Schleifen. Ptolemäus' *Großes astronomisches System* wurde erst im 12. Jh. vom Arabischen ins Lateinische übersetzt.

Aus arabischer Literatur kam über das muslimische Spanien auch astrologisches Wissen des Orients in das christliche Abendland – und wurde hier von höchsten Autoritäten theologisch legitimiert. *Albertus Magnus* (1193–1280), Dominikaner und Professor, und sein Schüler und Ordensbruder, der Kirchenlehrer *Thomas von Aquin* (1225–1274), hielten die Wahrsagung aus den Sternen für

erlaubt und nützlich: Himmlische Körper sind Werkzeuge des „ersten Bewegers" und Ursache irdischer Dinge, wie Finsternisse, Seuchen, Kriege und Katastrophen. Da die Sterne körperlicher Natur sind, wirken sie auf die körperlichen Dinge ein, also auch auf den menschlichen Leib, seine Kräfte und Triebe. Die Astrologie durchdringt so andere Wissenschaften, etwa die Medizin (s. Abbildung). Allerdings verboten es die Gelehrten zu glauben, das Schicksal des einzelnen Menschen könne aus den Sternen vorhergesagt werden. Vernunft und freier Wille seien nicht körperlicher Natur und deshalb nicht den Einflüssen der Gestirne unterworfen.

„Aderlassmännchen", 16. Jh. – Weitverbreitete Holzschnitte mit Angaben, welche Körperteile unter dem Einfluss der Gestirne stünden und bei entsprechenden Krankheiten nur zu der jeweils bestimmten Zeit und Konstellation der Sterne durch „Aderlassen" behandelt werden dürften; eines der zahlreichen magischen Mittel der „Volks"-Medizin, wie sie schon in vorchristlicher Zeit angewendet wurden.

Gerade im ausgehenden Mittelalter und in der frühen Neuzeit, in einer Epoche der Umbrüche und des Schwindens kirchlicher Autorität, als die Astronomie als Wissenschaft erwachte, trieb auch die Astrologie höchste Blüten. Man denke an Wallenstein: „In deiner Brust sind deines Schicksals Sterne" (Schiller); der Satz ist keine Metapher für den freien Willen, sondern bedeutet nach astrologischen Kategorien, dass sich im Menschen die kosmischen Kraftlinien schneiden.

Die Hinwendung zur modernen, auf Beobachtung beruhenden Wissenschaft verlief in keinem anderen Bereich dramatischer als in der Astronomie. Das in der Renaissance gewachsene Bewusstsein des Menschen als eines selbstbestimmten Wesens gewann in der kopernikanischen Wende wissenschaftliche Gestalt. Maßgebend waren nicht mehr Autoritäten, sondern die eigenen Beobachtungen. In der Astronomie feierte die Empirie als wissenschaftliche Methode ihre großen, umwälzenden Erfolge.

Nikolaus Kopernikus (1473–1543), aus Thorn im zu Polen gehörigen Preußen, studierte Theologie, beide Rechte und Medizin in Krakau, Bologna, Padua und

Ferrara. Seine materielle Existenz sicherte eine Domherrnpfründe in Frauen-burg (ab 1497). Zur Beschäftigung mit Astronomie gelangte er durch ein Gutachten über die Kalenderreform, einen Auftrag von Papst Leo X. Seine Erkenntnisse publizierte er in der kleinen Schrift von 1514 *Über eine Theorie, dass die Erde sich bewegt, die Sonne aber ruhend ist.* Sein Hauptwerk *De revolutionibus orbium coelestium libri VI* („Sechs Bücher über die Umläufe der Himmelskörper") ist erst in seinem Todesjahr erschienen – nicht aus Furcht (er lebte noch in einer anderen Zeit als Giordano Bruno und Galilei), sondern weil er seine Beobach-tungen vervollkommnen wollte.

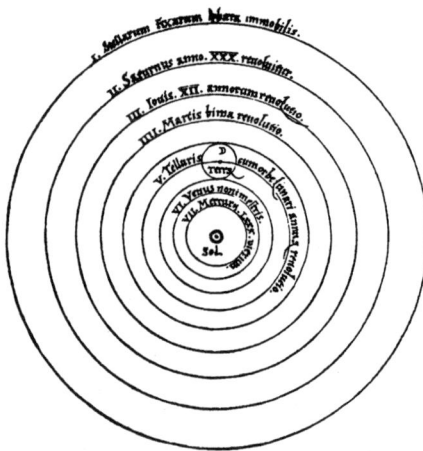

Das Weltsystem des Kopernikus

Kopernikus bezog Anregungen von antiken Gelehrten – Pythagoras wird das erste heliozentrische Mo-dell zugeschrieben. Entscheidend waren aber für ihn die eigenen Be-obachtungen. Die Bewegungen der Himmelskörper, so seine eigentlich recht einfache, aber gegen tausend-jährige Tradition gerichtete Feststel-lung, lassen sich viel leichter verste-hen, wenn man davon ausgeht, dass die Erde und die anderen Planeten sich um die Sonne drehen. Der um-gekehrte Eindruck kommt daher, so seine Schlussfolgerung, dass sich die Erde außerdem um die eigene Achse dreht. Kopernikus hat Kreisbahnen der Erde und der anderen Planeten angenommen. Das war nicht wissenschaft-lich begründet, sondern traditionelle Vorstellung von einer Harmonie der Schöpfung, die in Kreis und Kugel ihren vollkommensten Ausdruck findet. Für das *primum mobile* des Ptolemäus hatte er noch keinen Ersatz anzubieten.

Johannes Kepler (1571–1630), württembergischer Astronom, legte Anfang des 17. Jhs. umfangreiche Beobachtungen vor, die beweisen, dass sich die Planeten nicht in Kreis-, sondern in elliptischen Bahnen um die Sonne als Brennpunkt bewegen. Er bewies, dass ein Planet in Sonnennähe die größte Geschwindigkeit hat und langsamer wird, je weiter er sich entfernt. Bei Kepler verliert die Erde ihren einzigartigen Charakter, den sie im Kopernikus-Modell noch hatte.

Kepler verfügte wie *Galileo Galilei* (1564–1642) über das Fernrohr, das präzisere Beobachtungen erlaubte. Galilei entwickelte eines; ob er Kenntnis von der etwa gleichzeitigen Erfindung holländischer Brillenmacher hatte, ist nicht sicher. Galilei entdeckte Landschaften von Kratern, Gebirgen und Tälern auf dem Mond sowie vier Jupitermonde, also verlor auch in dieser Hinsicht die Erde ihre Einzigartigkeit. Galilei ist der Begründer der mathematischen Naturwis-senschaft, die Erscheinungen durch allgemeine Naturgesetze erklärt. Durch

Experimente zu Fall- und Wurfbewegungen wurde er zum Begründer der Bewegungslehre (Kinematik).

Auf Galileis Erkenntnis, dass Körper Kräfte aufeinander ausüben, konnte *Isaak Newton* (1642–1727) aufbauen. In seinem Werk *Philosophiae naturalis principia mathematica* (Die mathematischen Grundlagen der Naturwissenschaft) entwickelte er die Gravitationsgesetze. Er betonte die universelle Gültigkeit der Naturgesetze: Was Galilei auf der Erde beobachtet hatte, die Bewegung eines Wurfgeschosses beispielsweise, musste auch im Kosmos gelten. Er gelangte nun über die bloße Beschreibung des Sonnensystems hinaus und konnte die Bewegung der Planeten naturgesetzlich erklären: Die Planeten werden durch die Anziehungskraft (Gravitation) der Sonne in ihrer Bahn gehalten. Kepler hatte lediglich vermuten können, dass es eine Kraft geben muss, die dieses bewirkt. Die Anziehungskraft hängt ab von der Größe der Körper; sie verringert sich mit dem wachsenden Abstand zwischen den Gegenständen. Newton konnte so erklären, weshalb die Planeten in Sonnennähe beschleunigt werden. Erklärungsbedürftig war, weshalb die Planeten nicht auf die Sonne oder die Monde auf die Planeten stürzten. Newton zog zur Erklärung das Trägheitsgesetz Galileis heran. Es besagt nach Newton, dass jeder Körper im Zustand der Ruhe oder der gleichförmigen, geradlinigen Bewegung verharrt, solange nicht von außen Kräfte auf ihn einwirken. Bei der Entstehung des Sonnensystems gab es eine geradlinige, durch Explosion freigesetzte Bewegung der Körper von der Sonne weg. Die Gravitation der Sonne lenkt die Körper auf eine ellipsenförmige Bahn um. Kepler hatte einen Zusammenhang zwischen Steigen und Sinken der Meeresoberfläche und dem Mond vermutet; nun waren Ebbe und Flut aus der Anziehungskraft des Mondes erklärbar. Newton hatte damit dem heliozentrischen Weltbild die wissenschaftliche Erklärung gegeben.

Großen persönlichen Anteil am Zustandekommen von Newtons Hauptwerk hatte ein junger englischer Astronom namens *Edmond Halley* (1656–1742); ohne dessen Einfluss hätte sich der große Gelehrte wohl kaum dazu durchgerungen, seine Erkenntnisse systematisch darzulegen. Halley selbst lieferte ein anschauliches Beispiel für die Anwendung der Gravitationsgesetze Newtons (vergleiche Seite 288). Die Anziehungskraft der Sonne verhindert, dass der Komet einfach in den Weltraum verschwindet. Er muss sich vielmehr auf einer großen elliptischen Bahn um die Sonne bewegen. Seine Berechnungen ergaben ein Wiedererscheinen des Kometen im Abstand von 75–76 Jahren.

Die Verfeinerung astronomischer Instrumente und physikalischer Methoden förderte die Erforschung des Weltraums. Im späten 18. Jh. wurden das Spiegelteleskop entwickelt und in der Folge weitere Planeten entdeckt (Uranus 1781, die erste Erweiterung des Sonnensystems seit der Antike, Neptun 1846, Pluto 1930). Im späten 18. Jh. öffnete sich auch der Blick in die Unendlichkeit des Alls. Es wurde erkannt, dass die Milchstraße aus unzähligen Sonnen besteht; unser Sonnensystem verliert damit seine Einzigartigkeit. Das Abenteuer Astro-

Astronomische Beobachtungen mit Fernrohr, Himmelsglobus und Quadrant

nomie ist noch längst nicht beendet. Es findet seine Fortsetzung in Raumfahrt, Satellitentechnik und in hochkomplexen Theorien von Urknall, Antimaterie und dem Auseinanderstreben und möglichen Zusammenfall des Alls.

Der Galilei-Prozess oder die Rettung des Himmels

Zweimal geriet Galileo Galilei in Konflikt mit der heiligen Inquisition. 1615/16 fand ein erster Prozess statt. Ihm wurde auferlegt die kopernikanische Lehre aufzugeben. Trotzdem unternahm er, wenn auch vorsichtig, den Versuch in einem „Dialog" über geo- und heliozentrisches Weltbild dem Kopernikus Recht zu geben. Bei dem Kampf um die Druckerlaubnis geriet er erneut in die Fänge der Inquisition. Um der Folter und letztlich dem Scheiterhaufen zu entgehen schwor er 1633 seinem „schweren Irrtum" ab. Der „Dialog" kam, wie die Schriften des Kopernikus, auf den Index der verbotenen Bücher – bis 1835. Galilei erhielt Hausarrest in einem Landhaus nahe Florenz, hier starb er am 8. Januar 1642. Er hat aber dafür gesorgt, dass der „Dialog" ins Ausland gelangte und in den Niederlanden gedruckt wurde. Abgesichert war er durch den Hinweis, dass dies gegen den Willen des Autors geschehe. „Und sie bewegt sich doch …", der Wahrheit, nicht der Unterdrückung gehörte die Zukunft.

Auf kirchlicher Seite war es zunächst ein Machtkampf zwischen der römischen Inquisition und den kirchlichen Stellen in Florenz, die 1632 die Druckerlaubnis erteilt hatten. Es ging darüber hinaus um die grundsätzliche Frage, ob von einer säkularen Wissenschaft das Wahrheitsmonopol der Kirche angetastet werden dürfe, und zwar im Hinblick darauf, dass die katholische Hierarchie durch Reformation und Religionskriege ohnehin zutiefst erschüttert war. Fundamentalisten (für die nicht ist, was nicht sein darf) verwiesen auf Widersprüche zum Wortlaut der Schrift. Mehr noch: Für eine naive Glaubensauffassung war der Himmel „leer" geworden. Wo blieb da die Autorität der Kirche? Die Auseinandersetzung mit dem modernen Weltbild führte in der sakralen Kunst zu dem Versuch den Himmel sinnlich erahnen zu lassen – in den barocken Kirchen.

Literatur: E. BEUMELBURG, Der Wandel des Menschenbildes vom Mittelalter zur Neuzeit, München 1985; S. u. W. JACOBEIT, Illustrierte Alltagsgeschichte des deutschen Volkes 1550–1810, Köln 1988; J. TEICHMANN, Wandel des Weltbildes. Astronomie, Physik und Meßtechnik in der Kulturgeschichte, Reinbek 1989.

S. M.

Von Säften und Digestionen – die Anfänge der Medizin

Erkrankungen des Menschen sind so alt wie der Mensch selbst. Am Anfang der „Therapie" standen vermutlich instinktive Heilungsversuche, ähnlich denen des Tieres, das seine Wunden leckt. Weil der Mensch in jeder Hinsicht den Gewalten der Natur unterworfen war, dürfte er schon bald auch seine Krankheiten auf deren Einfluss zurückgeführt haben. Als älteste Theorie für die Entstehung von Krankheiten gilt die Fremdkörpertheorie: Etwas von außen Kommendes – Stich, Biss, Verletzung – verursachte die Krankheit. Fehlten solche äußeren Male, lag es nahe, die Ursachen in den als Dämonen personifizierten Naturkräften zu suchen. Amulette, Rituale und Beschwörungen sind deshalb die ältesten vorbeugenden oder therapeutischen Maßnahmen: Sie sollten die Dämonen bannen. Medizin und Religion sind dabei eng verbunden, und wer solche Heilmaßnahmen beherrscht, hat als Priesterarzt oder „Medizinmann" einen besonders hohen sozialen Rang. Diese Form der Medizin findet sich in allen „primitiven" Gesellschaften: in der Steinzeit ebenso wie bei den Indianern Nordamerikas und in der Zeit der Völkerwanderung.

Freilich schließen Beschwörung und Amulett die empirische Medizin, die durch Erfahrung erlernte Heilmethode, nicht aus. Schmerzlindernde pflanzliche Drogen, wundheilende Kräuter, entzündungshemmende Pflanzensäfte gab es bald auch in der primitiven Medizin. In der „Chirurgie" sind der Kaiserschnitt (der allerdings den Tod der Mutter zur Folge hatte) und das Öffnen von eitrigen Abszessen sehr früh bekannt, ebenso die Beschneidung und die bis heute rätselhafte Trepanation, die Öffnung des Schädels, die vielleicht böse Geister aus dem Kopf entweichen lassen sollte.

Eine ähnliche Verflechtung von Magie und Medizin wie in den primitiven Gesellschaften gab es auch in den frühen Hochkulturen. Die Tontafelbibliothek des Königs Assurbanipal (7. vorchristliches Jh.) aus Ninive etwa vereint Beschwörungsformeln und Heilmittelzubereitungen in derselben medizinischen Lehrschrift.

Neben medizinischer Behandlung gab es die Diagnose durch Traumdeutung, die Befragung von Opfertierorganen und die Einbeziehung der Sternenkonstellation zur Feststellung günstiger Therapietage. In Ägypten scheint sich dann der Beruf des Arztes von dem des Priesters gelöst zu haben; schon im Alten Reich, zweieinhalb Jahrtausende vor der Zeitenwende, gab es Zahnärzte und

besonderen Rang nahm der „Hüter des königlichen Afters" ein – ein hochspe-
zialisierter „Facharzt" vor 4500 Jahren. Im Neuen Reich gab es nach dem
Zeugnis Herodots (5. Jh.) eine regelrechte Ärzteflut: „Jede Krankheit hat ihren
eigenen Arzt, ... daher ist alles voller Ärzte ..., einige sind für die Augen, andere
für den Kopf, andere für die Zähne, für den Bauch, für innerliche Krankheiten
..., kein Arzt kümmert sich um eine Krankheit, für die er nicht zuständig ist."

Die wissenschaftliche Medizin nahm ihren Anfang, als der Mensch nicht mehr
ausschließlich als Spielball von Natur-(dämonischen) Kräften angesehen wurde,
als eine Ethik ihm Verantwortung für sich und andere zuwies, als die Philosophie
nach den Zusammenhängen von Seele und Körper fragte: Der Mensch hatte
demnach einen gewissen Einfluss auf sein körperliches und seelisches Wohlbe-
finden, die in einer Wechselwirkung miteinander verknüpft sind – Gesundheit
bekam einen neuen Stellenwert. Schon bei Pythagoras und seinen Schülern (6.
Jh. v. Chr.) wurde deshalb eine Art körperlicher und seelischer Diätetik als
Voraussetzung für Gesundheit propagiert.

Angesichts solcher Einsichten wuchs natürlich das Bedürfnis neben den Gegebenheiten der Erde und des Kosmos auch die Beschaffenheit des Menschen,
seine „chemische" Zusammensetzung kennen zu lernen. Der Arzt *Alkmaion,*
der um die Wende vom 6. auf das 5. Jh. lebte, stellte bereits fest, dass das Gehirn
bei allen Lebewesen das Zentrum der Sinneswahrnehmung, dass es beim
Menschen, der sich dadurch vom Tier unterscheide, auch das Zentrum des
Denkens sei. Er erkannte, dass die Voraussetzung für die Gesundheit des Menschen die ausgewogene Mischung seiner Einzelbestandteile sei, dass er sich also
in einem Zustand der Harmonie befinden müsse.

Die Frage nach der Beschaffenheit der Materie und damit auch der Bestandteile
des Menschen beantwortete der berühmte *Heraklit von Ephesus* (550–480
v. Chr.) so: Der Urstoff allen Seins sei die reine Energie, wie sie im Feuer zutage
trete. Diese Theorie reichte natürlich nicht aus um alle auftretenden Fragen zu
beantworten: Wie konnten aus Feuer feste Dinge entstehen? Wie konnte das
Feuer das Wasser hervorbringen usw. Der Arzt und Philosoph *Empedokles* (ca.
490–430 v. Chr.) erweiterte deshalb das Modell Heraklits: Der ganze Kosmos,
schloss er, besteht aus Erde, Feuer, Luft und Wasser. Diese vier Materien sind die
Elemente, die Grundbausteine allen Seins; letztlich steuern sie auch die Beschaffenheit und die Empfindungen des Menschen.

Immer mehr rückten bei solchen Überlegungen der Mensch und seine körperliche, geistige und seelische Befindlichkeit in den Mittelpunkt des Denkens.
Damit wurde auch die Medizin zu einer Wissenschaft.

Auf der Insel Kos vor der kleinasiatischen Küste entwickelte sich im 5. Jh. v. Chr.
ein berühmtes Zentrum der Heilkunst, das *Asklepieion von Kos*. Noch immer
hatte Medizin etwas mit Religion zu tun: Die Anlage ist ein Tempelheiligtum
des Heilgottes Asklepios, zu dem die Menschen pilgerten um Opfer darzu-
bringen, im Tempelschlaf Linderung zu erfahren oder, nach erfolgter Heilung,

Votivgaben zu stiften. Aber darüber hinaus gab es auch eine Schule für den ärztlichen Nachwuchs und ein Sanatorium im Asklepieion, in dem sich die Patienten einer umfassenden ganzheitlichen Therapie unterziehen konnten, die aus Gebet, Schlaf, Bad, Massage und Diät bestand: Der Kranke sollte so ganz aus seinem sonstigen Lebenskreis herausgelöst werden, durch die äußere seine innere Harmonie wiedererlangen, also geheilt werden.

Der Mann, der dieser Anlage, ob er sie nun selbst begründete oder ob sie erst nach seinem Tod auf der Basis seines Ruhms entstand, Weltruf verschaffte, war der berühmteste Arzt aller Zeiten: *Hippokrates* von Kos (460−um 375 v. Chr.). 130 Schriften zur Medizin sind unter seinem Namen überliefert; die Hälfte davon ist nachweislich in späterer Zeit entstanden. Die restlichen stammen vermutlich von ihm selbst oder anderen Ärzten des Asklepieions auf Kos; dieses *Corpus Hippokraticum* bildete seit dem 4. Jh. v. Chr. für lange Zeit eine Handbibliothek von unbedingter Autorität und gab auch die Grundlage für die medizinische Terminologie. Sie enthält Arbeiten über Physiologie und Konstitutionslehre, Krankheitslehre, Chirurgie, Gynäkologie, Arzneimittelkunde, Diagnose und Therapie. Die darin enthaltenen anatomischen Kenntnisse stützen sich auf Tiersektion und Beobachtung lebender Menschen (die Sektion von menschlichen Leichen war in der ganzen Antike und darüber hinaus verpönt − folgenschwere Irrtümer und Defizite haben sich deshalb bis weit in die Neuzeit gehalten).

Dass aber heute jeder Hippokrates als den Arzt schlechthin kennt, liegt daran, dass in der Ärzteschule von Kos erstmals ein Ethikkanon des ärztlichen Standes formuliert wurde: der *hippokratische Eid*. Er enthielt ursprünglich die Forderungen, dass der Arzt einen einwandfreien Lebens- und Berufswandel pflegen müsse, dass er Verordnungen nur zum Nutzen des Kranken vornehmen dürfe, ferner die Verbote von chirurgischer Tätigkeit, Abtreibung, aktiver Sterbehilfe und sexuellem Missbrauch der Patienten sowie das Gebot der Schweigepflicht.

Ein System, das die physische und seelische Konstitution des Menschen, den Erkrankungs- und Genesungsprozess hinreichend erklären konnte, schuf *Polybos,* Schüler und Schwiegersohn des Hippokrates. Aufbauend auf der Elementenlehre des Empedokles entwickelte er die Humorallehre. Jedem Element wird dabei ein Saft (*humor*) zugeordnet, der aus ihm hervorgeht: dem Feuer die *cholé* (*cholera*, gelbe Galle), dem Wasser das *phlegma* (Schleim), der Erde die *melancholé* (*melancholia*, schwarze Galle), der Luft das *háima* (*sanguis*, Blut). Aus diesen Humores besteht alle lebende Materie, auch der Mensch. Sind nun diese Säfte in einem Menschen in einem seiner Konstitution angemessenen Verhältnis vorhanden und richtig gemischt − Zustand der *eukrasie* − ist er gesund, sind sie es nicht − *dyskrasie* − ist er krank. Der Körper reagiert darauf mit Abwehrmaßnahmen: Er stellt durch Kochung (*pepsis*), die sich in Fieber und Entzündung äußert, die richtige Mischung wieder her. Schafft er das nicht, muss der Arzt helfend eingreifen, wie z. B. mittels einer der über 200 damals schon bekannten

Übersicht über die
Humoralpathologie

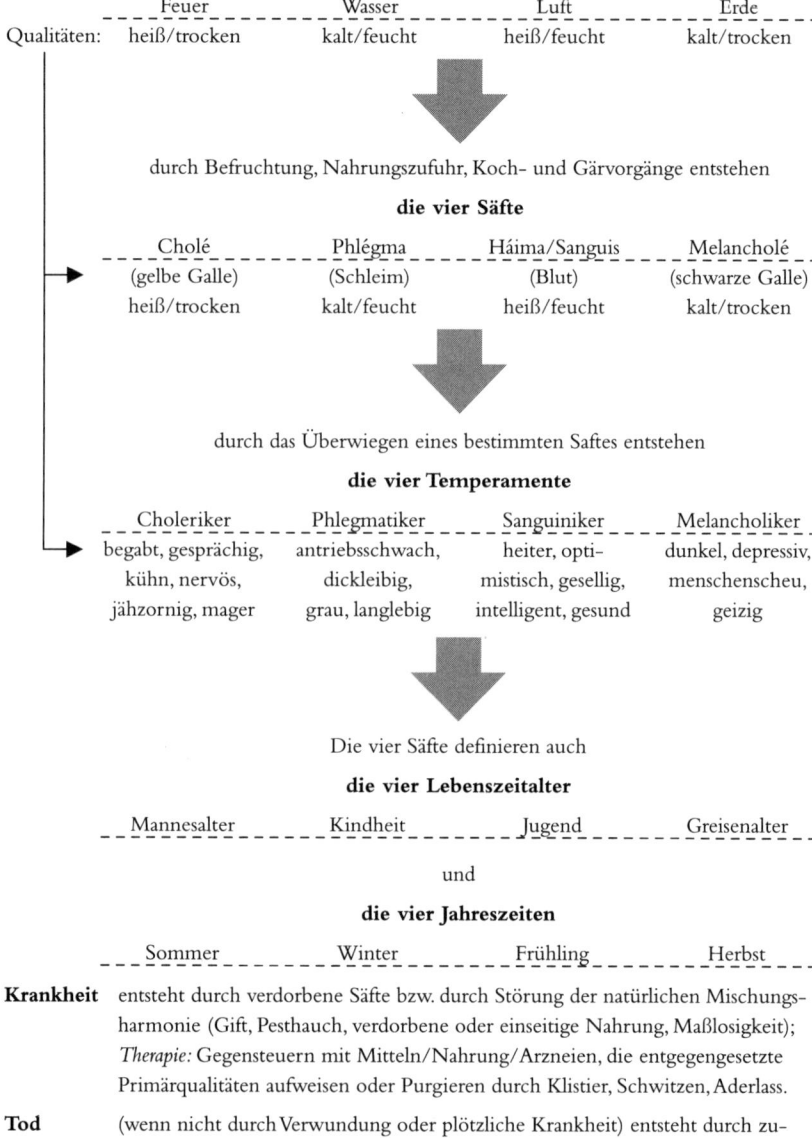

Die vier Elemente

Feuer	Wasser	Luft	Erde
Qualitäten: heiß/trocken	kalt/feucht	heiß/feucht	kalt/trocken

durch Befruchtung, Nahrungszufuhr, Koch- und Gärvorgänge entstehen

die vier Säfte

Cholé	Phlégma	Háima/Sanguis	Melancholé
(gelbe Galle)	(Schleim)	(Blut)	(schwarze Galle)
heiß/trocken	kalt/feucht	heiß/feucht	kalt/trocken

durch das Überwiegen eines bestimmten Saftes entstehen

die vier Temperamente

Choleriker	Phlegmatiker	Sanguiniker	Melancholiker
begabt, gesprächig,	antriebsschwach,	heiter, opti-	dunkel, depressiv,
kühn, nervös,	dickleibig,	mistisch, gesellig,	menschenscheu,
jähzornig, mager	grau, langlebig	intelligent, gesund	geizig

Die vier Säfte definieren auch

die vier Lebenszeitalter

Mannesalter	Kindheit	Jugend	Greisenalter

und

die vier Jahreszeiten

Sommer	Winter	Frühling	Herbst

Krankheit entsteht durch verdorbene Säfte bzw. durch Störung der natürlichen Mischungs-
harmonie (Gift, Pesthauch, verdorbene oder einseitige Nahrung, Maßlosigkeit);
Therapie: Gegensteuern mit Mitteln/Nahrung/Arzneien, die entgegengesetzte
Primärqualitäten aufweisen oder Purgieren durch Klistier, Schwitzen, Aderlass.

Tod (wenn nicht durch Verwundung oder plötzliche Krankheit) entsteht durch zu-
nehmende Austrocknung und Abkühlung im Alter → der Mensch wird zu Erde.

Heilpflanzen, die als Aufgüsse, Mixturen, Säfte, Pastillen, Zäpfchen, Salben, Räucherungen usw. verabreicht wurden.

Diese Humoralpathologie blieb die bestimmende medizinische Theorie bis in die Neuzeit hinein; sie wurde in der nachhippokratischen Zeit laufend erweitert und verfeinert: *Aristoteles* etwa erklärte die Entstehung des Lebens durch Mischung der Grundstoffe aus den vier Elementen über die *humores* während der Schwangerschaft; einfache Mischungen sind z. B. Knochen und Fleisch, komplizierte sind Gewebe und Organe.

So konnten die Römer von den Griechen auch hinsichtlich ihrer hochent-wickelten Medizin profitieren – die führenden Ärzte Roms waren Griechen: der Militärarzt *Dioskurides* (1. nachchristliches Jh.) z. B., der das auf Feldzügen erworbene Wissen über Arzneimittel in einem fünfbändigen Lehrbuch nieder-legte, einem Standardwerk der Pharmakologie bis ins 16. Jh., und vor allem *Galenos von Pergamon* (129–199 n. Chr.), der das medizinische Wissen seiner Zeit zu einem umfangreichen Korpus zusammenfügte. Er erweiterte die Hu-moralpathologie um die Temperamentenlehre, der zufolge in jedem Menschen ein Saft überwiegt, der seinen Charakter, aber auch seine Anfälligkeit für bestimmte Krankheiten regelt. Die daraus entstandene Einteilung der Menschen in vier Grundtypen (*Sanguiniker, Choleriker, Melancholiker, Phlegmatiker*) ist noch heute gebräuchlich. Eine lückenlose Erklärung des Stoffwechselprozesses liefer-te Galens Lehre von der Bewegung des Blutes: Im Magen- und Darmbereich bildet sich aus der Nahrung durch einen Verdauungsvorgang (*digestio I*) der *chylus*; was dabei zurückbleibt, verlässt den Körper als Stuhlgang. Durch die Pfortader gelangt der *chylus* in die Leber, wo ein weiterer Verdauungsvorgang stattfindet (*digestio II*), bei dem aus den vier Säften die Blutflüssigkeit (die also nur zum Teil aus dem *humor* Blut besteht) gebildet wird. Der dabei anfallende Harn wird über die Nieren ausgeschieden. Von der Leber aus fließt diese Flüssigkeit über die Gefäße größtenteils zum Herzen, wo sie gereinigt und mit *pneuma*, der Atemluft aus den Lungen, angereichert wird. In den einzelnen Körperregionen, in die sie anschließend fließt, löst sie sich in einem letzten Verdauungsprozess (*digestio III*) auf, ernährt die Gewebe und führt ihnen Wärme zu; als Abfallprodukt entsteht der Schweiß.

Das komplexe System der Humoralpathologie bot Antwort auf alle medizini-schen Fragen; es erklärte die Entstehung von Krankheiten und bot genügend Ansätze zur Therapie. Es grundsätzlich in Frage zu stellen fiel bis zum Ende des 18. Jhs. kaum jemandem ein.

Mit der Antike endete auch die erste Blüte der Medizin. Im mittelalterlichen Europa ging das medizinische Wissen für Jahrhunderte verloren, von den Byzantinern, den Arabern und Juden des Nahen Ostens wurde es weitertradiert und fortentwickelt. So gelangte es schließlich auch nach Salerno in Süditalien, wo sich im 11. Jh. das Zentrum hochmittelalterlich-abendländischer Heilkunst etablierte. Von dort aus fand es dann den Weg über die Alpen nach Deutschland.

Literatur: Hervorragend bebildert und anschaulich geschrieben ist H. GOERKE, Arzt und Heilkunde, 3 000 Jahre Medizin. Vom Asklepiospriester zum Klinikarzt, München 1987; in seiner Verkürzung manchmal unbefriedigend, aber verständlich und originell gegliedert informiert H. SCHIPPERGES, Medizin in Schlaglichtern, Mannheim 1990; umfassende Materialien in Wort und Bild bietet (wenn auch sehr unhandlich und unübersichtlich) Die Kunst des Heilens. Aus der Geschichte der Medizin und der Pharmazie, Katalog zur Niederösterreichischen Landesausstellung Karthause Gaming 1991, Wien 1991.

Von alten und neuen Elementen – Wasser wird als Oxid entlarvt

Kaum jemand, der von der „Gewalt der Elemente" redet, ist sich darüber im Klaren, dass er dabei auf Vorstellungen zurückgreift, die vor mehr als zweieinhalbtausend Jahren von griechischen Naturphilosophen formuliert wurden: die Lehre von den vier Elementen (von lateinisch *elementum,* griechisch *stoicheîon*) Feuer, Erde, Wasser und Luft. Von Aristoteles weiterentwickelt, war sie bis ca. 1780 „die herrschende Lehre".

Die Elementenlehre entstand während der „ionischen Aufklärung" im 6. Jh. v. Chr. in Kleinasien. Die damalige Philosophie beschäftigte sich intensiv mit der Frage nach der Entstehung der Welt(en), dem Aufbau und der Zusammensetzung der Stoffe und den Gründen für ihr Werden und Vergehen. Revolutionär war, dass sie die Götter als Schöpfer der Welt und Urheber aller Abläufe ausschloss und stattdessen nach rationalen, aus Naturgesetzen ableitbaren und dem menschlichen Verstand zugänglichen Deutungsmodellen suchte.

Die Ionier gelten damit als Begründer der Philosophie und Naturwissenschaft überhaupt, und die von ihnen entwickelten Gedanken und Theorien haben sich als so bahnbrechend und tragfähig erwiesen, dass sie bis in die heute betriebenen Naturwissenschaften fortwirken. J. Burnet schreibt: „… die Naturwissenschaft lässt sich zutreffend kennzeichnen als das Nachdenken über die Welt nach der Weise der Griechen. So hat es sie denn auch nur unter Völkern gegeben, die unter griechischen Einfluss gerieten."

Typisch für die Versuche der Ionier, den Aufbau der Welt zu erklären, ist ihr Bestreben, die Fülle aller Erscheinungen auf nur eine Grundsubstanz zurückzuführen. Dieser „Urgrund" aller Substanzen wurde zunächst *arché* genannt. Aristoteles prägte dafür den Begriff *próte hýle* (erste Materie). Beide Begriffe treten auch in der heutigen Chemie auf: Das Proton ist der „erste" Baustein der Atomkerne und die Endsilbe -yl ist Teil des Namens vieler Substanzen.

Bei der Suche nach dem Urgrund griffen die Ionier – Seefahrer und Händler – auch auf Vorstellungen vor allem östlicher Kulturen zurück. So unternahm der Philosoph *Thales von Milet* (ca. 624–546 v. Chr.) weite Reisen, unter anderem nach Mesopotamien und Ägypten, wo er sich mit Astronomie und Geometrie beschäftigte. Für ihn war der Ursprung aller Stoffe das *Wasser (hýdor).*

Das lag nahe, da die fundamentale Bedeutung des Wassers für das Leben und seine unterschiedlichen Aggregatzustände bekannt waren. Thales' Schüler *Anaximander* (ca. 611–546 v. Chr.) ging von einer rätselhaften Substanz als Ursprung aller Dinge aus, die er „das Unendliche" *(ápeiron)* nannte. Dieses sollte auch der Ursprung der Gegensatzpaare warm – kalt und fest – flüssig sein. Aus ihnen seien zunächst das Wasser, dann die Erde und die anderen Stoffe entstanden. Aus dem Wasser hätten sich die Lebewesen, der Mensch selbst aus Fischen entwickelt. Damit wurde das Naturgeschehen insgesamt gedeutet als eine Abfolge von Prozessen, die vom unvergänglichen *ápeiron* ausgingen und dort wieder endeten. Anaximander schrieb im Übrigen das erste wissenschaftliche Prosawerk (*Über die Natur*), er zeichnete als erster eine Landkarte und konstruierte den Himmelsglobus.

Für *Heraklit* (ca. 544–483 v. Chr.) aus Ephesus war die dauernde Veränderung das „Urprinzip", ihm wird der Satz zugeschrieben: „Alles fließt" (*pánta rheĩ*). Motor dieser Veränderung war das Feuer (*pỹr*); er sah das Naturgeschehen als ein ständiges, umkehrbares Wechselspiel sich widerstrebender Kräfte – damit war das Prinzip der Umkehrbarkeit erkannt worden!

Offenbar genügten jedoch die bisherigen Ansätze, jeweils einen Urgrund aller Dinge anzunehmen, nicht, um die Fülle der Erscheinungen und die ständigen Veränderungen in der Natur zu erklären, jedenfalls dann nicht, wenn man an der Unveränderlichkeit bestimmter Grundprinzipien festhalten wollte. Aus diesem Dilemma führten zwei Ansätze heraus: die *Lehre von den vier Elementen* und die von den *Atomen*.

Empedokles aus Akragas (ca. 490–430 v. Chr.) nahm nicht mehr einen der vorher postulierten Urbestandteile an, sondern hielt Feuer, Erde, Wasser und Luft für die unveränderlichen „Wurzeln" *(rhizómata)* aller Stoffe. Dabei meint er jedoch vor allem deren charakteristischen Eigenschaften, weniger die konkreten Substanzen. In den unterschiedlichsten Verhältnissen in den jeweiligen Substanzen vorliegend, bewirken sie deren Unterschiede. Die Veränderungen der Substanzen, d. h. die chemischen Reaktionen im heutigen Sinn, werden durch die Änderung der Mischungsverhältnisse hervorgerufen. Triebkraft für die vier „Wurzeln", sich zu mischen und auch zu trennen, waren *Liebe* und *Hass*. Diese Begriffe ziehen sich als Anziehungs- und Abstoßungskräfte wie ein roter Faden durch die spätere Chemie und werden dort zu einem zentralen Deutungsmuster („Verwandtschaftslehre", d. h. Lehre von der Reaktionsfähigkeit der Stoffe).

Leukipp (ca. 500 v. Chr.) und insbesondere sein Schüler *Demokrit* (ca. 460–370 v. Chr.) aus Abdera begründeten die *Atomistik* mit einem prinzipiell anderen Ansatz zur Erklärung der Welt: Demnach sind die Stoffe nicht bis in das Unendliche teilbar, sondern sie bestehen letzten Endes aus kleinsten, nicht mehr wahrnehmbaren Einheiten. Für diese wählten sie den Begriff *átomos,* unteilbar (lateinisch *individuum)*. Diese Atome unterscheiden sich voneinander in Gestalt und Größe. Zwischen ihnen ist leerer Raum, in dem sie sich bewegen, zusammenprallen, sich miteinander verknüpfen und auch wieder trennen. So gibt es unendlich viele Kombinationsmöglichkeiten, die zur Vielfalt aller Stoffe führen. Werden und Vergehen beruhen auf dem Wechselspiel dieser unzerstörbaren „átomoi". *Platon* (427–347 v. Chr.), der die Elementenlehre aufnahm, führte die Verschiedenheit der vier „Wurzeln" auf deren geometrische Figuren zurück.

Aristoteles (384–322 v. Chr.) suchte das Prinzip der Veränderungen zu erkennen und ging dabei von den vier fundamentalen Eigenschaften warm, trocken, kalt und feucht aus. Da dabei bestimmte Kombinationen (z. B. feucht und trocken) nicht auftraten, nahm er nur die vier Grundpaarungen an: warm – trocken, warm – feucht, kalt – feucht, kalt – trocken. Die erste Kombination entsprach dem Feuer, die zweite der Luft, die dritte dem Wasser und die vierte der Erde. Neben den vier Grundprinzipien sollte es noch ein fünftes Wesen, die *ousía* (das Seiende, das Wesen) geben, von Aristoteles auch *próte hýle* genannt. Später nannte man dieses Wesen auch *Äther*, im Mittelalter wurde daraus die *quinta essentia* (fünftes Wesen; Quintessenz).

Dieses Wesen sollte unvergänglich sein und alles Leben und alle Stoffe vor Vergängnis und Tod schützen. Man vermutete, dass es in ganz extremer Verdünnung in jedem Lebewesen, insbesondere den Pflanzen, enthalten sei, und suchte es daraus zu extrahieren, um es als Medizin einzusetzen – das ist der Grundgedanke der heutigen Pharmazie!

Die von Aristoteles vorgenommene Weiterentwicklung der Empedokles-Lehre war aus heutiger Sicht ein Rückschritt, da er den genialen Gedanken, alle Stoffe aus einer begrenzten Zahl von „Elementen" durch Variation der Mengenverhältnisse entstehen zu lassen, nicht weiterverfolgte. Gerade dieser Gedanke hat sich aber als zutreffend herausgestellt! Auch diejenige Theorie, die die Entwicklung der modernen Naturwissenschaft am stärksten geprägt hat, die Atomistik, wurde von Platon und Aristoteles abgelehnt: Zum einen sollte auch die Seele aus Atomen bestehen; das war naheliegend, denn alle antiken Worte für Seele oder Geist (griechisch *psýche, pneúma;* lateinisch *anima, spiritus)* bedeuten ursprünglich Luft, Wind oder Atem, also etwas Materielles. Das vertrug sich aber nicht mit der Seelenlehre Platons und der Vorstellung eines freien Willens. Zum anderen sind Atome nur denkbar, wenn der Raum außerhalb der Atome leer ist, also aus „nichts" besteht. Dieses „Nichts" war nach vorherrschender Lehre der damaligen Zeit nicht denkbar; so waren auch die Atome nicht möglich.

Die Lehre von den vier Elementen wurde als Grundlage der antiken Medizin von den Ärzten übernommen (vgl. S. 158). Wegen des Einflusses von Platon und Aristoteles auf die weitere Entwicklung der Philosophie und der Naturbetrachtung bestimmte diese Lehre über 2000 Jahre das Denken über die Natur.

Sie galt also auch noch im 17. Jh. Während in der Antike jedoch diese Theorie durch Nachdenken *(Spekulation)* entstanden war, gab es jetzt ein prinzipiell neues „Instrument" zur Überprüfung bzw. Weiterentwicklung: das *Experiment*. Zwar lagen schon in der Antike detaillierte Kenntnisse über chemische Prozesse vor, aber diese waren durch Probieren gefunden worden, um z. B. Herstellungs-verfahren für Metalllegierungen, Farben usw. zu optimieren. Experimente im Sinne der heutigen Grundlagenforschung, d. h. mit dem Ziel, Theorien zu entwickeln oder zu überprüfen und Erkenntnisse über den „inneren Bau" zu erhalten, wurden – zumindest im Bereich der Chemie – erst ab etwa dem 17. Jh. durchgeführt.

Eines der ersten und markantesten Experimente sollte die zentrale Rolle des Wassers und seine Verwandlung in die anderen Elemente beweisen. Es wurde um 1630 von dem niederländischen Arzt und Chemiker *Johann Baptist van Helmont* (1577–1644) durchgeführt und von ihm so beschrieben:

„Dass in der Tat alle Pflanzen *(vegetabilia)* unmittelbarerweise und ihrer Zusammen-setzung nach einzig aus dem Element des Wassers hervorgehen, lernte ich durch folgende Vorrichtung *(mechanica)*. Ich nahm nämlich ein irdenes Gefäß, in das tat ich 200 Pfund Erde, die im Backofen getrocknet worden waren. Diese Erde feuchtete ich mit Regenwasser an, dann pflanzte ich in sie den Stamm einer Weide *(salix)*, der fünf Pfund wog. Nach fünf Jahren war dort ein Baum emporgewachsen, der 169 Pfund und etwa drei Unzen wog. Das Tongefäß war immer – sobald es nötig war – nass, entweder nur durch Regenwasser oder durch destilliertes Wasser. ... Zum Schluss trocknete ich die Erde im Gefäß noch einmal und dabei wurden genau die 200 Pfund – minus etwa zwei Unzen – wieder aufgefunden. Damit waren also 164 Pfund Holz, Baumrinde und Wurzeln lediglich aus dem Wasser entstanden." (Übersetzung vom Verfasser)

Im weiteren Verlauf des Versuchs verbrannte er die Weide und erhielt dabei ein Gas („Luft") und Asche („Erde"). Damit war nach damaliger Denkungsweise die Verwandlung des „Elements" Wasser in die „Erdgewächse" und dann – mit Hilfe des Feuers – in die „Elemente" Luft und Erde erfolgt.

Aus heutiger Sicht läuft bei dem Versuch im Wesentlichen folgende Reaktion ab (Fotosynthese):

$$6\ CO_2 + 6\ H_2O \rightarrow C_6H_{12}O_6 + 6\ O_2$$

Wasser spielt dabei also schon eine entscheidende Rolle, es wird aber nur mit Hilfe des Kohlendioxids in die „Pflanzensubstanz" umgewandelt. Dass man die Funktion des Kohlendioxids damals nicht erkennen konnte, hatte einen einfa-chen Grund: Man war weder theoretisch noch experimentell in der Lage, mit Gasen umzugehen – obwohl gerade van Helmont derjenige war, der als erster feststellte, dass „Luft" nicht gleich „Luft" ist, dass es also unterschiedliche Gasarten gibt. Er erkannte auch, dass der Mensch selbst Produzent zweier verschiedener Gasarten ist, nämlich des Kohlendioxids und des Methans: „Der Rülps bzw. der aus der Speiseröhre kommende Hauch und derjenige aus dem Magen löschen beide die Flamme einer Kerze aus. Der kotige Hauch jedoch, der in den untersten Därmen entsteht und durch den After entweicht, entzündet sich, wenn er durch die Flamme einer Kerze hindurchfliegt, und erzeugt dann eine verschiedenfarbige Flamme nach Art eines Regenbogens."

Der Begriff „Gas" verschwand übrigens dann für ca. 150 Jahre und wurde durch den Begriff „Luft" bzw. „künstliche Luft" ersetzt. Er wird erst seit ca. 1780 benutzt: Man hatte nämlich in der Zwischenzeit gelernt, Gase „in Gefäße einzuschließen", d. h. mit ihnen zu hantieren (pneumatische Wanne). Etwa zu dieser Zeit erkannte man auch, dass die Pflanzen bei ihrem Wachstum nicht nur Wasser aufnehmen, sondern auch Gase austauschen. Damit brach eine entscheidende Säule der Vier-Elemente-Lehre weg.

Etwa zur gleichen Zeit musste auch ein anderer Versuch, der lange als Beweis dieser Lehre gegolten hatte, anders gedeutet werden: Man kochte in einem Glaskolben Wasser und sorgte dafür, dass der Wasserdampf immer wieder kondensierte und in das ursprüngliche Wasser zurückfloss („geschlossenes System"). Führte man diesen Versuch mehrere Wochen lang durch, dann schied sich im Wasser Sand ab: Damit fand offensichtlich eine Umwandlung des Wassers in Erde statt! Die dabei tatsächlich ablaufenden Vorgänge wurden unabhängig voneinander von dem deutschen Chemiker *Carl Wilhelm Scheele* (1742–1786) und dem französischen Chemiker *Antoine Laurent de Lavoisier* (1743–1794, hingerichtet in der Französischen Revolution) aufgeklärt: Scheele analysierte um 1773 das Glas und den Sand und stellte fest, dass beide aus denselben Stoffen bestanden. Lavoisier wog um 1770 Glasgefäß und Wasser vor und nach dem Versuch sowie den dabei entstehenden Sand. Er stellte fest, dass lediglich das Glas, nicht aber das Wasser leichter geworden war, und zwar genau um so viel, wie die Masse des Sandes betrug.

Damit war der Gedanke von der Umwandlung des Wassers in die anderen „Elemente" experimentell widerlegt und Lavoisier versuchte, das Wasser in noch einfachere Bestandteile zu zerlegen. Dazu entwickelte er 1783 einen bemerkenswerten Versuch:

Wasserzerlegung um 1783

Herzstück der Apparatur ist ein Flintenlauf aus Eisen, der in einen Ofen eingemauert ist. Dieser Lauf wird zum Glühen gebracht, dann wird Wasser (in der Retorte rechts) gekocht und als Dampf durch den Flintenlauf geleitet. Nach Ende des Versuchs ist der Flintenlauf schwerer geworden und in seinem Inneren hat sich ein schwarzes, unmagnetisches Pulver gebildet (heutiger Name: Eisenoxid). Dieses Pulver erhielt man auch, wenn man Eisen in der 1772 gefundenen „Feuerluft" (Sauerstoff) verbrannte. In der pneumatischen Wanne (ganz links) wurde ein farbloses, leicht entzündliches Gas aufgefangen, die „brennbare Luft" (Wasserstoff; seit 1766 bekannt). Lavoisier ersetzte dann den Flintenlauf durch ein Glasrohr, in das er Eisen legte, und machte dieselben Beobachtungen. Er deutete sie zutreffend: Wasser wurde durch glühendes Eisen in zwei einfachere Stoffe zerlegt: einer ließ sich dabei in „Reinkultur" auffangen, der andere reagierte mit dem Eisen weiter. Wasser selbst konnte also kein Element sein. Um die Beweiskette zu schließen musste man nur noch zeigen, dass man aus den beiden „neuen" Elementen·„brennbare Luft" und „Feuerluft" (also Wasserstoff und Sauerstoff) Wasser herstellen kann: Auch dieses gelang: Ein Gemisch beider Gase explodierte bei Zündung; dabei entstand reinstes Wasser. Auf Grund dieses Versuches gab Lavoisier der brennbaren Luft den Namen Hydrogenium (*hýdor,* Wasser, *gennãn,* erzeugen; also: „wassererzeugender Stoff", verkürzt zu Wasserstoff).

Damit war die Vier-Elemente-Lehre eindeutig und durch voneinander unabhängige Experimente widerlegt. Lavoisier trennte sich dann von „metaphysischen Untersuchungen (Spekulationen)" der Elemente und definierte diese klar aufgrund ihres chemischen, d. h. hier durch Experimente zu überprüfenden Verhaltens: „… so sind alle Substanzen, die wir noch durch keinen Weg haben zerlegen können, für uns Elemente." Diese Definition gilt heute noch und Lavoisier legte dann eine Liste mit 44 von ihm als Elemente deklarierten Stoffen vor. Heute sind etwa 110 Elemente bekannt, von denen aber nur 90 in der Natur vorkommen, die anderen werden in der Atomphysik hergestellt, sind radioaktiv und haben, je höher ihre Ordnungszahl ist, extrem kurze Lebensdauer.

Die entscheidende Erweiterung der neuen Elementlehre nahm 1803 der englische Physiker *John Dalton* (1766–1844) vor, der die neue Definition der Elemente mit der alten Spekulation von den Atomen verknüpfte: Demnach sollte jedes Element aus Atomen *einer* Sorte bestehen, die die *gleichen Eigenschaften,* insbesondere die *gleiche Masse,* haben sollten. Aus den gerade ermittelten prozentualen Zusammensetzungen der Stoffe und dem jeweils angenommenen atomaren Aufbau bestimmte er die Massenverhältnisse der verschiedenen Atomsorten. Wasserstoff war nun das Element mit der geringsten Dichte, seine Atome hatten demnach die geringste Masse, von ihm mit „1" festgelegt (heute: 1 u; von englisch *unit,* Einheit, von lat. *unus,* also „Einheit der Atommasse").

Viele dieser Atommassen hatten nun annähernd ganzzahlige Werte, waren also Vielfache der Masse des Wasserstoffatoms. Demnach könnten alle Atomsorten letzten Endes aus Wasserstoffatomen aufgebaut sein; dann wäre das Wasserstoffatom die seit der Antike gesuchte „Urmaterie", der Baustein aller anderen Stoffe, die *próte hýle!*

Diese 1815 von dem englischen Arzt *William Prout* (1786–1850) formulierte Hypothese war so faszinierend, dass man sie immer wieder während des gesamten 19. Jhs. experimentell überprüfte. Die Ergebnisse schienen aber gegen sie zu sprechen, denn alle Atommassen zeigten Abweichungen von der Ganzzahligkeit. Sie wurde dann jedoch im 20. Jh. rehabilitiert: Das Wasserstoffatom besteht aus einem *Proton,* das die Masse 1 u und eine positive Elementarladung hat und den Kern des Atoms ausmacht, und einem *Elektron,* das eine gleich große negative Ladung hat (seine Masse kann vernachlässigt werden: 0,00054 u) und die Hülle des Atoms bildet.

Die Atomsorten aller anderen Elemente bestehen nun ebenfalls aus Protonen; dabei haben die Atome *eines* Elements stets *dieselbe Zahl von Protonen,* sie ist demnach typisch für das jeweilige Element und wird als *Ordnungszahl* bezeichnet. Die Atomkerne enthalten jedoch noch eine zweite Art von „Bausteinen", die *Neutronen.* Diese haben (fast) dieselbe Masse wie die Protonen, jedoch keine Ladung. Da fast alle Elemente aus Atomgemischen mit jeweils gleicher Protonen-, aber unterschiedlicher Neutronenzahl bestehen, sind die Atommassen selbst als Mittelwerte keine ganzen Zahlen – deswegen waren die Versuche, durch Präzisionsmessungen der Atommassen die Prout-Hypothese zu bestätigen, zum Scheitern verurteilt, obwohl die Kernaussage der Hypothese zutreffend ist!

Die Wasserstoffatome (genauer gesagt die Protonen und Elektronen, aus denen sie bestehen) lassen sich also tatsächlich als die lange gesuchte Ursubstanz auffassen – aber nicht nur das: Sie bilden auch den Anfang aller Stoffe, und zwar im wörtlichen Sinn: Das gesamte Weltall bestand zuerst aus Wasserstoff. Aus diesem entstand durch „Verschmelzen" der Atomkerne (Fusion) zunächst das Helium mit der Ordnungszahl 2; daraus bildeten sich durch weitere Kernreaktionen alle anderen Atomsorten. Wasserstoff ist damit das bei weitem häufigste Element im Universum, gefolgt von Helium: 88,6% aller Atome (bzw. Atomkerne) des Weltalls sind Wasserstoffatome, 11,3% sind Heliumatome. Beide Atomsorten stellen also über 99,9% aller Atome des Universums. Auf der Erde selbst sieht die Verteilung anders aus: Der uns zugängliche Teil (Atmosphäre, Meere, Erdoberfläche bis 16 km Tiefe) besteht zur Hälfte seiner Masse aus nur einem Element, dem Sauerstoff, ein Viertel macht das Silizium aus, zusammen sind das 75,2%. Weitere elf Elemente machen zusammen 24,44% aus; damit werden 99,64% von nur 13 Elementen gebildet. Am Aufbau aller Lebewesen sind sogar noch weniger Elemente beteiligt: Kohlenstoff, Sauerstoff, Wasserstoff, Stickstoff und einige in Spuren vorhandene Elemente – und das, obwohl es gerade in diesem Bereich mehrere Millionen verschiedene Substanzen gibt.

Vergleicht man also die heutigen Kenntnisse über den Aufbau der stofflichen Welt mit den Vorstellungen der Vorsokratiker, so lassen sich frappierende Übereinstimmungen feststellen:

Die gesamte uns umgebende Welt besteht letzten Endes aus, nur wenigen Atomsorten, die unveränderlich sind (lässt man den radioaktiven Zerfall außer Acht). Sie können sich zu einer unvorstellbar großen Zahl verschiedenster Stoffe verbinden, wobei Bildung und Zerfall aufeinander folgen. Alle Atome bestehen dabei aus den gleichen „Grundsubstanzen" – allerdings: Am Anfang war der Wasserstoff, nicht das Wasser!

Literatur: E. SCHRÖDINGER, Die Natur und die Griechen, Wien 1955; W. CAPELLE, Die Vorsokratiker, Stuttgart 1939; Chemie für Gymnasien (Cornelsen), Ausgabe D 1, D 2, Berlin 1994 (auch andere Regionalausgaben).

H. S.

Außenseiter, Minderheiten, Randgruppen

Kampf den „Knechten des Satans" – die Jagd auf Schwärmer und Ketzer

In dem Maß, wie Macht und Einfluss des Papsttums vom 11. Jh. an zunahmen, wandte sich die Kirche immer mehr weltlichen Fragen zu. Von Gegnern dieser Entwicklung wurde Rom und der päpstlichen Verwaltung vorgeworfen, sie kümmere sich zu wenig um die Grundsätze des christlichen Glaubens. Bei Bischöfen, Priestern und Ordensleuten seien Amtsmissbrauch, Ämterkauf und Korruption an der Tagesordnung. Gegen diese Verweltlichung und Sittenlosigkeit vieler Geistlicher traten Kritiker auf, die von der Amtskirche abweichende Lehrmeinungen vertraten und eine radikale Umkehr forderten. Sie beriefen sich auf die Bibel, legten sie aber anders aus. Die so entstehenden antikirchlichen Bewegungen hatten zumeist auch einen sozialrevolutionären Charakter, wie z. B. im 11. Jh. die *Pataria* („Lumpengesindel") in Oberitalien. Weltliche Macht und Amtskirche sahen in den Ketzern gleichermaßen eine Gefahr und bekämpften sie daher häufig gemeinsam, wie z. B. bei den grausamen „Kreuzzügen" gegen die *Katharer* (griechisch die Reinen, „Ketzer") in Südfrankreich im 13. Jh.

Zu den bemerkenswertesten Gestalten unter den Kirchenkritikern des hohen Mittelalters gehörte der sozial engagierte Kleriker *Arnold von Brescia*. Er war ein Schüler des Philosophen Abälard, führte selbst ein vorbildliches, einfaches Leben und attackierte die Würdenträger der Kirche scharf. Seines Amtes enthoben, als Ketzer denunziert, war er zu ewigem Stillschweigen verurteilt. Auch Abälard stellte sich in der Auseinandersetzung auf die Seite der Kirche und versagte ihm zuletzt seine Unterstützung. Als Arnold sich der Kirchenbuße unterwerfen wollte und nach Rom zurückkehrte, brachen dort Unruhen aus. Spontan trat er an die Spitze einer republikanischen Bewegung, doch sie fiel unter dem Druck des Papstes bald zusammen und er musste fliehen. Kaiser Friedrich Barbarossa bot ihm Zuflucht, aber der Papst drängte auf die Auslieferung. Das Gesprächs, das der päpstliche Gesandte mit Barbarossa führte, ist nicht überliefert, aber das tragische Ende Arnolds lässt auf seinen Verlauf schließen:

Barbarossa: Bei aller Ehrerbietung vor dem Heiligen Vater und der Mutter Kirche kann ich nicht sehen, worin das Verbrechen dieses Mannes bestehen soll. Er ist gottesfürchtig und lebt nach der Heiligen Schrift. Wir kennen kaum einen Kleriker von solcher Aufrichtigkeit und Bescheidenheit.

Gesandter: Lasst Euch vom äußeren Anschein nicht täuschen, denn der Teufel vermag in vielerlei Gestalt unter den Menschen zu wandeln. Denkt an die Prophezeiung des Johannes, der uns weissagt: „Und wenn tausend Jahre vollendet sind, wird der Satan los werden aus seinem Gefängnis und wird ausgehen zu verführen die Heiden an den vier Enden der Erde." Ist es nicht so, dass die Schwarmgeister überall aufstehen und die Einheit der Christenheit untergraben, die Autorität der heiligen Kirche zerstören wollen? Der Höllenschlund soll nicht nur den Papst, sondern auch die christlichen Herrscher verschlingen.

B: Was Arnold von Brescia betrifft, kann ich keine Verfehlung feststellen. Er will die Reinheit des Glaubens und die Rettung der Kirche. In seinen Schriften lesen wir über verkommene Priester: „Bei Fress- und Saufgelagen sitzen sie den ganzen Tag zusammen mit dummen, sittenlosen Kumpanen, schwatzen albernes Zeug daher und treiben alle möglichen Abscheulichkeiten, die ich nicht nennen will. Sie scheren die Schafe des Herrn und kleiden sich in ihre Wolle, sie leben von ihrer Milch, aber die Schafe lassen sie verenden vor Hunger nach dem göttlichen Wort." Was sagt Ihr dazu?

G: Es steht mir nicht zu die Teufeleien eines Ketzers zu beurteilen. Das ist Sache des Gerichtes.

B: Schweigen bedeutet Zustimmung. Heißt es nicht so?

G: Seid auf der Hut. Sein Lebenswandel ist wie Honig, aber seine Lehre reines Gift. Selbst Bernhard von Clairvaux bezeugt bei allen Heiligen, dieser Ketzer hat den Kopf einer Taube und den Stachel eines Skorpions. Warum sonst hätte man ihn aus Brescia vertrieben, aus Rom verjagt und ebenso aus Frankreich? Selbst in Deutschland verabscheuen ihn die Christen. Wollt Ihr gegen all diese Menschen Zeugnis ablegen?

B: Also kann auch ich nicht länger meine Hand über ihn halten ohne selbst Schaden zu nehmen?

G: Bei Eurem Seelenheil und im Interesse des Reiches wärt Ihr schlecht beraten. Einem Schwarmgeist Unterschlupf zu gewähren, der in Rom den Pöbel zum Aufruhr angestachelt hat? Soll denn ein gemeiner Ketzer Kaiser und Papst entzweien? Denkt an die Zukunft, an Rom und die Städte Italiens, dann wisst Ihr, wie Ihr zu entscheiden habt.

B: In Gottes Namen sei es denn. Ich hoffe, dass ich es nie bereuen muss.

Arnold von Brescia wurde an den Papst ausgeliefert. Man machte ihm in Rom den Prozess, hängte und verbrannte ihn 1155 als Ketzer. Seine Asche wurde in den Tiber gestreut. Das Verhältnis zwischen Barbarossa und dem Papst verbesserte sich dadurch allerdings nicht. Dass Ketzer auch aus politischen Gründen gejagt, ausgeliefert und vernichtet wurden, heizte die Hysterie gegenüber Menschen mit abweichenden Glaubensvorstellungen in den folgenden Jahren immer stärker an. Schon 1231 verschärfte Barbarossas Enkel, Friedrich II., die Gesetze gegen Ketzerei: Wer als Ketzer gefasst wurde, hatte sich als Majestätsverbrecher und Staatsfeind zu verantworten und wurde zum Tod durch Verbrennen verurteilt.

Literatur: E. LeRoy Ladurie, Montaillou. Ein Dorf vor dem Inquisitor, 1294–1324, Frankfurt/Berlin 1989.

W.W.

„Unehrliche Leute" im Mittelalter

Die rechtliche Stellung und das soziale Ansehen von Gruppen, die im Mittelalter den unehrlichen Leuten zugerechnet wurden, stellen ein sehr komplexes Phänomen dar und Merkmale wie Sesshaftigkeit, Beruf oder Einkünfte reichen für sich allein nicht aus um die Diskriminierung zu erklären, von der etwa 2% der Bevölkerung betroffen waren. Unter ihnen finden sich Berufsgruppen mit meist gutem Einkommen, wie Henker und Müller, umherreisende Spezialisten, auf deren Dienste man angewiesen war, wie Rattenfänger, die Juden als sesshafte Randgruppe, die eine eigene Oberschicht ausgebildet hatte, und Kranke, deren Leiden als Strafe Gottes oder als Teufelswerk begriffen wurde, wie Aussätzige und Geistesgestörte. Der Großteil der ortsansässigen Bedürftigen war keineswegs diskriminiert, wie schon die Unterscheidung zwischen unverschuldeter Armut und Armut als Folge von Fehlverhalten oder Charakterschwächen zeigt. Zugunsten vor allem der „ehrbaren" Bedürftigen entfalteten die finanziell bessergestellten Bürger eine wahre Konkurrenz der Almosen und Stiftungen, die ihrerseits Ansehen und Status des Gebenden förderte. Selbst die Einschätzung der Prostitution war ambivalent und fluktuierend. In manchen Regionen stellte sie für besitzlose Mädchen eine Möglichkeit dar, über den Erwerb einer Mitgift die Heiratschancen zu verbessern, wenn dies heimlich und im Rahmen eines zeitlich begrenzten Doppellebens geschehen konnte, und auch sonst gab es Wege zurück in die bürgerliche Gesellschaft, z. B. über die Magdalenenorden oder sonstige „Reuerinnengemeinschaften".

Wo aber müssen die Ursachen der Ausgrenzung gesucht werden? Will man diese Frage beantworten, muss zunächst klargestellt werden, dass es sich dabei um eine Entwicklung handelt, die erst im 11. Jh. größere Ausmaße annahm. Eine Theorie besagt, es habe sich bei den diskriminierten Gruppen um Zirkel gehandelt, die auf die eine oder andere Weise mit heidnisch-magischen Praktiken in Verbindung gebracht wurden. Viele Gruppen waren nicht oder nur ansatzweise in der Lage, ihrer Lebenswelt feste Formen und eigene Institutionen zu geben, ein Manko, das in der mittelalterlichen Gesellschaft, wo der einzelne so auf reglementierte soziale Rollen festgelegt war, dass sich im Normalfall sein ganzes Leben innerhalb verschiedener Gemeinschaften abspielte, noch viel schwerer wog als heute. Im Übrigen konstituiert sich jede Gemeinschaft durch Abgrenzung nach außen und Selbstwertgefühl braucht auch heute noch allzu oft die Verachtung anderer als Basis. Man kann aber noch einen Schritt weiter gehen. Verachtet wurden vor allem Menschen, deren Geburt, Zustand oder Tätigkeit Ausdruck von Verhältnissen waren, die in einer wahrhaft christlichen Gemeinschaft nicht mehr auftreten sollten. Vielleicht verachtete der mittelalterliche Mensch in den unehrlichen Leuten nur das, was „falsch (war) in ihm selbst" (Shakespeare).
Die rechtlichen Formen der Diskriminierung waren ebenso abgestuft und von den jeweiligen Umständen abhängig wie die gesellschaftlichen. Unehrliche

Leute durften nicht vor Gericht auftreten und sie hatten kein oder nur ein eingeschränktes Erbrecht. Oft wurden Angehörige von Randgruppen durch die Kleiderordnung kenntlich gemacht, wobei der „Judenhut", das rote Kopftuch der Dirnen und die Klapper der Aussätzigen nur die bekanntesten Beispiele darstellen. Ohne den Rückhalt einer institutionalisierten Gemeinschaft sahen sich die „unehrlichen Leute" oft der Willkür der Mächtigen oder des Mobs schutzlos ausgeliefert, und einigen Gruppen, z. B. Gauklern und Anhängern der „schwarzen Kunst", verweigerte die Kirche oft die Sakramente und ein christliches Begräbnis.

In extremer Weise zeigen die Lebensumstände der Henker die ambivalente Rolle der „unehrlichen Leute" in der mittelalterlichen Gesellschaft. Erst im 13. Jh. entwickelte sich das „Nachrichten" zu einem eigenen Beruf, dem der Volksglaube dann auch sofort magische Kraft zuschrieb. Jede Berührung mit dem Henker machte ehrlos, sodass er abgesondert wohnen musste. Im Gasthaus durfte er höchsten an einem separaten Tisch zechen. Selbst sein Geld ließ der Wirt eine gewisse Zeit „abkühlen", bevor er es vom Tisch aufnahm, wobei er Diebstahl nicht zu fürchten brauchte. Das Vieh des Henkers durfte nicht mit den anderen Tieren grasen. Seine Kinder fanden keine Spielgefährten, seine Töchter keinen „ehrbaren" Bräutigam und seinen Söhnen blieben die Zünfte verschlossen. Es soll sogar vorgekommen sein, dass zum Tode verurteilte Frauen, die sich durch eine Ehe mit dem Henker hätten retten können, diesen Ausweg verschmähten. Ein Baseler Handwerksbursche, der unwissentlich mit dem Henker getrunken hatte, wurde anschließend allgemein gemieden, bis er im Selbstmord den einzigen Ausweg sah. Die Liste ließe sich beliebig verlängern. Andererseits machte gerade die Art ihrer Tätigkeit die Henker zu Lieferanten hochgeschätzter magischer Utensilien, die für Heil- und Liebeszauber unentbehrlich waren. Mehr noch: Die gefürchteten magischen Kräfte ließen die Henker selbst zu begehrten Heilern werden und für diesen Bereich galt die Unberührbarkeit nicht. Später, als der Henker auch die Folter vollzog, was anatomische Kenntnisse voraussetzte, erweiterte sich seine medizinische Tätigkeit noch. Oft hatten die Henker fundiertere Kenntnisse als die Ärzte, denen das Sezieren verboten war.

Nicht zuletzt fiel auch die Aufsicht über alle „unehrlichen" Leute in den Aufgabenbereich des Henkers, was diesen oft in die Nähe krimineller Machenschaften brachte. So fungierte er als „Hurenwaibel", dem die Dirnen oft wöchentlich Abgaben zu entrichten hatten. In kleineren Städten übernahm der Henker aber auch andere verachtete Tätigkeiten, z. B. die des Abdeckers und des Hundefängers.

Literatur: A. BORST, Lebensformen im Mittelalter, Frankfurt/Berlin/Wien 1979, S. 576–612; W. SCHILD, Scharfrichter, in: C. HINCKELDEY (Hg.), Justiz in alter Zeit (Schriftenreihe des Mittelalterlichen Kriminalmuseums Rothenburg ob der Tauber, Bd. 6), Rothenburg 1984, S. 279–288.

J. W.

Marranen – oder die Unmöglichkeit vor sich selbst zu fliehen

„Marranos, marranos …" (‚„Schweine" …), tönt es durch die Gassen von Sevilla. Neid, Hass, Verachtung der Menge gerinnen zu diesem einen Wort. Und die, die gemeint sind, die Minderheit, die Sündenböcke, verrammeln die Türen. Christen oder wenigstens getauft sind die einen wie die anderen.

1391 begann hier in Sevilla die Geschichte des Marranentums: Nach der Aufhetzung durch Kleriker kam es zu einem landesweiten Ausbruch des Judenhasses, dem Tausende zum Opfer fielen. Durch massenhafte Zwangstaufen suchte die Amtskirche den Aufruhr zu steuern. In den folgenden Jahrzehnten ließen sich zahlreiche Juden – *Sephardim* – (nach Sefarad, dem hebräischen Namen für Spanien) taufen, sodass bis 1492 etwa die Hälfte konvertiert war. Die Motive waren ganz unterschiedlich. Die einen wollten Besitz und Leben retten oder wirtschaftlich vorankommen; zum Teil blieben sie insgeheim bei ihrem Glauben. Andere wurden überzeugte Christen. Viele Neuchristen – nun nicht mehr den beruflichen Beschränkungen der Juden unterworfen – waren rasch ökonomisch und politisch erfolgreich. Sie heirateten in den Adel ein, konnten kirchliche Laufbahnen einschlagen, eroberten Machtpositionen in den Magistraten der Städte.

Sie hatten allerdings eine verwundbare Stelle. Man konnte ihnen vorwerfen, Kryptojuden, Verräter des Glaubens, zu sein, und die religiöse Volkswut auf sie lenken. Da die Religionsfeindschaft nicht mehr hinreichte, wendeten sich Ausgrenzungen und Verachtung rassistischen Schlagworten gegen „die Hebräer" zu. Die „Blutreinheit" *(limpieza da sangre)* war nun der Vorzug der Altchristen gegenüber den „Unreinen", den *Marranos*. Das war ein Makel für Generationen. So hat die Mehrheit die Assimilation der Minderheit mit allen Mitteln hintertrieben. Es gab Ausschreitungen und rechtliche Diskriminierungen; Neuchristen wurden von kirchlichen Ämtern oder vom Staatsdienst ausgeschlossen (das galt bis 1864). Seit 1483 ging die Inquisition gegen die Neuchristen vor. In den ersten zwölf Jahren entdeckte sie landesweit etwa 13 000 Kryptojuden; 2 000 wurden verbrannt. Autos da Fé oder *Autodafé* (von lateinisch *actus fidei:* Glaubenshandlung) nannte man diese Hinrichtungsart.

Der Einfluss der heiligen Inquisition stand auch hinter dem Alhambra-Dekret von 1492, der Vertreibung der Juden aus ganz Spanien. Um diesem Schicksal zu entgehen ließen sich wiederum Zehntausende taufen. Etwa 150 000 Juden mussten das Land verlassen. Von jetzt an finden sich sephardische Juden im gesamten Mittelmeerraum; die Mehrheit der Sephardim ging zunächst nach Portugal.

Aber das Problem der Minderheit war damit nicht gelöst. Die Inquisition blieb; Denunziationen waren eine ständige Bedrohung für Marranenfamilien. Es genügte, wenn jemand kein Schweinefleisch aß. War man in den Fängen der

Inquisition, konnte sich der Prozess jahrelang hinziehen und man war wirtschaftlich ruiniert.

Auf Druck Spaniens versprach Portugal 1496 binnen zehn Monaten alle Juden auszuweisen. Das hätte jedoch das Land ruiniert; also musste man „bekehren". Im März 1497 wurden überfallartig alle jüdischen Kinder bis zu 14 Jahren geraubt, in Kirchen geschleppt, getauft und christlichen Pflegeeltern übergeben. Es gibt Berichte, wonach Eltern aus Verzweiflung zuerst ihre Kinder und dann sich selbst töteten. Etwa 20 000 Juden zogen die Ausreise vor; aber man warf sie in den Kerker, ohne Nahrung und Wasser, bis sie bereit waren sich taufen zu lassen oder schwach genug um keinen Widerstand mehr leisten zu können. Die, die sich immer noch weigerten, wurden in die Sklaverei verkauft.

Die Folge dieser extremen Zwangsmaßnahmen war, dass die Marranen in Portugal weit stärker als in Spanien dazu neigten, ihr Judentum heimlich zu praktizieren, wie jener Lucentiato Costa, der 1555 vor der Inquisition in Venedig aussagen musste. Er gab an, dass er 1497 in Portugal als Säugling aus dem Bett seiner Mutter geholt und getauft worden sei. Seinen Vater habe man erst ins Gefängnis geworfen und dann zwangsweise getauft. Er habe die Messe besucht, sei aber nie zur Kommunion gegangen. Er habe eine Frau aus dem jüdischen Volk geheiratet und die fünf Kinder aus Angst vor der Inquisition taufen lassen. Im Inneren sei er stets Jude geblieben. Mit einem Schutzbrief des Osmanischen Reiches in der Tasche konnte er so freimütig reden, denn der war den Venezianern heilig.

Vor allem in Portugal bildete sich heraus, was man „marranische Religion" genannt hat, eine Art Geheimsekte: Jüdische Glaubensregeln wurden tradiert und mit katholischen Formen vermischt. Vielfach blieb aber nur die ferne Erinnerung an das Judentum der Vorfahren. In Resten haben sich solche Religionsgemeinschaften bis heute erhalten.

In Portugal waren die Marranen (etwa 10% der Bevölkerung) in allen Schichten zu finden; es gab Bettler, aber auch Staatsmänner und wirtschaftlich sehr einflussreiche Leute. Marranische Kaufleute verbreiteten sich im gesamten portugiesischen und spanischen Kolonialreich, sodass sie die Gruppe mit den weltweit besten Handelsbeziehungen waren.

Die marranische Diaspora entstand durch (meist verbotene) Auswanderung aus Spanien und Portugal vom 16. bis zum 18. Jh.. In vielen Fällen schlossen sich Marranen den Juden an und bildeten mit ihnen die sephardischen Gemeinden im Mittelmeerraum. Andere Marranen zogen nach Italien, wo sie aber nur in Venedig auf Dauer sicher waren. Ende des 16. Jhs. ließen sich die ersten marranischen Kaufleute in Amsterdam nieder und kehrten zu ihrem jüdischen Glauben zurück. So entstanden in Holland starke sephardische Gemeinden. Die Sephardim waren durch ihre Handelsverbindungen wirtschaftlich stark und selbstbewusst. Sie legten als erste die traditionelle jüdische Kleidung ab – die ersten modernen Juden Europas.

Literatur: B. MARTIN/E. SCHULIN, Die Juden als Minderheit in der Geschichte, München 1981, S. 85–110; R. CALIMANI, Die Kaufleute von Venedig. Die Geschichte der Juden in der Löwenrepublik, München 1990, S. 93–123; H. GREIVE, Die Juden. Grundzüge ihrer Geschichte im mittelalterlichen und neuzeitlichen Europa, Darmstadt 1989, S. 15–48.

S. M.

Die Wollust ist keine schwere Sünde ... – Prostituierte im späten Mittelalter

„Es gibt kein Gesetz, das etwas vermöchte/gegen die Macht der Natur,/die jedes Lebewesen beherrscht", schrieb der Lyoner Kaufmann François Garin um 1460 in einem Lehrgedicht an seine Söhne. Seine Einsicht kennzeichnet die Haltung, die Kirche und Gesellschaft des späten Mittelalters gegenüber der Prostitution einnahmen. Das geregelte und von Treue bestimmte Sexualleben in der Ehe schien auch vielen Theologen nicht steuerbar ohne die gleichzeitige Akzeptanz einer – möglichst kontrollierten – Prostitution. Denn wie sollten junge Männer, die noch nicht verheiratet waren, wo sollten Geistliche, denen die eheliche Bindung verwehrt blieb, sonst ihre sexuellen Bedürfnisse stillen? Fehlten die „öffentlichen" Dirnen, gerieten Frauen leichter in die Versuchung Ehebruch zu begehen, liefen junge Mädchen eher Gefahr ihre Jungfrauenschaft und damit ihre „Ehre" zu verlieren. Der unkomplizierte und folgenlose Geschlechtsverkehr in einem Bordell war als bloße Befriedigung der „Wollust" ohne tiefere Bindung eine lässliche Sünde gegenüber der schweren Unzucht, dem Verhältnis mit einer verheirateten Frau oder einem ehrbaren Mädchen. So wurde die Prostitution von der Kirche geduldet und vor allem in den Städten in den Formen, in denen sie der obrigkeitlichen Kontrolle unterlag, sogar gefördert. Zugestanden wurde der Bordellbesuch besonders den jungen Männern gleichsam als Vorbereitung auf die Ehe; allzu junge sowie verheiratete Männer sollten abgewiesen werden; bei den letzteren geschah das niemals auch nur halbwegs konsequent, zumal eine Kontrolle nur schwer möglich war; doch blieb der Bordellbesuch von Ehemännern ein ernstes Vergehen. Auch bei den Geistlichen, denen der Besuch eines öffentlichen Dirnenhauses offiziell untersagt war, blieb das Verbot reine Theorie: In Dijon etwa machten die Kleriker 20% der Kundschaft aus, in anderen Städten dürfte es ähnlich gewesen sein. Solche Sitten wurden immer wieder kritisiert, aber immer noch für weniger anstößig gehalten, als wenn ein Geistlicher im Konkubinat lebte oder sich gar als Kuppler betätigte – was beides ebenfalls keine Seltenheit war.

Das Verständnis für den Wunsch nach Triebbefriedigung wurde – wie in einer von Männern dominierten Gesellschaft nicht anders zu erwarten – nur den Männern entgegengebracht. Jungen Frauen war voreheliche Sexualität strengstens untersagt. Fand sie dennoch statt und wurde offenbar, wurde – von der

Verhängung von Schandstrafen abgesehen – eine Heirat erheblich erschwert, wenn nicht gar Verstoßung durch die Familie und sozialer Abstieg folgten. Dies galt sogar bei Vergewaltigungen, die oft der erste Schritt auf dem Weg in die Prostitution waren.

Nur der kleinste Teil der Dirnen bestand aus zugewanderten Frauen, die z. B. mit fahrenden Leuten in die Städte kamen. Die meisten stammten aus der Stadt (oder deren Umland), in der sie ihr Gewerbe ausübten. Angehörige der Unter- oder unteren Mittelschicht waren sie, häufig wurden sie, nach dem Tod der Eltern oder nach einer Vergewaltigung schutzlos und verarmt, zur Prostitution gezwungen.

Bei fast allen begann es mit gelegentlichen Liebesdiensten unter der „Obhut" eines Zuhälters oder einer Kupplerin. Gewöhnlich wurden die Mädchen dann als Bedienerinnen in einem Badehaus, der teureren und gediegeneren Form des Bordells, angeworben. Wurden sie älter und ließ ihre Attraktivität nach, landeten sie im städtischen Dirnenhaus. Im Bade- oder Dirnenhaus gleichsam „offiziell" beschäftigt, waren sie durchaus keine Ausgestoßenen – der städtischen Gesell- schaft war bewusst, dass sie eine wichtige Aufgabe, nämlich die der kontrollierten Triebbefriedigung, erfüllten.

Etwa um das 30. Lebensjahr herum war das Berufsleben einer Dirne zu Ende. Einige von ihnen wurden selbst Betreiberinnen eines Badehauses oder Bordells, eine geringe Anzahl schloss sich dem Orden der Reuerinnen (Magdalerin- nen) an. Vielen gelang es, sich einen Platz in der Gesellschaft zu sichern: als Dienstmagd oder (weniger ehrbar) als Konkubine eines Priesters oder indem sie heirateten. Doch gab es auch eine beträchtliche Anzahl, die nach dem Verlust ihrer Attraktivität für die zahlende Kundschaft in soziales Elend geriet. Wer sich also den durchaus nicht seltenen Weg eines jungen Mädchens von der Verge- waltigung über ein kurzes Berufsleben als Dirne bis zum jämmerlichen Ende auf der Straße oder im Armenhaus vorstellt, wird nicht übersehen, dass für die Liberalität des späten Mittelalters gegenüber der Prostitution die Frauen – und zwar die schwächsten – die Zeche zahlten. Schlimmer jedoch wurde es um die Wende zum 16. Jh. Die immer frauenfeindlichere Theologie verteufelte auch die Prostitution, indem sie paradoxerweise die Frauen für sündhafte Fleischeslust und Sittenlosigkeit verantwortlich machte. Das Zeitalter der Misogynie mit seinem Verbot der öffentlichen Prostitution befreite zwar die Frauen von einer Form der sexuellen Ausbeutung, aber es bereitete auch den Boden für die Hexenverfolgung.

Literatur: J. ROSSIAUD, Dame Venus. Prostitution im Mittelalter, München 1989.

H. P.

Nur schwer zu fassen – Räuber und Vaganten

Im 18. und beginnenden 19. Jh. war die Obrigkeit vielfach nicht in der Lage, der Räuberplage Herr zu werden. Eine ungenügende Polizeiorganisation, die an den Landesgrenzen endete, förderte das Räuberwesen. Leicht konnten die Missetäter über eine Grenze in einen anderen Kleinstaat entweichen, wo sie praktisch sicher waren. Dennoch wurden große Anstrengungen unternommen die Straßenkriminalität einzudämmen. Der kurmainzische Staat war besonders im Spessart durch Aktivitäten der Räuber betroffen. Wenn der Fürstbischof sich an sein Volk wendete, könnte sein Schreiben z. B. folgenden Wortlaut gehabt haben:

„Zum Schutze aller Untertanen, die durch harte und ehrliche Arbeit ihr Lebensglück befördern und Gott gefällig sind, warnen wir vor jedem Umgange mit herrenlosem, räuberischem Gesindel.

Möge jeder Sorge tragen sich nicht mit dem fahrenden Volk gemein zu machen, das in vielerlei Gestalt auftritt: Bettler, Arbeitslose, verwilderte Handwerksburschen, die ziellos herumirren. Auch fliegende Händler gehören zu den Fahrenden. Weiter soll sich jeder hüten vor Musikanten, Quacksalbern, Korbmachern, Scherenschleifern, Kesselflickern, Deserteuren, Schaustellern und Hausierern. Manchem braven Manne ist seine Mildtätigkeit gegenüber diesen Leuten übel vergolten worden. Auch viele Angehörige der jüdischen Bevölkerung sind seit etwa hundert Jahren ins Vagantentum abgesunken und treiben sich ebenso wie die Zigeuner im Lande herum. Teils sind sie auf der Straße geboren, teils hat sie ein dunkles Schicksal und ihre Verderbtheit aus der Gesellschaft ausgestoßen. Freilich behaupten viele von ihnen, umherziehende Heere und marodierende Soldatengruppen hätten Höfe, Werkstätten, Ortschaften und ganze Landstriche verwüstet. Dies sei der Grund ihres Elends. Auch hätten unerträgliche Steuern und Abgaben sie an den Bettelstab gebracht. Wahr ist: Leider gilt auch für unser Land, worunter viele andere leiden. Dauernde Kriege haben Gewalttätigkeit gefördert und das allgemeine Elend wachsen lassen. Die Autorität der Obrigkeit ist erschüttert und politische Umtriebe verunsichern manchen braven Untertan. Gerade deshalb haben wir ein scharfes Auge auf herrenlose Gauner und Mordbrenner.

Da die Gemeinden für ihre Armen selbst zu sorgen haben, werden sie das umherziehende Gesindel ins Arbeitshaus stecken oder verjagen. So nimmt es nicht wunder, dass viele Vaganten sich mit Diebstählen und Betrügereien zu erhalten suchen. Selbst hochgefährliche Räuber finden wir unter ihnen, die Raub und Betrug zu ihrem Haupterwerb gemacht haben.

Mit aller Härte wollen wir gegen dieses Übel vorgehen. Wer sich in unserem Lande fassen lässt, der soll wissen: Es drohen ihm körperliche Züchtigung, Zwangsarbeit, wenn nicht gar die Todesstrafe. Das müßige, liederliche Gauner- und Bettelgesindel soll im Mainzer Kurstaat keine Heimat finden."

Friedrich Karl Joseph von Erthal, Kurfürst von Mainz 1801

Die Räuberbande und ihr Revier

Romantische Verklärung machte aus der Bande eine verschworene Gemeinschaft von Outlaws. Sie scharten sich um ihren Hauptmann und hausten in einem ständigen Räuberlager irgendwo in den Wäldern. Mit der Realität hatte diese Vorstellung wenig zu tun.

Normalerweise finden sich die Gauner aus einem größeren Verbund nur für bestimmte Unternehmen zusammen. Eine solche Gruppierung aus Dieben, Hehlern und Spähern kann mehrere hundert Personen umfassen. Meist leben sie unauffällig und werden nur bei Bedarf aktiv. Fast alle auf der Straße Umherziehenden beherrschen neben der „normalen" Verkehrssprache auch das *Rotwelsch*. Diese seit dem 14. Jh. nachweisbare Sprache deutscher Nichtsesshafter lässt sie zu einer großen Gemeinschaft zusammenwachsen. In Gauner- und betrügerischen Bettlerkreisen wird sie ebenso gepflegt wie im Milieu der Hehler. Für den Außenstehenden wirkt das Rotwelsch seltsam und unheimlich. Daneben benutzen die Gauner unter anderem optische Verständigungsmittel zur geheimen Kommunikation, die „Zinken".

Die eigentlichen Rollkommandos für einen Überfall bestehen selten aus mehr als drei bis fünf Mann. Hat ein Informant aus der Szene ein lohnendes Objekt „ausbaldowert", trifft sich ein kleiner Kreis und wählt einen Anführer. Die Rolle des Chefs behält er bis zur Verteilung der Beute. Nach altem Brauch kann er seine Kumpane sogar züchtigen, solange er die Befehlsgewalt hat. Erfolgreiche Gauner halten sich darüber hinaus „Knechte". 1810 wird von einem Banditen namens Krämer berichtet, er wähle sich aus seinen Dienstboten seine Beischläferinnen. Hat also einer häufig einen Räuberhaufen erfolgreich angeführt, kann er herrschaftlich auftreten. Teils aus Gründen der Tarnung, aber auch, weil er es sich leisten kann, lebt er unauffällig und „anständig". Diese lose Gesellschaft, „welche nach jedem verübten Verbrechen zerstiebt und so für ihre einzelnen Glieder Verborgenheit findet", ist das größte Problem der Strafverfolgung.

Genauso schwer fassbar wie die Organisation sind die Grenzen der Reviere, in denen die Räuber ihr Unwesen treiben. 1813 notiert der Räuberforscher Adolf von Grolmann in seiner „Actenmäßigen Geschichte der Räuberbanden":
„So wie das Wildbret vorzüglich den Boden liebt, wo es jung geworden; so hält sich der Gauner am liebsten in der Gegend auf, wo er geboren ist. Wird er aber vertrieben oder streift er aus anderen Gründen weiter, so ist er überall zu Hause, wo er seinesgleichen findet. Der Winter indessen zwingt ihn ein Obdach zu suchen; schon darum ist er genötigt sich an eine gewisse Gegend zu binden. Denn nur bey speziellen Bekannten darf er auf längere Zeit Sicherheit und Obdach sich versprechen. Auch muss er, um mit Vorteil zu stehlen, Wege und Steege, die Verfassung eines Landes und jeden Schlupfwinkel zu seiner Sicherheit kennen."

Literatur: H. BALD, R. KUHN, Die Spessarträuber. Legende und Wirklichkeit („Reihe Franken", hg. von W. WEISMANTEL, Bd. 1), Würzburg 1991.

W. W.

Kein Platz für das fahrende Volk? – die Zigeuner

Da die Bezeichnung „Zigeuner" von vielen Betroffenen als diskriminierend abgelehnt wird, sind heute die Stammesnamen Roma bzw. Sinti allgemein üblich geworden. Doch ein Beitrag, der sich mit der Geschichte des „fahrenden Volkes" befasst, handelt immer auch von der Geschichte seiner Diskriminierung; den Blick auf sie verstellen aber die (im übrigen nicht alle Gruppen umfassenden) Namen Sinti/Roma eher. Das sehen inzwischen auch zahlreiche Angehörige des „fahrenden Volkes" so, die sich selbst wieder bewusst als „Zigeuner" bezeichnen.

Seit ihrem Eintreffen in Europa vor über 500 Jahren ist die Geschichte der Zigeuner eine Geschichte der Verfolgungen. Das Misstrauen der *Godsche* – so werden Nichtzigeuner von Zigeunern genannt – erregte, dass sie ein naturverbundenes Leben ohne Abgaben und Steuern führten, nur sich und ihrer Familie verpflichtet. Zigeuner wurden von vielen Dichtern romantisiert. Ihr Leben in Wohnwagen und Zelt weckte Vorstellungen von Freiheit, feurigen jungen Mädchen, wahrsagenden weisen Frauen und starken Männern. Hinzu kam die Faszination der einschmeichelnden und temperamentvollen ungarischen Zigeunermusik. Andererseits haftete den Zigeunern auch der Ruch von Dunklem, Unberechenbarem an. Für die Mehrzahl der Bürger blieben sie vielfach bis heute „Lumpen", „Diebesgesindel", „Betrüger" und „Arbeitsscheue". Auch deshalb wurden sie seit dem Mittelalter vertrieben und verfolgt; die Nationalsozialisten ermordeten 500 000 von ihnen.

Woher kommen die Zigeuner? Aufgrund von Sprachvergleichen gilt ihre indische Herkunft als gesichert. Ab dem 5. Jh. wanderten Zigeunerstämme über Persien, Armenien, die Türkei und Griechenland bis auf den Balkan. Zu Beginn des 15. Jhs. wurden sie urkundlich erstmals auch in Deutschland erwähnt. Ursache ihrer Wanderungen war nicht ein angeborener Wandertrieb – wie lange Zeit angenommen worden war –, vielmehr wurden sie durch kriegerische Ereignisse, Vertreibungen und wirtschaftliche Not zum Aufbruch aus ihrer angestammten Heimat veranlasst. Bis zur Mitte des 15. Jhs. traten die ersten Zigeuner in ganz Mittel- und Westeuropa in Gruppen von 30 bis 100 Personen auf. Als Gesamtheit gibt es „die Zigeuner" nicht. Sie zerfallen vielmehr in unterschiedliche Stämme und Sippen, die verschiedene Dialekte sprechen und verschiedene Sitten und Bräuche pflegen. Die bedeutendsten Gruppen sind die *Sinti* und *Roma*. Die Roma waren etwa 500 Jahre lang Leibeigene im Gebiet des heutigen Rumänien. Erst 1856 kamen sie frei. Viele von ihnen zogen nach Mitteleuropa weiter. Sie sprechen den Romanidialekt, der viele rumänische, ungarische und bulgarische Begriffe aufweist. Die Sinti dagegen lebten zunächst in Griechenland und sind dann unter türkischem Druck vom 11. bis zum 15. Jh. nach Mittel- und hauptsächlich nach Westeuropa eingewandert. Die Sinti sprechen Romanes, einen Dialekt, der stark von spanischen Lehnwörtern durchsetzt ist. Doch alle diese Dialekte gehen auf einen gemeinsamen indischen Ursprung zurück.

Über viele Jahrhunderte gaben die Zigeuner ihre Geschichte mündlich weiter; eine Schrift besaßen sie nicht. Als Nichtsesshafte legten sie auch wenig Wert auf Besitz. Dagegen waren das Leben im Sippenverband und regelmäßige Treffen in größeren Gruppen für sie sehr wichtig. Geheiratet wurde nur innerhalb des eigenen Stammes. Selten assimilierten sich die Zigeuner in ihrem jeweiligen Gastland. Sie erregten durch ihre Andersartigkeit überall großes Aufsehen und bald wucherten Vorurteile ihnen gegenüber. Sie wurden als „Grauen erregende, schreckliche, hässliche Menschen" bezeichnet, die „dem Diebstahl, der Wahrsagerei, der Zauberei und Hexerei" nachgingen. In manchen Städten wurde damals bald von der „Zigeunerplage" gesprochen, der man mit Ausweisungen und Stadtverboten Herr zu werden hoffte.

Wie sicherten die Zigeuner ihren Lebensunterhalt? In der festgefügten, sesshaften Gesellschaft Mitteleuropas gab es für fahrende Leute keinen Platz. Die Zünfte, das Handwerk und der Grundbesitz waren den Zigeunern verschlossen. Es blieb nur das Ausweichen in Nischenbeschäftigungen: Sie betrieben Klein- und Pferdehandel, waren Kesselschmiede, Scherenschleifer, Bärenführer oder Musikanten auf Märkten. Die Zigeuner wurden auf dem Reichstag 1497 in Lindau für „vogelfrei" erklärt, sie waren dadurch rechtlos geworden. Zigeunerverfolgungen fanden auch in anderen europäischen Ländern statt und dauerten bis ins 18. Jh. Noch zu Beginn des 19. Jhs. wurden in Preußen Zigeunerfamilien gewaltsam getrennt, indem man die Kinder in Arbeitshäuser steckte um sie zu „ordentlichen, gehorsamen und arbeitsamen" Menschen zu erziehen. Den Genozid während des Dritten Reiches überlebten im nationalsozialistischen Herrschaftsbereich nur wenige.

Heute haben Wohnwagengespanne die früher von Pferden gezogenen Kutschen abgelöst. Hauptsächlich in Südosteuropa leben heute etwa vier Mio. Zigeuner, die meist als Kleinhändler, Straßenfeger, Musikanten und Lumpensammler tätig sind. Von einer Integration in ihre jeweiligen Gastländer sind sie aber noch weit entfernt – liegt das daran, dass viele ihre Lebensweise nicht akzeptieren wollen?

Literatur: R. VOSSEN, Zigeuner, Frankfurt/Berlin 1983.

G. W.

„Allein das ganze System ist Barbarei" – die Kindermärkte in Schwaben

Der Weg führte vom Vintschgau über den Reschen- und Arlbergpass nach Ravensburg in Oberschwaben – zum Kindermarkt, der hier und in einigen anderen Orten alljährlich stattfand. Das sind weit über 200 Kilometer. Unzählige Kinder bis zum Alter von etwa 14 Jahren sind diesen Weg im 19. und 20. Jh. gegangen – die jüngsten waren sechs oder sieben –, Kinder armer Tiroler und Arlberger Bergbauern, bei denen die blanke Not zum Leben gehörte, reich war

man höchstens an Kindern. „Hungerweg" nennt Othmar Franz Lang diese
Route in seinem gleichnamigen Jugendbuch. Der Hunger zwang die Eltern die
Kinder fortzuschicken; und der Hunger war ständiger Wegbegleiter auf anstren-
genden Tagesmärschen durch das Gebirge.
Im März, also noch im Spätwinter, zogen die Kinder los, ausgestattet mit einem
Reisepass der Habsburger Monarchie (denn Ordnung musste sein), aber mit
schlechten Schuhen und dünnen oder abgetragenen Kleidern. Es ging über
noch mit Eis und Schnee bedeckte Passstraßen, durch Schneetreiben und
Regen. Wie viele Kinder dabei umgekommen sind, hat niemand gezählt. Ende
März war der Kindermarkt in Ravensburg. Wohlhabende Bauern aus der
Umgebung kamen hierher um sich billige Arbeitskräfte für den Sommer für ein
paar Gulden zu kaufen. Auch die Kleinen waren immer noch als Hütekinder
zu gebrauchen. Da wurde die menschliche „Ware" taxiert und mit der Begleit-
person (oft einem jungen Geistlichen) um den Preis gefeilscht. Die Kinder-
märkte waren einem Sklavenmarkt nicht unähnlich.

„Da standen denn z. B. in der Bachstraße vor dem Gasthof Zur Krone in Ravensburg
oft mehrere Hunderte solcher Kinder an einem Wochenmarkttage des Frühjahres
beisammen, in weißen Leinwandhöschen und Jäckchen die Knaben, in duftigen
Röckchen die Mädchen, das Gewand bei allen so dünn, dass der Wind durchspielte.
Von Schuhen und Strümpfen oft keine Spur, ebenso fehlte jede Kopfbedeckung. Mit
nackten, rot angelaufenen Füßen, erfrorenen Nasen und bloßem Kopfe harrten sie
an einem noch oft sehr rauhen Märztage des Schicksales, das ihrer wartete ..., lauter
stämmige Hofbauern begannen die Kinderschar zu mustern ...
„Was kostet das Büblein da?"
„Sechs Gulden", war die Antwort.
„Seid Ihr bei Trost, der Bub ist ja nicht einmal groß genug um einem Kalb in die
Augen sehen zu können!"
(aus Lang, S. 92)

Im Herbst wanderten die Kinder zu ihren Familien zurück um mit den paar
schwer verdienten Gulden zum Überleben beizutragen.
Wann diese Kinderzüge begonnen haben, ist ungewiss. In einem amtlichen
österreichischen Dokument von 1878 heißt es, dass sich Tiroler und Graubünd-
ner Bergbauernkinder schon seit „unvordenklichen Zeiten" im Königreich
Württemberg zu Hirten- und anderen landwirtschaftlichen Diensten verding-
ten. Zu einem politischen Handeln sah man sich nicht genötigt. Über das Ende
weiß man dagegen Bescheid: Mitte der 20er Jahre unseres Jahrhunderts.
Im späten 19. Jh. hat man versucht das Unmenschliche erträglicher zu machen.
Ein 1890 gegründeter *Verein zum Wohle der Hütekinder und jugendlichen Arbeiter
in Tirol* machte es sich zur Aufgabe, den Kindern zu raten und zu helfen;
Musterverträge wurden auf Betreiben des Vereins eingeführt, die den Dienstge-
ber „ersuchten" „die Kinder an Sonn- und gebotenen Festtagen regelmäßig in
die heilige Messe und Christenlehre zu schicken, ihnen Gelegenheit zu geben,

einige Male die heiligen Sakramente zu empfangen und überhaupt ihr religiöses und sittliches Verhalten zu beaufsichtigen".

„… allein das ganze System ist Barbarei", kommentierte die Schwäbische Tagwacht am 30. März 1912. – Da war nichts zu reformieren. Es gab Interessen diese Barbarei aufrechtzuerhalten. Die amtlichen Bedenken beschränkten sich darauf, dass sich die Kinder auf der Heimreise unbeaufsichtigt herumtrieben oder Jugendliche „verschiedenen Geschlechts" sich mit „sinnlichen Motiven" einander nähern könnten. Außerdem musste der Kindersklavenmarkt kosten-neutral organisiert werden. Fürst von Waldburg zu Zeil-Trauchburg im Stutt-garter Herrenhaus: „Ich glaube […], dass wir gar keine besondere Veranlassung haben uns für den Schulbesuch dieser dem Ausland angehörigen Kinder zu interessieren." Das Protokoll vermerkt Bravorufe.

Jugendschutz im 19. Jh.

Wenn Kinderarbeit im 19. Jh. beanstandet wurde, dann dachte kaum jemand an Landwirtschaft und Heimgewerbe. Hier galt Kinderarbeit als etwas Unvermeid-liches. Kritisiert wurde die Kinderarbeit in Industrie und Bergbau. 1834 gab ein hoher preußischer Beamter seinen Eindruck wieder, den er bei der Inspektion rheinischer Textilunternehmen gewonnen hatte: Die hier arbeitenden Kinder seien „wahre Gebilde des Jammers, hohläugig und bleich wie der Tod".

1839 wurde in Preußen das *Regulativ über die Beschäftigung jugendlicher Arbeiter in den Fabriken* erlassen. Das Mindestalter wurde auf neun Jahre festgelegt. Neun- bis Sechzehnjährige durften höchstens zehn Stunden arbeiten; vormittags und nachmittags waren eine Viertelstunde, mittags eine Stunde Pause vorgeschrie-ben. Die Kinder mussten die Möglichkeit haben in die freie Luft zu gehen. Nachtarbeit wurde verboten. 1840 folgten Bayern und Baden, 1861 Sachsen. Bis zur Reichsgründung waren längst nicht alle deutschen Staaten gefolgt. Für Kinderarbeit in der Landwirtschaft gab es selbst diese Minimalregelung nicht.

Literatur: O. F. LANG, Hungerweg. Von Tirol zum Kindermarkt in Ravensburg, München 1993.

S. M.

Ausländische Arbeiter in Deutschland – freiwillig und unter Zwang

Ausländische Saisonarbeiter gab es bereits seit Mitte des 19. Jhs. in Deutschland, vor allem russische und polnische Arbeiter in der ostelbischen Landwirtschaft. Zehntausende von ihnen kamen jedes Jahr um die seit der Hochindustrialisie-rung rapide angewachsene Landflucht in Ostpreußen auszugleichen. Für die Großagrarier waren sie angenehme Arbeiter. Da sie froh waren überhaupt Arbeit zu finden, gaben sie sich auch mit geringem Lohn zufrieden und nahmen miserable Unterbringung und überlange Arbeitszeiten ohne Klagen in Kauf. Nach der Ernte wurden sie wieder in ihre Heimat zurückgeschickt. Verpflichtungen des Arbeitgebers bestanden nicht. Die Saisonarbeiter stellten so eine Reserve dar, die jederzeit verfügbar und für die keinerlei soziale Absicherung erforderlich war. Während des Ersten Weltkriegs wurden die Saisonarbeiter weitgehend durch Kriegsgefangene ersetzt.

Saisonarbeiter sind heute noch in der Landwirtschaft – z. B. bei der Weinernte – oder auf Großbaustellen anzutreffen, wo vor allem osteuropäische Arbeiter beschäftigt werden.

Als im Jahr 1960 die ersten „Gastarbeiter" in die Bundesrepublik kamen, deren Zahl bis 1966 auf 1,2 Millionen stieg, dachte man zunächst an einen kurzfristigen, vorübergehenden Einsatz. Doch die Familien zogen nach, die Kinder wurden in Deutschland geboren, gehen hier zur Schule, richten sich auf ein Leben hier ein. Die ehemaligen „Gastarbeiter", die man nicht immer wie Gäste behandelte, werden Mitbürger – wenn auch mit eingeschränkten Rechten.

Während des Nationalsozialismus waren Zwangsarbeiter, die meist zum Arbeitseinsatz nach Deutschland verschleppt worden waren, eine alltägliche Erscheinung, vor allem in der Landwirtschaft, im Bergbau und in der Industrie. Es gab etwa 20 000 Zwangsarbeiterlager, allein in Berlin ca. 500. Ab dem Herbst 1941 war die gesamte Kriegswirtschaft auf Zwangsarbeiter angewiesen. Bis zum August 1944 stellten sie etwa 30 Prozent aller Arbeiter, insgesamt belief sich ihre Zahl – ohne Kriegsgefangene – auf 6,4 Mio. Davon kamen 1,3 Mio. aus Frankreich, 1,7 Mio. aus Polen, 590 000 aus Italien und 2,8 Mio. aus der Sowjetunion. Etwa die Hälfte der sowjetischen und polnischen Zwangsarbeiter waren Frauen. Das Durchschnittsalter lag bei 20 Jahren.

Von der nationalsozialistischen Propaganda wurde die Bevölkerung mit rassistischen Parolen, vor allem gegen die polnischen Zwangsarbeiter, aufgehetzt. „Wenn einer kommt und dir sagt, sein Pole sei anständig, so halte ihm entgegen: Für uns als Deutsche gibt es keinen anständigen Polen, genauso wenig wie einen anständigen Juden." Die polnischen Arbeiter galten als „slawische Untermenschen", dementsprechend wurden sie besonders repressiv behandelt. Sie wohnten in überfüllten Barackenlagern, erhielten wesentlich geringere Löhne als die Zwangsarbeiter aus Frankreich und Belgien, durften öffentliche Einrichtungen nicht betreten und waren verpflichtet ein großes „P" auf ihrer Kleidung zu tragen. Jeglicher Kontakt zu Deutschen war verboten.

Die Ernährung in einem polnischen Lager in Berlin sah 1943 so aus: „Morgens einen halben Liter Kohlrübensuppe. Mittags im Betrieb einen Liter Kohlrübensuppe. Abends einen Liter Kohlrübensuppe. Zusätzlich erhält der Ostarbeiter 300 Gramm Brot täglich. Hinzu kommen wöchentlich 50–75 Gramm Margarine, 25 Gramm Fleisch oder Fleischwaren, die je nach Willkür der Lagerführer verteilt oder vorenthalten werden."

Die Unterbringung und Verpflegung der westeuropäischen Zwangsarbeiter war dagegen wesentlich besser. Zwischen den Zwangsarbeitern der unterschiedlichen Nationalitäten war eine deutliche Hierarchie zu erkennen. Ganz unten standen die aus osteuropäischen Ländern, ganz oben die Arbeitskräfte aus Westeuropa.

Wie verhielten sich die Deutschen? An direkten Misshandlungen der Zwangsarbeiter beteiligten sich nur wenige, aber auch nur wenige halfen ihnen. Mit Terrormaßnahmen ging die Gestapo gegen „bummelnde, langsam arbeitende, renitente" Zwangsarbeiter vor. Die Fluchtzahlen lagen seit dem Sommer 1942 bei etwa 45 000 pro Monat. Die meisten Flüchtlinge wurden jedoch rasch wieder aufgegriffen.

Nach dem Krieg bekamen die Zwangsarbeiter den Status von *displaced persons*. Viele von ihnen, vor allem aus Osteuropa, blieben in Deutschland, da sie seitens der kommunistischen Machthaber als „Kollaborateure" verdächtigt wurden und Repressalien befürchteten.

Literatur: U. HERBERT, Arbeit, Volkstum, Weltanschauung, Frankfurt 1995.

G. W.

Fremde Welten

Denkwürdigkeiten aus dem Reich der Mitte

Die Ausnahme von der Regel

Im Jahre 1974 fanden pflügende Bauern in der Nähe von Xian in der Provinz Shaanxi zufällig einen Schatz, der sich als eine archäologische Sensation herausstellen sollte. Eine mehr als 7 000 Mann starke Terrakotta-Armee des Kaisers Qin Shi Huang wurde ausgegraben. Sie hatte gut 21 Jahrhunderte unter der Erde Wache gehalten um einen Angriff auf das kaiserliche Grab abzuwehren. Mehr als 100 Kampfwagen, Fußvolk und einen vollständigen Kommandoposten fanden die Forscher beinahe unversehrt. Zwar waren die Holzwagen fast zu Staub zerfallen, aber die lebensgroßen tönernen Figuren hatten die Zeit ziemlich unbeschadet überstanden.

Ein Blick auf einen Kampfwagen zeigt, dass drei Figuren hinter den Pferden stehen. Die mittlere umklammert die heute längst verschwundenen Zügel. Der rechts davon stehende Offizier hielt ursprünglich mit der Rechten einen Speer. Links neben ihm ist der Wagenkommandant zu sehen. Er trug wahrscheinlich einen Bogen in der linken Hand. Was daran bemerkenswert ist? Dass in China der Ehrenplatz links war, ganz im Gegensatz zu unserer Kultur.

Empfingen Kaiser, Könige und Edelleute in China ihre Vasallen, so standen sie dabei auf einem Podium, das Gesicht nach Süden gerichtet. Sie hoben damit ihre Verbundenheit mit der Sonne hervor, die Symbol für Führertum und das Prinzip des Yang. Standen sie so, dann lag die Seite des Sonnenaufgangs, der Osten, links von ihnen.

Auch in der militärischen Tradition schlug sich diese Bevorzugung der linken Seite nieder. Heerführer waren in der Regel Bogenschützen, die ihre Truppe von ihrem Streitwagen aus kommandierten. Die Anführer mussten mit dem Gesicht nach Süden stehen, also hatten die Heere nach Süden zu ziehen oder man trug ihnen eine rote Fahne voran, die die Sonne symbolisierte.

Während fast weltweit der kulturgeschichtliche Zusammenhang zwischen rechts und gut einerseits und links und schlecht andererseits verbreitet ist, bildet China eine Ausnahme von dieser Rechtsregel, die durch den außergewöhnlichen archäologischen Fund von Xian eindrucksvoll dokumentiert werden kann.

Literatur: R. SMITS, Alles mit der linken Hand, Geschick und Geschichte einer Begabung, Berlin 1994.

Chinas vergessener Erfindergeist

Die archäologischen Funde von Xian weisen noch auf eine andere wenig beachtete Entwicklung Chinas hin. Betrachtet man die riesige „Schattenarmee" genauer, fällt auf, dass hier bereits vor 2 200 Jahren nicht mit primitiver Technik gearbeitet wurde. Eine solche organisatorische und technische Leistung konnte nur mit überlegener Organisation und Logistik vollbracht werden. China muss also zu dieser Zeit schon in der Lage gewesen sein komplizierte Großprojekte zu planen und durchzuführen. Tatsächlich wurden im Kaiserreich etwa parallel die Große Mauer vollendet, ein umfangreiches Straßennetz angelegt und Maße sowie Gewichte vereinheitlicht.

Schon um 200 n. Chr. finden wir in China die Grundlagen eines modernen Staates, der sich auf eine funktionierende Verwaltung und eine zielstrebige wirtschaftliche Entwicklung stützte. Fortschrittliche Bewässerungsmethoden und eine weit entwickelte Eisengussindustrie bilden die Grundlagen dieses Aufschwungs. Gleichzeitig profitierte die Verwaltung von der Erfindung des Papiers. Erstmals in der Geschichte konnten Informationen auf leichte und unkomplizierte Weise verbreitet und gespeichert werden.

Metallverarbeitung war seit jeher eine Stärke der Chinesen. Bereits im späten Neolithikum entwickelten sie Brennöfen aus Ton, die durch besondere Luftzufuhr sehr hohe Temperaturen erreichten. Dass China schon in vorchristlicher Zeit in der Lage war Agrar- und Kriegswerkzeug in großen Serien zu gießen, belegt eindrucksvoll die wirtschaftliche Bedeutung des asiatischen Reichs in der Antike.

Besonders deutlich erweist sich die chinesische Überlegenheit, wenn man den Blick auf die vier wichtigen Erfindungen bzw. Entwicklungen richtet, die

Europa fast gleichzeitig zwischen dem 13. und dem 14. Jh. erreicht haben: der Tafelbuchdruck, das Axialruder, der Kompass und das Schießpulver. Zwar sind sie in China zu verschiedenen Zeiten aufgekommen, ihren Weg nach Westen fanden sie aber erst über Reisende des Mittelalters, die staunend das Reich der Mitte besuchten. Marco Polo, wohl der berühmteste unter ihnen, verbrachte 17 Jahre in China.

Vor allem Norditalien profitierte in der Renaissance von neuen Fabrikationsverfahren, unbekannten Methoden des Zahlungsverkehrs, weit entwickelter Verwaltungstechnik und Verfahren zur verbesserten Bewässerung, die alle aus China stammen. Ohne die Kenntnis der chinesischen Schuldschriften und des Papiergelds hätten Wirtschaft und Bankwesen in der Renaissance nicht so rasch die bekannte Entwicklung nehmen können. Auch den Hochofen, die Windmühle, die Uhrwerkhemmung, die Flachbogenbrücke und die Kanalschleuse verdankt Europa chinesischem Erfindergeist.

Wie bedeutend China für die wirtschaftliche und technische Entwicklung der europäischen Staaten auch gewesen sein mag, im Laufe des 19. Jhs. spätestens wurde der Ursprung dieses Wissens so erfolgreich verdrängt, dass die fernöstlichen Wurzeln fast völlig verleugnet wurden. Erst der Forschung nach der Zeit der Entkolonialisierung verdanken wir die Erkenntnis: Das alte China war eine der frühen Hochkulturen, deren bewundernswerte Leistungen für den technischen Fortschritt weltweit von Bedeutung waren.

Literatur: China – Eine Wiege der Weltkultur. 5000 Jahre Erfindungen und Entdeckungen (Ausstellungskatalog), Mainz 1994.

W.W.

Treuherzig, jähzornig und eitel – die Kelten

Wer sie waren

Niemand weiß genau, woher die Kelten (Gallier) eigentlich gekommen sind; niemand weiß, ob die *Hallstattkultur* (750–480 v. Chr.) oder die *Urnenfelderzeit* (1200–750 v. Chr.) schon keltischen Ursprungs waren. Sicher ist nur, dass der zweite Abschnitt der Eisenzeit, die *Latènezeit* (480–15 v. Chr.), in Teilen Europas von einer einheitlichen Kultur geprägt war, die man mit Hilfe der Zeugnisse antiker Autoren einem Volk zuordnen kann: den Kelten.

Ab etwa 400 begaben sich viele ihrer Stämme auf Wanderschaft, vielleicht um, wie Livius vermutet, ihre Heimat vor einer drohenden Überbevölkerung zu bewahren. Manche zogen nach Italien, wo sie 387 das römische Heer an der Allia besiegten, andere wandten sich nach Griechenland und plünderten 279 Delphi. Kelten besiedelten auch Teile der Britischen Inseln, drangen bis an die französische Atlantikküste im Westen und an die Karpaten im Osten vor. Fast zwei Jahrhunderte lang waren sie das bedeutendste Volk Europas, bis sie von

Römern und Germanen assimiliert wurden. Lebendig ist ihre Hinterlassenschaft heute nur noch in der Bretagne, in Schottland, Wales und Irland. Dort gibt es noch Reste keltischer Sprache, dort sind im Mittelalter die Sagenstoffe und Heldenlieder der Kelten tradiert worden, deren Rezeption bis in die Gegenwart reicht. In Deutschland gibt es Stadt- und Flussnamen, die an sie erinnern (Kempten, Isar, Neckar, Rhein z. B.). Ansonsten ist uns aus der Geschichte dieses Volkes, das ähnlich den Inkas eine hochentwickelte Kultur, aber keine Schrift besaß, vieles rätselhaft und unbekannt geblieben.

Wie sie lebten

Erkenntnisse über das Leben der Kelten lassen sich aus archäologischen Befunden und aus Schriften antiker Autoren wie Caesar, Livius, Plutarch, Diodor und Strabo gewinnen – letztere freilich oft Zeugnisse aus zweiter Hand, in denen das Bemühen erkennbar ist das „Barbarische" dieser Nicht-Griechen bzw. -Römer durch Übertreibungen zu betonen.

Demnach waren die Kelten Menschen von hohem Wuchs, kräftig und weißhäutig. Ihr blondes Haar behandelten sie mit Kalkwasser um es heller und kräftiger zu machen, Zeichen ihrer Eitelkeit ebenso wie ihre bunte Kleidung und ihre Vorliebe für Goldschmuck. Treuherzig und jähzornig sollen sie außerdem gewesen sein, dabei von rascher Auffassungsgabe. Und den italienischen Wein sollen sie geliebt haben. Dies alles sind Charakterisierungen der Männer; Frauen werden in den Schilderungen der Antike nur selten erwähnt.

Nach Caesar lebten die Kelten in einer Gesellschaft, in der adelige Geburt und Erfolg im Kampf den Rang bestimmten. Führend waren demnach die *Ritter,* ihnen übergeordnet nur die *Druiden.* Sie hatten die Funktion von Priestern, Lehrern und Richtern und beherrschten die (griechische) Schrift. Privilegien genossen außerdem die *Barden,* für die mündliche Tradierung von Heldentaten zuständig.

Mit Kriegern und Priestern kann man eine Gesellschaft nicht ernähren und so war die Mehrzahl der Kelten in den Phasen der Sesshaftigkeit Bauern, Händler und Handwerker. Die Ausgrabung eines Dorfes in Kirchheim bei München weist Häuser mit einer Grundfläche von 75–130 Quadratmetern nach, häufig von Palisaden umgeben. Pflanzenreste zeigen, dass Dinkel, Weizen, Gerste, Roggen, Hirse, dicke Bohnen, Erbsen und Linsen sowie Lein angebaut wurden. An Haustieren gab es Rinder, Schafe, Ziegen, Schweine, Pferde und Hunde, sie alle wurden auch verspeist. Überhaupt scheinen die Kelten eine Vorliebe für Fleisch gehabt zu haben; getrunken wurden, je nach Stand, Bier oder Wein – unverdünnt, für die Römer eine typisch barbarische Gewohnheit.

Importiert wurden vor allem Luxusgüter (Wein, Bronzegeschirr, Stoffe und Silberfibeln), exportiert wurden Rohstoffe wie Eisen, Salz und Felle sowie Produkte keltischer Handwerkskunst. Im Eisenschmiede- und Töpferhandwerk, in der Wagnerei und in der Herstellung von Glas waren die Kelten den Mittelmeerländern weit voraus, jedenfalls in der Spätzeit, als viele sich in Städten (*oppida*) niederließen. Eine von ihnen, das *oppidum* bei Manching, ist besonders gut erforscht. Das dortige Raseneisenerz-Vorkommen ermöglichte Produktion und Export hochwertiger Eisenwaren. Für die Herstellung von Keramik verwendete man schnell drehende Töpferscheiben und Zwei-Kammer-Brennöfen. Perfekt waren die Glaswaren aus Manching, vor allem der Exportschlager, die nahtlosen Glasarmringe, heiß begehrt von jeder Römerin. Auch die Räder waren berühmt, deren eiserne Reifen in heißem Zustand auf die Felgen gezogen wurden, wodurch sie besonders gut hafteten.

Woran sie glaubten

Ihre kultischen Handlungen vollzogen die Kelten in Tempeln und abgeschlossenen Hainen; dort wurden den (Natur- und Tier-)Gottheiten Tiere und Waffen geopfert; auch Menschenopfer soll es gegeben haben. Für die Frühzeit belegt die reiche Grabausstattung, dass die Menschen an ein Weiterleben nach dem Tod glaubten – die Hinterbliebenen mussten dafür sorgen, dass es den Toten an nichts fehlte. Aus späterer Zeit gibt es kaum noch Gräber – die religiösen Vorstellungen hatten sich wahrscheinlich geändert und die Toten wurden verbrannt. Denn, schrieb Caesar, die Druiden lehrten, dass die Seelen nicht vergehen, sondern nach dem Tode von einem Körper zum anderen wandern. Vielleicht sind sie also noch unter uns, die Seelen dieses rätselhaften Volkes.

Literatur: Die Kelten in Mitteleuropa, Ausstellungskatalog, Salzburg 1980; J. HERR-MANN, Griechische und lateinische Quellen zur Frühgeschichte Mitteleuropas bis zur Mitte des 1. Jts. unserer Zeitrechnung, Teil I, Berlin 1988; Das keltische Jahrtausend in Bayern, Ausstellungskatalog, München 1993; R. GEBHARD, A. LORENZEN, Die Kelten in Bayern (Hefte zur Bayerischen Geschichte und Kultur 15), München 1993.

H. P.

Die Magyaren – ein wildes Reitervolk wird sesshaft

Es war der Zusammenstoß zweier Welten, als die Magyaren, die alten Ungarn, im ausgehenden 9. Jh. in das Pannonische Becken vorrückten: einer jener „Stürme" aus dem Osten, Trauma für die sesshaften Hochkulturen des Abendlandes: Awaren, Hunnen, Ungarn und später Mongolen waren Angehörige der anderen Welt, der der Steppe, des baumarmen Flachlandes, das sich über den eurasischen Kontinent erstreckt und bis zur mittleren Donau, fast schon im Herzen Europas, reicht. Die Bedingungen der Steppe formten Lebensweisen und Kulturmuster ihrer Völker. Von diesen Bedingungen muss man ausgehen, will man nicht in Klischees stecken bleiben oder in den von Angst und Hass geprägten Feindbildern der Westeuropäer des frühen 10. Jhs. Fabeln sind damals entstanden und wurden tradiert: die Ungarn, ein „alle Raubtiere an Grausamkeiten übertreffendes Volk", so ein Chronist, der auch zu wissen vorgab, dass sie Blut tränken, rohes Fleisch und die Herzen der Getöteten auffräßen. Die Nonne Hrotsvith von Gandersheim sieht in ihnen „Ungeziefer von Menschen". Sie waren keine Christen und das brachte sie schnell in die Nähe des Teufels. Aber: Sie waren keine Dämonen, sondern Krieger der Steppe.

Extreme Temperaturschwankungen und karge Vegetation machten in den Steppenregionen die extensive Viehzucht zur sinnvollsten Wirtschaftsweise. Auf der Suche nach Wasser und Gras pendelten die Reiterhirten zwischen ihren Sommer- und Winterweiden. Das Steppenleben war ein harter Existenzkampf: Kampfbereitschaft und rücksichtsloser Einsatz waren notwendig um die Herden vor wilden Tieren und Feinden zu schützen. Wachdienst, Jagd, Kampfübungen gehörten zu diesem Leben – und das Pferd. Mit außerordentlicher Kampfeslust stürzten sich die Reiternomaden in immer neue Kriegs- und Raubzüge um Beute zu machen und so das karge Leben der Steppe zu verbessern.

Die Ungarn kamen aus dem Wolga- und Uralgebiet sowie Westsibirien und siedelten nördlich des Schwarzen Meeres, wo sie sich mit hier lebenden Germanen, Awaren, Türken und Slawen vermischten, aber ihre eigene, nichtindogermanische Sprache behaupteten. Die Zugehörigkeit zur finno-ugrischen Sprachfamilie weist sie als ferne Verwandte der Finnen und Esten aus; die Trennung der Siedlungsräume lag damals schon viele Jahrhunderte zurück. Das 9. Jh. war für die Magyaren eine Spätzeit ihrer Nomadenkultur; zum Teil waren sie sesshaft, in der Waldsteppe, wo Feldbau und vor allem Fischfang möglich waren. Ein muslimischer Kaufmann schildert die Ungarn des 9. Jhs. als mutige, stolze und stattliche Menschen. Sie kleideten sich in farbige Seidenstoffe, ihre Waffen überzögen sie mit Gold und Silber – die hohe Metallkunst der Ungarn ist auch archäologisch nachgewiesen. Sie lebten von Viehzucht, Ackerbau – und Menschenhandel, indem sie den Byzantinern eingefangene Slawen gegen Luxuswaren verkauften. In der Mitte des 9. Jhs. kam es in den ungarischen Kerngebieten an Don und Donez zu einer Auflösung der politischen und militärischen Strukturen. Der Grund war die Bedrängung durch das Steppenvolk der Petschenegen; schließlich wichen die Ungarn nach Westen aus und gelangten in den 890er Jahren in das Karpatenbecken.

Und nun begann der Zusammenstoß der Kulturen. Denn etwa ab 900 unternahmen die Ungarn Jahr für Jahr Raubzüge in alle Gebiete der *Francia orientalis,* bis nach Italien, Burgund und in das Westfrankenreich. Waren die Krieger des Abendlandes mit Schwert und Streitaxt bewaffnet und auf den Nahkampf eingestellt, so kämpften die Ungarn mit dem Krummsäbel und vor allem mit Pfeil und Bogen. Mit ihren kleinen, schnellen Pferden umschwärmten sie die Feinde, ließen Hagel von Pfeilen auf sie herabgehen, ergriffen – scheinbar – die Flucht, was bei den Franken als Schande galt um dann im unübersichtlichen Gelände aus dem Hinterhalt erneut anzugreifen. Mit dieser Kampfesweise waren sie den Westeuropäern für Jahrzehnte überlegen, was Selbstbewusstsein und Wagemut noch steigerte.

Die Ungarn hatten zwar ihr Siedlungsgebiet verlassen, nicht aber den osteuropäischen Kulturkreis mit weit verzweigten Handelsverbindungen. So waren die kriegerischen Trupps (meist mehrere hundert Reiter) auf Beute aus, vor allem auf Edelmetall für den Handel und zur Verarbeitung, aber auch auf Menschenraub um Lösegeld zu erpressen oder um Frauen und Kinder auf den Sklavenmärkten der Griechen anzubieten. Die Überfälle auf die Nachbarn hatten zudem das strategische Ziel, diese einzuschüchtern um die eroberten Wohngebiete zu sichern. Wer „freiwillig" zahlte und ungestörten Durchzug garantierte, blieb verschont; so gehörte längere Zeit Bayern zu den tributären Ländern. Die große Wende kam durch die Ereignisse des Jahres 955. In der Nähe von Augsburg besiegte das deutsch-böhmische Heer unter Otto I. die ungarische Streitmacht, die größte, die je nach Mitteleuropa vorgestoßen war, wohl aufgrund der besseren Passivwaffen (Helm, Kettenhemd, Schild) und einer veränderten Taktik, über die die Quellen allerdings schweigen.
Nach dieser Niederlage blieben die Ungarn aber keineswegs friedlich und sesshaft. Die Kriegszüge wurden vielmehr auf den Südosten umgelenkt, auf den byzantinischen Machtbereich. Erst als die Expansion des Reiches der Kiewer Rus die alten Verbindungen der Ungarn in die Steppe, vor allem zum Chazarenreich am Schwarzen und Kaspischen Meer, durchschnitt, mussten sie ihre Stellung in Europa neu bestimmen. Fürst Géza entschied sich für das lateinische und gegen das griechische Christentum, teils weil ihm die Niederlage von 955 ein Zeichen für die Überlegenheit der westlichen Religion schien, teils aufgrund des Selbstbewusstseins des fürstlichen Reiternomaden, der sich für reich genug hielt auch diesem Gott zu opfern. Sein Sohn Stefan, der erste König, begründete den christlichen Ungarnstaat und wurde später heiliggesprochen.

Literatur: T. VON BOGYAY, Lechfeld. Ende und Anfang. Ein ungarischer Beitrag zur Tausendjahrfeier des Sieges am Lechfeld, München 1955.

S. M.

„Komm, du ausgeglühte Kohle mit dem Gang einer Vettel!" – Byzanz und das Deutsche Reich

Byzantinismus nennt man bis heute eine besonders widerwärtige, kriecherische Art tatsächlich oder scheinbar wichtigen Leuten zu schmeicheln, und bis heute weiß kaum jemand, dass dieser Ausdruck eigentlich auf einem Missverständnis des byzantinischen Herrscherzeremoniells beruht: Das Sich-Niederwerfen vor dem Kaiser *(proskýnesis)* etwa war kein Zeichen von Unterwürfigkeit, sondern Bestandteil des alten römischen liturgischen Zeremoniells. Nicht erst das 18. Jh., in dem das Schimpfwort vom Byzantinismus entstand, auch die mittelalterlich-abendländischen Zeitgenossen hatten zum byzantinischen Kaiserreich ein Verhältnis, das von Unkenntnis, Misstrauen und Vorurteilen gekennzeichnet war.

Die Geschichte des byzantinischen Staates begann, als Kaiser Konstantin 330 n. Chr. auf dem Boden der alten griechischen Kolonie Byzantion seine Residenz *Konstantinopel* (Stadt des Konstantin, später auch *néa Róme,* das neue Rom, oder einfach Die Stadt; *eis tén pólin,* „Istanbul", bedeutet „in die Stadt") gründete. Nach der endgültigen Trennung von (West-)Rom 395 entstand hier das oströmische Reich der „Rhomäer", in dem sich römische, hellenistische und christliche Lebensformen miteinander verbanden. Es umfasste die Balkanhalbinsel bis an die Donau, Kleinasien, Syrien, Mesopotamien, Zypern, Kreta, Sizilien und Süditalien. In den ersten Jahrhunderten nach seiner Entstehung hatte der junge Staat, in dem griechisch gesprochen wurde und in dem sich bald auch Unterschiede zur römisch-christlichen Lehre herausbildeten, unter Hunnen-, Awaren- und Germaneneinfällen zu leiden; als diese Gefahr gebannt war, machte ihm die arabische Expansion zu schaffen. Die Kluft zu Italien vertiefte sich, als der fränkische König Karl dem byzantinischen Herrscher im Jahr 800 die Nachfolge der römischen Kaiser streitig machte. Endgültig wurde der Bruch mit dem Schisma von 1054: Nun gab es eine morgen- und eine abendländische christliche Kirche, die Glanzzeit der byzantinischen Kunst und Kultur begann. Aber gleichzeitig setzte auch der politische Niedergang ein, der durch innere Streitigkeiten und ständige Bedrohungen von außen gefördert wurde. 1204 fielen die Heere des 4. Kreuzzugs auf Veranlassung Venedigs in Konstantinopel ein und plünderten es erbarmungslos. Das Staatsgebiet zerfiel in ein kleines „lateinisches Kaisertum" und zahlreiche Einzelherrschaften, viele von Venedig kontrolliert. Schließlich machte die osmanische Expansion dem byzantinischen Reich mit der Eroberung Konstantinopels 1453 endgültig den Garaus.

Seit den Tagen Karls des Großen war das Verhältnis zwischen den beiden großen Reichen im Osten und im Westen meist ziemlich gespannt. Der Gegensatz zwischen den oströmischen Herrschern, die sich als Nachfolger der römischen Kaiser sahen, und den fränkischen bzw. deutschen Königen, die das gleiche für sich beanspruchten, brach 967, fünf Jahre nach der Kaiserkrönung Ottos I., offen aus, als dieser byzantinische Gebiete in Süditalien forderte. Militärische Aktionen blieben jedoch ohne Erfolg und so suchte Otto eine diplomatische Lösung: Er wollte seinen Sohn Otto mit einer byzantinischen Prinzessin verheiraten. Als Verhandlungsführer sandte er Bischof Liutprand von Cremona nach Konstantinopel. Das Anliegen des „Barbarenkaisers" wurde von den Byzantinern als Anmaßung empfunden, entsprechend frostig war der Empfang, der dem Gesandten bereitet wurde. Liutprand berichtet darüber an Otto und seine Frau Adelheid:

„(…) Wir sind am 4. Juni (968) in Konstantinopel angekommen, aber wir wurden Euch zur Schmach schimpflich empfangen und schmählich behandelt. In einem sehr großen und offenen Palast, der weder vor Kälte schützte noch der Hitze wehrte, wurden wir eingeschlossen. (…) Zu unseren Beschwerden kam noch hinzu, dass der griechische Wein infolge einer Beimischung von Pech, Harz und Gips für uns untrinkbar war. (…) Am Pfingstsamstag wurde ich vor seinen (des Kaisers Nikephoros) Bruder (…) geführt, wo ich einen ermüdenden Streit über Euren kaiserlichen Titel austragen musste. Denn er nannte Euch nicht Imperator, also Basileus in seiner Sprache, sondern verächtlich einen Rhega, das bedeutet aber in unserer Sprache so viel wie rex. (…) Am heiligen Pfingstsonntag wurde ich (…) vor Nikephoros geführt. Der ist ein Mensch von ganz abenteuerlichem Aussehen, pygmäenhaft wirkt er mit seinem dicken Kopf und den kleinen Augen, wie ein Maulwurf. Ein kurzer, breiter, dichter Bart entstellt ihn ebenso wie sein kaum fingerbreiter Hals, und mit seinen langen und dichten Haaren hat er ein wahres Schweinsgesicht, schwarz wie ein Neger, dem man nicht in der Nacht begegnen möchte. Er hat einen gewaltigen Bauch, einen dürren Hintern. (…) Er trug ein reich geschmücktes weißes, aber uraltes und vor Alter stinkendes Wollgewand. (…) Seine Rede ist unverschämt, sein Charakter gleicht dem eines Fuchses und treulos und verlogen ist er wie Odysseus. (…) Möge es mich nicht die Prozession (zum Kaiser) selbst zu beschreiben (…) verdrießen! Zu dieser Feierlichkeit war eine riesige Menge von Kaufleuten und anderen Menschen aus dem einfachen Volke zum Palast bis zur Hagia Sophia (…) versammelt, mit kleinen Schilden und billigen Spießen verunziert um dem Nikephoros den Empfang mit Lobgesang zu bereiten. (…) Niemand war mit Gold oder Gemmen geschmückt, nur Nikephoros selbst, den aber nun der kaiserliche Ornat, weil er für die Figuren seiner Vorfahren hergerichtet und geschneidert war, nur noch hässlicher machte. (…) Als nun das Monstrum geradezu kriechend heranschlich, sangen die Sänger schmeichelnd: „Siehe, es kommt der Morgenstern. (…) Viele Jahre dem Herrscher Nikephoros! Alle Völker, betet ihn an, verehrt ihn, unterwerft euch ihm in seiner gewaltigen Größe!" Sie hätten aber besser getan zu singen: „Komm, du ausgeglühte Kohle, mit dem Gang einer Vettel und dem Gesicht eines Waldschrats, du Bauernstrolch, du Bocksfuß mit Hörnern, du borstiger Zwitter, du dummer Bauer, du plumper Barbar, du zottiger Aufrührer aus Kappadokien!" Von den verlogenen Gesängen aufgebläht betrat er die Sankt-Sophien-Kirche (…). Am gleichen Tag lud er mich zum Essen. Er hielt mich aber nicht für würdig, dass ich irgendeinem seiner Großen vorgesetzt würde; so saß ich auf dem 15. Rang nach ihm (…). Die Mahlzeit war recht garstig und anstößig, wie bei Betrunkenen von Öl triefend und mit einer ganz abscheulichen Fischtunke bespritzt (…)"

Natürlich, das war Propaganda, nicht nur für Otto, sondern für die hochadelige Öffentlichkeit bestimmt, ein gewisses Maß an Bosheit und Spitzzüngigkeit war also verständlich, zumal die Verhandlungen scheiterten. Dennoch muss sich Liutprand den Vorwurf gefallen lassen mehr als oberflächlich berichtet und bestehende Vorurteile kräftig verstärkt zu haben. Eigentlich hätte er es besser wissen müssen, denn er war 948 bereits einmal in Konstantinopel gewesen; damals hatte er sich noch anders geäußert. Aber jetzt, 968, kein Wort davon, dass Nikephoros, gewiss keine Schönheit, nach dem Zeugnis von Zeitgenossen eine imponierende Erscheinung und überdies ein höchst erfolgreicher Feldherr und ein Förderer der Künste war. Kein Wort der Bewunderung über die Hagia Sophia, über die Bildkunst, die der Deutschlands weit voraus war, nicht einmal ein Hauch von Verständnis für die traditionelle Prozession. Die Unterbringung in einem Palast, der 15. Rang bei Tisch (bei vermutlich Hunderten von Gästen) zeugten durchaus nicht von Missachtung; das Olivenöl und die geschmähte

Fischsoße waren Bestandteile der alten römischen Küche. Feindselig behandelt und als Spion bezeichnet wurde Liutprand erst, als er sich mit Gegnern des Kaisers traf und mit ihnen Geschenke austauschte. Nach Hause nahm der Bischof übrigens fünf kostbare byzantinische Purpurgewänder mit – zumindest wenn sie neu waren, schienen sie ihm also ganz gut gefallen zu haben!

Vier Jahre später, Nikephoros war von einem Rivalen beseitigt worden, gab es doch noch ein Happyend und der ottonische Thronfolger durfte eine byzantinische Prinzessin heimführen. Über Byzanz, seine Kultur und seine Geschichte aber wissen bis heute die meisten so gut wie nichts.

Quelle nach W. Lautemann/M. Schenke (Hg.), Geschichte in Quellen, Mittelalter, München 1989, S. 172–175, und A. Borst, Lebensformen im Mittelalter, Frankfurt/Berlin/Wien 1979, S. 612–617.

H. P.

Aufstieg und Fall der Kiewer Rus

Der Dnjepr war Geburtshelfer und Lebensader des altrussischen Reiches. Im großen Becken des mittleren Dnjepr und – südlich davon – in den weiten Steppenebenen östlich des Stromes siedelten seit dem 7. Jh. ostslawische Stämme, eine Waldbauernkultur. In den dünn besiedelten Räumen nach Norden zu vermischten sich die Ostslawen mit finno-ugrischen und baltischen Völkerschaften.

Der Strom war ein hervorragender Handelsweg zwischen Skandinavien sowie dem Schwarzen Meer und dem byzantinischen Kaiserreich. Genutzt haben ihn zuerst normannische Kaufleute, Krieger und Seenomaden. Die Normannen, im Osten *Waräger* genannt, gründeten befestigte Stapelplätze *(Wike)* um die sich ostslawische Bevölkerung ansiedelte. Auf diese Weise entstand Kiew am Hochufer des Dnjepr. Im späten 9. Jh. kam es um Nowgorod zu einer Reichsbildung unter dem Warägerfürsten Rurik. Sein Nachfolger Oleg verlegte seinen Regierungssitz 882 nach Kiew. Ein Großfürstentum war nun entstanden mit Kiew, der „Mutter aller Städte der Rus" als Zentrum.

Der Ursprung des Namens „Rus" ist umstritten. Die moderne Forschung geht davon aus, dass der Name auf die Waräger zurückgeht. Rus ist von „Ruderer" oder „Wasserfahrer" abgeleitet; so nannten die finnischen Stämme die Waräger; sie haben diesen Namen den Ostslawen vermittelt. Aufgrund der wirtschaftlichen und politischen Bedeutung waräger-russischer Händler, Krieger und Fürsten wurde die Bezeichnung auf Land und Bevölkerung insgesamt übertragen. Rus wurde im Kiewer Reich zur Kollektivbezeichnung der zunächst ethnisch gemischten, dann überwiegend ostslawischen Bevölkerung.

Schon bald nach 882 dehnte Fürst Oleg seinen Einflussbereich bis zum Wolgadelta und zum Kaspischen Meer aus. Die Fürstin Olga, in der orthodoxen

Kirche als Heilige verehrt, übernahm nach dem Tod ihres Mannes Igor († 945), Olegs Nachfolger, die Herrschaft. Mit ihr beginnt das Goldene Zeitalter der Kiewer Rus.

Kiew war zu einer Handelsmetropole von großer europäischer Bedeutung geworden. In jedem Frühjahr sammelten sich hier die skandinavischen Kaufleute um mit Beginn des Frühjahrhochwassers in Flusskarawanen mit bewaffneten Begleitmannschaften die Reise nach Byzanz anzutreten. In den Wochen vorher herrschte reger Handel; selbst aus fernen Landesteilen kamen Güter nach Kiew: Pelze von Biber, Zobel, Hermelin, Seefuchs, Marder, Schneefuchs und Eichhörnchen, ferner Honig, Wachs, Leinwand und Bernstein. Wie die Venezianer, so bedienten auch die Normannen die griechischen Sklavenmärkte. Im Herbst brachten sie Luxusgüter vom Goldenen Horn mit: Seide, Gewürze, Wein, Gold- und Silberschmiedearbeiten. Kiew war über Krakau und Prag mit Zentral- und Westeuropa verbunden. Jüdische Händler kamen aus Speyer, Mainz und Regensburg um vor allem den kostbaren Zobel und anderes Rauchwerk zu erstehen. Wolgabulgarische Händler fanden sich hier ebenso ein wie Araber und Perser. So begegneten sich am Dnjepr auch die Weltreligionen: Judentum, Islam, orthodoxes und lateinisches Christentum.

Wladimir I., der Heilige (980–1015), führte 988 den griechisch-orthodoxen Glauben als Staatsreligion ein. Die Patriarchen von Konstantinopel ernannten die Metropoliten von Kiew – fast durchweg Griechen. Als Kirchen- und Literatursprache setzte sich das Kirchenslawische durch, das von den unter byzantinischer Herrschaft stehenden Südslawen übernommen wurde. Große kulturelle und wirtschaftliche Bedeutung erlangten die Klöster; das Kiewer Höhlenkloster wurde zum kulturellen Zentrum der gesamten Rus.

Unter Jaroslaw dem Weisen (1036–1054) erstreckte sich das Reich der Kiewer Rus vom Mare Balticum bis zum Schwarzen Meer, von den Karpaten bis zu den Flüssen Oka und Moskwa. Kiew wurde zur goldenen Stadt des Reiches; nach byzantinischem Vorbild entstanden prächtige Kirchen, unter ihnen die Sophienkathedrale mit ihren Fresken und Mosaiken. Von über 400 Kirchen und acht Märkten berichtet der Chronist Thietmar von Merseburg. Kiew war im 11. Jh. mit 40000 Einwohnern eine der größten Metropolen der Christenheit. Die dynastische Politik zeigt das enorm gestiegene Ansehen des Großfürsten. Jaroslaws Mutter Anna war eine Schwester des griechischen Kaisers. Er selbst heiratete eine schwedische Königstochter, seine Schwester den polnischen König; Söhne und Töchter heirateten in das ungarische, norwegische und französische Königshaus ein. Jaroslaw förderte Übersetzungen vom Griechischen ins Kirchenslawische, auf seine Veranlassung entstand das erste Gesetzbuch der Rus. In dieser Epoche war das Reich der Kiewer Rus ein mächtiges und gleichberechtigtes Glied im internationalen System.

Zwar begann schon im 12. Jh. allmählich der Niedergang des Kiewer Großreichs. Zur Epochengrenze aber wurde das Katastrophenjahr 1240, als unter

Butu Khan, dem Enkel Dschingis Khans, die Mongolen bzw. Tataren Kiew eroberten und zerstörten. Im Blick auf das Goldene Zeitalter kann man sich die Zäsur gar nicht tiefgreifend genug vorstellen.
Jahrhunderte später erfolgte die Reorganisation des Reichs der Rus nicht mehr von Kiew aus, sondern von einem neuen Zentrum im einstigen Kolonisations-gebiet: Moskau.

Literatur: S. MÜNCHENBACH, Grundzüge altrussischer und ukrainischer Geschichte, in: Czernowitz, Kiew, Jalta, Odessa – Begegnungen, Impressionen, Erfahrungen, Dillingen/Donau 1995.

S. M.

Kosaken – Kriegerleben in der Wildnis

Ins „Wilde Feld" zu ziehen hieß Verarmung, Leibeigenschaft, feudale Willkür, Zwangskatholisierung im polnisch-litauischen Großreich hinter sich zu lassen, eine freie Existenz zu suchen – unter extremen Lebensbedingungen. Seit dem 15. Jh. gingen Menschen ins „Wilde Feld" vom Bug und Dnjepr bis zum Don, in die riesigen Grenzländer zwischen ostslawischen und tatarischen Siedlungs-räumen. Es bildeten sich kosakische Bauern- und Hirtengemeinschaften auf eigenem Grund und Boden und Kriegerbünde, denn das Leben war frei und immer gefährdet.

Der Begriff „Kosake" kommt aus dem Turktatarischen und bedeutet Wächter, freier Krieger. Es waren zuerst Turktataren, die sich so nannten. Dann übernah-men Krieger, meist ostslawischer Abstammung, diese Bezeichnung: Nachkom-men derer, die ins „Wilde Feld" gezogen waren. Sie sicherten den Grenzbereich gegen die Tataren, unternahmen aber seit dem ausgehenden 15. Jh. selbst räuberische Ausfahrten in die Steppe, hart, verwegen und grausam wie die Tataren. Es war die Zeit, als die tatarischen Machtzentren von Kasan an der Wolga bis zur Krim im Niedergang begriffen waren.

Mehrere Kosakengemeinschaften bildeten sich heraus: die *Zaporoger Kosaken* südlich der Stromschnellen (Porogen) des Dnjepr, die *Kuban-, Wolga-* und die *Donkosaken*. Sie wohnten in befestigten Lagern in den Uferwäldern oder auf Flussinseln; das wichtigste Militärlager und politische Zentrum hieß *Sitch* (z. B. Zaporoger Sitch). Kosakenbünde waren freiwillige Zusammenschlüsse; den Rang in der Gemeinschaft bestimmte die kriegerische Leistungsfähigkeit. Alljährlich wurde ein Gruppenführer *(Hetman)* gewählt, der dann in der Kriegs-saison absolute Befehlsgewalt hatte. Im Krieg herrschten Disziplin und Wodka-verbot, ganz im Gegensatz zu den Festen mit Tanz und Kobsamusik. Ein Kosak trug weite Hosen (30 Wassermelonen sollten darin Platz haben), Kaftan, Mantel und Lederstiefel; der einzige Schmuck war der Gürtelschal. Der Kopf war geschoren, bis auf einen Schopf, der ums Ohr gelegt wurde. Ein Oberlippenbart hing mächtig über die Mundwinkel herunter. Die Waffen waren der wichtigste und wertvollste Besitz. Manches Beutegut dagegen wurde in der Steppe vergraben – und vergessen, daher rühren manche Sagen von Kosakenschätzen.

Gegen Ende des 16. Jhs. waren die Kosakenbünde so stark, dass sie regelrechte Heeresverbände unterhielten. Sie bedrohten sogar den Machtbereich des Osmanischen Reiches, nicht nur an der Nordküste des Schwarzen Meeres, sondern auch über See. Kosakenregimenter wurden zu ständigen Einheiten im russischen wie im polnisch-litauischen Heer. Häufig lösten sich solche Truppenverbände am Ende eines Krieges nicht mehr auf, sondern warteten in ihrem Heimatraum auf neue Aufträge oder handelten, wenn diese ausblieben, auf eigene Faust. Im frühen 17. Jh. wurden die Kosakensöldner zu einer bedeutenden Heeresmacht. Im Krieg gegen das Osmanische Reich 1621 rekrutierte der polnische König nicht weniger als 40 000 Kosaken.

Seit dem ausgehenden 16. Jh. drangen in die nominell zu Polen-Litauen gehörenden Steppenregionen am unteren Djnepr feudale Herrschaftsverhältnisse vor. Großgrundbesitzer legten ihre Hand auf „herrenloses" Land; korrupte Beamte vertrieben Bauern von ihrem Grund und Boden. Es kam zu lokalen Kosakenaufständen, denen sich Bauerngemeinschaften anschlossen um Gutshöfe zu plündern. Der Hass richtete sich gegen Juden, die häufig Verwalter und Pächter von Adelsgütern sowie Steuereinzieher waren. Unter den Pogromen freilich hatten alle Juden zu leiden.

Zu einem umfassenden Aufstand gegen die Willkürherrschaft des Grenzlandadels kam es 1648; zum ersten Mal gab es eine einheitliche politische und militärische Strategie; der führende Kopf war der Hetman aller Kosaken, *Bogdan Chmelnizkij* (1596–1657). Kosakenregimenter in polnischen Diensten verweigerten den Gehorsam; Bauern, Städter, Kleinadlige erhoben sich gegen das Magnatenheer. Als „zweiter Messias" gefeiert, zog Bogdan Chmelnizkij in Kiew ein. Begleitet war der Aufstand von einem ungeheuren Terror gegen die polnische Bevölkerung, besonders gegen die Juden. Insgesamt sollen über 300 Gemeinden mit etwa 100 000 jüdischen Menschen den Aufständischen zum Opfer gefallen sein.

Gegen Polen, Krimtataren und Türken konnte sich die Kosakenukraine allein jedoch nicht behaupten. Am 18. Januar 1654 beschloss eine Kosakenversammlung in Perejaslav die Oberherrschaft des Zaren anzunehmen, unter Wahrung innerer Autonomie. Das Kosakenheer entriss Polen den größten Teil Weißrusslands – für den Zaren. Die Kosakenrevolution hat so den Niedergang des polnischen Reiches als Großmacht eingeleitet und zur Dominanz des Zarenreiches in Osteuropa geführt.

Im Hetmanat östlich des Dnjepr und im Zaporoger Gebiet wurden noch 100 Jahre lang Autonomie bewahrt und kosakische Lebensformen gepflegt. Allerdings bildete sich ein Kosakenadel heraus, der sich an der russischen Kultur orientierte. 1775 hob Katharina II. die Autonomie auf; die Zaporoger Sitch wurde zerstört, Kosakenregimenter wurden aufgelöst oder in die russische Armee integriert. Damit gingen die Ukrainekosaken den Weg, den vor ihnen die anderen Kosakengemeinschaften schon beschritten hatten: den der Integration in das russische Reich, dem sie als mobile, kampfstarke Reiterverbände dienten. Im Bürgerkrieg kämpften Kosaken vor allem bei den Weißen; nach dem Sieg der Bolschewiki sind Zehntausende emigriert.

Literatur: K. J. GRÖPER, Die Geschichte der Kosaken. Wilder Osten 1500–1700, München 1976.

S. M.

Die Berber – zwischen Sesshaftigkeit und Wanderleben

Die Berber sind eine der rätselhaftesten Volksgruppen der Welt. Ihr Name leitet sich vom lateinischen „barbarus" ab und bezeichnet damit einen „ungesitteten Rohling", der außerhalb der römischen Kultur lebte. Sie selbst nennen sich „Amazirgh", d. h. „freier, edler Mann". Als Halbnomaden bewohnen sie Nordafrika vom Roten Meer bis zum Atlantik. Um 2500 bis 2000 v. Chr. waren die Ahnen der Berber aus der Sahara gekommen, als diese zusehends austrocknete. Zur gleichen Zeit trafen Stämme aus dem südöstlichen Mittelmeerraum im Nordosten Afrikas ein, die sich mit den aus der Sahara zugewanderten vermischten. In ihre Gebirgsdörfer im Hohen Atlas, die zu beinahe uneinnehmbaren Festungen ausgebaut wurden, wagten sich die Römer und später die Araber nicht hin.

Inzwischen haben sich die Berber mit der arabischen Bevölkerung vermischt. Eine ethnische Unterscheidung zwischen Berbern und Arabern ist kaum mehr möglich. Reste des ursprünglichen Berbertums haben sich in den Staaten Mauretanien, Mali und Niger erhalten. Auch in Algerien gibt es noch geschlossene berberische Siedlungsgebiete.

Die Berber haben nie eine Nation gebildet. Sie stellen kein einheitliches Volk dar und besitzen auch keine einheitliche Kultur. Die Verwandtschaft der Stämme besteht in der Sprache und gewissen kulturellen Gemeinsamkeiten im Bereich der Architektur, in Bräuchen und Sitten wie z. B. dem Tätowieren von Kinn und Wange. Die berberischen Sprachen, es gibt davon einige, sind keine Mundart des Arabischen, vielmehr gehören sie zu einer selbstständigen Gruppe der hamitischen Sprachen, die mit der altägyptischen Sprache verwandt sind.

Die Mehrzahl der Berber ist hochgewachsen und hellhäutig, es gibt auch blauäugige und blonde Berber, die vermutlich von den Vandalen abstammen. Die Berber widersetzten sich im 8. Jh. zunächst dem Islam, nahmen aber schließlich diese Religion an. Ein berühmter Berberstamm sind die *Tuareg* (Einzahl: *Targi*), die am Rand des Hoggar-Gebirges in der algerischen Sahara

leben. Die sesshaften Tuareg leben in Lehm-Stein-Häusern, den nomadisieren-
den dienen Lederzelte als Wohnung. Den Lebensunterhalt liefern ihre Herden:
Kamele, Schafe, Rinder, Ziegen und Esel. Bis vor wenigen Jahrzehnten war
dieser Stamm noch streng in Ritter, Vasallen und Hörige untergliedert. Im
Gegensatz zu den anderen Berbern, die sich seit langem der arabischen Schrift
bedienten, entwickelten die Tuareg eine eigene Schrift. Die Tuaregkrieger
verhüllen ihr Gesicht mit einem indigoblauen Tuch, dem *Litham* um sich vor
Sonne, Sand und Wind zu schützen, aber auch vor bösen Geistern. Frauen haben
bei den Tuareg eine starke Stellung, die auf mutterrechtlichen Tendenzen beruht
und auch vom arabischen Islam abweicht: Sie leben monogam, haben die freie
Gattenwahl und sind Trägerinnen der Bildung. Die Kinder werden der Familie
der Mutter, nicht der des Vaters zugeordnet.

Die „reinen" Berber haben sich inzwischen in den Hohen Atlas zurückgezogen,
eine karge Gebirgslandschaft, von tiefen Schluchten zerfurcht. Bis vor wenigen
Jahren lebten die Berber auf wüstenähnlichen Steppenhochflächen, teils als
Bauern im Gebirge und teils als Grundbesitzer in festungsähnlichen Burgstädten
am Rande grüner Dattelpalmoasen. Die Burgen- und Herrensitze weisen eine
eigenartige, mit seltsamen Ornamenten geschmückte Architektur auf. In einem
Gemeinschaftsspeicher *(agadir)* wurden das Getreide, das Vieh, Schmuck und
Waffen aufbewahrt. Diese Gebäude mit Einzelkammern für jede Familie wurden in Gemeinschaftsarbeit erbaut. Heute verfallen diese großartigen architek-
tonischen Denkmäler. Immer mehr Berber ziehen in die Städte. Durch den
Schulzwang tritt die arabische Sprache in den Vordergrund und das Berberische
wird zunehmend zurückgedrängt.

Literatur: W. NEUMANN, Die Berber, Köln 1983.

G. W.

Mit der Lupe betrachtet –
Menschen, Dinge, Merkwürdigkeiten

Von kleinen und nicht ganz so kleinen Leuten

Imhotep – vom Baumeister zum Gott

(3. Jt. v. Chr.)

Als 1926 in Sakkara, einem Dorf in der Nähe der ägyptischen Hauptstadt Kairo, eine Kalksteinstatue des Königs Djoser entdeckt wurde, war das eine Sensation. Der wichtigste Fund aber war eine eher unscheinbare Inschrift auf dem Sockel des Bildwerks, die den Namen und den Rang Imhoteps („Der Friede kommt") verewigte: „Wesir des Königs von Unterägypten, Erster nach dem König von Oberägypten, Großer Haushofmeister, Inhaber der erblichen Adelswürde, Hoherpriester von Heliopolis, Baumeister, Bildhauer und Oberster Vasenhersteller." Bis dahin galt Imhotep als eine Figur mit ausgesprochen mythischen Zügen, der im Laufe der Jahrhunderte immer mehr bahnbrechende Leistungen zugeschrieben wurden, bis ihr schließlich als Sohn des Ptah göttliche Verehrung zuteil wurde. Die Griechen setzten ihn mit Asklepios gleich.
Über das Leben des Imhotep selbst ist wenig bekannt. Er war Arzt, Baumeister und Ratgeber Djosers, des Begründers der III. Dynastie, der um 2780 v. Chr. regierte. Eine Inschrift aus der Zeit Ramses II. nennt die Namen seiner Eltern (Kanofer und Sat-Nefertem): Ihr zufolge war auch sein Vater Baumeister. Unbestritten ist seine Rolle als Architekt der Anlage von Sakkara, die mit der ca. 60 Meter hohen Stufenpyramide den wahrscheinlich ältesten monumentalen Steinbau der Welt enthält. Folgerichtig sahen spätere Zeiten in Imhotep den Erfinder der Steinmetzkunst. Noch heute lässt sich an dieser Nekropole der Übergang von der ursprünglichen Pyramidenbauweise zu dem späteren ausgefeilten Konzept nachvollziehen, das nach einigen missglückten Ansätzen bis zum Bau der Cheopspyramide perfektioniert wurde.
Der Nachwelt blieb Imhotep vor allem als Arzt im Gedächtnis, aber auch als Priester, Begründer einer Weisheits- und Gerechtigkeitslehre, fähiger Verwaltungsbeamter und Literat. Sein Grab liegt wahrscheinlich nicht allzu weit vom Grabmal König Djosers in Sakkara – aber alle Bemühungen, es zu finden, sind bisher vergeblich geblieben.

J.W.

Aspasia – eine emanzipierte Griechin

(5. Jh. v. Chr.)

Aspasia stammte aus der kleinasiatischen Stadt Milet. Sie wurde vermutlich 469 v. Chr. geboren und muss eine ungewöhnlich faszinierende und geistreiche Persönlichkeit gewesen sein, die großen Einfluss auf die vornehmen und bedeutenden Männer Athens ausgeübt hat. Sogar Sokrates suchte sie mit seinen Schülern wegen ihrer Beredsamkeit auf. Ihr Ansehen war außerordentlich in einer Zeit, in der Frauen wenig zu sagen hatten. So äußerte sich der griechische Geschichtsschreiber Thukydides: „Die Frauen sind am besten, von denen man am wenigsten spricht." Plutarch beschreibt Aspasia als Frau, die ein unehrbares Gewerbe trieb, indem sie Hetären in ihrem Haus aufnahm.

Einer der bedeutendsten Politiker Athens, Perikles, entflammte durch ihre außerordentliche Schönheit und Klugheit in Liebe zu ihr. Er trennte sich von seiner bisherigen Frau, mit der er bereits zwei Kinder hatte um Aspasia zur Frau zu nehmen. Aspasia war damals zwischen 20 und 25 Jahre alt, Perikles bereits über 40 Jahre und stand auf dem Höhepunkt seiner politischen Karriere. Nach Plutarch hing Perikles an ihr in inniger Liebe, denn er habe sie jeden Tag, wenn er das Haus verließ und wenn er heimkehrte, zärtlich geküsst. Das ungewöhnliche Paar war aber vielen Anschuldigungen ausgesetzt. So galt die Verbindung mit einer landfremden Milesierin als Konkubinat, nur die Verbindung mit einer attischen Bürgerin als legitim. Erst durch einen Volksbeschluss bekam der aus der Ehe mit Aspasia hervorgegangene Sohn, der ebenfalls Perikles hieß, das attische Vollbürgerrecht. In einigen zeitgenössischen Komödien wurde die Beziehung zwischen Perikles und Aspasia recht derb verspottet: „Die Geilheit gebar ihm Hera Aspasia, die hundsäugige Dirne." Wegen ihrer ungewöhnlichen öffentlichen Stellung wurde Aspasia der Gottlosigkeit und Kuppelei beschuldigt. Die Absicht der Ankläger war es auch, Perikles zu treffen, dessen Politik nicht unumstritten war. Er selbst führte die Verteidigung und soll sich bitter über die gemeinen Anklagen gegen Aspasia beklagt haben. Nachdem Perikles für sie um Gnade gebeten hatte, wurde sie freigesprochen.

Nach dem Tod des Perikles im Jahr 429 verheiratete sie sich wieder. Danach verlieren sich ihre Spuren.

G. W.

Livia Drusilla – eine Römerin macht Politik

(* 58 v. Chr., † 29 n. Chr.)

Die Römer spotten weidlich, als Livia sich, im sechsten Monat schwanger, von ihrem Ehemann scheiden lässt um sogleich Julius Caesar Octavian zu heiraten, einen der mächtigen Triumvirn. Livia wird eine vorbildliche Ehefrau, die über alle Seitensprünge ihres Gatten großzügig hinwegsieht – er kommt stets zu ihr zurück. Immer tritt sie schlicht frisiert und gewandet auf – genau den altrömischen Idealen entsprechend, die ihr Mann, inzwischen Princeps mit dem Ehrennamen *Augustus,* nunmehr aus Gründen der Staatsräson zur moralischen Erneuerung Roms propagiert. Nebenbei mehrt sie geschickt ihr Privatvermögen. Da ihre Ehe mit Augustus kinderlos bleibt, protegiert sie ihre eigenen Söhne; jedoch mag Augustus den älteren, Tiberius, nicht als Nachfolger nominieren. Als Augustus seine einzige Tochter aus erster Ehe verstößt – durch Skandale schädigte sie das Familien- und damit das Staatsansehen –, setzt sich Livia endlich doch durch.

Als Ehefrau des Augustus ist Livia in Rom hochgeehrt. Bei einer Reise in die hellenistischen Königreiche genießt sie darüber hinaus die dort für eine Herrscherin übliche göttliche Verehrung – das weckt Wünsche!

Nach dem Bürgerkrieg ist die kluge First Lady ein stabilisierender Faktor der römischen Politik. Als ihr Mann 14 n. Chr. stirbt, endet ihr eigener Aufstieg keineswegs, denn jetzt ist sie Kaiserinmutter. Offiziell erhält sie den Titel *Augusta,* womit sie dem neuen Princeps Tiberius ranggleich wird. Beide haben kein gutes Verhältnis zueinander, da sie sich weiter in die Politik einmischt. Daneben widmet sie sich der Verwaltung ihres Erbes und der priesterlichen Betreuung des neuen Augustuskults. Dieser beweihräuchert ihren Mann, der per Senatsspruch zu den Göttern erhoben worden ist. Natürlich macht sie sich Hoffnung ebenfalls zu solchen höheren Ehren zu gelangen. Doch erst 13 Jahre nach ihrem Tod geht ihr sehnlicher Wunsch in Erfüllung.

Augustus liebte sie bis zu seinem Tod, aber ob das sonst noch jemand tat, ist zweifelhaft, da sie mit ihren ehrgeizigen dynastischen Plänen für dauernde Unruhe sorgte. Außerdem war mit etlichen Nachfolgern aus ihrer Familie kaum Staat zu machen!

G. S.

Galenos – Prominentenarzt, Wissenschaftler, medizinischer Schriftsteller

(* 129 n. Chr., † 199)

Dass einer, der wie er in Pergamon geboren wurde, zwangsläufig Arzt werden müsste, kann man sicher nicht behaupten, aber die statistische Wahrscheinlichkeit stieg doch beträchtlich an. Denn dort befand sich ein berühmtes Heiligtum des Asklepios, das eine Tempelanlage mit einem ausgedehnten Kurzentrum verband und Patienten, die es sich leisten konnten, ganzheitliche medizinische Versorgung bot. Tatsächlich wurde er Arzt, absolvierte am Asklepieion seine medizinische Grundausbildung und studierte dann in Smyrna, Korinth und Alexandria. 157 wurde er in seiner Heimatstadt Gladiatorenarzt und lernte dabei das ganze Spektrum der medizinischen Alltagspraxis kennen: Vom Schnupfen bis zur schweren Verwundung, vom Fußpilz bis zum Knochenbruch fiel alles in seine Zuständigkeit.

Vielleicht war es der Wunsch, das breite praktische und theoretische Wissen, das er sich bald erworben hatte, in klingende Münze umzuwandeln, der ihn veranlasste, 161 nach Rom zu gehen. Dort genoss er binnen kurzem einen geradezu legendären Ruf und konnte sich vor Patienten kaum retten. Nebenbei fand er aber auch noch Zeit Vorträge über Aufbau und Funktion des Organismus zu halten und sein umfangreiches Wissen zu Papyros zu bringen. 166 verließ er Rom, wahrscheinlich auf der Flucht vor einer Seuche, vor der auch seine Kunst versagte. Aber zwei Jahre später kehrte er in die Ewige Stadt zurück und brachte es bis zum Leibarzt des Kaisers Mark Aurel.

Galen wäre sicher trotz seiner Fähigkeiten als Arzt längst vergessen, hätte er nicht ein umfangreiches Werk hinterlassen, in dem er das gesamte medizinische Wissen der Antike zusammenfasste und durch eigene Erfahrungen ergänzte. Er schrieb Standardwerke zur Anatomie, Pathologie, Physiologie, Pharmakologie und Diätetik, systematisierte und erweiterte die Humoralpathologie und begründete eine lückenlose Stoffwechsellehre, indem er die Bewegung des Blutes mit drei unterschiedlichen Verdauungsprozessen (*Digestionen*) in einen Zusammenhang brachte.

Bis ins Zeitalter der Renaissance und darüber hinaus ist Galen die unbestrittene Autorität für alle Ärzte geblieben. Das spricht zwar nicht gerade für die Dynamik der mittelalterlichen medizinischen Wissenschaft, belegt aber doch eindrucksvoll, was dieser bedeutende Arzt geschaffen hat: eine medizinische Systematik, die für viele folgende Generationen keine Fragen offen ließ.

H. P.

Lucius Julius Vehilius Gratus Julianus – Mordskarriere und Ende durch Mord

(* um 130, † 190)

Die Römer haben in Weihe- und Ehreninschriften sowie auf Grabsteinen ganze Lebensläufe und berufliche Karrieren überliefert. Dadurch erhält man ein Bild von Personen, meist der zweiten oder dritten Führungsebene, über die es sonst wenig Quellen gibt.

Julius Vehilius stammte aus der römischen Ritterschaft. Mit knapp 30 Jahren begann seine Ämterlaufbahn, der *cursus honorum:* eine typische Offizierskarriere in drei Stufen: anfangs Präfekt (Kommandant) einer Hilfstruppenkohorte von 500 Mann in Syrien, Militärtribun in Oberpannonien für 1 000 Mann. Als Kommandant eines 500 Mann starken Reiterregiments nahm er unter Mark Aurel an dem Partherkrieg teil (162/163), wobei er sich hervorragend bewährte. Der vierte Schritt seiner Karriere hob ihn in eine ganz schmale Schicht von Eliteoffizieren: Er wurde im Noricum Kommandant einer Kavallerieeinheit von 1 000 Mann.

167 war er wieder im Krieg, diesmal in Pannonien, wo die Markomannen den Donaulimes durchbrochen hatten. Julius Vehilius wurde, modern ausgedrückt, zum Spezialisten für den Partisanenkrieg. Als Kommandant hochmobiler Reitereinheiten besorgte er die Vertreibung oder Vernichtung kleinerer eingedrungener Verbände. Es folgten Einsätze dieser Art in Nordgriechenland, Südspanien und (nach einem zivilen Amt) in Nordengland; hier z. B. kommandierte er Strafexpeditionen um unruhige Stämme im schottischen Hochland zu „befrieden". Dazwischen war er Kommandant der Schwarzmeerflotte, die neu aufzubauen war um den Nachschub für die Markomannenfront zu sichern. Ein hohes Maß an Mobilität war immer kennzeichnend für römische Offiziere; bei Julius Vehilius war sie überdurchschnittlich.

Später erscheint er als Vertrauter des jungen Kaisers Commodus. Er wurde Flottenpräfekt in der Adria, Verwalter der Reichsfinanzen und Getreidepräfekt, als solcher zuständig für die Lebensmittelversorgung der Hauptstadt. Und dann stieg er zum Präfekten der Prätorianergarde auf, der absoluten Eliteeinheit, der das Leben des Kaisers anvertraut war. Höher konnte ein ritterschaftlicher Offizier nicht aufsteigen. Allerdings hat ihn der krankhaft misstrauische Commodus nach wenigen Monaten „entlassen", indem er ihn (wie seinen Vorgänger) ermorden ließ. Sein Nachfolger ist diesem Schicksal entgangen, indem er seinerseits im folgenden Jahr den Kaiser umbringen ließ.

S. M.

Katharina von Alexandria, die Heilige „mit dem Rad", und Hypatia – Opfer von Frauenfeindlichkeit und religiösem Fanatismus

Katharina (* um 290, † 315), Hypatia (* 370, † 415)

Alexandria – Kreuzungspunkt zwischen Völkern und Religionen, aber auch Schauplatz unnachgiebiger Auseinandersetzungen. Das mussten gegen Ende des Altertums zwei Frauen am eigenen Leib erfahren: Beide waren hochgebildet und lebten nicht nach üblichen Normen; sie starben durch fanatische Glaubenseiferer, beide als Anhängerinnen einer zu ihrer Zeit angefeindeten Religion. Katharina von Alexandria lehnte Heiratsangebote von Kaiser Maxentius' Sohn ab – sie meinte selbstbewusst, er sei weder so schön, reich oder weise wie sie selbst! Dann trat sie zum Christentum über, empfand sich als Verlobte Christi und stand zu ihrem Glauben: Als Weltwunder an Klugheit bewies sie dies in einem öffentlichen Disput gegen 50 berühmte Gelehrte und überzeugte viele vom Christentum. Das kostete sie ihr Leben – sie wurde gerädert.

Nicht viel anders erging es etwa 100 Jahre später Hypatia. Sie übernahm den Lehrstuhl ihres Vaters am Museion in Alexandria, wo sie zuvor seine Schülerin gewesen war. Ihre vielbesuchten Vorlesungen über Philosophie, Mathematik und angewandte Naturwissenschaften wurden von Menschen aller Glaubensrichtungen gehört. Sie veröffentlichte Theoretisches und erfand epochemachendes Praktisches, unter anderem einen flachen Astrolab zur Bestimmung von Sonnen- und Sternenstand und das Aerometer zur Ermittlung des spezifischen Gewichts von Flüssigkeiten. – Alle Heiratsanträge lehnte sie ab, führte aber kein zurückgezogenes Dasein, sondern beteiligte sich am gesellschaftlichen und öffentlichen Leben. Ihre einflussreichen Bekannten konnten sie nicht vor der Wut fanatischer Kirchenführer schützen. Da sie weder zum Christentum übertrat noch aufhörte, auch dem einfachen Volk Vorlesungen über neuplatonische Philosophie zu halten, stiftete Patriarch Kyrillos seine Mönche zum Mord an. Er wollte seine Stadt frei von heidnischen Philosophen haben! Wissenschaften galten als Widerspruch gegen den christlichen Glauben – nicht zufällig war die berühmteste Bibliothek Alexandrias 391 in Flammen aufgegangen: Bischof Theophilos hatte den zündenden Einfall gehabt.
Hypatia wurde 415 gesteinigt; der Zeitgenosse Sokrates Scholastikus beschreibt ihren Tod etwas anders: „Sie zerrten sie aus ihrem Wagen, schleppten sie in die Kirche namens Caesarium. Dort zogen sie sie splitternackt aus, schnitten ihr die Haut auf und rissen ihr mit scharfen Muschelschalen das Fleisch aus dem Körper, bis der Atem ihren Körper verließ, dann vierteilten sie ihren Leichnam … und verbrannten sie zu Asche." So wurde nicht nur die Glaubensgegnerin, sondern auch die emanzipierte Frau und Wissenschaftlerin vernichtet. Hypatias Werke gerieten in Vergessenheit, Kyrillus wurde heiliggesprochen.

G. S.

Eleonore von Aquitanien – die bedeutendste Fürstin ihrer Zeit

(★ 1122, † 1204)

Eleonore, Tochter und Erbin Herzog Wilhelms X. von Aquitanien, heiratete 1137 den nur wenig älteren Ludwig VII. und wurde Königin von Frankreich. Der Fama nach löste sie die Auseinandersetzungen ihres Gatten mit dem Grafen der Champagne aus, deren Folgen Ludwig zwangen sich am 2. Kreuzzug zu beteiligen. Eleonore begleitete ihn. Strategische Fehler, Zwietracht und mangelnde Entschlossenheit ließen den Zug zu einem Fiasko werden. Die dadurch entstandene Kluft zwischen den Eheleuten wurde noch vertieft, als Ludwig Eleonore verdächtigte mit ihrem Onkel, Raimund von Poitiérs, Fürst von Antiochien, ein Verhältnis zu haben. 1152 ließ Ludwig die Ehe mit Eleonore unter dem üblichen Vorwand zu naher Verwandtschaft lösen. Wenige Monate später heiratete sie Heinrich Plantagenet, der 1154 König von England wurde. Durch Eleonores Erblande vergrößerte sich der Festlandsbesitz der Plantagenets so erheblich, dass er auf Dauer zu einer ernsthaften Bedrohung für die Macht des französischen Königs wurde.

Nach zwei Töchtern aus erster Ehe schenkte Eleonore acht weiteren Kindern das Leben, unter ihnen Richard Löwenherz und Johann Ohneland.

Eleonore übernahm aber auch Aufgaben in der Regierung. Nach dem Bruch mit Heinrich 1167 residierte sie zeitweise in Poitiérs und unterstützte den Aufstand ihrer Söhne gegen den Vater, der Eleonore 1174 gefangensetzen ließ. Nach dem Tod Heinrichs 1189 sicherte sie die Nachfolge Richards in England. Auch während des 3. Kreuzzugs vertrat sie die Interessen ihres Sohnes als gewiefte Diplomatin und unternahm zu diesem Zweck, mittlerweile an die 70 Jahre alt, ausgedehnte Reisen nach Italien und Sizilien, wo sie die Ehe Richards mit Berengaria von Navarra arrangierte. Nach Richards Gefangennahme entfaltete sie umfangreiche Aktivitäten um seine Freilassung zu erreichen und ihm den Thron zu sichern. So organisierte sie maßgeblich die Eintreibung der Sondersteuern für das von Heinrich VI. geforderte Lösegeld, das sie dann selbst nach Deutschland brachte. Bis zuletzt äußerst aktiv, starb Eleonore am 31. März 1204.

Sie war eine gebildete, machtbewusste und lebenslustige Frau, die die Grenzen, die ihre Zeit den Frauen setzte, souverän überschritt. Zeit ihres Lebens blieb sie der kulturellen Tradition Aquitaniens verbunden und förderte die Literatur der Troubadours. Ihre Hofhaltung in Poitiérs wurde ein Vorbild für die legendären

„Minnehöfe" mit ihrer verfeinerten und streng reglementierten Lebensart. Diese erste hauptsächlich von Laien getragene höfische Kultur des Mittelalters prägte nicht zuletzt durch Eleonores Tochter Maria, die Gattin des Grafen der Champagne, auch den Adel Nordfrankreichs und Deutschlands.

J. W.

Maimonides – der „Führer der Schwankenden"

(* 1135, † 1204)

Obwohl es zu allen Zeiten Ansätze zu einer rationalen Sicht der Welt gegeben hat, steht außer Frage, dass die Auseinandersetzung mit dem Aristotelismus einer der großen Anschübe war, die Wissenschaft und Kultur im gar nicht so finsteren Mittelalter voranbrachten. Ebenso steht außer Frage, dass speziell auf diesem Feld das christliche Europa dem Islam viel verdankt.

Sizilien und vor allem Spanien waren Orte der damals noch recht einseitigen interkulturellen Kommunikation, wo in den Phasen religiöser Duldsamkeit sich so etwas wie freier Gedankenaustausch entwickeln konnte. Die dort entstandenen neuen Denkansätze erreichten meist schnell Italien und Frankreich, wo sie – trotz einiger Verbote kirchlicher Stellen – von den Universitäten aufgegriffen und bald wissenschaftliches Allgemeingut wurden. Die Vermittlung selbst übernahmen häufig jüdische Gelehrte.

Neben Ibn Rusd („Averroes") zeigten auch die Werke des jüdischen Philosophen, Theologen und Arztes Maimonides (Rabbi Moses ben Maimon; „Rambam") nachhaltige Wirkung in Europa. Maimonides, in Córdoba geboren, verließ 1147 seine Heimatstadt nach ihrer Eroberung durch die Almohaden, an die sich eine Juden- und Christenverfolgung anschloss, und ließ sich, nach Stationen in Marokko, wo er gezwungen war sich zeitweise zum Islam zu bekennen, und Palästina, 1165 als Arzt in Kairo nieder. Als solcher erwarb er sich bald so großes Ansehen, dass er zum Leibarzt am ägyptischen Hof aufstieg. Daneben wirkte er als Sprecher der jüdischen Minderheit in Ägypten. Auf seinen Rat hin gestattete Saladin nach der Eroberung Jerusalems die Neuansiedlung von Juden in Palästina.

Sieht man von seinen zahlreichen medizinischen Schriften, die stark von Galen beeinflusst sind, ab, bewegt sich Maimonides' Werk im Spannungsfeld zwischen Vernunft, Philosophie und religiöser Offenbarung. So gelang es ihm den Talmud zu systematisieren, wobei er für eine symbolische Deutung der rational nicht nachvollziehbaren Episoden der Bibel eintrat. Sein Hauptwerk, *Führer der Schwankenden,* das bald ins Lateinische übersetzt wurde, verschaffte ihm den Ruf des bedeutendsten jüdischen Denkers seiner Epoche. Er versucht darin einen Ausgleich zwischen Aristotelismus und jüdischen Glaubensgrundsätzen. Dieses Werk beeinflusste in Europa unter anderem Albertus Magnus, Thomas von Aquin und Meister Eckhart.

Innerhalb der jüdischen Gemeinden, vor allem der Provence, führten Maimonides' Schriften zu schweren Konflikten, die mit Bannflüchen, Verrat und offener Gewalt ausgetragen wurden („Maimonideischer Krieg"). Wirksam blieb ein Verbot für Studenten, Maimonides' Werke vor dem 25. Lebensjahr zu lesen.

J. W.

Marco Polo – ein Weltreisender des Mittelalters

(* um 1254, † 1324)

Marco Polo, in Venedig geboren, wuchs in einer Atmosphäre auf, die geprägt war von den internationalen Wirtschaftsbeziehungen, welche die Stadt unterhielt. Venedig war zu dieser Zeit eine der bedeutendsten europäischen Wirtschaftsmetropolen, in der viele ausländische Kaufleute verkehrten. Zweifellos reizte dieser ständige Umgang mit Menschen aus fernen Ländern schon früh die Abenteuer- und Reiselust des jungen Marco. Der Vater, Nicolo, und dessen Bruder, Maffeo, waren Kaufleute und im Jahr 1260 in den Nahen Osten aufgebrochen. Ihre Reise führte jedoch bis nach China an den Hof des mongolischen Herrschers Khubilai. Nach ihrer Rückkehr 1269 brachen sie bereits 1271, zusammen mit dem gerade sechzehnjährigen Marco, wieder nach China auf. Ihre Reise dauerte vier Jahre. Nach kurzer Zeit am Hofe Khubilais, der die Europäer schätzte, da sie seine Kenntnisse über das Abendland bereicherten, beherrschte Marco bereits mehrere Landessprachen. Vor allem aber hatte er es verstanden, sein außergewöhnliches Gedächtnis und seine Beobachtungsgabe zu schärfen, denen wir seine detaillierten Reisebeschreibungen und Informationen über die chinesische Kultur, Religion und Politik verdanken. Er wurde von Khubilai aufgefordert in den Staatsdienst einzutreten. Der Großkhan beauftragte ihn in den 17 Dienstjahren mit verschiedenen diplomatischen Missionen, die ihn in viele Regionen von China führten. Geschätzt wurden seine Klugheit, die Vielseitigkeit und Genauigkeit seiner Informationen. 1291 brachen die Polos, reich beschenkt, nach Europa auf. Der größte Teil der Reise erfolgte auf Schiffen durch den Indischen Ozean. Die Polos waren 24 Jahre unterwegs gewesen.

Ungläubig bestaunten die Venezianer die Reisenden, die seit langem als verschollen galten. Mit den in ihren Kleidern eingenähten kostbaren Edelsteinen und ihren Erfahrungen, die zunächst kaum geglaubt wurden, gehörten die Polos nun zu den reichsten und angesehensten Bürgern von Venedig. Marcos Reisebericht, mit dem Titel *Il milione*, erschien schon bald in mehrere Sprachen übersetzt, hatte großen Einfluss auf die geografischen Vorstellungen des 14. und 15. Jhs. Mit 45 Jahren heiratete er in eine angesehene adlige Familie ein und führte nun das Leben eines wohlhabenden Kaufmanns, der Venedig bis zu seinem Tod 1324 nie mehr verließ.

G. W.

Marguerite Porete – Begine, Mystikerin und Ketzerin

(13./14. Jh.)

Am 1. Juni 1310 wurde auf dem Place de Grève in Paris eine Frau öffentlich als Häretikerin verbrannt. Eine große Volksmenge sah der Hinrichtung zu, und viele waren, schreibt ein zeitgenössischer Chronist, von ihrer reuevollen und gleichzeitig edlen und frommen Haltung zu Tränen bewegt. Wer sie eigentlich war und für welches Vergehen sie die schreckliche Rache der Kirche traf, wussten wohl die wenigsten.

Aus den Prozessakten lässt sich nur wenig über ihre Herkunft und ihren Lebenslauf erschließen. Sie wird darin Marguerite Porete (ein Beiname, der soviel wie „kleiner Lauch" bedeutet) von Hainaut (Hennegau) oder von Valenciennes genannt. Ihr Name und ihre bemerkenswerte Bildung lassen vermuten, dass Marguerite der städtischen Aristokratie von Valenciennes entstammte; wahrscheinlich war sie Begine.

Beginen lebten in klosterähnlichen Gemeinschaften zusammen und beugten sich dem Armuts- und Keuschheitsgebot ohne indes irgendeine Ordensregel anzuerkennen. Ihre Lebensform, im 12. Jh. entstanden und im 13. und 14. Jh. in Frankreich, den Niederlanden und Deutschland weit verbreitet, wurde von der Amtskirche mit Misstrauen beobachtet und in die Nähe der als häretisch bekämpften Laienbewegung gerückt. Anlass für die Anklage gegen Marguerite war ihr mystisches Werk *Der Spiegel der einfachen Seelen.* Sie betont darin, dass es von Gott komme und von göttlicher Liebe erfüllt sei, und beschreibt unter anderem sieben Stufen des Aufstiegs der Seele zu Gott: die Seele, die Gott nahe sei, stehe über den menschlichen Moralbegriffen und bedürfe der kirchlichen Sakramente nicht mehr. Das war Ketzerei!

Der Bischof von Cambrai ließ ihr Buch deshalb in Valenciennes als häretisch verbrennen und ihr verbieten dessen Irrtümer zu wiederholen. Aber Marguerite widersetzte sich. Wie konnte etwas, das von Gott kam, ketzerisch sein? Sie fand positive Gutachter und schickte das Werk unter anderem an den Bischof von Châlon-sur-Marne. Das machte das Maß voll.

1307 wurde sie dem französischen Generalinquisitor überstellt und in den Kerker geworfen. Beharrlich verweigerte sie jeden Widerruf. Am 11. April 1309 wurde *Der Spiegel* von 21 namhaften Theologen als häretisch verdammt. Als Marguerite noch immer nicht widerrufen wollte, übergab man sie als rückfällige Ketzerin den weltlichen Behörden. Damit war ihr Tod beschlossene Sache. Sie erduldete ihn lieber, als die beanstandeten 15 Sätze zurückzunehmen. War das Starrsinn, Verblendung oder wirklich die Erfahrung der Nähe Gottes? Wir wissen es nicht. *Der Spiegel der einfachen Seelen* aber wurde von vielen begeistert gelesen und ist heute noch in 14 Handschriften erhalten.

H. P.

Francesco di Marco Datini – ein Selfmademan der Frührenaissance

(* 1335, † 1410)

Die Geschichte Francescos mutet an wie der vorweggenommene amerikanische Traum. Es ist die Geschichte eines armen Burschen aus der Provinz, der mit Witz, Unternehmungsgeist und sicher auch einer gehörigen Portion Skrupellosigkeit zu einem der angesehensten Kaufleute Italiens wurde.

Sein Vater war ein armer Schankwirt, der in Prato in der Toskana ein bisschen Land besaß. Als seine Eltern 1348 an der Pest gestorben waren, hielt es ihn nicht mehr lange zu Haus. Er ging zunächst als Lehrling nach Florenz, dann kratzte er etwas Kapital zusammen und machte sich auf den Weg nach Avignon, dem Sitz des Papstes, einer reichen, aufblühenden Stadt, wo sich eine Menge Geld verdienen ließ. 1363 war Francesco bereits selbstständiger Kaufmann. Er handelte zunächst mit Waffen, die er ohne Hemmungen an verfeindete Parteien lieferte – auch darin ein Vorbild der Moderne. Später erweiterte er sein Warenangebot: Salz, Emaille, religiöse Kunst, Wolle, Wein, Safran kamen hinzu, auch eine Wechselstube gründete er. Tag und Nacht nahmen ihn seine Geschäfte in Anspruch: einen unehelichen Sohn bekam er, aber zum Heiraten fand er keine Zeit. Erst mit 40 Jahren heiratete er eine sechzehnjährige Florentinerin und kehrte mit ihr nach 33 Jahren in der Fremde nach Prato zurück. Er ließ sich ein großes Haus mit einem Garten voller Blumen errichten – das einzige Mal in seinem Leben, dass er bei einem Unternehmen nicht auf den Profit schaute, was er heftig bedauerte. Bald nannte man ihn nur noch „Francesco den Reichen". Den größten Teil seiner Geschäfte wickelte er nun in Florenz ab, wo er auch ein eigenes Bankhaus gründete. Seine Frau konnte keine Kinder bekommen, also zeugte er ein paar uneheliche und widmete sich ansonsten unermüdlich der Mehrung seines Vermögens. Erst als 1400 die Pest in der Toskana wütete und er mit seiner Frau für ein gutes Jahr nach Bologna floh, ging er in sich, fragte nach dem Sinn eines solchen Daseins. Aber das hielt nicht lange vor. Bald danach handelte und feilschte, kaufte und verkaufte er wie zuvor, bis er einem Nierenleiden erlag.

Er hinterließ – neben seinem gewaltigen materiellen Besitz, den er einer Stiftung für die Armen Pratos vermachte – 500 Geschäftsbücher, 300 Verträge, Wechsel und Frachtbriefe und über 100 000 Briefe – ein einzigartiges Erbe. Alle seine Geschäftsbücher trugen das Motto, nach dem er gelebt hatte: „Im Namen Gottes und des Geschäfts".

H. P.

Katharina von Siena – Heilige und Politikerin

(* 1347, † 1380)

Sie war eine außerordentlich selbstbewusste Frau, stand schon zu Lebzeiten im Ruf der Heiligkeit, eine Politikerin mit großen Zielen – oder war sie nur Schachfigur im Machtspiel der Zeit? Katharina war die Tochter der Lapa und des Giacomo Benicasa, eines Pelzfärbers in Siena. 25 Kinder hatte die Familie; die meisten sind früh gestorben. Schon als Kind hatte sie intensive religiöse Erlebnisse und die Fähigkeit zur mystischen Schau. Sie verweigerte den Gehorsam, als sie 15-jährig verheiratet werden sollte, und trat in den Dritten Orden der Dominikaner ein um sich um Arme und Kranke zu kümmern.

1370 erlebte sie die mystische Vereinigung mit Jesus, der ihr die Brust öffnete, ihr Herz entnahm und seines dafür einsetzte. Auch die Wundmale des Herrn soll sie getragen haben. Im gleichen Jahr bildete sich ein Kreis von Jüngerinnen und Jüngern um sie. Mit ganzer Kraft widmete sie sich nun der Politik. Sie vermittelte zwischen streitenden Adelsfraktionen ihrer Heimatstadt. Stadtregierungen, Söldnerführern, Fürsten, Kardinälen und dem Papst erteilte sie im Namen Gottes Anordnungen und Befehle. 382 Briefe sind erhalten, die sie drei Sekretärinnen diktierte, weil sie selbst nicht schreiben konnte.

Ihr großes politisches Ziel war die Rückkehr des Papstes von Avignon, wo er seit 1309 residierte, nach Rom. Mit leidenschaftlichen, flammenden Worten forderte sie Papst Gregor XI. dazu auf. Voraussetzung war aber die Wiederherstellung des Kirchenstaats, der nach dem Willen des Papstes über den Apennin bis nach Bologna reichen sollte. Militärische Gewalt und Diplomatie waren im Spiel – und die Briefe Katharinas aus Siena. Als Gregor XI. sich bei seiner ehrgeizigen Territorialpolitik in Italien mit Florenz überwarf, vermittelte Katharina den Frieden. Eigentlich war die Rückkehr nach Rom im Interesse Florentiner Banken, die für den Heiligen Vater gewinnbringend europaweite Finanzgeschäfte managten. Lukrative kirchliche Pfründe winkten für italienische Adelsfamilien; denn wenn der Papst erst wieder in Rom war, konnte endlich die Vorherrschaft der französischen Kardinäle gebrochen werden. Im Januar 1377 zog der Papst in Rom ein, bis zu seinem Tod im März 1378 war Katharina als Ratgeberin in seiner Umgebung. Dann kämpfte sie bis zu ihrem Tod für die allgemeine Anerkennung Papst Urbans VI. und gegen den Gegenpapst in Avignon.

1461 wurde sie von Papst Pius II. heiliggesprochen.

S. M.

Heinrich Institoris – ein Fanatiker im Dienst des Papstes

(* 1430, † 1505)

Sein Vater war Krämer, deshalb nannte er sich später – auf Latein, wie es unter den Gelehrten des 15. und 16. Jhs. Mode war – „des Krämers (Sohn)" – Institoris. Wahrscheinlich aus Schlettstatt im Elsass stammend, trat er in jungen Jahren in das dortige Dominikanerkloster ein. Über den Verlauf seiner ersten Lebensjahrzehnte ist sonst kaum etwas bekannt. 1473 aber wurde er aktenkundig: Sein Orden drohte ihm schwere Strafe an, weil er Kaiser Friedrich III. verunglimpft hatte. Wie es scheint, hatte er nämlich in einer Predigt den Primat des Papstes über den Kaiser betont und sich dabei im Ton vergriffen. Er vermochte indes seine Oberen davon zu überzeugen, dass dies zum Nutzen der Kirche geschehen sei, denn sie rehabilitierten ihn 1474 nicht nur vollständig, sondern verliehen ihm auch noch zahlreiche Privilegien. Außerdem ernannten sie ihn zum Inquisitor mit besonderen Vollmachten. 1482, inzwischen zum Doktor der Theologie avanciert, geriet er erneut in Schwierigkeiten: Papst Sixtus IV. wollte ihn verhaften lassen, weil er Ablassgelder unterschlagen haben sollte. Aber wieder machte er sich als Kämpfer für das Papsttum so beliebt, dass er sich aus der Affäre ziehen konnte.

Seit 1480 hatte er sich als Inquisitor auf die Hexenverfolgung spezialisiert; seinen Prozessen waren Dutzende unschuldiger Frauen zum Opfer gefallen. Sein Eifer wurde 1484 von Papst Innozenz VIII. belohnt, der ihn und seinen Kollegen Jakob Sprenger zu Chefinquisitoren für den oberdeutschen Raum ernannte. Immerhin gab es Geistliche, denen diese Stellung nicht imponierte: Bischof Georg Golser von Brixen, dem seine Prozessführung missfiel, warf ihn kurzerhand aus der Stadt. Die Frucht seiner inquisitorischen Tätigkeit war eines der scheußlichsten Bücher der Geschichte, der *Hexenhammer,* in dem er alle Frauen als trieb- und lasterhafte Wesen und damit anfällig für Hexerei diffamierte und einen Leitfaden für den Hexenprozess konzipierte, der zur Grundlage für die grausamen Verfolgungen späterer Jahre wurde. Um seinem Werk Autorität zu verleihen fälschte er – immer im Dienst der „guten Sache"! – ein Gutachten der Kölner Theologischen Fakultät. Auch später war er noch in zahlreiche Skandale verwickelt, deren Ursachen unbekannt sind, die aber so schwerwiegend waren, dass sich sogar sein Freund Sprenger von ihm abwandte.

Wo immer er für den Rest seines Lebens noch tätig war, ob in Augsburg, wo er sich für die Anerkennung einer wunderwirkenden Hostie einsetzte, ob in Venedig, wo er reformerische Lehren bekämpfte, ob in Mähren, wo er gegen die Waldenser auftrat, überall zeigte er sich als blindwütiger Hexen- und Ketzerverfolger und als glühender Anhänger des Papsttums. Gestorben ist er in Olmütz oder in Brünn. Sein Orden feierte ihn als „vir sua aetate clarissimus".

H. P.

Hans Folz – Barbier, Wundarzt, Alchimist, Dichter und Verleger

(★ 1435, † 1513)

Im Jahr 1459 kam ein junger Mann aus Worms nach Nürnberg um sich dort niederzulassen. Er hatte die städtische Schule besucht und auf seine Bildung war er sehr stolz: Er sprach ordentlich Latein, konnte gut rechnen und hatte allerlei gelesen. Auch hatte er selbst schon manche gereimte Geschichte geschrieben und es genossen, seine Werke einem geneigten Publikum vorzutragen. Aber seine Familie war nicht vermögend und von seinen literarischen Werken konnte er nicht leben. Also war er nach der Schulzeit zu einem Barbier in die Lehre gegangen und hatte Rasieren und Haareschneiden, Zähneziehen, Zur-Ader-lassen und Wundversorgung gelernt; das alles gehörte zum Handwerk. Als Geselle ist er dann auf Wanderschaft gegangen, dabei bis Nordspanien gelangt und hatte sich bei zahlreichen Meistern verdingt. Nun wollte er im reichen Nürnberg sein Handwerk als selbstständiger Meister ausüben. Außerdem hoffte er Anschluss an literarisch interessierte Handwerksmeister zu finden. Davon gab es in Nürnberg viele, die sich zu einer weithin berühmten Meistersingerschule zusammengeschlossen hatten; bei Festen und Wettbewerben trugen sie ihre Werke vor. Bald war Hans Folz nicht nur einer von ihnen, sondern gewann so hohes Ansehen, dass alle ihm nacheiferten. An die hundert Lieder schrieb er für die Meistersingerschule. Aber lieber noch beschäftigte er sich mit einer anderen Form der Literatur, mit dem Schwank. In zwanzig heiteren, manchmal äußerst derben Geschichten nahm er menschliche Schwächen aufs Korn: Dummheit, Heuchelei, Untreue und Schlitzohrigkeit. Kein Stand war dabei vor seinem Spott sicher. Freilich stammen auch antijüdische Bösartigkeiten aus seiner Feder. Mit ihnen wollte er sich beim Nürnberger Rat beliebt machen; der erwog nämlich gerade die Ausweisung aller Juden. Denn so gern Folz auch Moral predigte, er selbst dachte in erster Linie ans Geschäft.

Bemerkenswert war das Wissen, das er sich im Lauf der Zeit aneignete. Er verschlang theologische Werke ebenso wie medizinische und alchemistische. Neben seinen Dichtungen schrieb er über die Pest, über Badekuren, über den Umgang mit Branntwein und Gewürzen und vieles mehr.

Hans Folz war kein weltfremder Poet. Er verstand es sein Leben lang, sein Wissen und seine dichterische Begabung in klingende Münze zu verwandeln; für Marktlücken hatte er dabei einen ausgesprochenen Riecher. 1479 richtete er sich sogar eine Druckerwerkstatt ein, in der vor allem seine eigenen Werke verlegte; seinen eigentlichen Beruf gab er aber nie auf.

Hochgeachtet und ziemlich reich war er, als er 1513 starb. Sein literarisches Werk blieb noch lang lebendig.

H. P.

Lukas Rem – ein Augsburger Kaufmann

(* 1481, † 1541)

Er war noch keine 14 Jahre alt, konnte gut reiten und mäßig Latein, als ihn sein Vater 1495 nach Venedig schickte. Er wohnte bei italienischen Familien um die Sprache zu erlernen und war Gehilfe der Welser-Faktoren (die Rems, selbst Kaufleute, waren mit den Welsern verwandt). In fünfeinhalb Monaten lernte er das Rechnen, dann studierte er Münzkunde und Geldwesen sowie die kaufmännische Kunst der Buchhaltung, das Führen von Journal und Schuldbuch. Nach gut drei Jahren hatte er den Eindruck, die Sache im Griff zu haben; jedenfalls wurde er ungeduldig und bat seine Eltern, ihn aus Venedig abziehen zu lassen. Zu Beginn der Fastenzeit 1498 ging er nach Mailand, wo er bei Anton Lauginger wohnte, dem Leiter der Welser-Faktorei – und gerade rechtzeitig kam um sein Glück zu machen. Denn Lauginger verzweifelte über der Unordnung der Buchführung und zog den jungen Rem ins Vertrauen. In einigen Wochen hat dieser die Bücher in Ordnung gebracht; ab jetzt förderten die Welser den jungen Mann.

Lukas Rem ging nach Lyon und wurde für 20 Jahre *Diener und Faktor* des Welser-Hauses. Dahinter verbirgt sich eine außerordentliche Karriere. In Lyon (Messestadt, Umschlagplatz des deutschen Frankreichhandels) tätigte er Geld- und Wechselgeschäfte und handelte mit Safran. Mehrere Monate lang war er in Paris und in den Niederlanden. 1501 kehrte er zum ersten Mal nach Augsburg zurück, allerdings nur für wenige Wochen. Auf dem Rückweg nach Lyon erkrankte Rem in der Schweiz an der Pest; der schwarze Tod streifte ihn jedoch nur und der Lohn der Todesangst war die Immunität gegen diese Seuche.

Sieben Jahre verbrachte er in Lissabon, dem Tor des neuen Welthandels, wo er sich mit Bankgeschäften und Gewürzhandel beschäftigte. Er bereiste Nordafrika, die Azoren, die Kanarischen und Kapverdischen Inseln. Als Vertreter der Welser hatte er Kontakt zum Königshof, ja zur königlichen Familie. In den folgenden Jahren war er wieder in Lyon, vor allem aber in der Welthandelsstadt Antwerpen. Neben Deutsch sprach er Italienisch, Französisch, Portugiesisch, Spanisch und Flämisch.

1518 kehrte er nach Augsburg zurück und gründete eine eigene Handelsgesellschaft. Er heiratete die wesentlich jüngere Anna Echain. Bis dahin hatte er fünf uneheliche Kinder gezeugt; nun brachte ihm seine Frau Anna zwischen 1522 und 1536 sieben Kinder zur Welt. Nur Lukas, der Älteste, Maria und Elisabeth überlebten den Vater.

Lukas Rem starb als angesehener Kaufmann in Augsburg. Den größten Teil seines beträchtlichen Vermögens vermachte er seinem Sohn Lukas, der Sibilla, Tochter des Anton Welser, heiratete und von Kaiser Karl V. 1541 in den Reichsadel erhoben wurde.

S. M.

Hernando Cortez – der Eroberer Mexikos

(* 1485, † 1547)

Cortez stammte aus Medellin in der spanischen Provinz Extremadura, wo seine Eltern dem niederen Adel angehörten. Er sollte nach dem Wunsch des Vaters Jurist werden, doch bereits nach zwei Jahren verfolgte er andere Ziele. Er wollte Karriere in der Neuen Welt machen. Ihn lockte, wie so viele junge Spanier seiner Zeit, das Gold. 1504 kam er auf die Insel Haiti, wo er durch Viehzucht und Handel bald zu Wohlstand gelangte. Doch Cortez wollte mehr. Eroberungszüge boten jungen Spaniern eine einzigartige Aufstiegschance, daher nahm er 1511 an der Annexion Kubas teil. Velasquez, der Statthalter Kubas, machte ihn zu seinem Schreiber und Vertrauten.

Vielversprechende Nachrichten von der Entdeckung neuer Länder auf dem amerikanischen Kontinent veranlassten Cortez fast sein ganzes Vermögen in die Ausrüstung von Schiffen zu stecken. Er war gerade 34 Jahre alt, als er mit einer Flotte von elf Karavellen mit 500 Soldaten, etwa 80 Seeleuten, 16 Pferden und einigen Geschützen nach Mexiko aufbrach.

Nach seiner Landung wurden die Indianer gezwungen Untertanen der spanischen Krone zu werden. Der aztekische Herrscher Montezuma schickte bald Gesandte, die kostbare Geschenke brachten, die Cortez gierig auf den Reichtum des Landes machten. Wie konnte er aber mit nur 500 Soldaten dieses mächtige Reich erobern? Er plante eine kühne Unternehmung: den Einmarsch in die Hauptstadt Tenochtitlan. Den Gesandten Montezumas gab Cortez die Botschaft mit auf den Weg: „Ich und meine Gefährten leiden an einer Krankheit des Herzens, die nur durch Gold geheilt werden kann." Im November 1519 zogen die Spanier nach einem beschwerlichen Marsch in die Hauptstadt ein. Montezuma empfing sie friedlich und bot ihnen Quartier an. Unter einem Vorwand wurde Montezuma gefangengenommen, die Schatzkammern geplündert, die Stadt dem Erdboden gleichgemacht, systematisch das Reich der Azteken zerstört. Cortez hatte mit einer Handvoll Abenteurer ein Riesenreich besiegt.

1522 ernannte ihn der spanische König Karl V. zum Gouverneur von „Neuspanien". Mit der Einheirat in eine der einflussreichsten spanischen Adelsfamilien hatte er erreicht, was er 1526 an seinen Vater schrieb: „Mehr wert ist es mir, an Ruhm als reich an Besitz zu sein, und um dieses Ziel zu erreichen habe ich alles verwendet." Cortez starb in Spanien.

G. W.

Jakob Lod – das kurze Leben eines Schwerverbrechers

(* nach 1500, † 1526)

In seinem Leben gab es nur eine Kontinuität: die Gesetzlosigkeit. Er war Dieb, Räuber, Mörder, Landsknecht, Brandstifter, Pilger und Bettler. Bevor er im August 1526 durch Rädern hingerichtet wurde, gab er eine Lebensbeichte zu Protokoll – ganz ohne Folter, wie der Gerichtsschreiber vermerkte.
Jakob wurde in Straßburg geboren, wo er ohne Eltern aufwuchs. Mit dreizehn verließ er die Stadt und trieb sich einige Jahre herum; sein detaillierter Bericht setzt erst mit dem Frühjahr 1522 ein. Damals betätigte er sich auf der Messe in Nördlingen erfolgreich als Beutelschneider. Zurück im Elsass tat er sich mit zwei berüchtigten Wegelagerern und Mordbrennern zusammen. Das Trio durchzog Oberschwaben und das Allgäu. Bei Isny beraubten und erschlugen sie einen Metzgergesellen, der erste Mord, an dem er beteiligt war; es sollten noch einige folgen. Auf dem Territorium der Fürstabtei Kempten traten die drei als Jakobspilger auf: Singend und bettelnd zogen sie durch die Dörfer.
Dann finden wir ihn in der Schweiz bei einer 20-köpfigen Räuberbande. Seine Beuteanteile waren gering und so wanderte er weiter nach Südtirol und wieder nach Schwaben. 1523/24 lebte er von Diebstählen oder schlüpfte ins Pilgergewand um zu betteln. In dem Dorf Rammingen bei Mindelheim heiratete er – und wenig später auch in dem ca. 30 km entfernten Ottobeuren.
Wegen eines weiteren Mordes wurde ihm der Boden in Schwaben zu heiß; er nahm von kaiserlichen Werbern das Laufgeld und diente unter dem berühmten Georg von Frundsberg. Zum ersten Mal in seinem Leben gehörte er als Landsknecht einem privilegierten Stand an: Für Unterkunft und Verpflegung war gesorgt; Stadttore standen ihm wie einem Herrn offen. Letzteres nutzte er, zog heimlich das Pilgergewand an und verdiente sich so ein Zubrot. Am 24. Februar 1525 nahm er an der Schlacht von Pavia teil um nach getaner Arbeit wie üblich entlassen zu werden. Zurück in Deutschland, versprach der Bauernkrieg neue Arbeit. Er entschied sich für die Seite der Bauern; im Sommer 1525 war er beim Allgäuer Haufen. Er ging sogar als Spion in das Lager des späteren „Bauernschlächters" Truchseß von Waldburg. Die Niederlage der Bauern überstand er zunächst unbeschadet. Als deren Sache schon verloren war, übernahm er es für etliche Gulden, im Herrschaftsgebiet des Truchseß Schaden zu stiften. Er legte Feuer in Bauernhäusern und Scheunen – und wurde dabei geschnappt. In der Reichsstadt Ravensburg wurde der Stab über ihn gebrochen.
Ob es nur das Geld gewesen war, das ihn auf die Bauernseite lockte, muss offen bleiben – zum Kämpfer für die Entrechteten taugt er sicher wenig. Auf die Schlacht von Pavia kam er in seinem Geständnis immer wieder zu sprechen – für ihn war die Teilnahme daran wohl das einzig Sinngebende in seinem desolaten Leben.

S. M.

Johann Hevelius – Astronom der europäischen Aufklärung

(* 1611, † 1687)

Zu Unrecht gehört er zu den (fast) Vergessenen, der Danziger Bürger mit dem Geburtsnamen Hevelke oder Hövelcke. Unter den Astronomen seines Jahrhunderts war er eine Größe. Sein ganzes Forscherleben lang trat er für das kopernikanische Weltbild ein, was der eine Generation ältere Galilei noch nicht durfte. Zugute kam ihm, dass er es mit katholischen, aber aufgeklärten polnischen Königen zu tun hatte, und vor allem: dass er in Danzig lebte und forschte, einer weltoffenen, praktisch souveränen Stadtrepublik unter lockerer Oberhoheit der Krone Polens.

Hevelius studierte an der niederländischen Universität in Leyden, dann in London und Paris. Als ihm sein Vater ein beträchtliches Vermögen vererbte, baute er bis 1650 eine eigene Sternwarte auf den Dächern seines Anwesens in Danzig. Das Erstaunliche ist: Sie war ebenso leistungsfähig wie die in Paris und Greenwich, die allerdings erst 1672 bzw. 1676 in Betrieb gingen. Die Weiterentwicklung astronomischer Geräte gehört zu seinen bleibenden Verdiensten. Gleichzeitig mit dem Niederländer Christian Huygens entwickelte er die Pendeluhr; als er sie mit einem Sekundenzeiger versah, waren seine Fernrohrmessungen die genauesten seiner Zeit. Außerdem widmete sich Hevelius der Mondforschung.

1664 wurde er Mitglied der Londoner Royal Society. 1660 war der polnische König Johann II. Kasimir in seiner Sternwarte zu Gast. Noch besser bekannt war Hevelius mit dessen Nachfolger, Johann III. Sobieski, dem Sieger über die Türken vor Wien 1683. Als dieser noch Vorsitzender des polnischen Adelsparlaments war, bestellte er einen Instrumentensatz bei ihm. Auch Sobieski hat die Danziger Sternwarte besucht (1678) und stattete den Forscher mit einer Jahresrente von 1 000 fl. aus. Als Dank trug Hevelius ein Sternbild als „Scutum Sobiescianum" (Schild Sobieskis) in seinen Himmelsatlas ein. Die Bezeichnung ist heute noch in der Astronomie gebräuchlich.

Hevelius konnte in einer Welt, in der nationale Kategorien noch keine maßgebende Bedeutung hatten, ein Selbstverständnis ausbilden, das nur unter diesen Voraussetzungen nicht widersprüchlich war: Er selbst nannte sich „Bürger der polnischen Welt"; er war Danziger und als solcher in einem hanseatisch-deutschen Kulturraum aufgewachsen; er publizierte in Latein und war Bürger der universellen Republik der aufgeklärten Geister: eine europäische Identität.

S. M.

Émilie du Châtelet: begabt, gebildet, erotisch, wehrhaft – und „ein eigener Mensch"

(* 1706, † 1749)

Als Tochter eines Hofschranzen Ludwigs XIV. geboren, fehlte ihr als Kind, was in Männergesellschaften oft als Maßstab für den Wert einer Frau betrachtet wird: Schönheit. Sie war überdurchschnittlich groß und, wie ihr Vater einmal schrieb, „häßlich wie ein Bauernrekrut aus der Gascoigne". Sie litt unter der Rolle des Trampels, die man ihr aufzwang, und lernte wie besessen um so den vermeintlichen Mangel auszugleichen. Sie las antike Autoren in der Originalsprache und erwarb sich großes Wissen in der Mathematik. Sie sprach fließend Englisch, Italienisch, Spanisch und Deutsch, übersetzte Werke von Aristoteles und Vergil. Außerdem war sie eine perfekte Reiterin und Fechterin. Ihre Klinge, hieß es später, sei so tödlich wie ihre Zunge.

In der Pubertät veränderte sie sich – sie wurde eine Schönheit. Zielstrebig suchte sie sich nun einen Ehemann, der ihr eine gesicherte gesellschaftliche Stellung bieten konnte; 1725 heiratete sie den Marquis du Châtelet, dem ihre geringe Mitgift (ihr Vater war inzwischen verarmt) egal war. Die Verbindung war eine Vernunftehe, die nach damaligen Maßstäben wunderbar funktionierte: Bald waren ein paar Kinder da, man erfüllte die gemeinsamen Verpflichtungen, und das einzige, was die Harmonie trübte, war Émilies Verschwendungssucht. Ansonsten ging jeder seine eigenen Wege, und als der General sich mit wechselnden Liebschaften vergnügte, nahm sie dieselbe Freiheit auch für sich in Anspruch. Weder eheliche Pflichten noch außereheliche Vergnügungen aber hielten sie davon ab, weiter zu studieren. Sie beschäftigte sich mit Descartes und Leibniz und setzte sich mit den Lehren des Physikers und Mathematikers Isaak Newton auseinander. 1733 lernte sie den Dichter und Philosophen Voltaire kennen, den berühmtesten Franzosen seiner Zeit, und verliebte sich in ihn. Gemeinsam mit ihm ließ sie sich auf einem entlegenen Landsitz ihres Mannes, Schloss Cirey in der Champagne, nieder. Dort stürzte sich Émilie in ihre naturwissenschaftliche Forschung; in der Schlosshalle richtete sie ein physikalisches Laboratorium ein. Nebenbei arbeitete sie literarisch; ihre Übersetzung von Sophokles' *Ödipus* wurde maßgeblich für das französische Theater. 1740 veröffentlichte sie ihr Hauptwerk, die *Institutions de Physique*, und hatte damit aus eigener Kraft geschafft, was kaum einer Frau ihrer Zeit gelang.

Nach vielen gemeinsamen Jahren mit Voltaire wurde ihr ein Verhältnis mit einem jüngeren Mann zum Verhängnis: Sie wurde schwanger und starb im Kindbett.

Wie souverän sie die Fesseln abgestreift hatte, die die Gesellschaft den Frauen anlegte, zeigt ein Satz, den sie an Friedrich II. von Preußen schrieb: „Betrachten Sie mich nicht bloß als Gefolge etwa dieses großen Generals oder jenes verdienten Gelehrten, dieses Sterns am französischen Hofe oder jenes berühmten Dichters. Ich bin ein eigener Mensch und mir allein verantwortlich für alles, was ich bin, was ich sage und was ich tue."

H. P.

Anna Louisa Karsch – „die deutsche Sappho"

(* 1722, † 1791)

Hätte sie in einem anderen Zeitalter gelebt, wären ihr wohl bessere Chancen erwachsen! Zu lernen und zu lesen verbot ihr die Mutter – sie verschlang heimlich alles, was sie an Lektüre ergattern konnte. Ihre Kinder- und Jugendzeit hindurch musste sie Geschwister und Vieh hüten; sie wurde zweimal verheiratet, dabei aber nicht glücklich. Karsch, ihren zweiten Mann, einen Quartalssäufer, rekrutierte man im Siebenjährigen Krieg, aus dem er nicht zurückkam. So trug sie allein die Sorge für die sieben Kinder, von denen ihr nur zwei blieben. Ihr Naturtalent ansprechende Reime zu schmieden verhalf ihr zu Aufträgen für Gelegenheitsgedichte. So fanden sich bald auch höhergestellte Gönner, die sie in der Gesellschaft herumreichten. Mittlerweile las und schrieb sie Anspruchsvolleres, sie konnte mit ihrem ersten Gedichtband allgemeine Aufmerksamkeit und sogar auch einen finanziellen Gewinn erzielen – man nannte sie „die deutsche Sappho". Aber allein von der Schriftstellerei konnte man damals nicht leben – die berühmten Kollegen beklagten das alle –, sie war also auf Mäzene angewiesen. Die Karschin zog nach Berlin und wurde 1763 König Friedrich II. vorgestellt, dem sie stets eine hingebungsvolle Untertanin war und literarische Lorbeeren spendete. Er versprach zwar für sie zu sorgen, verstieg sich dabei aber zu ganzen drei Talern. Erst sein Nachfolger schenkte ihr – 25 Jahre später – ein Haus; doch die unsicheren finanziellen Verhältnisse und auch Familienquerelen belasteten sie bis zum Tod.

Sie hat ihre Begabung nie überschätzt. In ihren Gedichten spiegeln sich verschiedene literarische Strömungen, die uns heute fremd geworden sind. Aber ihre zahlreichen empfindsamen Briefe an Zeitgenossen, Freunde und besonders an den (zu) hochgeschätzten Dichter Gleim schildern Zeitereignisse, Hoffnungen und Ängste, zeigen aber auch ihren Mut und das Geschick der alleinstehenden Frau mit ihrer wirtschaftlichen und gesellschaftlichen Lage zurechtzukommen.

G. S.

Markgraf Carl Friedrich von Baden – ein wahrhaft aufgeklärter Fürst

(* 1728, † 1811)

„Dass das Wohl der Regenten mit dem Wohl des Landes innig vereiniget sey […], ist bey Mir, seitdem ich Meiner Bestimmung nachzudenken gewohnt bin, ein fester Satz gewesen." So Markgraf Carl Friedrich im Jahr 1783 – er war ein Fürst, bei dem Worte und Taten eine Einheit waren. Sucht man in Deutschland einen in seiner Politik und seiner Humanität überzeugenden Repräsentanten des aufgeklärten Absolutismus, so wird man ihn in dem Markgrafen aus Baden finden. Er sah seine Aufgabe darin, seinem Land und den Menschen zu dienen: „moderate et prudenter", mit Maß und Vernunft, wie sein Wahlspruch lautete. Der republikanisch gesinnte Dichter Christian Friedrich Daniel Schubart schrieb es der „weisen Regierung" Carl Friedrichs zu, dass Baden zu den „glücklichsten und besteingerichtetsten Staaten der Welt" gehöre.

Er regierte von 1746 bis 1811 – zunächst in Baden-Durlach, seit 1771 durch Erbgang auch in Baden-Baden – über etwa 175 000 „Landsleuten", wie er sagte. Den Begriff „Untertan" vermied Carl Friedrich. Religiöse Toleranz war für ihn aus Achtung vor den Menschen selbstverständlich, nicht nur weil Baden-Durlach lutherisch und Baden-Baden katholisch war. Als einer der ersten Fürsten Deutschlands schaffte Carl Friedrich 1767 die Folter ab. Er war der erste Landesherr, der die Leibeigenschaft aufhob (1783). Er führte eine kommunale Selbstverwaltung ein und tat damit einen ersten Schritt zur Überwindung des Absolutismus. In seiner Wirtschaftspolitik nahm Carl Friedrich den Gedanken der französischen Physiokraten auf. Diese gingen davon aus, dass Wohlstand und Fortschritt allein auf die Quellen der Natur zurückzuführen seien und somit der Ertrag von Grund und Boden den Volksreichtum ausmache. Folglich galt seine besondere Sorge der Förderung der Landwirtschaft; er kümmerte sich um Neulandgewinnung, intensivere Bodenbewirtschaftung und höheren Viehbestand. Über die Förderung der Wirtschaft schrieb er selbst ein vielbeachtetes Buch, *Abriss der Nationalökonomie.* Er gründete Waisenhäuser und Schulen, auch Berufsschulen, und sorgte für eine gründliche Lehrerausbildung. Dabei verordnete er seine Reformen nicht einfach; wichtiger als Gehorsam war ihm die Zustimmung der Menschen. Bürgerliche Sparsamkeit war für diesen volkstümlichen Fürsten kennzeichnender als höfische Repräsentation.

Der schwäbische Reiseschriftsteller W. L. Weckherlin bedauerte, dass der Markgraf „nicht viele Millionen so glücklich machen kann" wie seine Landsleute.

S. M.

Placidus Scharl – Mönch, Priester, Lehrer, Wissenschaftler, Tourist

(* 1731, † 1814)

Weil ihm das beschauliche Klosterleben so gut gefiel, trat der Sechzehnjährige 1747 in die Benediktinerabtei Andechs ein. Im Oktober des folgenden Jahres legte er seine Profess, die „ewigen Gelübde", ab, studierte dann sechs Jahre lang Philosophie und Theologie und wurde 1755 zum Priester geweiht. Im Lauf eines langen Mönchslebens war er Lehrer für Grammatik, Rechenkunst, Geografie, Latein und Geschichte in Freising, Prediger und Beichtvater im Kloster Lilienberg in München, Professor für Rhetorik, Philosophie und Poesie in Salzburg; er lehrte spekulative Theologie, Dogmatik, Moral, Kirchengeschichte, Hebräisch, Griechisch und anderes in Andechs, brachte es bis zum Rektor des Lyzeums in Neuburg an der Donau, lehrte dort Grammatik und Rhetorik. Er war in seinem Kloster Ökonom (Cellerar), Subprior und Prior.

Er komponierte, dirigierte und studierte ein, schrieb Dramen, die er vertonte und inszenierte, er ordnete das Klosterarchiv, erweiterte die Bibliothek, legte eine Naturalien- und Münzsammlung an und erwarb einen Fundus an naturwissenschaftlichen Instrumenten – und damit ist die Liste seiner Tätigkeiten noch längst nicht vollständig.

Das alles summierte sich zu einer gewaltigen Arbeitsleistung; doch für einen geistig aufgeschlossenen Menschen, der sich um Familie, Broterwerb und Widrigkeiten des Alltags nicht zu kümmern brauchte, war das zu schaffen – viele von Pater Placidus' Mitbrüdern erledigten ein ähnliches Pensum, wenn auch längst nicht alle so vielseitig waren. Aber Placidus hatte außerdem ein Hobby: Er reiste gern. Längst waren die Klausurvorschriften (für die Männer!) nicht mehr so streng wie ehedem. So erbat und erhielt Placidus immer mal wieder die Erlaubnis sich auf Reisen zu begeben. Mal waren es nur kleine Ausflüge, manchmal ließ sich eine Fahrt mit Dienstgeschäften wunderbar vereinbaren (in Moritzing in Tirol besaß Andechs Weingüter, die Placidus als Ökonom oft und gern besuchte). Mit Kollegen von der Universität Salzburg fuhr er auf der Donau bis nach Pressburg. Einmal aber unternahm er mutterseelenallein eine sechswöchige Tour durch Norditalien. Ein ganz anderes Reisen war das, als wir es heute kennen: Auch der Weg war das Ziel, Zeit und Geschwindigkeit spielten keine Rolle, und dass einer durch die Gegend fuhr ohne ein Reisetagebuch zu führen war undenkbar. Die lebendigen Schilderungen in Scharls Tagebuch zeigen, was ihn alles interessierte: bildende Kunst, Oper,

Konzerte, Theater, Naturwissenschaften, Technik und Handwerk, Landschaft, Lebensformen und Brauchtum – Pater Placidus wollte einfach alles kennen lernen. Noch als alter Mann, der, verbittert über die Säkularisation, einsam in München lebte, erinnerte er sich gern an seine Reisen, vor allem aber an die nach Italien, die vielleicht der Höhepunkt seines Lebens war.

H. P.

Ulrich Bräker – ein wacher Geist aus dem Toggenburg

(* 1735, † 1798)

Er war Schweizer, protestantisch, stammte aus dem Toggenburger Tal an der oberen Thur, das politisch zur Fürstabtei St. Gallen gehörte. Die Schönheit der Landschaft nützte den Menschen wenig; sie waren arme Bergbauern, die in armseligen Hütten wohnten. Die Familie Bräker hatte zwei oder drei Kühe, einige Schafe und Ziegen; der Vater verdiente als Kohlenbrenner, die Mutter durch Spinnen einiges Zubrot. Ulrich besuchte sechs Jahre lang die Dorfschule, allerdings nur im Sommer für je zehn Wochen. Elf Kinder zählte die Familie.

Unter diesen Bedingungen hatten in zurückliegenden Jahrhunderten viele Schweizer Burschen ihre Heimat verlassen, oft um als Landsknechte ihren Unterhalt zu verdienen; die Schweizergarde im Vatikan ist die letzte Erinnerung daran. Auch Ulrich tat das, hatte aber wenig Glück: Er fiel mit 19 Jahren einem betrügerischen Werber in die Hände, der ihn ins preußische Militär lockte. Zum Soldatenalltag gehörte der Drill, fünf bis sechs Stunden am Tag: Stehen, Marschieren, blitzschnelle Handgriffe ausführen. Eingeschliffen wurde die unbedingte Disziplin, damit der Soldat selbst im Feuer der gegnerischen Artillerie wie ein Automat funktionierte. Prügel waren an der Tagesordnung, bei der kleinsten Ungeschicklichkeit. Was lag näher als der Gedanke an Desertion? Bräker grübelte darüber mit einem Schweizer Kameraden nach. Aber sie mussten zusehen, wie Deserteure bestraft wurden, „wie man sie durch 200 Mann achtmal die lange Gasse auf und ab Spießruten laufen ließ, bis sie atemlos hinsanken […], bis Fetzen geronnenen Bluts ihnen über die Hosen hinabhingen". Bräker behielt auch unter solchen Verhältnissen sein waches Bewusstsein und sein Selbstwertgefühl. Am Beginn des Siebenjährigen Kriegs (1756) gelang ihm die Flucht: „... denn was gehen mich eure Kriege an?" Ulrich Bräker kehrte nach Toggenburg zurück, heiratete 1761 und hatte sieben Kinder. Wirtschaftlich ging es ihm oft, aber nicht immer schlecht. Er las und studierte und schrieb schließlich seine Erinnerungen nieder in *Lebensgeschichte und natürliche Abenteuer des Armen Mannes im Tockenburg,* 1789 erschienen. Ein seltener Glücksfall, dass ein Mensch aus der Unterschicht seine Perspektive des Lebens überliefert. Er beschäftigte sich mit Shakespeare und wunderte sich selbst: „Himmel, welche Dummheit! Ein ungelehrter Tropf, ein grober Tölpelhans, ein Flegel, der irgend in einem wilden Schneeberg von zwei Klötzen ausgeheckt worden, [...] erfrecht sich an dem größten Genie sich zu vergreifen ...“ Er wagte es nicht, seine Schrift zu veröffentlichen, das geschah erst 1877, fast 100 Jahre nach seinem Tod.

S. M.

Axel von Fersen – schwedischer Adliger, Offizier im amerikanischen Freiheitskampf, Freund Marie Antoinettes

(* 1755, † 1810)

Haltung bewahren und seine Pflicht erfüllen, so lautete der Wahlspruch des Schweden Axel von Fersen. Er stammte aus einer vornehmen Adelsfamilie und wuchs in dem Bewusstsein auf, zur Elite seines Landes zu gehören. Erzogen nach französischem Vorbild, brach Axel mit 14 Jahren zu einer großen Kavalierstour auf, im Gepäck sein Tagebuch, das ihn sein Leben lang begleiten sollte. Über den Hof von Braunschweig führte ihn die Reise in die Schweiz, nach Italien und schließlich in seine spätere zweite Heimat nach Frankreich. Der hochgewachsene Schwede machte überall eine gute Figur und lernte bald die gleichaltrige Königin Marie Antoinette kennen. Weiter führte ihn sein Weg nach London, wo ihm das Selbstbewusstsein der Bürger auffiel. Entscheidend für sein Leben aber wurde die Zuneigung zu Marie Antoinette. Als man bei Hof über diese Beziehung zu tuscheln begann, meldete er sich 1778 für den Einsatz im amerikanischen Unabhängigkeitskrieg. Er erlebte dort eine Gesellschaft, die ohne König und Adel auskam, die keine Hungersnöte kannte und einen blühenden Mittelstand besaß. Als lernfähiger Beobachter begeisterte er sich immer mehr für die Freiheits- und Menschenrechte.

1781 kehrte er nach Europa zurück und lebte meist in Frankreich, wo sich der soziale und politische Umsturz ankündigte. Die Einberufung der Generalstände begrüßte er, ebenso die Gleichstellung des dritten Standes. Obwohl Fersen aufgeklärten Idealen anhing, stießen ihn die zunehmenden Gewaltexzesse nach 1789 ab. Als Marie Antoinette und Ludwig XVI. gefangengesetzt wurden, kannte Axel von Fersen nur noch ein Ziel: Die Königsfamilie musste ihren Wächtern entrissen und das Schicksal Frankreichs gewendet werden. Monatelang plante er als Geheimagent des schwedischen Königs die Flucht, doch das Vorhaben misslang. Dennoch arbeitete er zwei weitere Jahre an Plänen zur Befreiung von Marie Antoinette. Als gebrochener Mann zog er sich nach ihrer

Hinrichtung nach Schweden zurück. Er diente in der Folgezeit in verschiedenen Regierungsämtern, bis er durch eine Intrige mit dem Tod von König Karl August 1810 in Verbindung gebracht wurde. Als der Leichenzug am 20. Juni durch Stockholm zog, wurde er, der vermeintliche Königsmörder, durch die aufgebrachte Menge auf offener Straße erschlagen. Die Leibgarde sah der Bluttat zu ohne einzugreifen.

W. W.

Chaim Salomon Pappenheimer, Edler von Kerstorf – Publizist, Demokrat, Bankier

(* 1769, † 1832)

Als ältester von drei Söhnen wurde er in Lublinitz (Schlesien) geboren. Sein Vater war ein bedeutender Rabbiner, der sich auch als Philosoph und Dichter einen Namen gemacht hatte und sich zum orthodoxen Judentum bekannte. Chaim Salomon aber wurde Anhänger der Aufklärung und der jüdischen Emanzipation. Seine großen Vorbilder waren der Philosoph Moses Mendelssohn und der Dichter Naftali Herz Wessely. In Altona bei Hamburg trat er als Privatlehrer bei einem reichen jüdischen Pferdehändler seine erste Stelle an. Er kam dort mit Männern von freiheitlicher und aufgeklärter Anschauung zusammen, trat der Freimaurerloge „Einigkeit und Toleranz" und dem „Kantischen Klub" bei und war bald ein überzeugter Anhänger der Ideale der Französischen Revolution. Er arbeitete an der liberalen Zeitschrift *Minerva* und dem demokratisch gesinnten Hamburger *Historischen Journal* mit. Daneben war er aber auch geschäftlich erfolgreich: Sein Arbeitgeber, der Pferdehändler, machte ihn zum Sozius. Um über Geschäfte mit der dortigen Regierung zu verhandeln kam er nach Paris, wo er Kontakte zu führenden Politikern wie Talleyrand und Sieyès knüpfte; lebenslang blieb er der französischen Nation verbunden.
1802 wurde er Handelsbevollmächtigter des Mannheimer Bankhauses Schmalz und Seligmann und heiratete Seligmanns Tochter Fanny. Sein Schwiegervater wurde Oberhoffaktor des bayerischen Kurfürsten Max IV. Joseph; Pappenheimer folgte ihm 1803 nach München und wurde dem Kurfürsten bald so unentbehrlich wie der Schwiegervater. Für seine Verdienste als Heereslieferant in den Napoleonischen Kriegen wurde er 1817 geadelt und erhielt Namen und Wappen des erloschenen Geschlechts Kerstorf. Dazu musste er freilich zum Katholizismus übertreten. Trotz aller geschäftlichen und gesellschaftlichen Erfolge blieb er weiterhin publizistisch tätig und pflegte die Freundschaften, die ihn mit bedeutenden Persönlichkeiten der Aufklärung und des Liberalismus verbanden. Schelling, die Gebrüder Schlegel, Dorothea Mendelssohn-Schlegel, Anne Louise Germaine von Stael und Heinrich Heine zählten zu denen, die er im Lauf der Jahre kennen lernte. Er starb in München.

H. P.

Dorothea Schlözer oder die Bildungsfähigkeit von Frauen

(* 1770, † 1825)

Eines der grundlegenden Axiome der Aufklärung ist das der natürlichen Freiheit und Gleichheit aller Menschen. Dies, sollte man meinen, hätte auch die Bildungschancen der Frauen entscheidend verändern müssen. Aber das war nicht so. Zwar gab es, schon im Zeitalter der Revolution, vereinzelte Stimmen, die die Freiheits- und Gleichheitsrechte auch für die Frauen einforderten, so der Philosoph Jean-Antoine de Condorcet 1790 oder die Schriftstellerin Olympe de Gouges, die für ihre Zivilcourage 1793 hingerichtet wurde. Doch meist hatten die Aufklärer nur die Rechte ihres eigenen Geschlechts im Sinn. Die Frau, so konstatierte Rousseau in seinem Roman *Emile*, ist schwach und empfangend, im Gegensatz zum starken und tätigen Mann. Deshalb darf sie auch nicht gebildet sein: „Eine schöngeistige Frau ist die Geißel ihres Mannes und ihrer Kinder. (…) Außer dem Haus ist sie immer lächerlich." Frauen, die trotz solcher Urteile Gelehrte wurden, waren deshalb seltene Ausnahmen. Zu ihnen zählte Dorothea Schlözer.

Sie wurde als erstes Kind des liberalen Historikers August Ludwig Schlözer in Göttingen geboren. Als der Vater die hohe intellektuelle Begabung seiner Tochter erkannte, entschloss er sich zu einem Experiment: Er wollte an ihr – ohne die traditionelle Rolle der Frau in Frage zu stellen – die grundsätzliche Bildungsfähigkeit von Frauen beweisen. Sein Verdienst war es, dem jungen Mädchen Hindernisse aus dem Weg geräumt zu haben. Sonst musste er nicht viel tun. Denn Dorothea hatte eine so rasche Auffassungsgabe, dass sie sich spielend ein enormes philosophisches, literarisches und historisches Wissen erwarb. So wurde sie, was in Deutschland noch keine Frau vor ihr hatte werden dürfen: Doktorin der Philosophie. Im Sommer 1787 legte sie vor dem staunenden Männerkollegium der Göttinger Philosophischen Fakultät das Promotionsexamen mit Auszeichnung ab. An der Feier dieses Ereignisses durfte sie freilich nicht teilnehmen – das war unverheirateten Frauen verboten. Nicht lange nach ihrem Triumph heiratete sie einen Lübecker Bürgermeister. Die Beschäftigung mit der Wissenschaft gab sie dennoch nicht auf: Eine Notiz von 1823 etwa belegt, dass sie sich damals mit Opitz, Kosegarten und Dante, den sie übrigens im Original las, auseinandersetzte. In den gängigen Konversationslexika, in denen ihr Vater erwähnt ist, wird man ihren Namen vergeblich suchen.

H. P.

Philipp Friedrich Schütz alias Manne Friedrich – Räuber und Bandenchef

(★ um 1780, † 1812)

Dass er kein gewöhnlicher Gauner war, bestätigte ihm sogar sein Ermittlungs-richter. Er hielt Manne Friedrich, der 1812 auf seinen Prozess wartete, für den „Gebildetsten, Manierlichsten und Klügsten von Allen". Seine Eltern waren ärmliche, doch ehrliche Bauersleute aus der Gegend um Koblenz, die von ihrem Grundherrn in der Nähe von Kopenhagen angesiedelt wurden. Dort wurde Philipp Friedrich geboren. Nach dem Tod des Vaters kehrte die mittellose Mutter in die Heimat zurück und musste sich bettelnd mit ihren Kindern auf der Straße durchschlagen. Sohn Friedrich lernte das Korb-, Wannen- oder Kannenmachen, was ihm seinen Spitznamen einbrachte. Bald erfuhr er, dass er als Räuber ein weit besseres Auskommen fand.

Eine wenig entwickelte Strafverfolgung und seine räuberischen Talente ließen ihn rasch zu einer berüchtigten Figur werden, steckbrieflich gesucht, aber von nicht wenigen bewundert. Wenn in der Bevölkerung direkte Komplizenschaft auch selten war, profitierten Manne und seine Gesinnungsgenossen doch von der stillen Sympathie vieler Untertanen, besonders in den ärmlichen Gebieten des Spessart. Fast überall boten sich Gelegenheiten für einen Unterschlupf. Als man ihn nach einer Reihe von Raubzügen im Großherzogtum Baden schließ-lich gefasst hatte, wurde er in Heidelberg inhaftiert. Die Anklage lautete unter anderem auf räuberischen Totschlag. Dauerverhöre und zermürbende Haftbe-dingungen brachten ihn schließlich zum Geständnis all seiner Taten, wovon er sich auch gewisse Hafterleichterungen erhoffte. Neben Porträts seiner Räuber-genossen malte er im Gefängnis Kruzifixe, Schutzengel und den heiligen Georg an die Zellenwände und bat darum, dass man für ihn eine Kerze stifte. Sein Sohn steckte ihm, als er ihn besuchte, heimlich ein Messer zu, mit dem Friedrichs Zellengenosse vergeblich das Fenstergitter aufbrechen wollte.

Zusammen mit seinen Genossen Hölzerlips, Veit Krämer und Matheus Oester-lein wurde er wegen Mordes, Raubes und zahlreicher kleiner Vergehen zum Tod durch das Henkerschwert verurteilt. Am 31. Juli 1812 ergriff Manne zum letzten Mal das Wort und bat seine Kameraden um Verzeihung, dass er sie durch sein Geständnis denunziert hatte. Sie fielen sich weinend in die Arme und verab-schiedeten sich. Überraschend begnadigte der Richter einige der Räuber zu Zuchthausstrafen. Die übrigen gingen zum Richtplatz, manche laut jammernd und weinend, Manne Friedrich munter plaudernd und entspannt. Genau 15 Minuten nach zwölf Uhr mittags wurde das Zeichen gegeben und sein Kopf flog vom Rumpf.

W. W.

Friedrich Fröbel – der „Erfinder" des Kindergartens

(* 1782, † 1852)

Im Museumsshop des Guggenberg-Museums in New York kann man für Kinder handliche Würfel, Walzen und Quader aus Naturholz kaufen – „Spielgaben", wie sie von Fröbel entwickelt worden waren. Frank Lloyd Wright, der berühmte Architekt des Museums, hatte diese Bausteine als Kind von seiner Mutter bekommen. Sie folgte damit den Ideen Fröbels, der Kinder fantasievoll spielend die Welt begreifen lassen wollte. Fröbels Gedanken setzten sich in Deutschland nur langsam durch, hatten aber in pädagogisch aufgeschlossenen, demokratischen Ländern mehr Resonanz (in Amerika ist das deutsche Wort „Kindergarten" in die Sprache eingegangen!). Sicherlich wurden sie auch von den zahlreichen Emigranten ab 1848 mit verbreitet.

Fröbel, in Thüringen geborener Pfarrerssohn – seine Mutter war früh verstorben, was ihn deutlich prägte –, setzte seine naturwissenschaftlichen Studien sowie die als Lehrer gewonnenen psychologischen Einsichten in eine pädagogische Theorie um. Er nahm Ideen von Rousseau und Pestalozzi auf, entwickelte sie weiter und probierte sie in verschiedenen Institutionen aus. Ihm widerstrebte die übliche Dressur der Kinder ausschließlich nach den Vorstellungen des Zeitgeistes oder der Erwachsenenwelt. Er fand, dass ein Kind sich entfalten müsse. Eine seiner Zeitschriften drückt seine Ziele programmatisch im Titel aus: *Kommt und lasst uns mit unseren Kindern leben!* Zur ganzheitlichen Förderung schon der Kleinen sah er Fachkräfte als unverzichtbar an und initiierte Kindergärtnerinnenseminare. Außerdem versuchte er Idealisten auf unkonventionelle Weise durch Aktienzeichnung als Mäzene für den Kindergartengedanken zu gewinnen – dies gelang leider nicht. Mit seiner Idee der gemeinsamen Erziehung von Kindern aller Stände zusammen im Kindergarten fand er die Zustimmung von Teilen der Lehrerschaft, seine Ideen wurden auch der Frankfurter Nationalversammlung als „Baustein" zu einer Bildungsreform vorgelegt. Den preußischen Behörden blieb er suspekt: 1851 wurden seine Kindergärten verboten – weil man sozialistische Umtriebe befürchtete und keine nichtkirchlichen Initiatoren von Kindergärten zulassen wollte. Das hat Fröbel nicht verkraftet, er starb kurz danach.

Seine Ideen wirkten weiter – Diesterweg setzte sich sehr für sie ein. Sie wurden von der bürgerlichen Frauenbewegung aufgegriffen, die ihre pädagogische Bedeutung erkannte und in der Ausbildung zur Kindergärtnerin eine sinnvolle Berufstätigkeit und die Möglichkeit von Selbstständigkeit für Frauen fand.

G. S.

Georg II. von Sachsen-Meiningen – der „Theaterherzog"

(* 1826, † 1914)

Meiningen, im thüringischen Werratal gelegen, wäre völlig unbedeutend, hätte hier nicht ein Fürst regiert, der seine Residenz zu einer Kunst- und Kulturstadt ersten Ranges gemacht hat.

Als Erbprinz entwickelte Georg seine eigenen künstlerischen Neigungen und Fähigkeiten, spielte mehrere Instrumente, zeichnete und studierte das europäische Theater, z. B. in Paris, London, Berlin, Mailand und Rom. Sein Dienst als preußischer Offizier dauerte nur wenige Monate, verschaffte ihm aber 1866 die Zustimmung Berlins zur Nachfolge seines Vaters, der im preußisch-österreichischen Krieg auf der Verliererseite gestanden hatte.

Seine Energie lenkte er außerordentlich erfolgreich in die Förderung der Kunst. So erwarb sich Georg große Verdienste bei der Entwicklung des deutschen, ja des europäischen Theaters. Er selbst leitete Proben an dem 1831 gegründeten Hoftheater. Der Kern seines Theaterkonzepts war die „Werktreue". Am Text des Stücks sollte nichts geändert werden; der Schauspieler hatte nicht zu deklamieren, sondern sich der Dichtung unterzuordnen. Georg forderte ein Ensembletheater, was lange Proben zur Folge hatte. Zur Werktreue gehörte das historisch korrekte Bühnenbild. Das alles widersprach den herrschenden Gepflogenheiten eklatant. Auf seinem Spielplan standen vor allem Stücke von Shakespeare, Schiller, Molière und Goethe, aber auch moderne Autoren wie Ibsen. Zwischen 1874 und 1890 führten „die Meininger" Gastspielreisen durch ganz Europa durch.

Eine nicht geringere Rolle erlangte die Meininger Hofkapelle durch die Berufungen Hans von Bülows und Max Regers. Sie wurde zu einem der bedeutendsten Orchester des Kaiserreiches; Initiative, Verbindungen und Finanzmittel des Herzogs ebneten den Weg. Zwischen 1880 und 1914 unternahm die Hofkapelle über 700 Gastspielreisen. Richard Wagner, Franz Liszt, Edvard Grieg, Johann Strauß und Johannes Brahms haben mit ihr gearbeitet.

Ein gesellschaftlicher Eklat war Georgs dritte Ehe mit der Schauspielerin Ellen Franz (1873), die er zur Freifrau von Heldburg machte. Georg, in Kreisen von Künstlern und Intellektuellen hochangesehen, wahrte eine kühle Distanz zu seinen Standesgenossen. Testamentarisch verbat er sich „jegliche Beteiligung von Fürsten [...] einschließlich des Kaisers" an seiner Leichenfeier.

Das Meininger Theater hat seinen Ruf bewahrt. Es gehörte zu den wichtigsten Bühnen der DDR. Heute hat es wieder einen überregionalen Einzugsbereich.

S. M.

Geronimo – der letzte Häuptling der Apachen

(* 1829, † 1909)

Geronimo wurde in Arizona, dem Kernland der Apachen, geboren. Die Apachen lebten als Jäger, Bauern und kriegerische Nomaden, die erbitterten Widerstand gegen die weißen Siedler leisteten. Mit 17 Jahren wurde Geronimo in den Kreis der Krieger aufgenommen. Die Apachen unternahmen immer wieder Kriegszüge nach Mexiko, dabei überfielen sie kleinere Städte und Dörfer, raubten Pferde und Rinder. Nach einer mehrjährigen Friedenszeit wanderte der Stamm der Bedonkohe-Apachen, dem Geronimo angehörte, im Sommer des Jahres 1858 über die Grenze nach Mexiko um dort Handel zu treiben. Während der Abwesenheit der Mehrzahl der Krieger wurde das Lager von mexikanischen Truppen zerstört; Geronimos Frau, seine drei kleinen Kinder und seine Mutter fanden bei dem Überfall den Tod. Dieses Ereignis war für ihn der Beginn eines lebenslangen Hasses gegen die Mexikaner, über 30 Jahre lang kämpfte er gegen sie. In diesen Kämpfen stieg er zum Kriegshäuptling der Apachen auf, der nach eigener Aussage so viele Mexikaner tötete, dass er sie nicht mehr gezählt hat. Die Raubzüge, die Geronimo mit seinen Kriegern in den folgenden Jahren bis tief in mexikanisches Gebiet hinein unternahm, dienten dazu, Vieh, Nahrungsmittel, Waffen und Vorräte zur Versorgung des Stammes zu erbeuten. Geronimo zog mit unterschiedlich vielen Kriegern los, einmal mit acht, ein anderes Mal mit 50. Ob beritten oder zu Fuß – die mexikanischen Siedler und die Militäreinheiten, die sie bald verfolgten, fürchteten sie als grausame und mutige Krieger. Oft konnte Geronimo selbst den Nachstellungen nur knapp entkommen. 1886 wurden er und sein Stamm von der amerikanischen Armee gefangengenommen. Zunächst – entgegen den Kapitulationsbedingungen – zu zwei Jahren Zwangsarbeit verurteilt, wurden die Apachen dann in einem Reservat in Oklahoma angesiedelt. Sie lebten nun in Häusern und hielten Vieh. Der Stamm verringerte sich jedoch drastisch, da die Apachen ihr freies und ungebundenes Leben vermissten.

Im Alter von über 70 Jahren trat Geronimo zum Christentum über. Er besuchte die Weltausstellung in St. Louis, die ihn sehr faszinierte. Er hatte mit den Weißen nun Frieden geschlossen. Gegen Ende seines Lebens hatte er nur noch eine Hoffnung, in das Land seiner Väter nach Arizona zurückkehren zu dürfen. Dieser Wunsch ging jedoch nicht mehr in Erfüllung: Er starb, als er betrunken aus einer Kutsche fiel.

G. W.

Ernst Sachs – Radrennfahrer, Fahrradpionier und Erfinder

(* 1867, † 1932)

Als Ernst Sachs in Petershausen bei Konstanz geboren wurde, hatte die Industrialisierung weite Teile Deutschlands noch kaum erreicht. Der junge Ernst begann eine Mechanikerlehre in Schwenningen. Noch nicht ganz zwanzig Jahre alt, stellte er bereits sein Talent unter Beweis: Er hatte eigenständig eine Präzisionsfräsmaschine für die Herstellung von Tresorschlüsseln entwickelt. Für seine zweite Leidenschaft, das Fahrradfahren, fehlte ihm das nötige Geld. Zweiräder kamen damals aus England und waren ein durchaus exklusives Freizeitvergnügen, für einen Lehrling unerschwinglich. Kurzentschlossen baute sich Sachs mit Hilfe eines Stellmachers sein erstes Rad selbst. Es bestand aus einem Holzrahmen mit Eisenreifen. Sensationell war, dass der junge Geselle kurz darauf mit einem Hochrad aus Stahl auf die Walz ging. Dafür hatte er eisern sparen müssen.

Als er in Frankfurt arbeitete, trat er dem Veloziped-Klub 1883 bei. Hier bewegte er sich ungeniert in vornehmer Gesellschaft, denn Radfahren galt als nobler Herrensport. Mit unfeinen Methoden wollte man daher den einfachen Handwerker Sachs aus dem Klub ausgrenzen. Auch von Rennen sollte er ausgeschlossen werden. Er nahm trotzdem daran teil und machte sich einen Namen auf der Rennbahn des Klubs im Palmengarten, z. B. beim „Internationalen Veloziped-Wettfahren" 1890.

Unermüdlich radelte und bastelte er, denn er wollte in die Geschichte des Radsports eingehen. Während andere ihm im Sattel überlegen waren, blieb seine Stärke sein Erfindungsreichtum. 1893 erhielt er ein Patent für eine Fahrradnabe mit beweglicher Kugellauffläche.

Damit begann der Weg zu Ruhm und Reichtum. Mit Karl Fichtel lernte er den Mann kennen, der bereit war die Umsetzung der Erfindung zu finanzieren. Fichtel riskierte 15 000 Goldmark, Sachs steuerte seinen technischen Einfallsreichtum bei. Fichtel & Sachs hieß ihre gemeinsame Firma in Schweinfurt, die nach bescheidenen Anfängen 1903 den Durchbruch schaffte. Das Geheimnis des Erfolgs war eine weitere Erfindung von Sachs: Torpedo, die Freilaufnabe mit Rücktrittbremse. Trotz Warnungen der Fachwelt, wohl aus Neid und Missgunst, radelten bald Hunderttausende von Kunden mit der Torpedo durch die Lande. Ernst Sachs wurde zum gefeierten Fahrradpionier. Eine weitere seiner Erfindungen, der Zweitaktmotor, machte das Unternehmen zur weltweit größten Fabrik für Motoren dieser Art.

W.W.

Alice Salomon – ein Leben für Frieden, soziale Gerechtigkeit und Emanzipation

(* 1872, † 1948)

Das Porträt auf einer Briefmarke der Bundespost erscheint eher zufällig – weder ihr Name noch ihre Leistungen sind heute allgemein bekannt.

Ihre assimilierte jüdische Familie war seit sieben Generationen in Preußen ansässig. Eine Berufsausbildung kam für die 1872 geborene „höhere Tochter" nicht in Frage, weswegen Alice sich fünf Jahre in einer Kunstschule für Nadelarbeiten langweilte. Der Kontakt mit sozial engagierten Frauen veränderte ihr Leben: Vor allem für Heimarbeiterinnen leitete sie bald Aus- und Weiterbildungskurse z. B. zur Fabrikinspektorin oder Fürsorgerin. Ihr Engagement für die praktischen wie die theoretischen Aspekte der Frauenarbeit war so auffallend, dass sie von Berliner Professoren aufgefordert wurde zu studieren und zu promovieren, was sie auch tat. Beides – Aufforderung und Studium – war 1906 sehr ungewöhnlich!

Schon seit 1900 war Alice im Vorstand des *Bundes Deutscher Frauenvereine,* der etwa zwei Millionen Frauen vertrat. Auch in der internationalen Frauenbewegung arbeitete sie aktiv mit. Diese Tätigkeit sowie ihre Friedensinitiativen vor Ausbruch des Ersten Weltkrieges wurden ihr von den patriotischen Führungsdamen der deutschen Frauenvereine verübelt – erst gegen Kriegsende wandte man sich an sie, als es galt, internationale Hilfe für notleidende deutsche Kinder zu organisieren. Eine große Kränkung musste sie 1920 hinnehmen, als sie bei der Wahl zur Vorsitzenden des *Bundes Deutscher Frauenvereine* ihrer jüdischen Herkunft wegen nicht nominiert wurde.

Ihr Lebenswerk, der Aufbau von sozialen Berufen sowie die Anerkennung der Ausbildungsgänge, schien mit der Gründung der *Sozialen Frauenschule* 1908 sowie der *Deutschen Akademie für soziale und pädagogische Frauenarbeit* 1920 gefestigt. Neben vielen weiteren Ehrungen zu ihrem 60. Geburtstag wurde die Akademie 1932 nach ihr benannt – für genau ein Jahr: Im Dritten Reich störten Name, Persönlichkeit und Herkunft der Leiterin. Alice Salomon schloss die Akademie und stimmte der Selbstauflösung des *Deutschen Frauenbundes* zu. Sehr eindrucksvoll beschreibt sie diese Vorgänge später in ihrer Autobiografie.

Bis 1937 versuchte sie jüdische Mitbürger vor den wachsenden Repressalien der Nazis zu schützen und ihnen zu helfen. Dann wurde sie jedoch selbst ausgewiesen und emigrierte in die USA. Hier musste sie sich mit 65 Jahren einen neuen Wirkungskreis aufbauen. Trotz internationaler Ehrungen und Bekanntheit ist ihr dies nicht gelungen und sie erlitt das Schicksal vieler Exilierter: Sie starb vereinsamt in New York. Erst 1968 wurde die *Fachhochschule für Sozialarbeit* in Berlin wieder nach ihr benannt.

G. S.

Die Wachenheimers – eine jüdische Familie in Deutschland

(1. Hälfte des 20. Jhs.)

In den letzten Apriltagen des Jahres 1925 begaben sich viele Einwohner der schwäbischen Kleinstadt Ichenhausen, Christen wie Juden, auf den außerhalb gelegenen israelitischen Friedhof. Man trug den 52-jährigen Schneidermeister Hermann Wachenheimer zu Grabe. Er war ein hochangesehener Mann, aktiv im Vereinsleben, und – daran wurde besonders erinnert – er war vier Jahre Frontsoldat im Ersten Weltkrieg gewesen. Am Grab standen seine Frau Julie und seine Söhne David (17) und Walter (4). Für Julie Wachenheimer war es nicht leicht, ihre Familie durchzubringen. Das kleine Vermögen war der Inflation zum Opfer gefallen. Sie arbeitete in der Mikwe; ab 1927 konnte sie ihr Ältester unterstützen, der eine Anstellung als Kaufmann gefunden hatte. Das Jahr 1933 veränderte das Leben der Familie: Die meisten Nachbarn grüßten nun nicht mehr. Sie hatte große Mühe für Walter eine Lehrstelle zu finden; schließlich nahm ihn ein Bauer auf. Nach der Lehre begann Walter 1937 in Fischach bei Augsburg eine Ausbildung für auswanderungswillige Jugendliche.

Dies war auf Betreiben des älteren Bruders geschehen. David war beim Jüdischen Komitee beschäftigt und nutzte seine Kontakte um auch andere jüdische Jugendliche aus Deutschland hinauszubekommen. Als Walter in den Tagen des Novemberpogroms 1938 in Fischach verhaftet und nach Dachau gebracht wurde, verschaffte David ihm gefälschte bolivianische Papiere mit einer Einreiseerlaubnis. Damit kam Walter aus Dachau frei. Julie erlebte in Ichenhausen die Verwüstung von Synagoge und Friedhof. Am 10. November wurde sie mit anderen Frauen gezwungen die Thorarollen zu zerreißen. 450 Jahre hatten Christen und Juden in Ichenhausen zusammen gelebt: Das war das Ende.

Walter gelang Ende Juli 1939 die Ausreise nach England. Nachdem er den jüngeren Bruder in Sicherheit gebracht hatte, bemühte sich David selbst fieberhaft um ein Visum. Er benötigte dafür 175 Dollar, etwa 700 Mark. 30 RM verdiente damals ein Facharbeiter im Monat. David, der nun in einem jüdischen Krankenhaus in Breslau arbeitete, bekam weit weniger. Die Mutter, selbst mittellos, schrieb zwei verzweifelte Bettelbriefe an den eben ausgewanderten Sohn, der natürlich keine Chance hatte das Geld aufzutreiben.

Bei Kriegsausbruch war Walter für die Engländer zwar Jude, aber auch Deutscher. Er wurde interniert und in ein Lager für Waldarbeiter nach Kanada geschickt. 1944 meldete er sich zum Jüdischen Regiment in der britischen Armee und gelangte beim Vorrücken der Alliierten bis Salzburg. Von dort forschte er nach Mutter und Bruder. Die Mutter war am 1. April 1942 aus Ichenhausen deportiert und in Piaski ermordet worden. David wurde 1944 aus Breslau deportiert; weder Bestimmungsort noch Tod sind dokumentiert.

S. M.

Dinge, die Geschichte machten

Barchent

(von arabisch „barrakan", grober Wollstoff)
Der Stoff kam aus dem Orient: ein Mischgewebe, wobei die Kette aus Leinen, der Schuss aus Baumwolle besteht. Im 14. Jh. wurde die Tuchart in Oberdeutschland bekannt. Ulm und Augsburg waren führend in der Produktion; daneben gab es eine Reihe kleinerer leistungsfähiger Tuchzentren in ganz Schwaben. Der Barchent wurde zur üblichen Gebrauchstextilie nördlich der Alpen, ein Massenprodukt. Gütesiegel aus Ulm oder Augsburg bürgten für höchste Qualität (dichte Webart) und machten den süddeutschen Barchent zu einem ausgesprochenen Verkaufsschlager: vom Hanseraum bis in die Schweiz und von den Niederlanden bis nach Wien. Voraussetzung war die Verfügung über die Rohstoffe: Die eigene Landwirtschaft wurde auf Flachs umgestellt; die Baumwolle (aus Indien, Kreta, Libyen und Zypern) kam in gewaltigen Mengen über Venedig und den Brenner in die tuchproduzierenden Städte.

S. M.

Beton

(über französisch „béton" aus lateinisch „bitumen", Sand, Schlamm)
Mit „Betonwüsten" assoziiert man graue, gleichförmige Neubaugebiete, unwirtliche „Betonsilos". Albert Speer, dem Architekten Hitlers, missfiel Beton, weil der nicht edel wie die Monumente der Antike altert. Die römischen Ruinen kannte er wohl nicht genau: Schon die Römer hatten eine Art Leichtbeton; sie verwendeten ihn z. B. für die Pantheonkuppel mit 43 Metern Spannweite bzw. für Wasserleitungen. Ihre Kenntnisse gingen verloren. Im 19. Jh. wurde Beton nach Erfindung des Portlandzements zum meistverwendeten Baustoff: ein gießbarer Kunststein aus Sand, Kies, Zement, Chemikalien, später mit Eisenbewehrung. Er erlaubte durch variierbare Holzschalungen neue gestalterische Möglichkeiten und mit rationellen Methoden (z. B. Fertigteilanlieferung) eine industrielle Bauweise, wie sie Architekten schon in den 20er Jahren des 20. Jhs. forderten um einen Ausweg aus der Wohnungsmisere zu finden. Beton setzte im Hoch- wie Tiefbau, im Straßen- und Brückenbau neue Maßstäbe, obwohl er auch viele Gegner hatte – z. B. fürchtete man um Arbeitsplätze und streikte 1930, als Amsterdam auf Beton- statt auf Holzpfählen weitergebaut werden sollte. Heute zählt anderes: umweltverträgliche, rückbaubare Baustoffe sowie kleinere Wohneinheiten. Der Beton ist in Verruf geraten – oder nur seine ideenlose Verwendung?

G. S.

Brezel

(wahrscheinlich von lateinisch „brachiolum", Ärmchen, mittellateinisch „bracellus")
Eigentlich ist die Brezel ein vorchristliches oder auch antik-christliches Gebild-
brot, dessen ursprüngliche kultische Bedeutung ungeklärt ist. Die älteste christliche Darstellung einer Brezel stammt aus dem 5. Jh. In den mittelalterlichen
Klöstern wurden Brezeln vor allem in den Fastenzeiten gebacken; man deutete
ihre Form als zum Gebet gekreuzte Arme. Auch außerhalb der Klostergemein-
schaft war die Brezel sehr beliebt; eine Fülle von Brauchtum rankte (und rankt)
sich um sie: Neujahrsbrezeln sollten Glück bringen, Glück und Gesundheit
erhoffte man sich auch von den in der Fastenzeit und zu Ostern (Frühlings-
beginn!) gebackenen. Der Sebastianstag (20.1.) war in vielen Gegenden ebenfalls Anlass zum Brezelbacken.

H. P.

Briefmarke

Es gibt noch immer Streit darüber, wer zuerst auf die genial
einfache Idee gekommen ist durch Aufkleben eines Wert-
zeichens die Einnahme von Postgebühren zu rationalisie-
ren. Vorher wurde die Gebühr in eine Liste und der
„Franko"-Vermerk auf die Rückseite des Briefes eingetra-
gen. Vorne stand, was der Empfänger gegebenenfalls noch
zu zahlen hatte. Der Vermerk „franko" (frei) geht bis ins 16. Jh. zurück; geblieben
ist das Wort „frankieren". Die Ehre der Erfindung der Briefmarke gebührt wohl
dem Schotten James Chalmers, der 1837 seine Vorschläge dem britischen
Schatzamt unterbreitete (s. Bild). Drei Jahre später kam die erste Briefmarke in
Verkehr. Es folgten 1843 Brasilien sowie die Kantone Zürich und Genf, 1846
die USA, 1847 die Insel Mauritius (mit der weltberühmten „Blauen"), 1848
Russland, 1849 Frankreich, Belgien und als erstes deutsches Land Bayern (der
„Schwarze Einser"), 1850 die österreichische Post. Von Anfang an bemühte man
sich die Briefmarke möglichst fälschungssicher zu machen (Wasserzeichen,
chemisch präpariertes Papier, eingelegter Seidenfaden und anderes mehr) und
als Kleinkunstwerk zu gestalten. Immer wieder haben berühmte Künstler an
Entwürfen gearbeitet. In Deutschland machte die Weimarer Reichsverfassung
der Vielfalt ein Ende. Artikel 83: „Die Postwertzeichen sind für das ganze Reich
einheitlich."

S. M.

Brille

(von „Beryll" für Quarz und andere Edelsteine)
Im Altertum wurden Gestelle mit geschliffenen Steinen
nur wegen deren magischer Kraft oder als Sonnenschutz
benutzt. Zuerst erkannte der arabische Astronom Al-Hazen (11. Jh.) die Fähigkeit geschliffener Linsen das Sehvermögen zu bessern. Mitte des 13. Jhs.
entdeckte der Franziskanermönch Bacon, dass sich mit geschliffenen Gläsern
Buchstaben vergrößern ließen: die „Lesesteine". Um 1285 kam – in einem
oberitalienischen Kloster – jemand auf die Idee, solche „Lesesteine" direkt vor
die Augen zu halten. Der erste „Brillenmacher" war der Mönch Alexander della
Spina (um 1300). Bald entstanden in Venedig, Pisa, Flandern und Brabant
Brillenmachergilden. 200 Jahre lang gab es nur konvexe Gläser für Altersweit-
sichtige, erst ab dem 16. Jh. auch Sehhilfen für Kurzsichtige. Im Mittelalter galt
die Brille als Symbol der Gelehrsamkeit; später umgab sie der Ruch des
Zwielichtigen, Dämonischen. So erklärt sich die Benutzung von Sehhilfen, die
in der Hand gehalten wurden. Im 19. Jh. wurden die ersten Brillenfabriken
errichtet, die eine kontrollierte Qualität der Linsenfertigung zuließen.

H. P.

Einweckgummi

Zwei Erfindungen haben die Konservierung von Lebensmitteln revolutioniert.
Die erste war der von Denis Papin (1617–1712) entwickelte Dampfkochtopf.
Die zweite: Ein schlichter Gummiring, der wie ein druckausgleichendes Ventil
wirkte. Er verhinderte, dass die Gläser beim Einkochen platzten und einem mit
gewaltigem Knall um die Ohren flogen. Als der badische Unternehmer Johann
Weck diese genial einfache Erfindung machte, begann der beispiellose Siegeszug
eines unscheinbaren Artikels. Noch heute schwimmt im badischen Öflingen
Obst in einem Glas, eingemacht 1897, dem Geburtsjahr der neuen Konservie-
rungstechnik. Sie wurde zur Volksbewegung, für die der Duden schon 1907 das
Verbum „einwecken" verzeichnete. Gummiring und Glas galten in Notzeiten
als kriegswichtige Güter. Als alles schon in Scherben fiel, produzierte die Firma
Weck unverdrossen Gläser – und, dank besonderer Kautschukzuteilungen,
natürlich Gummiringe.

W.W.

Eis

Wie viele andere Köstlichkeiten kommt das Eis aus China. Die
chinesischen Herrscher lagerten bereits vor 1 000 Jahren große
Mengen Gletscher- oder Wintereis in eigens dafür eingerichte-
ten Kellern. Dieses Eis wurde zerstoßen und mit Fruchtsirup

gemischt. Das Ergebnis glich in etwa dem französischen „granité", einem
körnigen, dickflüssigen Getränk. Etwa ab dem 11. Jh. übernahmen die Araber
von den Chinesen die Kunst des Eismachens; den eiskalten Trank, den sie
herstellten, nannten sie Scherbet (Sorbet!). Marco Polo brachte von seinen
Chinareisen die künstliche Kühlung mittels Schnee und Salpeter nach Italien.
Fortan wurden die Italiener führend in der Herstellung von Fruchteis. Als
Katharina von Medici 1533 mit dem späteren König Heinrich II. verheiratet
wurde, brachte sie die Kunst der Eiszubereitung nach Frankreich mit. Ende des
18. Jhs. erfand ein französischer Koch am englischen Königshof das Milch-
speiseeis; seitdem ist Eis eine der beliebtesten Naschereien.

H. P.

Gabel

(lateinisch für „Kreuz", „Galgen")
Als Küchengerät, z. B. zum Aufspießen von Bratgut, kannte man sie schon in
der Antike; auf die Idee sie zum Essen zu benutzen kam niemand. Mit Löffeln,
Brotfladen und mit den Händen wurden die Speisen zum Mund geführt. Nur
in Byzanz war das vielleicht anders. Als einer ihrer Dogen im 11. Jh. eine
byzantinische Prinzessin heiratete, bemerkten die Venezianer beim Festmahl
erstaunt, dass die junge Dame nichts mit den Fingern anrührte, sondern mit der
Gabel aß. Zumindest im Kloster Monte Cassino kannte man diese Sitte auch:
Ein Bild in einer Handschrift des 11. Jhs. zeigt Mönche beim Mahl mit Messer
und Gabel. Doch erst zu Beginn der Neuzeit setzte sich die Gabel an den
italienischen Tafeln durch, von dort gelangte sie nach Burgund und Deutschland.
Sie wurde lange nur in besseren Kreisen benutzt, und auch da nicht überall. Sie
symbolisierte den Übergang von lustvoll-ungehemmter Nahrungsaufnahme zu
beherrscht-kultiviertem Speisen. Und das war nicht jedermanns Sache.

H. P.

Gulden

Fiorino d'oro („Goldblümchen") war die liebevolle Bezeichnung für die erste
Goldmünze, die eine europäische Stadt des Mittelalters, nämlich Florenz,
geprägt hat. Vorbild für den Goldflorin (Abkürzung: fl., Gewicht 3,8 Gramm
Feingold) mit Lilie und Bildnis Johannes des Täufers waren die Augustalen
(5,24 Gramm) Kaiser Friedrichs II., die er seit 1231 in Messina und Brindisi
prägen ließ. Diese wiederum hatten die Goldmünzen römischer Imperatoren
(Augusti) zum Muster. Florenz war prädestiniert für die Führungsrolle in der
Münzprägung: als Wirtschaftszentrum und europäische Finanzmetropole, nicht
zuletzt durch die Verbindungen mit dem Papst. Nördlich der Alpen wurde der
Florin zum Gulden (von Gold oder gülden) und erlangte eine außerordentliche

Bedeutung. Er wurde im 14. Jh. in Böhmen, in Köln (Rheinischer Gulden) und Lübeck zunächst nachgeprägt (denn Zahlungsmittel war der Goldgehalt) und dann mit eigenem Wappen versehen. Später gab es auch Silbermünzen dieses Namens. Heute gibt es den Gulden als Währung noch in Ungarn (als Forint) und in den Niederlanden.

S. M.

Käse

(von lateinisch „caesus", Käse)
Die Herstellung von Käse bedeutet nichts anderes als das Lebensmittel Milch durch kontrolliertes Verderben haltbar zu machen. Die dafür nötige Gerinnung ist seit Jahrtausenden auf zweierlei Weise erreicht worden: durch Anreicherung mit Lab oder durch Säuerung. In Libyen, das lassen Höhlenzeichnungen vermuten, wurde Käse bereits um 5000 v. Chr. hergestellt, im Gebiet der heutigen Provence ist er fast ebenso lang bekannt. Die Ägypter und Sumerer aßen vor viereinhalb Jahrtausenden bereits Käse, meist aus Schafs- oder Ziegenmilch. Dass er im antiken Rom ein alltägliches Lebensmittel war, belegt die Herkunft des Wortes. Die mittelalterlichen Klöster, immer auf der Suche nach wohlschmeckenden Fastenspeisen, vervollkommneten die Kunst der Käserei. Ihnen ist z. B. die Rezeptur für die großen Hartkäse zu verdanken. Zu den ältesten noch heute bekannten Sorten zählen Roquefort, Edamer und Chester. Manche Völker, vor allem in Fernost, lehnen Käse als verfaultes, übelriechendes Produkt ab.

H. P.

Kaffee

(arabisch „kahwa", Getränk aus Kaffeebohnen)
Das äthiopische Hochland gilt als Heimat der Kaffeesträucher. Bereits im 10. Jh. wurde Kaffee im arabischen Raum als Medikament verwendet, weil man seine magenstärkende und verdauungsfördernde Wirkung schätzte. Zwischen 1650 und 1700 trat der Kaffee seinen Siegeszug in Europa an. Zunächst nur von Aristokraten und reichen Bürgern als Luxusgetränk geschätzt, wurde er im 18. Jh. das bürgerliche und im 20. Jh. ein Volksgetränk. Die bürgerliche Gesellschaft sah im Kaffee sowohl ein Genussmittel als auch einen Wachmacher, rasch verdrängte er die benommen machende Biersuppe und das Dünnbier, die bis dahin üblichen Morgengetränke. Kaffee verhalf am Morgen zu einem klaren Kopf, nüchternen Gedanken und reger Geistestätigkeit – durch die Wirkung des Koffeins, das auf das Zentralnervensystem anregend wirkt. Bis heute ist Kaffee das beliebteste Getränk in Deutschland.

G. W.

Kartoffel

(von italienisch tartufol „Trüffel")

Heimat dieser ca. 2 500 Jahre alten Kulturpflanze ist Südamerika; noch in einer Höhe von 4 000 Metern wurde sie in den Anden angebaut. Die spanischen Eroberer brachten sie um 1550 nach Europa. Obwohl man wusste, dass die Knolle, richtig zubereitet, gut schmeckte, galt sie doch eher als Zierpflanze – oder, weil die Frucht unter der Erde wuchs, als „Speichel des Teufels". Zum Massennahrungsmittel wurde sie im 17. Jh. in England. Friedrich II. ließ in Preußen den Anbau staatlich propagieren, der Durchbruch kam erst im 19. Jh. Der große Vorteil war der hohe Nährwert (drei- bis viermal höher als bei der gleichen Fläche Getreide). So verbesserte die Kartoffel – als „Brot des armen Mannes" – wesentlich die Ernährungslage. Andererseits führte die „Kartoffelpest" in der Jahrhundertmitte zu einer schweren Hungersnot, vor allem in Irland, wo fast die Hälfte der Menschen entweder auswanderte oder verhungerte. Heute verbrauchen wir – trotz Pommes frites – weniger als ein Drittel der Menge, die ein Europäer um 1900 im Jahr verzehrte.

S. M.

Kaugummi

Die Lust am Kauen stammt wahrscheinlich schon aus der Frühzeit der Menschen, als Jäger und Sammler Baumharze kauten um ihren Hunger zu dämpfen. Gekaut wurde in vielen Kulturen, zu unterschiedlichen Zwecken: zur Ablenkung, zur Verbesserung des Atems, zur Anregung (Tabak, Betelnuss). Die neuenglischen Siedler lernten das Kauen von den Indianern, die sich einer Mischung aus Fichtenharz und Bienenwachs bedienten. 1870 stellte der Amerikaner Thomas Adams aus Chicle, dem eingekochten Milchsaft des Sapotillbaums sowie Zucker, Vanillin, Pfefferminz- und anderen ätherischen Ölen das erste moderne Chewing Gum her. Sein Landsmann William Wrigley machte es 20 Jahre später zum begehrten Konsumartikel. Heute wird als Kaumasse vielfach Kunststoff (Polyäthylen und andere) verwendet.

H. P.

Kautschuk

Kautschuk wird aus dem Milchsaft (Latex) des Kautschukbaums, der ursprünglich in Brasilien beheimatet ist, gewonnen. Gummi, sein wichtigstes Verarbeitungsprodukt, wurde schon im 19. Jh. auf vielen Gebieten verwendet. Der mit der Motorisierung steigende Bedarf an Gummireifen machte Kautschuk vollends zu einem unentbehrlichen Rohstoff. Erst Versorgungsengpässe während des Ersten Weltkriegs führten 1916 zur Entwicklung des Synthesekautschuks aus Butadien (ungesättigtem Kohlenwasserstoff). Vorher aber, gegen Ende des

19. Jhs., führte der weltweite Bedarf an Kautschuk in Brasilien zu einem gigantischen Boom. Zahllose Menschen lockte das schnelle Geld in den Amazonasdschungel, Tausende kamen um. Manche aber machten tatsächlich ihr Glück und häuften sagenhafte Reichtümer an; die Prachtbauten in Manaus aus dieser Zeit legen Zeugnis davon ab. Es war bei Todesstrafe verboten, die Samen des Kautschukbaumes außer Landes zu schaffen – dem Engländer Henry Wickham gelang es 1876. Mit dem geschmuggelten Samen wurden in Südostasien umfangreiche Plantagen angelegt, die nach einigen Jahrzehnten den brasilianischen den Rang abliefen.

J. W.

Knoblauch

(gespaltener Lauch, von mittelhochdeutsch „klieben", spalten)
Er kommt aus Zentralasien, gelangte vor 5000 Jahren über Kleinasien nach Ägypten und von dort unter anderem auch nach Europa. Seither spielt er in der Ernährung eine große Rolle. In den ältesten bekannten Rezepten auf über dreieinhalb Jahrtausenden alten Tontafeln aus Akkad kommt er vor; bei Protestaktionen ägyptischer Pyramidenarbeiter ging es um Knoblauchzuteilungen. Als Arzneimittel diente er Phöniziern und Wikingern, die sich auf Reisen mit ihm vor Mangelkrankheiten und Infektionen schützten. An seinem Geruch schieden sich seit jeher die Geister: Manche ägyptischen Priester verboten dem, der nach ihm roch, den Zugang zum Tempel; Alfons von Kastilien verwies ritterliche Geruchsträger für einen Monat vom Hof. Im Mittelalter war er vor allem Kost der unteren Schichten; in England und in Norddeutschland wurde er später auch bei diesen unbeliebt – noch in den 50er Jahren des 20. Jhs. lautete eine Mundwasserreklame: „Sag dem Mundgeruch der Leute auf dem Kontinent ‚au revoir'" – gemeint war der Knoblauchduft der Südeuropäer. Wegen seiner Schärfe und Würze war er als Zaubermittel zum Schutz vor Hexerei und als magische Medizin seit dem Altertum in Gebrauch.

H. P.

Kompass

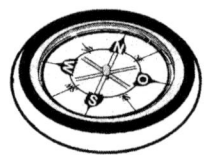

(zu vulgärlateinisch/italienisch „compassare", herumschreiten, umgehen)
Die ältesten Nachrichten darüber kommen aus China. Angeblich soll eine Näherin die magnetische Wirkung an einer Nadel aus Magneterz entdeckt haben. Lange vor der Zeitrechnung orientierten sich chinesische Händler auf offener See an „südweisenden Waagen", denn ihre Haupthandelswege waren nach Süden gerichtet. 1270 wusste Albertus Magnus von Magneten zu berichten, „die das Eisen nach Norden lenken". Verbreitet war die Furcht vor

geheimnisvollen Magnetbergen, die bei allzu großer Annäherung die Schiffe ins Verderben führten. Höllengeister und dunkle Mächte wurden dahinter vermutet. Manch einer benutzte die Kompassnadel nur heimlich unter Deck, aus Furcht der Zauberei beschuldigt zu werden. Erst der kühle Verstand des englischen Hofarztes und Forschers William Gilbert entzauberte 1600 die Magnetnadel. Das Ergebnis seiner Forschungen: Die Erde selbst ist ein großer Magnet. Das war das Ende des Spuks um Magnetberge und magische Winde.

W.W.

Kondom

(nach dem englischen Arzt Condom, 18. Jh.)
Die Vorläufer der heutigen Kondome entstanden um die Mitte des 16. Jhs. Ursprünglich dienten sie Männern als Schutz vor Ansteckung mit venerischen Krankheiten, vor allem der Syphilis: Kleine Leinenstücke, die unter die Vorhaut gezwängt wurden. Im Lauf der Zeit wurden die verschiedensten Materialien verwendet, wie Haut oder feines Leder, und die heutige Form entstand. Gegen Ende des 18. Jhs. waren Kondome in den meisten Bordellen in Gebrauch, doch kaum ein Mann dachte dabei an Empfängnis-, sondern nach wie vor nur an Infektionsverhütung. Es waren Frauen, die sich die Angst vor Geschlechtskrankheiten zunutze machten um sich mit Kondomen vor unerwünschten Schwangerschaften zu schützen. In den 30er Jahren des 20. Jhs. wurde das Verfahren entwickelt Kondome aus Latex herzustellen. Erst seit dieser Zeit ist ein halbwegs sicherer Schutz vor Empfängnis wie vor Infektionen gewährleistet.

H. P.

Konservendose

(von lateinisch „conservare", bewahren)
Als der badische Hofkoch Appert 1804 seine Erfindung vorstellte, ahnte keiner, dass sie die allgemeine Ernährungslage, die Essgewohnheiten sowie die Logistik der Armeen verändern würde. Das englische Heer führte in den Napoleonischen Kriegen die Büchsenverpflegung ein und konnte nun bald auch die überseeischen Truppen mit Mixed Pickles beglücken. Walzblech für Dosen, maschinelle Fertigung, erweiterte Transportkapazität sowie Anwendung neuer naturwissenschaftlicher Erkenntnisse (Pasteur) eröffneten neue Perspektiven: Nun konnte z. B. die Rindfleischproduktion Amerikas für Europa genutzt werden, schlechte Jahre ließen sich besser überstehen. Hilfreich war die Erfindung des Büchsenöffners, bislang hatten sich Soldaten etwa mit dem Bajonett beholfen. Rasch erweiterte sich die Fabrikation von Fleisch- auf Gemüse-, Obst- und Marmeladen-, Milch- und Fischprodukte. Nicht nur Fabriken, sondern auch Privathaushalte konservierten und konnten Ernteerträge verwer-

ten. Heute werden – trotz der Konkurrenz durch die Tiefkühlkost – weltweit jährlich 175 Milliarden Dosen hergestellt – auch ein gewaltiger Müllberg!

G. S.

Kummet

Der gepolsterte Kragen aus Holz und Leder ermöglicht es den eingeschirrten Pferden und Ochsen, ihre volle Kraft zu entfalten. Entstanden um 800, verbreitete sich das Kummet jedoch erst im 12. Jh. Die bis dahin verwendeten Spannsysteme behinderten Blutzirkulation und Atmung, was der Zugkraft enge Grenzen setzte. Die so nebensächlich erscheinende Neuerung erhöhte die landwirtschaftliche Effektivität enorm (um etwa 50%). Der bereits früher eingeführte Räderpflug, der ein Gespann von bis zu acht Ochsen benötigte, konnte jetzt voll genutzt werden. Der neue Pflug und das Kummet machten das Pflügen auf fruchtbarem Schwemmland und Lehmböden möglich, die vorher wegen ihrer Schwere und Feuchtigkeit nicht hinreichend bearbeitet werden konnten. Das Kummet verstärkte auch die Wirkung der Egge und ermöglichte den Einsatz vierrädriger Wagen.

J. W.

Mikroskop

(von griechisch „mikros", klein, und „skopein", betrachten)
Bis heute hängt der medizinische Fortschritt eng mit dem technischen Standard des Mikroskops zusammen: Die Lehre vom Blutkreislauf setzte sich z. B. erst durch, nachdem der Naturforscher Marcello Malpighi 1661 den Blutfluss in den Kapillaren und 1665 die roten Blutkörperchen unter dem Mikroskop entdeckt hatte. Aufgrund der Ähnlichkeit des optischen Prinzips ist die Entwicklung des Mikroskops eng mit der des Teleskops verbunden. Als Erfinder beider Geräte gelten die holländischen Brillenmacher Hans († 1619) und Zacharias Janssen. Ihre Erfindung wurde schnell bekannt: 1609 baute Galilei ein Teleskop, das er auch als Mikroskop verwendete. 1611 konstruierte Kepler eine verbesserte Variante. Antony von Leeuwenhoek (1632−1723) gelang mit einem selbst gebauten Mikroskop bereits eine 270fache Vergrößerung. Nach der Einführung der halbkugelförmigen Frontlinse und des Immersionsobjektivs im 19. Jh. wurde die Leistungsfähigkeit weiter erhöht. Seit einigen Jahrzehnten ermöglicht das Elektronenmikroskop mehrhunderttausendfache Vergrößerungen.

H. P.

Nudeln

(vielleicht von lateinisch „nudus" bzw. „nudulus", nackt, dürftig)

 Es war nicht Marco Polo, der sie aus China nach Italien mitgebracht hat. Er berichtete lediglich, dass man dort Weizen vor allem zu Makkaroni und anderen Teigwaren verarbeite – also waren sie ihm (und seinen Lesern) bekannt. Außerdem werden Nudeln bereits 1279, lange vor seiner Rückkehr (1295) erwähnt. Dennoch, an ihrer Herkunft aus China gibt es kaum einen Zweifel. Dort waren sie wohl seit der Han-Zeit (206 v. Chr. – 220 n. Chr.) bekannt. Entlang der großen Handelsstraßen haben sie sich schon vor Marco Polo verbreitet. Dass sie in Kochbüchern des Mittelalters und der frühen Neuzeit kaum erwähnt werden, liegt sicher daran, dass ihre einfache Zubereitung als bekannt vorausgesetzt wurde. Verwandte der Nudeln sind die mittelalterlichen Pasteten (Pastete von „Pasta"!); in einem Luxuskochbuch des 16. Jhs. findet sich ein Rezept für Ravioli. Die nudelähnlichen „Spatzen" sind seit Jahrhunderten Bestandteil der Fastenküche und des Speisezettels kleiner Leute.

H. P.

Olive

(lateinisch „Olea europaea")

Der Olivenbaum wurde sehr früh die wichtigste Kulturpflanze des Mittelmeerraums. Von Palästina aus verbreitete er sich nach Westen; auf Kreta wurden seit 2500 v. Chr. Ölbäume gepflanzt (heute über 20 Millionen Bäume). Der Ölhandel mit Ägypten war eine wirtschaftliche Säule der minoischen Kultur. Griechische Kolonisten und die Karthager brachten den Ölbaum nach Sizilien, Süditalien und Nordafrika. Das im Gegensatz zu tierischem Fett unverderbliche Öl war ein unentbehrliches Grundnahrungsmittel. Öl war Währung, Lichtspender, diente bei Massagen, in der Schönheitspflege, in der Medizin, selbst im Kult. Herrscher und Priester wurden mit ihm gesalbt. In der Antike brauchte ein Baum zur vollen Reife 50 bis 60 Jahre (heute mit agrartechnischen Mitteln gut zehn Jahre). Es gab deshalb Verträge kriegführender Parteien die Olivenhaine zu schonen, aber auch Vernichtungskriege, wo gerade dies nicht beachtet wurde. Aus 100 Kilogramm Oliven wurden in der Antike etwa 20 Liter Öl gewonnen. In der Bibel wird der Ölbaum etwa siebzigmal erwähnt: Ein Vogel mit einem Olivenzweig im Schnabel signalisiert Noah das Ende der Flut. Der Prophet Hoseas vergleicht Gott mit der Pracht des Ölbaums. Den Griechen war der Ölbaum heilig, ein Geschenk der Göttin Athene, das ihrem besonderen Schutz unterstand. Sieger im Agon erhielten den Ölzweig als Ehrenzeichen und zum heiligen Hain von Olympia gehört bis heute der Ölbaum.

S. M.

Osterei

Der Brauch sich zu Ostern mit bunten Eiern zu beschenken ist möglicherweise bereits mit den Kreuzzügen nach Europa gelangt. Überall in der Welt galt (und gilt) das Ei als Verkörperung von Fruchtbarkeit und Lebenskraft und symbolisiert so die Erneuerung der Natur im Frühling. Seit dem 12. Jh. leitete die Eierweihe am Gründonnerstag das Ende der Fastenzeit ein. Eier waren ein weitverbreiteter Osterzins. Im Volksglauben galten bunt bemalte und verzierte Ostereier etwa seit Mitte des 16. Jhs. als Glücksbringer. Weil man sich sein Glück aber verdienen muss, wurden sie versteckt. Eiersuche als österliches Kindervergnügen ist zum ersten Mal 1682 belegt – freilich gab es damals nur Hühnereier. Solche aus Fondant, Marzipan oder Schokolade sind eine Angelegenheit des 20. Jhs. Dass der Osterhase Eier legt oder bringt (ebenfalls von 1682 datiert der erste Beleg für seine kinderfreundliche Tätigkeit), hängt möglicherweise mit den Hasenjagden am Ende der Fastenzeit zusammen oder geht einfach auf ein missgedeutetes Osterlammgebäck zurück.

H. P.

Papier

(von griechisch „papyros")

Die Chinesen kennen es seit knapp 2 000 Jahren. Über die Karawanenwege erreichte die Technik der Papierherstellung (aus Leinenabfällen und Baumrinde) im 8. Jh. die arabische Welt; im 11. Jh. wurde Papier im muslimischen Spanien produziert, im 13. Jh. in Italien. Im christlichen Europa fand es zuerst in den Kanzleien Kaiser Friedrichs II. Verwendung. Die erste nachgewiesene Papiermühle in Deutschland wurde seit 1389 in der Nähe von Nürnberg betrieben. Trotz des preiswerteren Papiers wurde im Spätmittelalter Pergament weiter verwendet. Zwar hat die industrielle Massenproduktion Papier nochmals erheblich verbilligt, doch musste bis in unsere Zeit sparsam damit umgegangen werden, was die Schiefertafeln der Schreibanfänger beweisen – so wie einst, in Zeiten von Papyrus und Pergament, auf Wachstafeln geübt wurde.

S. M.

Papyrus

Die Ägypter haben den wichtigsten Beschreibstoff der Antike entwickelt, den Papyrus. Die grasartige, drei bis vier Meter hohe Staude wuchs in den Ufer- und Sumpfzonen des Nils, vor allem im Delta. Die dicken Stengel wurden in ca. 40 Zentimeter lange Stücke zerteilt, geschält und in möglichst dünne Streifen geschnitten. Diese wurden sich leicht überlappend aneinandergelegt und im rechten Winkel dazu mit einer zweiten Schicht bedeckt, dann flachgeklopft und

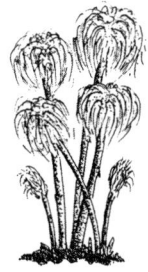

unter Druck getrocknet, sodass der Pflanzensaft Streifen bzw. Lagen verklebte. Die etwa quadratischen Blätter ließen sich zu Schriftrollen (lateinisch *volumina*) zusammenkleben. Man hat bis zu 40 Meter lange Rollen gefunden. In hellenistischer Zeit versorgte Ägypten die gesamte Kulturwelt des Mittelmeerraumes. Allerdings sind fast nur im besonders trockenen Klima Ägyptens Papyrusrollen mit literarischen Werken oder Gebrauchstexten erhalten geblieben, zum Teil als Mumienhüllen verarbeitet.

S. M.

Parfüm

(lateinisch „per fumum", durch Rauch)
Die Herkunft des Wortes deutet die ursprüngliche Funktion der Herstellung von Düften an: Zu Ehren der Götter wurden im Alten Orient, in China und auch in der klassischen Antike wohlriechende Hölzer und Harze verbrannt; im katholischen Weihrauch lebt dieser Brauch fort. Duftende Essenzen dienten außerdem im alten Ägypten nicht nur der Einbalsamierung von Toten, sondern auch zur Körperpflege der Wohlhabenden. Auch beim Volk Israel war Parfüm in Gebrauch: Ehe Judith sich zu Holofernes aufmachte, wusch und parfümierte sie sich. Die Griechen kannten eine große Anzahl von Duftwässern und -ölen, aus Rosen, Krokus, Äpfeln, Bittermandeln, Zimt, Veilchen, Lilien und vielen mehr. Sie wurden nicht nur zur Schönheitspflege, sondern auch als wohlriechendes Beiwerk beim festlichen Essen und als äußerliches Heilmittel verwendet. Enorm war der Verbrauch an Parfüm bei den reichen Römer(inne)n der späten Republik und der Kaiserzeit; Marcus Salvius Otho, im Jahr 69 drei Monate lang Kaiser, führte sogar auf Kriegszügen ein komplettes Arsenal von Parfüms mit sich. Ins mittelalterliche Europa kamen die Düfte im Gefolge der Kreuzzüge, als Waschmittel gehobener Kreise wurde das Rosenwasser beliebt. Führend in der Parfümherstellung waren schon im 12. Jh. die Franzosen, bei denen der Parfumeur auch als erster den Status eines Handwerkers bekam.

H. P.

Pergament

(von Pergamon, griechische Stadt in Kleinasien)
Pergament ist ein Beschreibstoff aus Häuten von Schaf, Ziege oder Kalb. Die Haut von sehr jungen Tieren ergab höchste Qualität: sehr gleichmäßiges und geschmeidiges Pergament. Von Vorteil gegenüber dem Papyrus war nicht nur die größere Haltbarkeit; Pergament ließ sich gut falten und in Lagen heften. So entstand das gebundene Buch, der Kodex, der viel bequemer zu handhaben war als die Rolle. Die Herstellung war sehr aufwändig: mehrmaliges Beizbad in

Kalklauge, Abschaben von Fell- und Fleischresten, spannen, trocknen, eventuell Risse vernähen. Wegen des hohen Wertes wurde Pergament wiederholt verwendet, indem die bisherige Schrift abgeschabt oder abgewaschen wurde. Ein solches Pergament nennt man *Palimpsest* (von griechisch „palin psestos", wieder abgekratzt). Seit dem 4. Jh. wurde Pergament wichtiger als Papyrus. Größere mittelalterliche Klöster hatten eigene Werkstätten zur Pergamentherstellung.

S. M.

Pfeffer

(griechisch „peperi", lateinisch „piper")

Das Bedürfnis nach würzender Schärfe ist uralt; schon vor 9 000 Jahren wurde z. B. in Mexiko wilder Chilipfeffer verwendet. Der schwarze (oder, ausgereift, weiße) Pfeffer stammt aus Indien, dort lernten ihn die Soldaten Alexanders schätzen. Hippokrates kannte ihn als Medizin zur Förderung von Appetit und Verdauung, in Rom war er seit der Eroberung Syriens (64 v. Chr.) begehrt. Wie kostbar er war, zeigte sich nach der Eroberung Roms durch die Goten 410: König Alarich verlangte neben Gold und Silber auch eine Menge Pfeffer als Tribut. Lange Zeit lief der Gewürz- (und Pfeffer-)Handel über Konstantinopel und Bagdad, im frühen 16. Jh. bauten die Portugiesen ein Gewürzmonopol auf, bis sie von den Niederländern überflügelt wurden; schließlich sicherten sich die Briten einen Großteil des Handels. Seit die Europäer den Markt beherrschten und in den Lieferländern Monokulturen anlegten (ab dem 16. Jh.), stellten die Einheimischen nur noch billige Arbeitskräfte.

H. P.

Purpur

(von griechisch „porphyra")

Purpur ist der berühmteste unter allen Farbstoffen des Altertums: ein Machtsymbol. Die Phönizier sollen ihn erfunden haben; jedenfalls behaupteten sie jahrhundertelang das Geheimnis der Purpurfärberei und aus dem Handel mit Purpurstoffen floss ihnen beträchtlicher Reichtum zu. Römische Senatoren trugen einen breiten Purpurstreifen an dem Ausschnitt ihrer Tunika, Ritter einen schmalen. Ein Feldherr durfte bei einem Triumph ein vollkommen purpurgefärbtes Gewand tragen. Seit Theodosius (379–395) war dies der geheiligten Person des Kaisers vorbehalten, so auch im byzantinischen Kaiserreich. *Porphyrogennetos* („in Porphyr/Purpur geboren") nannte man hier den Sohn, der geboren wurde, als der Vater bereits Kaiser war. Das konnte für die Thronfolge Vorteile bringen. Seit dem 8./9. Jh. trug auch der Papst den kaiserlichen Purpurmantel; purpurberechtigt (bis heute) war später das zur Papstwahl berechtigte Kardinalskollegium. Karl der Große ließ ein Evangeliar auf purpurgefärbtes Pergament schreiben: das spätere Krönungsevangeliar deutscher Könige und Kaiser. Der Farbstoff wurde aus den Drüsen verschiedener Purpur-schneckenarten gewonnen. Das Schneckenhaus musste zerschlagen und die Drüse herausgelöst werden. Gewonnen wurde ein Tröpfchen zunächst klarer Flüssigkeit; im Licht verfärbte sie sich über Gelb, Grün bis zum Purpurrot. Nach Trocknen, Einweichen, Verkochen (unter Umständen unter Beimischung anderer Stoffe) war Purpur zum Färben geeignet. Der dunkelste war der teuerste Purpur. Für 1,5 g kristallinen Farbstoff brauchte man ca. 12 000 Schnecken. Ein Kilo des Farbstoffs war nach heutigen Begriffen ein Millionenvermögen.

S. M.

Salz

„Auf Gold kann man verzichten, nicht auf Salz." Der Ostgotenkönig Theoderich wusste: Salz ist Grundlage des Lebens. Drei Gramm muss ein Mensch täglich aufnehmen, sonst kommt der Stoffwechsel durcheinander und der Körper trocknet aus (optimal sind fünf bis sechs Gramm). Das meiste Salz wurde für die Konservierung von Lebensmitteln gebraucht (Pökelfleisch, Salzfisch, Sauerkraut, Salzgurken), eine geringere Menge als Speisewürze und noch weniger für gewerbliche Zwecke, vor allem beim Glasieren von Keramik und beim Gerben von Leder. Heute dagegen werden 90% industriell genutzt. Salz war das „weiße Gold" für diejenigen, die es aus Stein, Sole oder dem Meer gewannen. Lüneburg, Halle, Hall in Schwaben, Reichenhall, Hallein und Hallstadt seien nur stellvertretend genannt. Um das „weiße Gold" wurden Kriege geführt und Verträge geschlossen. Für Venedig war das staatliche Salzmonopol die wichtigste Einnahmequelle; Flottenmacht und Diplomatie sicherten ein riesiges Absatzgebiet. Handelswege gewannen ihre Bedeutung durch das Salz, wie die „Goldenen Steige", die von Bayern nach Böhmen führten. – „Salz gehört zu jeder Mahlzeit, und wer es sinnvoll darein tut, wird ein langes Leben haben, es fröhlich genießen, sich zum Wohle, zum Wohle der Fortpflanzung in der Familie und zum Wohle des Gemeinwesens, denn Salz ist das Leben selbst." (Dioskurides, 1. Jh. n. Chr.).

S. M.

Schießpulver

Es besteht aus Salpeter, Holzkohle und Schwefel in einem unterschiedlichen Mischverhältnis. Seine Anwendung als treibende Kraft für eiserne und steinerne Geschosse (in Faustbüchsen und Geschützen) hat Waffentechnik, Festungsbau und Kriegführung revolutioniert. Umso erstaunlicher ist es, dass die Anfänge im Dunkeln liegen und kein Erfinder namhaft gemacht werden kann. Jener Mönch und Alchimist des 14. Jhs., Berthold Niger, der dem Schwarzpulver seinen Namen gab, ist historisch nicht so recht fassbar. Er wird, wie andere auch, experimentiert haben. Sicher ist, dass die Chinesen ein explosives Salpetergemisch seit dem 10. Jh. kannten, aber zunächst nur pyrotechnisch verwendeten. Es waren die Mongolen (Tataren), die das Schießpulver in der Schlacht bei Liegnitz 1241 erstmals in einem europäischen Krieg zum Einsatz brachten. Die Anwendung der Feuerwaffen mit dem Pulver als Treibkraft verbreitete sich nur langsam und die Wirkung war zunächst nicht sehr erheblich, sodass die historische Bedeutung des Schießpulvers erst im Rückblick deutlich wird.

S. M.

Schokolade

(ursprünglich aus der Sprache der Mexicátl: „Kakaowasser" oder „bitteres Wasser") Als erster brachte Kolumbus einige Kakaobohnen mit nach Europa, doch niemand wusste mit ihnen etwas anzufangen. Das änderte sich, als die Spanier Mittel- und Südamerika eroberten. Die Azteken mixten sich ein Erfrischungsgetränk, das aus Kakaobohnenpaste, Wasser und Gewürzen bestand. Den neuen Herren war es viel zu bitter, aber sie schätzten seine anregende und sättigende Wirkung. Zum Modegetränk Nummer 1 der oberen Stände wurde es, als man Anfang des 17. Jhs. Zucker und Vanille hinzufügte und es so dem europäischen Gaumen angenehm machte. 1828 mischte der Holländer Conrad van Houten aus gemahlenen Bohnen und der Kakaobutter, die er ihnen vorher entzogen hatte, die erste (dunkle) Schokoladenmasse, 1847 gab es in England die erste Tafelschokolade zu kaufen. 1876 kreierte der Schweizer Peter Daniel die Milchschokolade, indem er der Masse Trockenmilch und Zucker hinzufügte.

H. P.

Sicherheitsnadel

Sie ist immer dann am meisten gefragt, wenn es etwas provisorisch zusammenzuhalten gilt. Selbst möglichst unauffällig, tut sie zuverlässig ihren Dienst, damit die Hose oben bleibt oder der Rock nicht rutscht. Klein und praktisch, ist sie eine typisch amerikanische Erfindung, die keiner mehr missen möchte. 1849 meldete der Tüftler Walter Hunt die außergewöhnliche Nadel zum Patent an. Er hatte so lange an einem Stück Draht herumgebogen, bis er den genialen Dreh gefunden hatte. Dass bereits vor 4000 Jahren die Fibel erfunden worden war, störte ihn nicht. Sein Ziel war es nicht, die schmucke Klammer zu kopieren. Er wollte die Welt vielmehr mit einer wunderbar einfachen, möglichst unsichtbaren Sicherheitsnadel erobern. Und es ist ihm gelungen. Lange wirkte sie im Verborgenen, bis Punks ihr zu einer neuen Karriere verhalfen und sich Sicherheitsnadeln durch Nasenflügel, Ohren und Backen stachen.

W. W.

Spiegel

Sieben Jahre Unglück drohen, wenn Spiegel zerbrechen, denn angeblich sollen ihnen magische Kräfte innewohnen. Im Mittelalter wurden putzsüchtige Damen dargestellt, wie ihnen beim Blick in den Spiegel der Teufel entgegengrinst; der Handspiegel galt als Symbol für Eitelkeit. Begehrt waren Spiegel immer. In der Antike aus Metall, später aus beschichtetem Glas, benutzte man sie zur Selbstbespiegelung, als optische Raumerweiterung, aber auch zur Erhellung um das teure Kerzenlicht zu verstärken. In die Flure der Stadthäuser kam Licht durch schräggestellte Spiegel über der Haustür – auch moderne Architekten wenden dieses Prinzip an, so schaufeln computergesteuerte Spiegel Licht in das 52 Meter hohe Atrium der Hongkong-Shanghai-Bank.
Ärzten erleichterten Spiegel die Arbeit; nicht nur freundliche Absichten hegen Besitzer von „Spionen" am Fenster und von halbdurchlässigen Spiegeln. Im besten Fall zeigt ein Spiegel Richtiges und Gutes – auch im übertragenen Sinn als Fürstenspiegel, als „Sachsenspiegel" – und als Narrenspiegel.

G. S.

Stacheldraht

Ende des 19. Jhs. warb man für das aus mehreren Drähten gedrehte und mit scharfen Spitzen versehene Produkt, es diene „zur Einfriedung". Wahr ist, dass man ohne diese Erfindung die großen Trockenflächen Nordamerikas, westlich des 100. Längengrades, kaum hätte einzäunen und damit für Viehzüchter erschließen können; auch in Europa änderten sich dadurch Wirtschaftsweise und Landschaftsbild: Hirten wurden vielfach überflüssig, Eigentum abgegrenzt. Durch maschinelle Fertigung und ausreichend vorhandenes Eisen preiswert sowie durch Veredelung gegen Rost widerstandsfähig, wurde Stacheldraht nicht nur für die Landwirte interessant – sehr schnell auch für das Militär. So wurden die hölzernen „spanischen Reiter" fortan durch „Drahtverhau" ergänzt. Im Ersten Weltkrieg sollten Angriffe durch Stacheldraht aufgehalten oder verlangsamt werden. Die besonders scheußliche Verwendung als Begrenzung für eingesperrte Menschen in Internierungslagern und KZ sowie die Grenzziehung zwischen Ost und West ließen den Stacheldraht zum Symbol für Gewalt und Leid werden.

G. S.

Steigbügel (Stegreif)

Der Steigbügel, bei einigen östlichen Völkern schon Jahrhunderte v. Chr. in Gebrauch, war die wichtigste waffentechnische Neuerung vor der Einführung des Schießpulvers. Im fränkischen Reich setzte er sich zur Zeit des karolingischen Hausmeiers Karl Martell durch. Zusammen mit dem Hufeisen und neuen, kräftigeren Pferderassen ermöglichte der Steigbügel den Einsatz von gepanzerten Reitern, die, im Verband und mit eingelegten Lanzen kämpfend, Fußtruppen weit überlegen waren. Die neue Kampftechnik hatte weitreichende soziale Folgen: Sie erforderte hohe Investitionen und ständiges Training, also ein wirtschaftlich unabhängiges Berufssoldatentum. Karl Martell bestimmte deshalb, dass ein gepanzerter Reiter wenigstens zwölf Bauernstellen besitzen müsse. So schwächte der Steigbügel die militärische Bedeutung der freien Bauern und machte letztlich die Grundherrschaft zur wichtigsten agrarischen Lebensform.   *J. W.*

Streichholz

Drei Nationen streiten sich darum, wer es wohl erfunden hat. Fest steht, dass die ersten Schwefelhölzer um 1829 verwendet wurden. Angeblich soll ein ungarischer Student in einem Wiener Kaffeehaus mit Phosphor, Bleioxid und Gummiarabikum experimentiert haben. Weil er es aber ablehnte, ein österreichisches Patent anzumelden, blieb's bei einer Stichflamme. Auch der deutsche Chemiker Johann F. Kammerer wollte (einige Jahre zuvor) das Streichholz entdeckt haben. Leider nutzte ihm das nichts. Als vorbestrafter Umstürzler erhielt er in Deutschland nicht die Erlaubnis eine Fabrik zur Herstellung feuergefährlicher Phosphorhölzchen zu errichten. So blieb der Ruhm einem schwedischen Chemiker vorbehalten. Seine zündende Idee: das Sicherheitszündholz mit einer besonderen Reibefläche. Sein Landsmann Ivar Kreuger baute sich in den folgenden Jahren ein fast weltweites Zündholzmonopol auf. In Deutschland wurde es erst 1983 aufgehoben.   *W. W.*

Tabak

(indianisch „tobako", Rauchrohr)
Die Tabakpflanze war ursprünglich auf dem amerikanischen Kontinent und in Australien heimisch. Die Pflanzen erreichen eine Höhe von 50 Zentimeter bis zu drei Metern. Bei den Indianern Südamerikas hatte Tabak eine religiöse und medizinische Bedeutung. Zu Beginn des 16. Jhs. gelangte der Tabak zunächst als Heilpflanze nach Europa, bald verbreitete er sich jedoch als Genussmittel, trotz starker staatlicher und kirchlicher Widerstände. Tabak enthält Nikotin, das eine narkotisierende Wirkung besitzt und in einer Menge von 50 mg tödlich wirkt. Dieses Nervengift ruft, in höheren Dosen genossen, Übelkeit, Schwindel, Schweiß, Zittern und Atemnot hervor. Ein Gewohnheitsraucher nimmt über den Tag eine Nikotinmenge auf, die, auf einmal konsumiert, tödlich wäre. Vermutlich ist es die leicht narkotisierende Wirkung, die Raucher als angenehm empfinden.   *G. W.*

Tee

Die Teestaude ist in Südostasien zu Hause. Als Genussmittel und Durstlöscher trinkt man Tee in China seit dem 3. Jh. v. Chr. Im 8. Jh. n. Chr. gelangte er nach Japan, wo sich bald eine komplizierte Teezeremonie herausbildete. Nicht viel jünger ist die Teekultur in den arabischen Staaten; von dort aus wurde der Tee ab dem 16. Jh. in Europa bekannt. In Russland wurde er im 17. Jh. aus der Mongolei eingeführt. Vor allem Engländer aller Schichten tranken schon im 18. Jh. große Mengen Tee, auch in den nordamerikanischen Kolonien. Hohe Abgaben auf den Tee waren 1773 der letzte Anlass für die Unabhängigkeitskriege. Um angesichts hoher Inflation die nötigen Zahlungsmittel – meist Silber und Gold – für den gewaltigen englischen Teebedarf aufbringen zu können führte England skrupellos Opium ins Lieferland China ein – die Folge war der Opiumkrieg (1840–42). Wenig später legten Engländer und Holländer Teeplantagen in Assam, Darjeeling, Java und Ceylon an; in Ceylon wurde eine halbe Million indische Tamilen als Teearbeiter angesiedelt – bis heute eine benachteiligte Minderheit, die mit brutalem Terror um ihre Selbstständigkeit kämpft.

H. P.

Uhr

(lateinisch „hora", Zeit, Stunde)

 Bereits in der Antike gab es technisch raffinierte Wasser- und Sonnenuhren. Aber erst die Erfindung der mechanischen Hemmung in der Räderuhr um 1300 durch Astronomen in europäischen Klöstern machte die Uhr zu einer Maschine, die nur den Gesetzen der Physik folgend den Ablauf der Zeit in gleichmäßige Maßeinheiten aufteilte. Die ersten Uhren verfügten bereits über ein Schlagwerk, das jeweils zur vollen Stunde auf eine Glocke schlug. In den Kathedralen des 14. Jhs. wurden Monumentaluhren von zehn bis zwölf Meter Höhe installiert. Einen großen Fortschritt bedeutete die Erfindung der Antriebsfeder am Beginn des 15. Jhs. Mit diesem Energiespeicher konnte eine Uhr über Stunden angetrieben werden. Die Industrialisierung im 19. Jh. mit festen Arbeitszeiten und pünktlichen Verkehrsmitteln wie der Eisenbahn führte zu einem wahren Uhrenboom.

G. W.

Waid

Der Waid oder Färberwaid wurde in Deutschland vor allem im Thüringer Becken angebaut, mit Erfurt als Zentrum. In einem komplizierten Verfahren wurde aus den Blättern der Pflanze durch Vergären ein blauer Farbstoff gewonnen – *der* mittelalterliche Textilfarbstoff schlechthin. Die Farbskala reicht vom tiefen Dunkelblau bis zum zarten Hellblau. Man konnte deckend oder durchscheinend färben. Der Anbau und die Vermarktung des Waid waren eine wesentliche Grundlage für den Reichtum Erfurts und seiner Region. In der Neuzeit kam das Blau der tropischen Indigopflanze aus Indien und Ostindien auf den europäischen Markt; es lässt sich vom Waidblau nicht unterscheiden. Trotzdem blieb der Erfurter Waid bis ins 18. Jh. ein bedeutender Wirtschaftsfaktor. 1880 gelang dem deutschen Chemiker Adolf von Baeyer die Synthese des Indigoblaus, eine wichtige Grundlage der Farbenindustrie.

S. M.

Whisky

(gälisch für „Lebenswasser")
Der Legende nach soll der heilige Patrick die Kunst des Destillierens im Jahr 432 mit nach Irland gebracht haben. Ein whiskyähnliches Getränk ist in Irland bereits um die Jahrtausendwende bekannt und von dort vermutlich erstmals nach Schottland gelangt. Irische Siedler waren es auch, die im 15. Jh. in Schottland Brennereien errichteten. Bald wurde aus dem irischen „Whiskey" das schottische Nationalgetränk „Whisky" oder „Scotch". Die Belegung mit einer Branntweinsteuer nach der Unterwerfung Schottlands durch England 1746 führte zu einem zähen Kleinkrieg zwischen (Schwarz-)Brennern und Steuerbeamten, der erst im 19. Jh. endete. In dieser Zeit kam zum ursprünglichen Malt aus gemälzter Gerste auch der Blended Whisky, verschnitten mit ungemälztem Getreide. Als solcher trat er seinen Siegeszug durch England an. Auswanderer brachten den Whisky im 18. Jh. nach Nordamerika; in Kentucky entstand der Bourbon-Whiskey, der überwiegend aus Mais gebrannt wird.

H. P.

Zechine

(von arabisch „sicca", italienisch „zecca", Münzprägestätte)
Als zweite europäische Stadt nach Florenz (vergleiche Gulden) prägte Venedig seit 1284 eine Goldmünze, *Zecchino*. Bei der Zechine dürfte es sich um die beständigste Währung der Welt handeln. Die Münze hatte 3,56 Gramm 24-karätiges Feingold von 1284 bis zum Untergang der Republik 1797. Auch die Verbreitung der Münze hat kaum ihresgleichen: Sie wurde zur führenden Währung im östlichen Mittelmeer, war Zahlungsmittel in der arabischen Welt, ist in Indien und in China nachgewiesen und ging durch die Hände von deutschen Kaufleuten: Allein im Januar 1511 z. B. kauften diese am Rialto für 140 000 Zechinen Gewürze; das sind fast 500 Kilogramm Gold. Zechinen heißen auch *Dukaten*. Auf der Rückseite steht der Satz: *Sit tibi Christe datus quem*

tu regis iste ducatus. Vom letzten Wort ist die Bezeichnung abgeleitet. Seit dem 16. Jh. war der Dukaten in Deutschland sehr verbreitet, in Oberdeutschland sogar bis 1871 gängiges Zahlungsmittel.

S. M.

Zucker

(über lateinisch „saccharum" aus arabisch „sokkar")
Woher er genau stammt, ist umstritten, wahrscheinlich aus Asien. Von Indien kam er über die arabischen Staaten in den Mittelmeerraum, um 1100 wurde er im christlichen Europa bekannt und in Süditalien und Südspanien angebaut. Seit Kolumbus, der Zuckerrohr nach „Westindien" mitnahm, wurde er vor allem in Lateinamerika und der Karibik angebaut. Im europäischen Mittelalter kam er ausschließlich auf die Tische der Reichen; die unteren Schichten hatten einen ausgemacht „sauren" Speisezettel (auch Honig war für sie zu teuer, Früchte hatten weit weniger Süße als heute). Er diente vor allem als Gewürz und Geschmacksverbesserer bitterer Medizin, ab dem 13. Jh. auch zum Süßen. Zum Massennahrungsmittel wurde er zuerst in England, als man im 18. Jh. begann den Tee mit Zucker zu trinken und als süße Desserts und Backwaren in Mode kamen. Der Chemiker A. Markgraf entdeckte 1787, dass man aus bestimmten Rüben Zucker herstellen konnte; während der Blockade Frankreichs durch die Engländer förderte Napoleon die Zuckerrübenindustrie. Dass Zucker die Zähne ruiniert, wusste zwar schon Aristoteles, aber seiner Beliebtheit hat das bis heute kaum Abbruch getan.

H. P.

Wer oder was war's? – Siebenundzwanzig historische Rätsel

1. Als ihn ein Freund einmal fragte, ob er heiraten solle oder lieber nicht, antwortete er: „Was du auch tust, du wirst es bereuen!" Seine eigene Ehe hat ihm, wenn man der Überlieferung glaubt, häufig Anlass zur Reue gegeben: Seine Frau nörgelte ständig an ihm herum, goss ihm schon mal einen Eimer Schmutzwasser über den Kopf oder riss ihm, wenn er ausging, den Mantel von den Schultern, damit ihm nicht zu warm würde. Freilich hatte sie Grund genug mit ihm unzufrieden zu sein. Seinen Beruf übte er nicht aus, stattdessen trieb er sich auf der Straße herum und sie musste sehen, wo sie das Wirtschaftsgeld herbekam. Nun könnte man meinen, erst seine Eheprobleme hätten ihn so oft aus dem Haus getrieben, aber das stimmte nicht. Auch an Tagespolitik und Klatsch hatte er kein Interesse. Nein, er wollte einfach mit den Leuten reden,

wollte sie zwingen über sich selbst und über die Beweggründe ihres Handels nachzudenken. Er wollte ihnen begreiflich machen, wie sie sich verhalten müssten um wirklich Menschen zu sein. Er tat das, indem er sie ansprach, ihnen scheinbar harmlose Fragen stellte, so lange, bis sie sich mit ihren Antworten in der Sackgasse verrannten und ihre Irrtümer einsahen. Er kannte keine Tabus und kritisierte auch die bestehenden Gesetze; zahlreiche junge Leute waren von ihm fasziniert – beides war Grund genug ihn wegen Lästerung der Religion und Verführung der Jugend anzuklagen und zum Tode zu verurteilen. Während des Prozesses bewies er noch einmal seine enorme Zivilcourage. Als man ihm sein Urteil verkündete, sagte er gelassen: „Nun ist es Zeit wegzugehen: für mich um zu sterben, für euch um zu leben. Wer von uns dem besseren Zustand entgegengeht, ist jedem verborgen, außer Gott."
Wer war's?

H. P.

2. Ausgesprochen schön war sie nicht, aber dennoch konnte ihr kaum einer widerstehen. So beschreibt Plutarch die Tochter eines Herrschers, die mit ihrem Vater einige Jahre im Exil in Rom verbrachte. Mit 18 Jahren übernahm sie die Herrschaft in ihrem Land und heiratete nach Landessitte ihren zehnjährigen Bruder. Als sie sich mit ihm zerstritten hatte, wandte sie sich an Caesar, der ihre rechtmäßigen Ansprüche anerkannte und durchsetzen half. Der Römer war von ihr so fasziniert, dass er gleich zwei Monate bei ihr verbrachte. Im folgenden Jahr lud er sie, die ihm inzwischen einen Sohn geboren hatte, nach Rom ein. Zwei Jahre blieb sie glänzender Mittelpunkt der römischen Gesellschaft, bis sie die Ermordung Caesars zur Rückkehr in ihr Heimatland veranlasste. Für kurze Zeit schien ihre Lage unsicher, aber sie half sich nach bewährter Methode. Antonius, einer der siegreichen Triumvirn, erlag ihren Reizen. Ihre Hochzeit sorgte in Rom für großes Aufsehen und man sprach bewundernd von der Königin der Könige. Sie schenkte Antonius drei Kinder, während er sie derart mit Geschenken, Titeln und Ehren überhäufte, dass dies den offenen Bruch mit seinem Konkurrenten Octavian beschleunigte. Sie nahm sich das Leben durch einen Schlangenbiss, als der kühle Octavian sich nicht von ihr betören ließ. Immerhin gewährte er ihr ein königliches Begräbnis.
Wer war's?

W. W.

3. Sehr fromm soll er gewesen sein, behauptet der Adelige, der seine Lebensgeschichte aufgeschrieben hat. Doch das hinderte ihn nicht daran, seine erste Frau einfach wegzuschicken, als sie ihm nicht mehr passte, und später vier Mätressen gleichzeitig zu haben. Auch von seinen sonstigen Taten waren viele nicht sehr christlich: Fast ständig führte er blutige Kriege. Einer

davon, gegen ein Volk nördlich seines Reichs, dauerte 32 Jahre. Nach seinem Sieg ließ er zehntausend Angehörige dieses Volkes umsiedeln, damit sie nicht mehr aufmucken konnten. Manche Ortsnamen, z. B. bei Frankfurt am Main, erinnern noch an diese Aktion. Einen Herzog, der sich seiner Herrschaft nicht beugen wollte, entmachtete er mit Hilfe übler Tricks und steckte ihn ins Kloster. Aber er tat auch Gutes: Seine Beamten hielt er zur Gerechtigkeit an, förderte Kunst und Wissenschaft und war sehr mildtätig. Privat muss er ein umgänglicher Mensch gewesen sein: Er liebte seine Kinder und verbrachte viel Zeit mit ihnen. Er war sehr gesellig; seine vielen Gäste kamen oft von weit her. Er konnte sich mit allen verständigen, da er fließend Latein sprach und auch Griechisch verstand. Überhaupt war er ziemlich gebildet, nur mit dem Schreiben haperte es. Als er alt wurde, plagte ihn die Gicht, kein Wunder, denn er verzehrte Unmengen von Fleisch. Seine letzten Jahre verbrachte er deshalb in Aachen mit einer Bäderkur. Besonders liebte er es, wenn seine Freunde mit ihm im heißen Wasser herumplantschten.
Wer war's?

H. P.

4. Nur wenige Herrscher außerhalb Europas sind so berühmt wie er. Britische und amerikanische Filmproduktionen haben sich immer wieder mit ihm beschäftigt; in ihnen wird er als weiser Fürst, aber auch als jugendlicher Held dargestellt. Diese Popularität verdankt der Herrscher, dessen Reich sich vom Atlantik bis an die Grenzen Indiens erstreckte, vor allem einer Märchensammlung, die ihn als gerechten, stets um das Wohl des Volkes besorgten Monarchen schildert. Tatsächlich war seine Regierungszeit in vieler Hinsicht ein „goldenes Zeitalter". Doch anders als die Legenden glauben machen wollen, trug der berühmte Fürst, der auch das religiöse Oberhaupt seiner Völker war, persönlich recht wenig zu dieser Blüte bei, da er die Regierungsarbeit Hofbeamten überließ. Die wichtigsten dieser „Wesire" stammten aus der Familie der Barmakiden, die auch persönlich eng mit dem Herrscher verbunden war. Ihren Mitgliedern und seiner Mutter hatte er den Thron zu verdanken, der ihm durch eine Palastrevolte gegen seinen Bruder zugefallen war. Dennoch stürzte er die Barmakiden, wobei er seinen Milchbruder und Freund Dschafar hinrichten ließ. Überhaupt zeigte sein Charakter ziemlich abstoßende Züge wie Jähzorn und maßlose Rachgier. Er förderte viele Künstler, aus den Bauern aber presste er unmäßige Abgaben heraus. Dass er sich immer wieder unerkannt unters Volk mischte um dessen Sorgen und Nöte kennen zu lernen, mag man glauben oder nicht … Mit dem fränkischen König und römischen Kaiser Karl knüpfte er übrigens diplomatische Beziehungen.
Wer war's?

J. W.

5. Natürlich wurde immer wieder gemunkelt, dass sie mit dem Papst ein Verhältnis hatte, aber Genaues wusste niemand. Tatsache ist, dass sie eng befreundet mit ihm war und dass er, obwohl er wahrhaftig seinen eigenen Kopf hatte, gern auf ihren Rat hörte. Ihr erster Ehemann, der einen Buckel hatte und ihren päpstlichen Freund so wenig leiden konnte, dass er für seine Absetzung stimmte, wurde ermordet; soviel bekannt ist, hatte sie damit aber nichts zu tun. Von ihrem zweiten Ehemann, der 26 Jahre jünger war als sie, trennte sie sich nach sechs Jahren. Danach lebte sie allein. In den erbitterten Streit, der während ihrer ganzen Lebenszeit und noch darüber hinaus zwischen der kaiserlichen und der päpstlichen Partei ausgefochten wurde, mischte sie sich nach Kräften ein, selbstverständlich auf der Seite ihres Freundes. Aber es scheint ihr dabei auch um die Sache gegangen zu sein, denn auch, als er schon tot war, blieb sie der Sache des Papstes treu. Außerdem schenkte sie der Kurie ihren gesamten Gutsbesitz. Ein wichtiges Treffen zwischen Kaiser und Papst fand in einer ihrer Residenzen, einer unwirtlichen Felsenburg in Norditalien, statt. Der Kaiser, der zu der Zeit in der weitaus schlechteren Position war, kam als barfüßiger Bittsteller und fror erbärmlich, denn es war mitten im Winter. Die Burg ist bis heute berühmt, ihr Name wird geradezu sprichwörtlich verwendet; den Namen der klugen und machtbewussten Frau, der sie gehörte, kennen die wenigsten. Wer war's?

H. P.

6. Fest steht nicht einmal sein genaues Geburtsjahr. Es könnte 1451 gewesen sein. Elf italienische Städte behaupten von sich sein Geburtsort zu sein, doch vielleicht stammt er auch aus Spanien. Jedenfalls fuhr er als Schiffsjunge zur See. Angeblich soll er in Pavia studiert haben. Aber das ist wohl eine Erfindung, die davon ablenken sollte, dass er zumindest einige Zeit zur Mannschaft eines Freibeuterschiffes gehörte. Am spanischen Hof machte er Karriere, interessierte sich für alte Landkarten und durchstöberte das Schifffahrtarchiv von Lissabon. Auch die Berichte von Marco Polo faszinierten ihn. Er glaubte fest daran, die Entfernung von Portugal nach China betrage nur 500 Kilometer. Hohn und Gelächter erntete er in Portugal für den Vorschlag, auf der Westroute Ostasien zu erreichen. Man hielt ihn für einen Spinner, der Hirngespinsten nachhing. Doch er versuchte es noch einmal und hatte in Spanien mehr Glück. Ein Vertrauter des spanischen Königs ließ sich darauf ein, das waghalsige Unternehmen zu finanzieren. Zwar entdeckte die kleine Flotte keine mächtigen Reiche, doch beladen mit Goldschätzen, unbekannten Pflanzen, Papageien und Indianern kam sie zurück und versetzte Europa in Erstaunen. Der Träumer und Abenteurer erhielt ein Schloss zur Belohnung. Ruhelos wagte er noch vier Reisen ins Ungewisse. 1506 starb er verbittert darüber, dass er nicht die verdiente Anerkennung gefunden hatte. Wer war's?

W. W.

7. Als Prediger konnte er Massen bewegen, Tausende in seinen Bann schlagen. Beim Sturz der Medici in Florenz und bei der Durchsetzung einer neuen republikanischen Ordnung war er die treibende Kraft und leitete damit das Ende einer glanzvollen Epoche ein. Er wollte eine reine, gottgefällige Stadt: Schmuck, Parfüm, Perücken, die Darstellung nackter Körper nach antiken Vorbildern, Feste und Spiele – alles war Sünde und wurde verboten. Nur noch religiöse Lieder waren erlaubt. Im Karneval 1497 brannte auf der Piazza Signoria der erste „Scheiterhaufen der Eitelkeiten". Knaben als „Sittenpolizei" hatten Gegenstände der Lustbarkeit eingesammelt, darunter Karten, Würfel, Spiegel, Masken, Bücher, Seidengewänder, Gemälde. Sexualität galt dem Dominikanermönch als Ursprung aller Verwerflichkeit; deshalb sollten Kinder die Stadt reinigen – fanatisierte und brutalisierte „Engel" der „Diktatur Gottes". Sein größter Feind war Papst Alexander VI., ein Borgia – für den Mönch die Ausgeburt des Lasters und des Teufels.

Alexander wartete klug ab, bis sich in Florenz Opposition regte. Dann exkommunizierte er den Dominikaner. Im Fasching 1498 gelang diesem noch einmal die Mobilisierung seiner Anhänger: der zweite „Scheiterhaufen der Eitelkeiten". Den nächsten Scheiterhaufen vor dem Palazzo Vecchio musste er selbst besteigen. Am 19. April wurde er verhaftet und gefoltert. Zum Entsetzen seiner Anhänger gestand er, dass seine Predigten nicht von Gott eingegeben waren – ein falscher Prophet. Nun ging es zwischen Rom und Florenz nur noch darum, wer den Mönch verbrennen durfte. Der Kompromiss: Das Urteil fällte eine päpstliche Kommission; vollstreckt wurde es in Florenz. Am 23. Mai 1498 endete das Leben des sittenstrengen Dominikaners in den Flammen. Wer war's?

S. M.

8. Nicht der Ruhm als glorreicher Feldherr, sondern sein Privatleben hat ihn bis heute zu einem der bekanntesten englischen Herrscher werden lassen. Der völlig unerfahrene Siebzehnjährige stürzte sich 1509 in einen unglücklichen Krieg mit Frankreich, der ihm zwar die Königskrone sicherte, aber die Staatskasse leerte. Unbeherrscht und aufbrausend von Natur aus, musste er lernen diplomatisch zu sein. Entscheidungen auf dem Schlachtfeld konnte er sich nicht mehr leisten. Dass seine erste Ehe keine Liebesheirat war, entsprach durchaus der damaligen Zeit. Als männliche Erben ausblieben, trennte er sich von seiner Frau und heiratete eine Geliebte. Wieder bekam er keinen Sohn, was ihn zu einer neuen Favoritin trieb. Die ihm lästige Mutter des Kindes ließ er nach einer manipulierten Anklage enthaupten. Obwohl er seine Interessen skrupellos durchsetzte, konnte er sein eigenes Glück aber nicht erzwingen. Auch alle seine folgenden Beziehungen endeten in Enttäuschungen oder Katastrophen. Sein Verhalten hatte schließlich den offenen Bruch mit Rom zur Folge. 1535 sagte er sich vom Katholizismus los. Dabei traf es sich günstig, dass

Kirchen- und Klosterbesitz an die Krone übergingen und so die Staatskasse aufbessern halfen. Als er 1547 starb, genoss England zwar internationales Ansehen, dennoch ließ er ein Land voller Probleme zurück.
Wer war's?

W.W.

9. Er wurde in der bedeutendsten Reichsstadt Süddeutschlands geboren, aber sein (sprechender) Nachname verrät, dass seine Vorfahren aus einem Land nordöstlich davon kamen. Sein Vater war Schneider und auch sein Handwerk hat etwas mit Zuschneiden und Anpassen zu tun. Bevor er es jedoch ergriff, besuchte er sieben Jahre die Lateinschule, denn er war äußerst wissbegierig. Nach seiner Lehre ging er fünf Jahre auf die Walz und lernte dabei einen großen Teil Deutschlands kennen. Bald nachdem er zurückgekehrt war, wurde er Meister. Und das nicht nur in seinem erlernten Beruf. In einem Zirkel gleichgesinnter Handwerksmeister, der hohes Ansehen genoss, widmete er sich der Kunst des Dichtens und Singens. Er schrieb 4 725 Lieder, über 200 Dramen, 85 Fastnachtspiele und zahllose Fabeln und Schwänke. Die Stoffe für seine oft derben und reichlich lehrhaften Dichtungen entnahm er der Bibel, den Werken antiker Dichter, Novellensammlungen wie z. B. Boccaccios *Decamerone,* Volksbüchern und Sagen. Schon früh bekannte er sich zur Reformation und widmete ihr ein 700 Verse langes Gedicht, *Die Wittenbergische Nachtigall.* Heute kommt uns seine Sprache eher bieder und einfältig vor, seine Verse sind oft schauderhaft holperig. Aber damals, vor über 400 Jahren, lag er absolut im Trend. Er war so erfolgreich, dass ihn der Rat seiner Stadt als den „berühmtesten deutschen Poeten" betitelte. In vielen seiner gereimten Werke verwendet er als besonderes Markenzeichen seinen Namen als Endreim des letzten Verses.
Wer war's?

H. P.

10. Um seine Person ranken sich Legenden; bis in unsere Gegenwart hat er Schriftstellern zu einem spannenden Stoff verholfen, der auch verfilmt worden ist. Fast 100 Jahre soll er alt geworden sein; und obwohl er davon keine 30 in Prag gelebt hat, wird er vor allem mit der Goldenen Stadt in Verbindung gebracht. Kaiser Rudolf II., der seine Hauptresidenz in Prag hatte, soll er persönlich gekannt haben. Er lebte in der Zeit der Alchimisten, Goldhersteller, Totenbeschwörer, Magier, Astrologen und Sucher nach dem Elixier des Lebens. Und er überragte sie alle, galt als der allmächtige Zauberer, der aus lehmiger Masse einen Menschen – den Golem – formen und beleben kann, der die Macht hat in die Schöpfung Gottes einzugreifen. Sein Weg der Erkenntnis („… was die Welt im Innersten zusammenhält") war die jüdische Mystik und Geheimwissenschaft, die Kabbala. Mit ihrer Zahlenmystik und ihren Beschwö-

rungen der verborgenen Namen Gottes war die Kabbala der christlichen Umwelt völlig unverständlich und das machte den großen Weisen zu einem Faszinosum seiner Zeit und der Nachwelt. Am Alten jüdischen Friedhof in Prag kann man sein Grab besuchen.
Wer war's?

S. M.

11. Als junger Mann erlebte er eine Demütigung, die er nie mehr vergessen sollte: Ludwig XIV. verweigerte ihm das Kommando über eine Kompanie Dragoner, weil er den kleinwüchsigen Bittsteller für unfähig hielt. Wenig später stellte sich heraus, dass er den wohl bedeutendsten Feldherrn seiner Zeit damit verloren hatte. 1683 übergab der Kaiser in Wien dem ehrgeizigen Offizier ein Kommando. Damit begann eine beispiellose militärische Karriere bis zum Oberbefehlshaber. Mit glänzenden Siegen feierte er Triumphe und rächte sich gleichzeitig an Ludwig XIV. Im spanischen Erbfolgekrieg zerstörte er mit seinem britischen Bündnispartner den Mythos von der Unbesiegbarkeit der französischen Truppen und beendete die Vorherrschaft des Landes auf dem Kontinent. Zum verklärten und verehrten Helden wurde er aber, weil er die Türkengefahr gebannt hatte. Die Menschen dankten es ihm mit einem Lied, in dem sie ihn als „edlen Ritter" zu einer Legende werden ließen. In seinem Wiener Schloss Belvedere lebte er, inzwischen ein weiser Staatsmann, inmitten großartiger Kunstschätze. Doch sein Ruhm verblasste und seine Gesundheit verfiel. Schließlich war er nur noch ein bedauernswerter, hilfloser Greis. Ein trauriges Bild für die Vergänglichkeit, wie Friedrich der Große einmal bemerkte, der ihn als eines seiner Vorbilder ansah. Er starb 1736 und wurde im Stephansdom begraben.
Wer war's?

W. W.

12. Er wurde Ende Januar 1687 in Eger geboren und lernte das Glocken- und Geschützgießerhandwerk. Sein Glück sollte er in Würzburg machen, wohin er 1711 kam. Ein Architekt erkannte sein Talent und unterwies ihn in Architektur und Mathematik. Seine größten Förderer waren die Fürstbischöfe aus dem Haus Schönborn; sie ermöglichten ihm Studien in Mainz, Wien und Paris und beehrten ihn dann gleich mit einem Bauauftrag erster Ordnung: der Würzburger Residenz. Großartige Raumschöpfungen kennzeichnen seine Kirchenbauten, daneben war er an vielen anderen beratend und begutachtend tätig. Festungsanlagen und Schlösser hat er gebaut, darunter Augustusburg in Brühl bei Bonn, das heute der Bundesregierung als repräsentativer Raum für Staatsempfänge dient. Während der Bausaison war er wochenlang unterwegs. Er unterhielt eine Glashütte und eine Spiegelschleiferei um seine eigenen Baustellen zu beliefern, hatte aber auch Großkunden in Holland und England. Er war Künstler, Baumeister, Unternehmer, Manager und Oberst der Artillerie. 1753 ist er in Würzburg gestorben. Wer sein Bild sehen möchte, sollte einen bestimmten Geldschein zur Hand nehmen. Wer war's?

S. M.

13. Mit bürgerlichem Namen hieß sie Jeanne Antoinette Poisson. Aber unter diesem Namen kennt sie heute kaum jemand mehr. Sie stammte aus einfachen Verhältnissen, und wenn alles seinen normalen Lauf genommen hätte, dann wäre sie die Frau eines kleinen Händlers oder Handwerkers geworden, hätte ihm den Haushalt geführt, einige Kinder geboren und niemand würde sich noch an sie erinnern. Aber sie wollte ganz nach oben. Mit 24 tat sie den ersten Schritt dazu: Sie verschaffte sich Zugang zum französischen Hof und erregte die Aufmerksamkeit des Königs. Er war von ihrer Intelligenz, ihrer Schönheit und ihrem gewinnenden Auftreten entzückt; nicht lange danach wurde sie seine Geliebte. Doch mit der Rolle eines Betthäschens wollte sie sich nicht zufrieden geben. Sie wurde dem König eine so unentbehrliche Ratgeberin, dass er sie noch im gleichen Jahr zu seiner offiziellen Mätresse machte, sie in den Adelsstand erhob und ihr den Namen gab, unter dem sie in die Geschichte einging. Jetzt hatte sie es geschafft. Ihre Stellung bei Hof ermöglichte es ihr, Künste und Wissenschaften zu fördern, das Vertrauen, das sie beim König genoss, führte dazu, dass sie auf seine politischen Entscheidungen Einfluss gewann. Sie verhandelte mit Gesandten, korrespondierte mit gekrönten Häuptern und führte den Vorsitz in Ministerratssitzungen. Auch die Bündnisverhandlungen mit Österreich gegen Preußen vor dem Siebenjährigen Krieg leitete sie. Wer weiß, wenn sie länger gelebt hätte, vielleicht hätte sie manches kommende Unheil verhindern können. Aber sie starb bereits im Alter von 43 Jahren. Wer war's?

H. P.

14. Am 2. April 1725 wurde er in Venedig als Sohn einer Schauspielerin geboren. Als er im Alter von 29 Jahren in seine Heimatstadt zurückkehrte, hatte er bereits ein bewegtes Leben hinter sich. Wegen Magie, Atheismus, Freimaurerei und losen Lebenswandels verhaftet und angeklagt, wurde er in einem Geheimverfahren verurteilt. Er floh aber aus der „Bleikammer" des Dogenpalastes und konnte sich fortan in Venedig für Jahrzehnte nicht mehr sehen lassen. Stattdessen war er zwischen Paris, London, St. Petersburg, Warschau, Dresden, Wien, Florenz und Madrid überall zu Hause, verkehrte an Höfen, mit Fürsten, Königen und schönen Frauen und begegnete so ziemlich allen bedeutenden Persönlichkeiten seiner Zeit. Die letzten 13 Jahre seines

Lebens (er starb 1798) verbrachte er als Bibliothekar bei dem Grafen Waldstein (einem Nachfahren des Generalissimus Wallenstein) im nordböhmischen Dux. Dort schrieb er in französischer Sprache seine 4 000 Seiten umfassenden Erinnerungen. Sie waren im 19. Jh. nur in schlechten, skandalheischenden Raubdrucken verbreitet und haben zu seinem sprichwörtlich schlechten Ruf beigetragen. Moderne Ausgaben zeigen jedoch, dass es sich um ein kultur- und sozialgeschichtliches Werk ersten Ranges handelt.
Wer war's?

S. M.

15. Wer ihn sah, ein schmächtiges, unscheinbares Männchen, und nicht wusste, wer er war, hätte ihm wohl kaum allzu viel zugetraut. Dabei steckte eine Menge in ihm. Er war intelligent, draufgängerisch, ein ausgezeichneter Stratege und ein unglaublich zäher Haudegen, der keine Rücksicht kannte, auch nicht, wenn es um seine eigene Haut ging. Im Dienst des Königs, der im Großen und Ganzen darin bestand, möglichst viele feindliche (vor allem französische) Schiffe zu versenken, verlor er zuerst ein Auge, dann den rechten Arm und schließlich sein Leben. Mit zwölf Jahren trat er in die Marine ein, mit 21 war er Captain, mit 39 Admiral, mit 40 Baron, mit 43 Viscount. Er war Englands berühmtester Seeheld und so populär, dass er sich sogar eine peinliche Affäre leisten konnte: Ausgerechnet die Gattin des britischen Gesandten in Neapel, die schöne Lady Hamilton, wurde seine Mätresse. So liebreizend sie aber auch sein mochte, seine wahre Leidenschaft waren die See und das Donnern der Breitseiten im Kampf gegen die Franzosen. Vor der größten Seeschlacht der Napoleonischen Kriege hisste er für seine Schiffe ein berühmt gewordenes Signal: „England erwartet, dass jedermann seine Pflicht tut.'' Da Frankreich dasselbe erwartete, waren die Verluste enorm. Am Ende gewannen die Engländer. Er freilich zählte zu denen, die zum letzten Mal ihre Pflicht getan hatten. Eine Musketenkugel streckte ihn nieder.
Wer war's?

H. P.

16. Noch heute kennt ihn jeder Italiener. Er starb 1882 auf der kleinen Insel Caprera bei Sardinien, die er sich einige Jahre zuvor gekauft hatte. Die letzten Jahre seines bewegten Lebens verbrachte er zurückgezogen, aber er war längst eine europäische Berühmtheit geworden. Als junger Mann lernte der 1807 in Nizza geborene Sohn einer Seemannsfamilie Giuseppe Manzini kennen, mit dessen Geheimbund *Giovine Italia* er gegen die Fremdherrschaft der Bourbonen und Habsburger kämpfte. Abenteurer, Revolutionär und wagemutiger Kämpfer, war er sein halbes Leben auf der Flucht. Nach einem missglückten Aufstand tauchte er 1834 unter und schlug sich nach Südamerika durch. Als 1848 erneut revolutionäre Unruhen in Italien ausbrachen, kehrte er sofort zurück und musste 1849 wieder ins Exil. In den folgenden Jahren erwarb er sich als Schiffskapitän im Stillen Ozean und Seifenfabrikant in New York ein Vermögen. Sein Traum aber blieb die nationale Einheit Italiens. Die Grundlage für das spätere Königreich schuf er 1859 durch den *Zug der Tausend,* mit dem er von Sizilien aus die Bourbonenherrschaft in Unteritalien stürzte. „Hier schaffen wir Italien oder wir sterben", war zeit seines Lebens der Wahlspruch dieses italienischen Nationalhelden. Für die politische Alltagsarbeit interessierte er sich weniger und zog sich 1871 enttäuscht aus der Politik zurück. Die konservativ-klerikale Entwicklung des jungen Nationalstaates lehnte er ab. Wer war's?

W.W.

17. Für viele Amerikaner ist er einer ihrer größten Präsidenten: klug, prinzipientreu, beharrlich. Seine Karriere liest sich wie ein „American dream": Er war der Sohn eines armen, kinderreichen Farmerehepaars aus Kentucky, geboren 1809. Im Selbststudium brachte er es zum Anwalt, wurde Abgeordneter in Illinois, dann im Kongress, 1860 Präsident der Vereinigten Staaten. Und doch: Kaum ein anderer Präsident war so umstritten wie er. Er war führendes Mitglied der Republikanischen Partei, die 1854 mit dem Ziel gegründet worden war, die Sklaverei in den USA abzuschaffen. Ein tiefer Gegensatz ging durch die weiße Elite: Farmer und Plantagenbesitzer sahen in der Sklaverei die Grundlage ihrer wirtschaftlichen Existenz. Die Industrie des Nordens brauchte Arbeitskräfte, auch Schwarze aus dem Süden. Obwohl unser Mann eine vermittelnde Position einnahm, war für die Südstaaten seine Wahl der Anlass, die Union zu spalten. Während des „Sezessionskrieges" proklamierte der Präsident 1862 das Ende der Sklaverei. Aber bald nach dem Sieg der Nordstaaten wurde er in einem Theater in Washington von einem Schauspieler aus den Südstaaten tödlich verletzt. Er starb am 15. April 1865. Wer war's?

S. M.

18. Ihre Schönheit war außerordentlich, das steht sogar in den trockensten historischen Biografien. Und sie war sich ihrer Anmut wohl bewusst und pflegte sich mit großer Sorgfalt: ihre vollendete Figur, ihr langes, goldbraunes Haar, ihre makellose Haut. In den letzten Jahren ihres Lebens ließ sie sich nicht mehr fotografieren; sie wollte nicht, dass die Menschen sie altern sahen. Von ihren äußeren Vorzügen abgesehen, wissen viele Historiker nichts Nettes über sie zu berichten. Sie sei eigensinnig und unausgeglichen gewesen. Aber das wurde sie erst durch die Umstände. Eigentlich war sie das Kind ihres lebenslustigen Vaters, eines Herzogs – wenn auch keines regierenden –, liebte

Musik, ritt für ihr Leben gern und schrieb Verse voller Leidenschaft. Aber dann kam der Tag, an dem sich einer der mächtigsten Männer Europas in sie verliebte, und ohne dass man sie lange fragte, verheiratete man sie mit ihm. Der ganze Hochzeitspomp, das Geschenk ihres Gatten (eine Diamantenkrone), ihre jährliche Apanage von 100 000 Gulden konnten sie nicht darüber hinwegtrösten, dass sie in einem goldenen Käfig lebte. Das steife Zeremoniell, dem sie sich unterwerfen musste, eine ziemlich garstige Schwiegermutter, die zahllosen Bälle und Audienzen waren ihr so zuwider, dass sie sich immer mehr in sich selbst zurückzog. Ihrem Mann, der sie stets wie ein kleines Mädchen behandelte, entfremdete sie sich bald, obwohl sie ihm mehrere Kinder gebar. Sie ging viel auf Reisen, pflegte ihre Hobbys (z. B. sammelte sie Fotos schöner Frauen und ritt Springturniere) und arbeitete ansonsten mit Fastenkuren und Gymnastik am Erhalt ihrer Schönheit. Im Alter von 61 Jahren wurde sie von einem Anarchisten erstochen.
Wer war's?

H. P.

19. Die Eltern des 1844 geborenen Jungen gehörten „der untern Classe" an. Die Mutter war Köchin, der Vater hatte einen ausgesprochen modernen Beruf: Lokomotivführer. Ein Glück für den Jungen war es, dass die Familie nach Karlsruhe zog. Denn dort gab es Schulen, die einen hervorragenden Ruf hatten, weil sie sich moderner Technik und Naturwissenschaft widmeten. Ab 1861 besuchte er die Maschinenbauklasse der Polytechnischen Schule. Zwei Hobbys hatte der junge Mann: Fotografie und Fahrräder. Damals gab es das aus Paris kommende Veloziped und das englisch-amerikanische Bicycle mit dem hohen Vorderrad. 1871 gründete er mit einem Kompagnon in Mannheim eine „Fabrik für Maschinen zur Blechbearbeitung"; 1877 musste er allerdings Konkurs anmelden. Nun verlegte er sich auf die Produktion von Gasmotoren und beschäftigte sich damit, wie man ein pedalgetriebenes Fahrzeug zu einem „Selbstfahrer" machen kann. 1886 ließ er sich einen „Motorenwagen" patentieren. Er hatte ein pedalgetriebenes Tricycle mit einem hochtourigen Viertaktmotor für Leichtbenzin versehen. In seiner Fabrik in Mannheim und später in Ladenburg entwickelte er den „Selbstfahrer" weiter. Skeptisch war er gegen hohe Geschwindigkeiten; 1913 noch hielt er 50 Kilometer pro Stunde für „die höchste [Geschwindigkeit], die überhaupt gefahren werden sollte". 1929 ist er gestorben.
Wer war's?

S. M.

20. Das Gebäude ist auch heute noch für mindestens 800 Millionen Menschen der wichtigste Platz auf dem Globus. Überall auf der Welt verrichten sie ihre fünf täglichen Gebete, indem sie sich diesem Gotteshaus zuwenden. Der Bau selbst ist ca. 15 Meter hoch, würfelförmig angelegt und außen mit einer schwarzen Brokatdecke verhüllt, die mit einem goldgestickten Band verziert ist. In der Nähe des Eingangs befindet sich der „schwarze Stein", wahrscheinlich ein Meteorit. Angeblich wurde das Gebäude von Abraham und seinem Sohn Ismael errichtet. Ismael, das Kind der Sklavin Haggar, gilt als der Stammvater der Araber. Nach der Tradition wurde der Bau so zum Zentrum eines monotheistischen Kultes, der älter war als das Judentum. Dennoch wurden hier jahrhundertelang „heidnische" Götter verehrt. Als Ziel von Wallfahrten entfaltete der Ort seine historische Bedeutung aber erst durch die neue Religion. Eines ihrer wichtigsten Gebote besagt nämlich, dass jeder einmal im Leben dieses Gebäude besuchen sollte. Da der Besuch des Ortes für Andersgläubige streng verboten war, gelangten erst 1854 durch den britischen Forschungsreisenden Sir Richard Francis Burton, der sich verkleidet unter die Pilger gemischt hatte, gesicherte Nachrichten über ihn nach Europa. Das Gebäude stand auch mehrmals im Zentrum blutiger Auseinandersetzungen. So raubten Karamaten, Anhänger einer radikalen Sekte, 930 den schwarzen Stein und noch 1979 wurde das Gelände von etwa 1 000 Fanatikern, unter ihnen Frauen und Kinder, besetzt, deren verzweifelter Widerstand erst nach 14 Tagen gebrochen werden konnte.
Was ist's?

J.W.

21. Der gesuchte Ort liegt im Nordwesten eines Landes, dessen größerer Teil lange Zeit unter muslimischer Herrschaft stand. Traditionell gilt er als Begräbnisstätte des Apostels Jakobus, der 44 n. Chr. in Jerusalem hingerichtet worden war. Um die Überführung des Leichnams nach Europa ranken sich viele Legenden voller Wunder. Seit dem 10. Jh. entwickelte sich das Grab zum drittwichtigsten christlichen Wallfahrtsort nach Jerusalem und Rom, erleichtert wurde die Wallfahrt durch die Spitäler und Herbergen, die die Cluniazenser entlang der Pilgerstraße errichteten. Auch die Sicherung der Verkehrswege gegen Überfälle leistete einen wichtigen Beitrag zur Wiederbelebung des Handels im Westen Europas. Darüber hinaus zog die Wallfahrt jedes Jahr auch viele Ritter des Nachbarlandes an, die sich an kleineren und größeren Militäraktionen gegen die Muslims beteiligten, was den Prozess der „Rückeroberung" des Landes durch die christlichen Staaten des Nordens weiter vorantrieb. Die Kirche förderte diese Kämpfe, indem sie den Beteiligten Vergünstigungen einräumte. Auf diese Weise kam es zu einer widersprüchlichen Verbindung von Wallfahrt und Kriegführung für die Religion, die sich zum Grundgedanken der Kreuzzüge entwickelte. Der gesuchte Ort selbst war 997

von den Muslims erobert und bis auf das Grab des Apostels zerstört worden. Im
12. Jh. wurde die Stadt Sitz eines Erzbischofs.
Was ist's?

J. W.

22. Burg und Stadt liegen, historisch gesehen, im Wasgau. Der Name
kommt von den Römern: Mons Vosegus nannten sie seit Caesar den
ganzen Gebirgszug von Hochburgund bis in den Rheinwinkel von Mainz. Nach
heutigen Begriffen sollte man im Pfälzer Wald suchen. Ihre größte Bedeutung
erlebte die Burg im hohen Mittelalter. Kaiser Heinrich V. setzte hier seinen
Kanzler, den Erzbischof von Mainz, fest und bestimmte die Burg als Aufbewah-
rungsort der Reichskleinodien. Friedrich Barbarossa war des öfteren hier und
ließ die Burg ausbauen. Sein Sohn, Heinrich VI., benutzte die Burg wieder als
Gefängnis – für Richard Löwenherz, den englischen König und Kreuzfahrer
um Lösegeld zu erpressen. Dann ließ er auf 150 Lasttieren den Brautschatz seiner
Gemahlin, der normannischen Prinzessin Konstanze von Sizilien, hierher bringen. Die Burg war nun endgültig die Schatzkammer des Reiches. Friedrich II.
stattete die Stadt 1219 mit umfangreichen Rechten aus: Münzrecht, Zoll- und
Schutzfreiheit. König Rudolf von Habsburg verlegte die Reichsinsignien auf
die Kyburg in der Schweiz, die in seinem Machtbereich lag. Seither ging es mit
der Burg bergab. Sie brannte 1602 durch Blitzschlag aus und verfiel. Im 19. Jh.
begannen archäologische Grabungen und Sicherungsarbeiten. 1938–1942 wurde ein monumentaler Palas errichtet, Stauferkastellen in Apulien nachempfun-
den. 1966 wurde der Turm auf die volle Höhe rekonstruiert. – Ein wichtiger
Ort deutscher und europäischer Geschichte!
Was ist's?

S. M.

23. Der Stauferkaiser Friedrich II. liebte diese Art auf die Jagd zu gehen
so sehr, dass er ein Buch darüber schrieb. Darin befasst er sich vor
allem mit den Tieren, die man dafür braucht: genauestens erklärt er, wie man
sie an ihren Betreuer gewöhnen und abrichten muss, bevor sie ihre Aufgabe
erfüllen können. Diese Tiere sind nämlich sehr scheu. Besonders erschrecken
sie, so glaubte der Kaiser, vor den Gesichtern der Menschen. Damit ihnen der
schreckliche Anblick erspart bleibe, solle man ihnen die Augen bedecken, wenn
sie sich in der Nähe der Jäger aufhielten – ein Trick, den man schon Jahrhunderte
vorher angewandt hatte. Als Futter empfahl er Hühnerfleisch, in Milch gekochte
Eier oder Schafskäse. Auf jeden Fall solle man den kostbaren Geschöpfen beim
Speisen ein Liedchen vorsingen und sie streicheln – aber ja nur mit sauberen
Händen! Natürlich war die Jagd mit solchen Tieren nur für den reichen
Hochadel erschwinglich, davon abgesehen, dass sie den niederen Schichten

streng verboten war. Wenn allerdings irgendwelche feinen Herren sich dafür nicht begeisterten, hatte der Kaiser nur schweigende Verachtung für sie übrig. Nicht nur am Hof des Staufers waren die wertvollen Tiere hochgeschätzt: Wer in Burgund eines stahl, musste so viel Fleisch aus seinem Bauch hergeben, wie für eine Fütterung nötig war; der türkische Sultan Bajazid hätte einmal um ein Haar 2 000 Betreuer umbringen lassen, nur weil einer von ihnen ein Tier falsch behandelt hatte. Bis ins 18. Jh. hinein galt die Jagd mit diesen Tieren als das edelste Männervergnügen.
Was ist's?

H. P.

24. Von den spanischen Conquistadoren Südamerikas haben nicht wenige ihr Leben eingesetzt, haben geraubt und gemordet um dieses sagenhafte Land zu finden: An den Küsten eines Sees, so hieß es, lägen goldene Eier oder goldene Perlen; man könne sie körbeweise einsammeln. Andere suchten einen Berg aus purem Gold. Der wahre Kern, der sich hinter dem Phantom verbirgt, ist ein indianischer Kult auf dem See von Guatavita. Er liegt in den nördlichen Anden (Kolumbien) in einer Höhe von fast 3 000 Metern. Der Häuptling des Muisca-Stammes hat hier an bestimmten Festtagen Opfergaben an die Götter in den bis zu 40 Meter tiefen See versenkt. Dabei war er „der Vergoldete" oder der „goldene Mann", denn sein Körper war mit feinem Goldstaub bestäubt, der haften blieb, weil er vorher mit klebrigem Harz bestrichen worden war. Der gesuchte Begriff ist sprichwörtlich geworden.
Was ist's?

S. M.

25. Ein einfacher Dorfschmied soll sie gemacht haben, aber sie ist ein Meisterwerk der Mechanikerkunst, das sicher der Werkstatt eines Fachmanns entstammt. Sie ist ganz aus Eisen, hat am unteren Ende zwei lederne Riemen und wiegt mehrere Pfund. Mit Hilfe eines raffinierten Mechanismus kann man ihre vorderen Teile bewegen und zusammenbiegen, auf Knopfdruck springt alles wieder in die Ausgangslage zurück. Ihr Besitzer ließ sie sich vor fast fünfhundert Jahren anfertigen, als Ersatz für etwas, was ihm in der Nähe von Landshut abhanden gekommen war. Nie mehr hat er sich, nachdem er sie hatte, über den Verlust beschwert, so gut war sie. Er war ein Draufgänger, ein Haudegen und hervorragender Reiter, daneben aber auch nüchtern, klug und humorvoll. Obwohl er selbst ein Ritter war, kämpfte er lange Zeit auf der Seite der Bauern, als die sich ihr Recht mit Gewalt verschaffen wollten. Während dieser blutigen Auseinandersetzungen soll er übrigens einmal die berühmteste Beschimpfung der deutschen Geschichte von sich gegeben haben. Als alter Mann diktierte er seine Autobiografie. Mit dem Schreiben hatte er nämlich Mühe, und das Ding, das er sich vor fast sechzig Jahren hatte herstellen lassen, nutzte ihm dabei gar nichts. Dafür hat es ihn lange überdauert und funktioniert heute noch. Was ist's?

H. P.

26. Schon die Babylonier füllten gewürztes Fleisch in Tierdärme. Aber es war ein weiter Weg von den dicken Würsten der Antike bis zu den schlanken heißen Würstchen, wie wir sie schätzen. Metzgerzünfte in ganz Europa probierten seit dem Mittelalter immer neue Wurstrezepte aus. Meist nannten sie ihre Produkte nach ihrem Ursprungsort. Ob harte, luftgetrocknete, ob geräucherte oder gebrühte, sie wurden in hauchdünne Därme gefüllt und landestypisch unterschiedlich hergestellt. Nicht selten sparte man am Rind- oder Schweinefleisch und verwendete stattdessen nahrhafte Ersatzstoffe. Als im Jahr 1852 in einer deutschen Großstadt die Metzgerinnung eine neue Wurstsorte vorstellte, ahnte niemand, dass dies mehr als nur eine der vielen bald vergessenen Schöpfungen werden sollte. Waren die meisten deutschen Würste bis dahin weich, dick und fett, stellte man nun ein schlankes, leicht gekrümmtes Exemplar vor. Unter einer dünnen Haut bog sich eine gewürzte und geräucherte Brühwurst. Sie sollte gebogen wie ein Dackel sein, weil dies die Kunden angeblich besonders anspreche. Tatsächlich begann der Siegeszug der Spezialität rund um die Welt zunächst unter dem Namen „Dackelwurst". In den Vereinigten Staaten, wohin die Wurst durch zwei Auswanderer gelangt war, kannte sie bald jedes Kind als „hot dog". Was ist's?

W. W.

27. Manche Leute behaupten, ein englischer Lord namens Sandwich habe ihn erfunden, nur dass er damals eben kalt gegessen worden wäre. Aber das ist ganz falsch, er ist viel älter. Andere glauben, er sei in einer deutschen Großstadt entstanden, aber auch das ist nur eine Legende. Es gab ihn bereits im alten Ägypten, in Babylon und im China der Zeitenwende, nur hieß er da natürlich anders. Besonders beliebt war er im alten Rom. In der feinen Küche bestand seine Füllung dort z. B. aus edlen Meeresfrüchten, aus Hirn und Eiern oder aus Fleisch mit Weißbrot und Pinienkernen. Einfacher bekam man ihn an den Imbissständen auf dem Forum Romanum, gefüllt mit einem Teig aus Schweinefleisch, Zwiebeln und Knoblauch, mit Fischsoße kräftig gewürzt. Im Mittelalter boten ihn fahrende Händler an: Sie buken ihn mitsamt seiner Hülle in transportablen Öfen. Damals geriet seine Qualität zum ersten Mal in Verruf. Viele Händler füllten ihn nämlich mit einem Brei aus Fleischresten und Schlachtabfällen, die sie sich aus den Küchen der Reichen besorgten. Das war zwar verboten, wurde aber doch immer wieder gemacht; heftige Bauchschmerzen nach seinem Verzehr dürften deshalb nicht selten gewesen sein. Heute ist er beliebter denn je. Und auch unter denen, die ihn eigentlich verabscheuen, soll es welche geben, die ab und zu voller Heißhunger heimlich einen verspeisen. Was ist's?

H. P.

Merkwürdige Geschichten

Mord am Heiligen Vater?

Krimifreunde kennen die Leistungsfähigkeit der Gerichtsmedizin. Da auch Historiker Krimis lieben, ist es nicht verwunderlich, dass man mit diesen modernen Methoden versucht Licht in so manches historische Dunkel – oder Verbrechen – zu bringen.
Papst Clemens II. war der dritte Deutsche unter den römischen Bischöfen. Er hieß Suidger, stammte aus sächsischem Adel und hatte seit 1035 in der Umgebung König Heinrichs III. Karriere gemacht, zuletzt war er Bischof von Bamberg. Sein Geburtsjahr ist unbekannt; wahrscheinlich war er um die Vierzig, als er Papst wurde. Feinde hatte Suidger genug, als er mit seinem Herrn 1046 nach Italien kam. Der König wollte die römische Kirche erneuern. Er verbot den Ämterkauf: Dutzende von Karrieren gerieten in Gefahr. Auf den Synoden von Rom und Sutri (20. bis 23. 12. 1046) setzte der König drei rivalisierende Päpste ab – ein Affront gegen den römischen Adel. Suidger wurde als Clemens II. am 25. Dezember 1046 inthronisiert. Der Weg war frei für einen Reformer.
Aber nur neun Monate und 16 Tage! Er starb am 9. Oktober 1047. Schon unter Zeitgenossen bestand der Verdacht, man habe ihm ein „welsch Süplin" oder einen „welschen Trunk" verabreicht, zumal sein Nachfolger, Damasus II. (auch ein Deutscher), eine ähnlich kurze Amtszeit erlebte. Unter den Historikern glaubten die einen an Malaria, andere vertraten die Mordthese, zumal ein Mann namens Brazutus die Morde an den beiden Heiligen Vätern auf dem Sterbebett gestanden hatte. Die Drahtzieher blieben im Dunkeln.
Aus dem Bereich der Spekulation konnte die Todesursache erst durch die moderne Gerichtsmedizin gehoben werden. Die spektografische Untersuchung eines Rippenknochens ergab eine deutliche Bleiimprägnation. Das an der Rippe haftende Material war dagegen bleiarm, woraus zu schließen war, dass der Papst das Blei zu Lebzeiten aufgenommen hatte. Die nachgewiesene Bleimenge entsprach der Größenordnung, die in den Knochen von Personen festgestellt wurde, die an Bleivergiftung gestorben waren. Die Todesursache stand also zweifelsfrei fest. Aber wie hatte der Papst das Blei aufgenommen? Zinngeschirr hatte einen Bleianteil; bei der Wasserversorgung wurden Bleirohre

verwendet. Hatte er sich langsam selbst vergiftet? Wenn ihm Blei mit Absicht verabreicht wurde, kommt Bleiazetat in Frage, wegen der hohen Giftigkeit und des süßen Geschmacks (Bleizucker). Der so Vergiftete leidet an heftiger Übelkeit und völliger Entkräftung. Überliefert ist, dass der Papst nicht langsam dahinsiechte, sondern nur einige Tage schwer krank war, bevor er starb. Ein Vergleich mit den Gebeinen von Damasus ist nicht möglich, sein Grab ist verschwunden. Das hätte Clemens auch passieren können, wäre er nicht ausnahmsweise in Deutschland (im Westchor des Bamberger Doms) begraben worden. Wertvolle Textilien hat man aus seinem Grab geborgen, so war das Kopfkissen mit einem orientalischen Seidenschleier umhüllt – mit der kufischen Inschrift „Segen für Allah". Ihm, dem Papst, hat das Tuch jedenfalls keinen Segen gebracht.

S. M.

Durch Meuchelmord ins Paradies

Der Alte blickte seinem Gegenüber ernst in die Augen. „Du bist auserwählt Großes zu vollbringen, mein Sohn", sagte er. „Doch darüber können wir später sprechen. Du siehst müde aus. Trink das, es wird dich erfrischen!" Er reichte dem jungen Mann einen silbernen Becher. Der setzte ihn an die Lippen und leerte ihn in einem Zug. Wenige Augenblicke später verlor er die Besinnung. Der Alte klatschte in die Hände. Zwei Diener erschienen. „Bringt ihn jetzt fort!" Die Luft war von Rosenduft erfüllt. Das Plätschern von Brunnen, begleitet vom Säuseln unzähliger Blätter, mit denen ein leiser Wind spielte, klang wie süße Musik. Der junge Mann schlug die Augen auf. Ein köstlicher Teppich war unter ihn gebreitet, sein Kopf ruhte auf seidenen Kissen. Neben ihm stand eine Schale, gefüllt mit auserlesenen Früchten und Naschereien. Wie war er hierhergekommen? Allah selbst hätte keinen herrlicheren Garten erschaffen können! Überall blühten Sträucher und Blumen in üppigen Farben, anmutige Wasserspiele versprühten Kaskaden von funkelnden Diamanten – und dort vorn, war das eine Statue, von der Hand des Allgütigen selbst geformt in ihrer Vollendung? Er richtete sich auf.

„Oh, du bist erwacht, mein Gebieter!" Leben kam in die herrliche Gestalt, mit wiegendem Gang kam sie auf ihn zu, kniete nieder bei ihm und küsste ihn zärtlich. „Komm, Geliebter, nimm von diesen Süßigkeiten!" Eine kleine, weiche Hand schob ihm ein Stück Konfekt zwischen die Lippen. Er zerkaute es. Es schmeckte fremdartig, harzig-süß. Kaum hatte er es hinuntergeschluckt, da überkam ihn ein Gefühl schrankenlosen Glücks. Er fühlte, wie sich weiche Brüste an ihn schmiegten, deren Berührung ihn mit sanfter Glut erfüllte; die tausend Blumen und Blüten des Gartens verschmolzen mit dem Blau des Himmels und dem Gold des Sonnenlichts zu einer Symphonie der Farben, die alle seine Sinne erfüllte. Und er wusste: Er war im Paradies.

Der Alte beugte sich über ihn und rieb ihm das Gesicht mit einem feuchten

Tuch ab. Der junge Mann erwachte und setzte sich auf. „Wieso bin ich wieder hier?", fragte er verwirrt. „O Allah, du Allbarmherziger, lass mich zurückkehren an den Ort, wo ich so glücklich war!" Der Alte schüttelte den Kopf. „Glaub mir, so ohne Verdienst wird dir diese Gnade nicht gewährt werden. Aber ich will dir den Weg weisen, der dich zurück ins Paradies bringt!" – „Was muss ich tun? Sag es mir! Ich tue alles, was du verlangst!" – „Das glaube ich dir." Der Alte lächelte. Dann schwand das Lächeln und wich einem Ausdruck unversöhnlichen Hasses. „Die Seldschuken", stieß er hervor. „Die sunnitischen Hunde lästern Allah und unterdrücken die wahren Gläubigen." Er zog einen Dolch aus dem Gewand. „Ihr führender Kopf ist der Wesir Nizam el-Mulk, Allah verdamme ihn. Töte ihn, und wenn du selbst dabei sterben musst. Dann wirst du nach dem Willen Allahs ins Paradies zurückkehren dürfen!"

Im Jahr 1092 starb der Wesir Nizam el-Mulk durch den Dolchstich eines jungen Kriegers. Viele solcher Morde folgten noch, denn viele Männer wollten zurück in das Paradies. Das Paradies, auf das sie im lieblichen Garten der Festung Alamut in Chorasan einen Vorgeschmack bekommen hatten – auf Befehl ihres Sektenführers und mit Hilfe schöner Frauen und einer reichlichen Portion Haschisch. „Assassinen" nannte man die Sektenkrieger, Haschischesser. In vielen Sprachen Europas hat ihr Name eine andere Bedeutung bekommen: Meuchelmörder.

H. P.

Barfuß ins Heilige Land – die Kinderkreuzzüge von 1212

„Christus der Herr ist mir erschienen und hat mir befohlen: ‚Nimm das Kreuz auf dich, so wie ich es auf mich genommen habe, und ziehe in das Land, wo mein Grab entweiht und meine Tempel zerstört worden sind! Unterwegs befiehl allen Kindern, dass sie mit dir ziehen sollen!' So hat Christus zu mir gesprochen und so habe ich es getan. Ihr aber müsst mir folgen, denn Christus hat es befohlen. Wer von euch zurückbleibt, der begeht eine Todsünde: Er verweigert Gott den Gehorsam. Darum zieht mit mir in das Land, das Gott mit seinem Blut geweiht hat! Denn die verfluchten Feinde des Kreuzes zerstören die Stätten unseres Heils und treten das Grab Christi mit Füßen. Folgt mir nach! Gott wird für Speise und Trank sorgen, die Berge werden schrumpfen unter unseren Schritten und das Meer wird sich vor uns teilen, wie es sich vor Moses und dem Volk Israel geteilt hat. Ihr werdet Länder sehen, in denen ewig Sommer ist, wo das Wasser die Farbe des Himmels hat und wo Bäume mit goldenen Früchten wachsen. Ihr werdet Brot essen, das so weiß ist wie Schlehenblüten, und Wein trinken, der süß wie Honig schmeckt. Die verfluchten Heiden aber werden die Flucht ergreifen, wenn sie euch sehen, und kein Tropfen von eurem Blut wird vergossen werden."

Der mit solchen oder ähnlichen Worten vor der Kirche der Heiligen Drei Könige zu Köln predigte, war ein 17-jähriger Junge, Sohn eines Schweinehirten, und die, die sich um ihn scharten und ihm begeistert zujubelten, waren Kinder, die meisten von ihnen zerlumpt, barfuß und mit hungrigen Augen, aber etliche auch in vornehmen Kleidern, die jüngsten fünf, die ältesten 17 wie er. Sie glaubten ihm und folgten ihm blindlings, täglich stießen neue zu ihnen, rheinaufwärts erst, dann nach Süden, über die Alpen, durch Oberitalien und über den Apennin nach Genua.

Im gleichen Jahr vor der Abteikirche von St. Denis in Frankreich: Der zwölfjährige Stephan forderte in einer flammenden Predigt ihm in das Heilige Land zu folgen. Auch er war ein Hirtenjunge, auch er glaubte seinen Auftrag direkt von Christus bekommen zu haben. Er wollte schaffen, was die schwer gepanzerten Ritterheere noch immer nicht geschafft hatten: ganz Palästina mit Waffengewalt zu erobern. Wie Nikolaus versprach er, dass Gott für alles sorgen und das Meer sich teilen werde, auch ihm folgten Hunderte, wenn nicht Tausende von Kindern, als er den Weg über Tours und Lyon nach Marseille einschlug.

War es Abenteuerlust, war es die Sehnsucht nach einem besseren Leben, die Suche nach Sinn, wahre Frömmigkeit oder das Charisma ihrer fanatischen Führer, was die Kinder vorwärtstrieb? Vielleicht von allem etwas – wir wissen es nicht. Wir wissen nur, welchem Schicksal sie entgegenzogen. Viele verhungerten, erfroren, kamen durch Unfälle oder Seuchen ums Leben, viele gaben unterwegs verzweifelt auf. Die, die an die Küste gelangten, wurden bitter enttäuscht: Das Wunder vom Roten Meer wiederholte sich nicht. Die Unermüdlichsten zogen dennoch weiter; Stephans Schar geriet in die Hände von Sklavenjägern, Nikolaus' Jünger kamen nach Rom, wo ihnen der Papst den Abbruch ihres Unternehmens befahl.

Ob eines der Kinder jemals das Heilige Land erreichte? Niemand kann es sagen. In die Heimat jedenfalls kehrten nur wenige zurück.

H. P.

Der Fall Barbara Schwarz

Eine Frau sitzt zusammengesunken an einem Tisch, Feder, Tinte und Papier vor sich. Sie ist mager, als ob sie eine schwere Krankheit hinter sich hätte. Ihre Haare sind von grauen Strähnen durchzogen, ihr Gesicht ist eingefallen. Ihre Finger sind an den Spitzen seltsam verformt, an einigen fehlen die Nägel.

Mühsam richtet sie sich auf, greift nach der Feder, taucht sie in die Tinte und beginnt zu schreiben: „Allerdurchlauchtigster Kaiser! Ich arme Bürgerin von Bamberg, ich elende und kranke Frau, mit der sogar ein steinernes Herz Mitleid haben muss, klage Eurer Kaiserlichen Majestät untertänigst ..." Sie hält inne, kann die Feder kaum halten, ihre Finger schmerzen.

Die Frau heißt Barbara Schwarz. Ihr Mann ist der Besitzer des Gasthauses *Zur Gans* in Bamberg. Den Ort, an dem sie sich befindet, kennen nur er und ein vertrauter Freund. Denn sie ist in höchster Gefahr.

Vor drei Jahren, im September 1627, hat sie ein Nachbar, mit dem sie einen Streit hatte, angezeigt: Sie sei eine Hexe. Sie ist verhaftet und in die kleine Stadt Zeil am Main gebracht worden. Vor drei Jahren …

Achtmal hat man sie gefoltert, ihre Finger mit dem Daumenstock blutig gequetscht, ihre Unterschenkel in den Beinschrauben zusammengepresst, bis sie kaum noch laufen konnte, sie ausgepeitscht und sie an den auf dem Rücken zusammengebundenen Händen in die Höhe gezogen, dass ihr die Arme fast aus den Gelenken gesprungen sind. Aber sie hat widerstanden und immer wieder beteuert: „Ich bin keine Hexe!"

Schon nach der ersten Folter hätte man sie wieder freilassen müssen, so schreibt es das Reichsrecht vor. Doch der Bischof von Bamberg kümmert sich nicht um das kaiserliche Recht. Er will nur eins: die vermeintliche Hexenbrut ausrotten, mit allen Mitteln. So hat man sie hungern lassen; jahrelang hat sie nichts als Wasser und Brot bekommen. Aber immer noch hat sie nicht gestanden. Endlich, halbverhungert und ohne Hoffnung auf Freilassung, hat sie mit einem Stein, den sie nach einem der Verhöre heimlich eingesteckt hat, ihre eisernen Fesseln durchgefeilt und ist geflohen.

Ihr Freund Georg Hagelstein hat sie in ein Haus auf dem Land gebracht. Aber sie möchte wieder heim, will leben ohne Angst vor erneuter Verhaftung und Folter. Deshalb schreibt sie an den Kaiser und schildert ihm, was sie erduldet hat.

„So ist mein untertänigstes und demütigstes Bitten und Flehen um Gottes und der Gerechtigkeit willen", schreibt sie, „dass Eure Kaiserliche Majestät mir einen Geleitbrief ausstellen, damit ich ungefährdet zu meinem lieben Mann und meinen Kindern zurückkehren kann." Hagelstein wird ihren Brief weiterleiten.

Wir wissen nicht, ob der Kaiser schließlich etwas für sie hat tun können. Aber wir wissen, dass sie verhaftet und ins Gefängnis zurückgebracht worden ist. Ihr Mann hat sie angezeigt. Eine Ehefrau, die im Verdacht stehe eine Hexe zu sein, so hat er erklärt, sei geschäftsschädigend.

So geschehen im Jahr des Herrn 1630.

H. P.

Die unglaubliche Geschichte des Bruders Bernhard Weinberger

Kloster Benediktbeuern, im Jahr 1739. Eines Tages tritt Bruder Bernhard demütig vor den Abt. „Hochwürdiger Vater", sagt er, „ich will Gott mit vollkommener Askese dienen. Hier geht es mir gar zu gut. Ich bitte Euch, lasst mich nach Transsilvanien in ein Kloster der Franziskaner ziehen, dort ist die Zucht besonders streng!"

Der Abt sieht ihn prüfend an. Ob er es ehrlich meint? Aber ja, Frömmigkeit und Liebe zu Gott lassen seine Augen leuchten – ohne Zweifel, es ist ihm ernst! Einen jungen Mann mit so ernsthafter Berufung – darf man den aufhalten? „Gehe hin in Frieden!", entscheidet er. „Ich werde dir ein Pferd und Reisegeld schenken. Gott schütze dich!"

Am nächsten Tag reitet Bernhard, in tiefe Andacht versunken, langsam davon. Aber kaum ist das Kloster außer Sicht, verändert sich seine Miene. „Endlich bin ich euch los, ihr langweiligen Betbrüder!", jubelt er. „Jetzt werd' ich Soldat, da gibt es Weiber, Wein und Spiel statt Chorgebet und Messe!"

Übermütig sprengt er davon und in der erstbesten Garnison lässt er sich anwerben. Aber das Soldatenleben hat er sich anders vorgestellt. Nichts wie Drill und Prügel, schlechtes Essen und mageren Lohn! Nach wenigen Wochen hat er die Nase voll. Student sein, denkt er, das wäre was. Da kann man machen, was man will.

Also zurück, bei Muttern die Reisekasse aufgefrischt und auf nach Wien! Das Studentenleben ist mehr nach seinem Geschmack: Wein, hübsche Mädchen und lustige Freunde.

Doch bald schon hat er fürchterliches Pech: Ein Mönch aus Benediktbeuern ist in Wien, erkennt ihn und lässt ihn ins Kloster zurückschaffen. Dort wird er eingesperrt. Er bricht aus und wird wieder eingefangen.

Dann scheint er in sich gegangen zu sein. Er fügt sich in die Ordnung ein und wird sogar Diakon. Aber die Gerüchte mehren sich, dass er immer noch alles andre ist als ein demütiger Diener Gottes. So lässt der Abt eines Tages seine Zelle durchsuchen. Und was wird da nicht alles gefunden: Waffen und Geld, beides streng verboten, und viel schlimmer: ein Liebesbrief, den Pater Bernhard an seine Angebetete aufgesetzt hat. Nach langen Verhören kommt Schreckliches ans Tageslicht: Mit einem Mädchen aus dem Dorf hat Bernhard ein Verhältnis und auch noch eins mit dessen Schwester. Wer weiß wie oft hat er sie nachts in seiner Zelle empfangen. Und für die gemeinsam begangenen Sünden hat er ihnen hinterher gleich selbst die Absolution erteilt.

Der Abt ist entsetzt: So viel Verworfenheit in seinem ehrwürdigen Kloster! Er lässt den armen Bernhard seinen ganzen Zorn spüren: Für sieben Jahre muss er ins Klostergefängnis, seine Essensrationen werden gekürzt und die erste Zeit wird er gar angekettet, damit er nicht wieder ausbricht.

Nach sieben Jahren ist Bruder Bernhard dann endlich ein braver Mönch geworden. Jedenfalls hört man von nun an keine Übeltaten mehr, bis er 1793 hochbetagt im Kloster stirbt.

H. P.

Geburtsdrama im Hause Goethe

Um ein Haar hätte einer der bedeutendsten Männer der deutschen Geistesge-schichte seine Geburt nicht überstanden. Dass er schließlich dennoch überlebte, war nicht nur für seine Familie ein denkwürdiges Ereignis, sondern hatte auch Folgen für die medizinische Versorgung von ganz Frankfurt am Main. Doch berichten wir der Reihe nach.

Eigentlich stand die Geburtsstunde von Johann Wolfgang unter einem glückli-chen Stern. Am 28. August 1749, mittags mit dem Glockenschlag, sollte er das Licht der Welt erblicken. Da selbst Mars und Saturn sich gleichgültig verhielten, widersetzte sich allein der Mond einer raschen Geburt. Eine ideale Ausgangslage. Das jedenfalls glaubte der Vater.

Doch drei Tage zog sich das Geburtsdrama im Haus der Familie hin. Die Mutter, gerade achtzehn Jahre alt und ein Jahr verheiratet, durchlebte schwere Stunden. Waren es unglückliche Umstände oder war es der Ungeschicklichkeit und Grobheit der Hebamme zuzuschreiben? Der Junge kam blau und scheinbar leblos zur Welt.

Jetzt hieß es schnell und entschlossen handeln. Der blauschwarz angelaufene und bereits totgeglaubte Säugling musste wiederbelebt werden. Man legte ihn daher in eine hölzerne Fleischarde, ein flaches, längliches, muldenartiges Gefäß. Aber nicht nur um ihn zu baden. Sie war mit Wein gefüllt um durch den Dunst des Weines die Atmung anzuregen. Die flache Fleischarde hatte gegenüber einem Bottich den Vorteil, dass der Säugling nicht gebeugt werden musste. Dies hätte nämlich die Atmung erschwert. Diese muldenförmigen Holzgefäße gehörten in jeden bürgerlichen Haushalt. Man transportierte mit ihnen Fleisch oder Fisch, die darin bequem gewaschen werden konnten. Auch Metzger, Bäcker und Bauern verwendeten sie regelmäßig.

Als erste bemerkte die Großmutter, dass der Säugling die Augen aufschlug. „Rätin, er lebt!", stieß sie hervor. Hatten sie es wirklich geschafft? Schon am folgenden Tag, am 29. August 1749, wurde der Junge getauft. Vielleicht eine überstürzte Nottaufe, weil man daran zweifelte, dass er überleben würde? Der Kleine erhielt die Vornamen seines Großvaters und Paten, des Stadtschul-heißen Johann Wolfgang Textor. Die Umstände der Geburt hatten den Paten nachdenklich werden lassen. Er überlegte, wie in der Stadt Frankfurt die Lage der gebärenden Mütter verbessert und die Überlebenschance für die Neugebo-renen erhöht werden könnte. Schließlich wurde ein Geburtshelfer für die Armen eingestellt und der Hebammenunterricht in Frankfurt verbessert. So hat das Geburtsdrama Goethes manchem Neugeborenen in seiner Geburtsstadt seither das Leben gerettet. Goethe selbst aber wurde durch die Kraft des Weins wiederbelebt und blieb dem Wein sein Leben lang verbunden.

W.W.

Die Ludwigseisenbahn – Fortschritt mit Hindernissen

Die erste Eisenbahn Deutschlands von Nürnberg nach Fürth fuhr 1835 sozusagen unter falschem Namen und eigentlich in die verkehrte Richtung. König Ludwig I. von Bayern hatte für das Projekt so gut wie nichts übrig – er favorisierte den Bau des Verbindungskanals zwischen Donau und Main. Für die Bahn gab er zwar seinen Namen, aber wenig Geld her und zeichnete ganze 200 Gulden von 213 508 Gulden Anlagekapital. Die energischen Nürnberger Kaufleute, die die Bahn initiierten und bauten um das aufstrebende, aber wirtschaftlich nicht begünstigte Nürnberg für die neuen Industrieentwicklungen vorzubereiten, setzten für ganz Deutschland Zeichen.

Bei genauem Hinsehen fallen aber beim Konzept der Bahnlinie ein paar Merkwürdigkeiten auf, z. B. die Streckenführung von Ost nach West, obwohl die wesentlichen Güterströme Bayerns in Nord-Süd-Richtung gingen. Zunächst wurden keine Waren transportiert, abgesehen von zwei Bierfässern – eigenartigerweise war die Bahn nämlich ausschließlich zur Personenbeförderung gebaut worden. Manches erklärt sich aus der Vorgeschichte: In Nürnberg hatte sich das Zunftdenken lange gehalten und neuen Ideen wurde im wahrsten Sinne des Wortes kein Raum gegeben; so musste sich die Spaethsche Maschinenfabrik, in der dann die aus England importierten Einzelteile der Lokomotive zum fertigen „Adler" montiert wurden, „extra muros" niederlassen. Ähnlich war es bei der Bleistiftfabrikation, bei lackierten Blechwaren usw. Vieles wurde in Nürnberger Auftrag im sechs Kilometer entfernten Fürth gefertigt, lief aber unter der Sammelbezeichnung „Nürnberger Waren".

Feindlich wie der neuen Technik standen die Nürnberger auch den Juden gegenüber: Von 1499 bis 1850 durfte kein Jude in Nürnberg ansässig sein, nicht einmal übernachten. Also mussten viele jüdische Kaufleute, die in Nürnberg ihren Geschäften nachgingen, in Fürth, dem „fränkischen Jerusalem", wohnen, was zeit- und kostenaufwändig war, weil sie den Weg täglich zweimal zurückzulegen hatten. Dieses Hin und Her erklärt zum Teil die Pendlerströme, die vor dem Bau der Eisenbahn 1833 ermittelt wurden: ca. 2 000 Personen und über hundert Lastwagen pro Tag. Die Fürther Juden hatten dennoch zum Bahnbau ein gespaltenes Verhältnis: Der Gemeindevorstand wollte zwar die Eingliederung in die neuorientierte Gesellschaft und zeichnete Aktien. Vielen Juden aber erschien die Bahnlinie als Manifestation ihrer Aussperrung, wieder andere glaubten, die Eisenbahn sei ohnehin noch nicht ausgereift, und sie erwarteten sehr bald frei herumfahrende Dampfwagen – diese Gruppen zahlten auch nicht. Insgesamt zeichneten die Fürther Juden nur 14 500 Gulden.

Obwohl der Bahnbau ein finanzielles Risiko war (es gab eine gut ausgebaute Chaussee sowie ein eingespieltes Fiakerwesen), rentierte sich die Ludwigseisenbahn sehr bald.

G. S.

Höllenfahrt nach Übersee

Lanesville bei Lancaster/Pennsylvanien,
im Oktober 1858

Geehrte Eltern, liebe Brüder und Schwestern,

vor sechs Wochen bin ich in New York angekommen, und ich hoffe, dass euch mein erster Brief erreicht hat. Von New York bin ich gleich mit einem Küstenschiff nach Philadelphia gereist. Dort habe ich einen Agenten getroffen, der mich für die Tabakernte in Lancaster angeworben hat. So bin ich mitgegangen, habe hart gearbeitet und schon gutes Geld verdient.
Seid versichert, dass es mir jetzt gut geht. Und so schreibe ich, was ich bisher verschwiegen. In Hamburg habe ich nach der billigsten Passage gesucht, das war bei der Sloman-Linie auf dem Dampfer „Howard", und der billigste Platz auf dem Schiff war das untere Zwischendeck. Das hab ich gewählt. Es waren viele Menschen an Bord, man sagt, wohl über 300, und die Hälfte im unteren Zwischendeck, darunter viele Polen, Christen und Juden. Es ist aber von Tag zu Tag schlimmer geworden. Es gab weder Luft noch Licht, auf dem Boden stand brackiges Bilgenwasser, Hitze und Gestank waren unsagbar. Denn von dem oberen Deck sickerten bald Urin und Exkremente nach unten, weil es keine Toilette auf dem Schiff gab, jedenfalls nicht für die billigen Passagiere. Tag für Tag sind mehr Menschen erkrankt und es war kein Arzt da und niemand, der helfen konnte. Viele hatten heftige Durchfälle und einige sind schier daran verblutet. Ja, man warf nun fast täglich Leichen über Bord. Man sagt, dass an die vierzig oder fünfzig gestorben sind, und das ist sicher wahr. Denn allein in New York hat man noch neun von Bord getragen. Ich habe Gott gedankt, dass er mich in der schlimmsten Pesthöhle bewahrt hat, und hab mir neue Kleider gekauft, denn die alten waren ganz und gar verdorben. So war das Geld hin, das ich bei der Überfahrt gespart habe.
Nun habe ich hier einen Mann getroffen, einen Deutschen aus dem Nassauischen, er ist also fast ein Landsmann. Er hat eine kleine Farm und sagt, dass ich nach der Ernte bei ihm wohnen und arbeiten kann, viel kann er mir freilich nicht bezahlen. Er will aber im nächsten Jahr zum Missouri, einem großen Strom im Westen, weil es dort billiges Land gibt. Ich soll mitgehen und mir, wenn ich einiges Geld habe, Land kaufen. Ich glaube, ich werde es tun, und vielleicht kann Hans dann in ein paar Jahren nachkommen, wenn er erwachsen ist. Schreibt mir hier nach Lanesville beim Farmer John Miller.

Euer hoffnungsvoller Sohn und Bruder Heinrich

Der Brief ist fiktiv, die Zustände auf den Schiffen aber sind belegt. Die meisten Todesfälle wurden durch Bauchtyphus verursacht. Seit der Mitte des 19. Jhs. stieg die Zahl der Auswanderer gewaltig an: 1892 schifften sich allein in Hamburg 100 000 Menschen nach Übersee ein.

S. M.

Für die tägliche Praxis – Tipps, Tricks, Anregungen

Aller Anfang ist schwer ... – Einstieg und Motivation

Brennpunkt Jerusalem – die Kreuzzüge

Das Thema könnte im Stil eines aktuellen Nachrichtenmagazins angegangen werden. Meldungen über Ausschreitungen und Gemetzel in der Stadt Jerusalem geben Anlass zu einer Sendung unter dem Titel *Brennpunkt Jerusalem*. Um diese Sendung vorzubereiten recherchieren die Schüler mit Hilfe des Lehrbuchtextes und/oder zusätzlicher Quellen die Hintergründe der aktuellen Ereignisse in Jerusalem. Anknüpfungspunkt könnte dabei sein, dass auch heute immer wieder Jerusalem/Israel/der Nahe Osten mit ähnlichen Meldungen in den Medien erscheinen.

Ausgangspunkt ist eine Pressemeldung über die Vorgänge in der Stadt im Jahr 1099, z. B. in folgender Form:

Die Hölle von Jerusalem – furchtbare Ausschreitungen in der Heiligen Stadt (Bericht unseres Korrespondenten Wilhelm von Tyros)
In den Morgenstunden des heutigen Tages entschlossen sich die Kreuzfahrer zum lange erwarteten Sturm auf Jerusalem. Wie Augenzeugen berichten, kam es dabei zu heftigsten Gefechten, bei denen um jeden Meter erbittert gekämpft wurde. Wie aus zuverlässigen Quellen zu erfahren war, sind die Verluste auf beiden Seiten enorm. Die schlimmsten Auseinandersetzungen sollen sich im Tempelbezirk der Stadt ereignet haben. Noch unbestätigte Berichte sprechen von über 10 000 Menschen, die hier ihr Leben verloren. Schwere Vorwürfe erhoben unterdessen Mitglieder des Roten Halbmondes. Sie sprachen davon, dass christliche Ritter reihenweise Frauen und Kinder abgeschlachtet und auf grausamste Weise zerstückelt haben sollen.
Im Anschluss an das Massaker hätten die Eroberer die heiligen Stätten aufgesucht und dort der heiligen Messe beigewohnt.
Nach den erschütternden Vorkommnissen des heutigen Tages trifft man überall in der Stadt auf wehklagende Überlebende, die nach Freunden oder Familienmitgliedern suchen. Offensichtlich hat die Führung der christlichen Streitkräfte nach diesem Blutrausch die Lage wieder unter Kontrolle. Ein friedliches Zusammenleben zwischen Christen und Moslems erscheint nach allem, was in den letzten Stunden geschehen ist, zumindest bis auf weiteres ausgeschlossen.

Im Anschluss an den Korrespondentenbericht könnten sich für Reporterteams/Schülergruppen Fragen ergeben nach:
- den Gründen für die Besetzung Jerusalems,
- Ursachen für das grausame Vorgehen,
- Organisation und Finanzierung des Unternehmens,
- den Auftraggebern und ihren Plänen,
- der Zukunft Palästinas und den langfristigen Auswirkungen auf Europa.

W. W.

Der Bahn geht die Puste aus – Technik und Verkehr im 19. Jh.

*Spottbild aus
dem Jahr 1835*

Das Spottbild zum Thema Eisenbahn und Postkutsche aus dem Jahr 1835 liegt den Schülern als Folie oder in Kopie vor. Die Klasse versetzt sich in die Situation eines Fotoreporters, der den Vorfall vor Ort miterlebt:

1. *Kurze Beschreibung der Vorgänge im Unterrichtsgespräch für einen Bericht im Tageblatt*
(Im Vordergrund mit einem lächerlich anmutenden Lokomotivführer eine kläglich dampfende Lokomotive, die mit Muskelkraft mühsam bewegt wird, aufgeregte, entsetzte Passagiere, teilweise einer Ohnmacht nahe, leichten Fußes und überlegen lächelnd überqueren Fußgänger/Wanderer mit flotten Schritten die Schienen, im Hintergrund fährt zügig eine Postkutsche, Kutscher und Passagiere winken freundlich/amüsiert/schadenfroh.)

2. *Arbeitsauftrag an die Schüler: Formulierung von Schlagzeilen zu diesem Ereignis*
Beispiele etwa:
- Die Zukunft gehört der Postkutsche – Das technische Wunder Eisenbahn ein Riesenbetrug
- Der Bahn geht jetzt schon der Dampf aus – Es lebe die gute alte Postkutsche
- Nie wieder mit dem Dampfross – Reisende über ihre schlimmen Erfahrungen

3. *Zusammenstellung von Bildinhalt und Schlagzeilen* macht deutlich, dass es sich hier um gezielte Übertreibung handelt um eine Verspottung der neuen Technik. Es ergibt sich die Frage, warum das Publikum daran Gefallen fand (Unverständnis, Angst vor möglichen Gefahren, Festhalten an der Tradition …) und was technische Errungenschaften im 19. Jh. tatsächlich bewirkt haben.

W. W.

Kaisergräber – Herrschaftsgeschichte des Mittelalters und der frühen Neuzeit

Die Begräbnisstätten fränkisch-deutscher Könige und Kaiser sind kein Zufall, sondern stehen in einem historischen Zusammenhang mit den politischen Zielen und Machtschwerpunkten des jeweiligen Herrschers. Diese Tatsache kann man sich für eine motivierende Wiederholung wichtiger Linien mittelalterlicher und frühneuzeitlicher Geschichte zunutze machen. Die Daten (Regierungszeit oder Sterbejahr, Ort der letzten Ruhestätte) werden vorgegeben. Die Schüler assoziieren; die Lehrkraft muss sich um Verbindung und Vertiefung bemühen. Einige gut geeignete Beispiele:

Karl der Große † 814, Aachen
Otto I. der Große † 973, Magdeburg
Otto II. † 983, Rom (erst Petersdom, 1614 Vatikanische Grotten)
Otto III. † 1002, Aachen
Heinrich II. † 1024, Bamberg
Heinrich III. † 1056, Speyer
Friedrich I. Barbarossa † 1190, unbekannt, vielleicht Tyrus
Heinrich VI. † 1197, Palermo
Friedrich II. † 1250, Palermo
Rudolf von Habsburg † 1291, Speyer
Karl IV. † 1378, Prag
Friedrich III. † 1493, Wien/Stephansdom
Maximilian I. † 1519; Wiener Neustadt, das Herz in Brügge
Karl V. † 1558 in dem spanischen Kloster San Jerónimo de Yuste, von seinem Sohn Philipp II. in den Escorial überführt.

S. M.

Dürers „Apokalyptische Reiter" – Krieg, Krankheit, Hunger und Tod

Die Analyse des Werks von 1498 kann man als Einstieg in Stunden verwenden, die einen mentalitätsgeschichtlichen Schwerpunkt haben sollen: Einstellung zu Krieg, Krankheit, Hunger, Tod.

Gedeutet werden soll die Bildaussage, nicht das eschatologische Moment der Johannesapokalypse (6, 1–6). Die vier Reiter:

der Tod im Vordergrund (nicht als Gerippe, sondern in der üblichen mittelalterlichen Darstellung als eine Art mumifizierter Leichnam);

dann der Hunger mit der Waage, weil Not, Missernten und Teuerung eine Einheit bilden;

der schwertschwingende Krieg;

die Pest mit Pfeil und Bogen, eine seit dem 14. Jh. übliche Darstellung: die Seuche trifft die Menschen unerwartet wie ein Pfeil und mitten im Leben;

darunter Menschen: ein Jedermann-Motiv;

der Engel mit segnender Hand: Tod, Hunger, Krieg und Pest sind Schickungen Gottes, unveränderbare Bedingungen der menschlichen Existenz. Die Mehrheit der Menschen erleidet die Bedrohungen als Schicksal; wenn es eine Hilfe gibt, dann nur in der Anrufung Gottes: „Libera nos, Domine, a peste, fame et bello." („Erlöse uns, Herr, von Seuchen, Hunger und Krieg.")

Die tieferen sozialpsychologischen Ursachen dieser Einstellung liegen in der ständigen Sorge um die physische Existenz im Alltag, in rechtlicher Abhängigkeit, Apathie gegenüber politischen Vorgängen. Kontrastieren lässt sich diese Einstellung z. B. mit modernen oder aufklärerischen Auseinandersetzungen mit dem Phänomen des Kriegs.

S. M.

Disziplinierung durch Fabrikarbeit – Auswirkungen der Industrialisierung

Zum Einstieg in den Themenkreis „Auswirkungen der Industrialisierung auf die Arbeiter" kann die folgende kleine Erzählung dienen; dazu wird das Bild (als Folie) eingeblendet.

Wir befinden uns im Jahr 1804. Der fünfundzwanzigjährige John Greenback ist angelernter Arbeiter in einer Dampfkesselfabrik in Manchester. John ist stolz in der Fabrik von Poorman & Sons Arbeit gefunden zu haben. Es herrscht eine große Nachfrage nach Dampfmaschinen aller Art, denn das Industrialisierungsfieber hat England erfasst. John verdient bei einem Zwölf- bis Vierzehnstundentag nicht üppig, aber doch so viel, dass er am Sonntag in einem Gasthaus ordentlich essen kann. Er kann sich auch jeden Abend ein Bier leisten und noch einiges Geld für eine spätere Heirat zurücklegen. Was John und seinen 480 Kollegen nicht passt, ist die reglementierte Arbeit, die sie in Poorman & Sons Fabrik

ARBEITS-
ZEIT-KONTROLLE
VERLANGEN SIE BROSCHÜRE
NORMAL-ZEIT G.M.
B.H.
✶ BERLIN SW 68 ✶
CHARLOTTENSTR.7 + FERNRUF: MORITZPLATZ 11708-10

leisten müssen. Alles ist vorgeschrieben: der Arbeitsbeginn, die Frühstückspause, die Mittagspause und der Feierabend. Die Arbeits- und Ruhezeiten werden durch die Dampfsirene angekündigt. Das geht jahrein und jahraus so, im heißen Sommer und im nasskalten und nebligen Winter, wenn die Dunkelheit bereits um 16 Uhr hereinbricht. Früher, als John noch auf dem kleinen Bauernhof seines Vaters mitgeholfen hat, ist das ganz anders gewesen. Da hat er seinen Arbeitsrhythmus noch selbst bestimmen können. Im Frühjahr, Sommer und Herbst ist von Sonnenaufgang bis Sonnenuntergang gearbeitet worden und im Winter hat man fast den ganzen Tag auf der warmen Ofenbank liegen und sich ausruhen können, denn der Großteil der bäuerlichen Arbeit hat geruht.

Dieser natürliche Arbeitsrhythmus hat John wesentlich besser gefallen als der künstliche in der Fabrik. Er denkt oft wehmütig an diese Zeit zurück. In seiner Abteilung sorgt Meister Samuel Pittbull erbarmungslos dafür, dass die Arbeits- und Pausenzeiten genauestens eingehalten werden. Zuspätkommen wird mit Lohnabzug bestraft. Er hat eine Taschenuhr, die John und seine Kollegen hassen. Pittbull schleicht sich nämlich manchmal an einige Arbeiter heran und misst die Zeit, die sie zur Verrichtung bestimmter Arbeitsabläufe benötigen, jedes Mal dauert es ihm zu lang und er zeigt ihnen, mit welchen Handgriffen sie ihre Arbeit schneller erledigen können. John und seine Kollegen haben zuweilen den Eindruck, dass Pittbull oft alle Uhren morgens um einige Minuten vor- und abends nachstellt um aus den Arbeitern Mehrarbeit herauszupressen. Noch können ihnen die Fabrikbesitzer den traditionellen „blauen Montag", an dem nicht gearbeitet wird, nicht nehmen.

Die Arbeiter in Manchester halten in diesem Punkt eisern zusammen. John verbringt den Tag mit Freunden Karten spielend und Pfeife rauchend in einer billigen Bierkneipe, denn „der Sonntag gehört der Familie, der Montag den Freunden". Doch kürzlich hat ihnen Pittbull klargemacht, dass der „blaue Montag" bald der Vergangenheit angehören werde. Man überlege, ausgewählten Arbeitern Geldprämien zu bezahlen, wenn sie dafür zur Arbeit kämen. John denkt oft darüber nach. Was ist wohl besser – mehr Geld oder mehr Zeit?

G. W.

Professor Müller reist in die Vergangenheit – die frühen Hochkulturen

Bild 1   Bild 2

Auf den Overheadprojektor wird eine doppelseitige Folie aufgelegt (Bild 1).
„Der Geschichtsprofessor Müller, den ihr hier seht, ist auf eine Insel, die sich im Mittelmeer befindet, gereist. Dort will er die Überreste einer uralten Kultur erforschen."

Die Folie wird um 90° nach links gedreht und anschließend aufgeklappt (Bild 2).
„Wie heißt die Insel?"

Die Schüler suchen die Insel auf einer Karte im Geschichtsatlas. Der freie Raum auf der Folie kann zur Fixierung der Arbeitsergebnisse der Stunde genutzt werden.

H. P.

Rollenspiel als Lernzielkontrolle – das Lehenswesen

Voraussetzung für diesen motivierenden Stundenbeginn – das Rollenspiel vermeidet einen allzu starken Prüfungscharakter des Unterrichts – ist, dass bei der Behandlung des Lehenswesens der dingliche und symbolkräftige Charakter mittelalterlicher Rechtsgeschäfte deutlich gemacht wurde. Die Schüler kennen die Begriffe (Kron- und Unter-) *Vasall, feudum* bzw. *beneficium*, Graf, Fahnen- und Zepterlehen und wissen über den Ablauf einer feierlichen Belehnung Bescheid.

Die Szene (der König übergibt ein Grafenlehen) soll in einem Hofgut oder einer Pfalz spielen, ein „Prüfling" stellt den König (Lehensherr), ein zweiter den Grafen (Lehensmann) dar; andere Schüler fungieren als Bischof bzw. Abt und als adelige Zeugen. Am Ende der Spielszene können ergänzende Fragen (Ämter- und Landlehen, Unterschiede zur Grundherrschaft, Zweck der Belehnung) gestellt werden; abschließend, als kleine Verständniskontrolle, erläutert einer der „Prüflinge" die Abbildung (Overheadfolie) aus dem Sachsenspiegel (der König vergibt Fahnen- und Zepterlehen).

H. P.

Jugend- und Familienideologie der Nazis – Leben im NS-Staat

Die Bilder werden, auf Folie kopiert, auf den Overheadprojektor gelegt. Parallel dazu werden die beiden Texte, aufgenommen auf Kassette, wiedergegeben. Die bedrückende Wirkung, die von dieser – zunächst unkommentierten – Inszenierung ausgeht, vermittelt den Schülern einen ersten Eindruck vom Zynismus der NS-Ideologie. Anschließend geben sie ihre Beobachtungen wieder (hohe Kinderzahl, Mutterrolle der Frau, Vater in SA-Uniform; Stahlhelm auf dem Platz des Bräutigams, Braut in Schwarz, ernste Gesichter usw.). Der Lehrer leitet dann zum Stundenthema über: „Das zweite Bild stammt aus der parteiamtlichen Zeitschrift ‚Frauenwarte‘ (Maiheft 1935). Was soll mit einer solchen Abbildung erreicht werden?" – „Was versprach sich das Regime, wenn es ein solches Zeremoniell wie die ‚Stahlhelmhochzeit‘ durchführen ließ?" Von den Beobachtungen und Antworten ausgehend, wird die NS-Familien- und Jugendpolitik erarbeitet.

Bild 1. „Stahlhelmhochzeit": War der Bräutigam im Feld gefallen, durfte die Braut trotzdem heiraten. An Stelle des Toten hatte sie einen Stahlhelm neben sich. (Unterm Hakenkreuz. Alltag in Nürnberg 1933–1945, München 1993, Seite 114)

Bild 2. „Muttertag": So sah bei den Nationalsozialisten eine ideale Familie aus. (H. Parigger, B. Schoßig, E. Brockhoff (Hg.), Schön ist die Jugendzeit? Das Leben junger Leute in Bayern von 1899–2001, Katalog zur Ausstellung, Augsburg 1994, Seite 139)

Text 1. Liebes Muttchen!/ Wenn ich falle, Mutter, wirst du klagen,/ Tränen weinen, die die starre Rinde/ deines Herzens lösen leicht und linde/ Und dir helfen, deinen Schmerz zu tragen.// Und du wirst auch Trauerkleidung tragen,/ Dass die andern stumm sich vor dir neigen,/ Schweigend dir ihr Mitempfinden zeigen/ Und dich nicht nach deinem Jungen fragen.// Aber niemals, Mutter, darfst du fragen:/ „Warum wurde mir das Los beschieden?"/ Wächst aus unsern Gräbern doch der Frieden!/ Weinen darfst du, aber nicht verzagen.// Sieh, wir gehen stolz und ohne Zagen/ In den Kampf, den man uns aufgezwungen,/ Und wenn einst der Schlussakkord gesungen,/ Wird man von der deutschen Jugend sagen,// Dass sie gleich den Helden unsrer Sagen/ Sich um ihres Führers Fahne scharte,/ Dass sich Deutschland in uns offenbarte,/ Deutschland, das wir tief im Herzen tragen.// Wenn ich falle, Mutter, musst du's tragen,/ Und dein Stolz wird deinen Schmerz bezwingen,/ Denn du durftest ihm ein Opfer bringen,/ Das wir meinen, wenn wir Deutschland sagen (…).

(Angeblich aus einem Brief, den ein Gefallener in der Nacht vor seinem Tod an seine Mutter geschrieben hatte.)
Text 2. Auch die Ehe kann nicht Selbstzweck sein, sondern muss dem einen größeren Ziele, der Vermehrung und Erhaltung der Art und Rasse, dienen. Nur das ist ihr Sinn und ihre Aufgabe. (Adolf Hitler, *Mein Kampf*)

Beide Texte stammen aus: *Das deutsche Hausbuch, Jahrgang 1942 (?), Seite 74 bzw. Seite 163.*

H. P.

„Leitfossilien" sammeln – Erschließung einer Epoche

Während des Behandlungszeitraums für eine Epoche sollen alle Schüler ihnen typisch erscheinende *Bilder* aus Geschichtsbüchern bzw. Bildbänden heraussuchen (selbstständige Bibliotheksarbeit) oder *Gegenstände sammeln,* aus denen sich mehrere Bezüge ableiten lassen, also Exemplarisches für die Epoche: Bilder von Personen oder wichtigen Ereignissen sowie von Kunst- oder Gebrauchsgegenständen dieser Zeit, außerdem leicht zu beschaffende Gegenstände.

Beispiel 1: Bilder typischer Erzeugnisse sowie Porzellanmarken verschiedener alter Manufakturen, z. B. Meißner Porzellanmanufaktur: Affenkapelle als Nippes, Meißner Schwerter als Markenzeichen.
Mögliche Bezüge: Absolutismus, Merkantilismus – Manufaktur – Luxusgüter – Repräsentation – Mode.

Beispiel 2: Reiterstandbild Karls „des Großen"
Mögliche Bezüge: Langobardenkrone, damit Bezug zu Italien, fränkische Tracht, Reisekönigtum, Pfalzen.

Beispiel 3: Gewürzdosis (lt. Kochbuch) zusammenstellen, Herkunft und Verwendung klären.
Mögliche Bezüge: Wandel der Essgewohnheiten, Gewürze als Darstellung von Reichtum des Gastgebers, Gewürzbeschaffung – Entdeckungsfahrten und Kolonien.

Beispiel 4: Längsschnitte, z. B. Abbildungen von Schreibern und Schreibgeräten: Wachstäfelchen, Stylus, Feder, Schiefertafel um Techniken sowie Sozialstatus der Schreibkundigen zu verdeutlichen.

Beispiel 5: Vorstellung nicht mehr gebräuchlicher Gegenstände (Petroleumlampe, Schieferkasten, Henkelmann) um Lebenswirklichkeit einer Epoche zu zeigen.

Anschießend können die gemeinsam ausgewählten Abbildungen – vervielfältigt – die bildliche Ergänzung zum Datengrundwissen ergeben oder die Bilder und Gegenstände als „Schulmuseum" in einer Vitrine oder einem möglicherweise vorhandenen Geschichtszimmer präsentiert werden.

G. S.

Identifikationslernen – gesellschaftliche Entwicklungen

Für Stunden, besonders in den Jahrgangsstufen 6–9, in denen gesellschaftliche Entwicklungen erarbeitet werden sollen, die sich unterschiedlich auf die einzelnen gesellschaftlichen Schichten auswirken, bietet sich folgendes Verfahren an, das für Lebendigkeit und Engagement sorgt: Die Schüler werden von Beginn der Unterrichtseinheit an gruppenweise den sozialen Schichten zugeordnet – die Schüler identifizieren sich und reagieren rollengemäß. Dabei ist nicht daran gedacht, den Unterricht zu einem Spiel umzufunktionieren, auch wenn man zur Verdeutlichung einer privilegierten Gruppe mit ein paar Handgriffen z. B. Zeitungsblätter (präpariert mit Einschnitt) als Kragen überstülpt. Die Einteilung kann entweder genau proportional zur Gruppengröße in der Wirklichkeit oder nach Sitzreihen vorgenommen werden. Etwas trockene Betrachtungen wie die Entwicklung der Demokratie in Athen werden dann von den Schülern als Mitglieder der jeweiligen Schicht entweder kritisch oder beifällig kommentiert. Ebenso eignet sich das Verfahren um Bevölkerungsgruppierungen z. B. in der mittelalterlichen Stadt zugleich in Verbindung mit Lebensorten und Einrichtungen zu verdeutlichen: Die Einteilung durch Stichwortzettel geht problemlos – automatisch müssen sich die Personen/Gruppen in entsprechenden Gegenden bzw. Einrichtungen der Stadt auskennen und mögliche Handlungen richtig erklären können, z. B. wird der durchreisende Kaufmann die Stadtwaage, den Markt sowie Gildehäuser suchen, der Geselle auf der Walz wird Gassen mit entsprechenden Handwerkern, der Bettler Kirchen, Klöster, die Öffnungszeiten der Stadttore erfragen usw.

G. S.

Sich in eine Rolle versetzen – Städtegründungen

Für verschiedene Bereiche des Geschichtsunterrichts besonders der 6. und 7. Jahrgangsstufen lässt sich – im Zusammenhang mit Erdkundekenntnissen – eine kreative Phase für die Schüler vorschalten, die entweder als vorbereitende Ideensammlung oder am Anfang der entsprechenden Unterrichtsstunde zu platzieren ist. Der Schüler soll sich dabei in die Rolle eines Stadtgründers der entsprechenden Epoche versetzen:

Zeichne den Stadtplan für die Neugründung deiner Stadt und erkläre, wer du bist, welche Voraussetzungen es geben müsste und worauf es dir bei der Stadtanlage ankommt!
1. **Griechische Kolonistenstadt:** Neapolis (Auswahl der neuen Bewohner, Mitnahme notwendiger Dinge wie Saatgut; keine Staatenbildung bzw. großflächige Gebietsunterwerfung).
2. **Alexandria XI:** Handelswege und verschiedene Bevölkerungsgruppen, Herrschaftsbezirk.
3. **Mittelalterliche Stadt:** Neustadt (Schutzlage, Herrschaftsbezirk, Handelsmöglichkeiten).
4. **Barock – Planstadt:** Fürstenberg (Reißbrettanlage, Ausrichtung der Stadt und des Parks auf das Schloss, Festungsanlagen, Stadtentwicklung).

G. S.

Spannende Themen für unvorhergesehene Fälle – Vertretungsstunden

„Hör, Mensch, wenn du zu Tisch willt gahn …" – Tischsitten im Mittelalter

1. „Feines Benehmen" ist ein Begriff, der von Kultur zu Kultur schon immer völlig unterschiedlich definiert werden konnte.
2. Die Art der Etikette hängt von der Art der zubereiteten Speisen und der verwendeten Hilfsmittel (Hände, Besteck usw.) ab.
3. Schriftlich fixierte Regeln für das Benehmen bei Tisch gab es vor allem für Schichten, bei denen die Nahrungsaufnahme über das Stillen des Hungers hinaus noch anderen Zwecken diente, der Repräsentation, der Abgrenzung, der Förderung des Gruppenbewusstseins.
4. Die Zeit der mittelalterlichen „Tischzuchten" ist das 15. Jh., die Zeit, in der die Stadt immer mehr zum Entstehungs- und Rezeptionsort von Literatur wurde, in der alle Schichten auf verhältnismäßig engem Raum zusammen lebten. Abgrenzung einerseits und Demonstration der eigenen Bedeutung andererseits waren angesagt. In diesem Zusammenhang sind sowohl die Ess- und Trinkgewohnheiten der Zeit als auch die Tischzuchten zu sehen. Die Literatur des Spätmittelalters will immer belehren, sie hat aber auch Freude an der komischen Übertreibung. So erklärt sich wohl die oft haarsträubende Drastik der Tischzuchten.

Aus einer deutschsprachigen Tischzucht des 15. Jhs.: Du sollst nicht trinken wie ein Fuhrmann (…), nicht mit Geräusch trinken wie ein Ochse, nicht gurgeln wie ein Pferd, nicht die Nase in den Becher hängen wie ein Schwein. Du sollst den Knochen

Bild 1 (Miniatur, 15. Jh.): Es handelt sich um ein Bankett vornehmer Herren; die Sitzordnung richtete sich streng nach dem Rang. Der Ranghöchste beanspruchte einen hervorgehobenen Sitz. Serviert wurde von vorne, auf „französische Weise", also jeweils mehrere Gerichte auf einmal. Als Hilfsmittel zum Essen gab es oft wie hier nur Messer und Weißbrot. Dass es sich um eine besonders vornehme Tafel handelt, zeigen auch die Zahl der Diener, die Tafelmusik, die Art der servierten Speisen (Geflügel, die feinste Delikatesse) und die Tatsache, dass jeder einen eigenen Teller erhielt.

Bild 2 (Miniatur, 15. Jh.): Solche Abbildungen einer alltäglichen Mahlzeit einer wenig begüterten Familie sind sehr selten – kaum jemand fand das darstellenswert. Gemeinsame Schüsseln, gemeinsames Trinkgefäß, gegessen wurde mit den Fingern. Tischzucht spielte hier sicher keine große Rolle.

nicht abnagen wie ein Hund (…). Die Suppe trink nicht vom Teller, sondern iss sie mit dem Löffel, und nicht laut wie ein Kalb schlürfe, sondern leise wie eine Jungfrau. (1)

Auch selbstbewusste Handwerker sollten sich an der Tafel anständig betragen, aus einem „Benimmbuch" von Hans Sachs: Hör, Mensch, wenn du zu Tisch willt gahn, dein Händ sollt du gewaschen han; lang Nägel zieren garnit wohl, die man heimlich abschneiden soll. Am Tisch setz dich nicht obenan, der Hausherr wölls dann selber han. Nit schnaufe säuisch oder schmatz, nit ungestüm nach dem Brot platz (…). (2)

Die Vermittlung von Tischmanieren wird zum Bestandteil der Erziehung; aus der französischen Tischzucht für Kinder des 15. Jhs.: Ein Kind, das wohlgesittet sein will und allen Leuten angenehm, vor allem bei Tisch, das halte sich an folgende Regeln: Wasch deine Hände nach dem Aufstehn, vor dem Mittagessen und schließlich vor dem Abendessen – wenigstens diese drei Male. Wenn du gut erzogen bist, greif nicht zuerst in die Schüssel, sondern lass dem Hausherrn den Vortritt. Achte darauf, dass du den Bissen, den du schon im Mund gehabt hast, auf keinen Fall wieder auf das Geschirr zurücklegst. Hüte dich davor, Brot oder Fleisch zu kauen und dann, wenn du es nicht mehr magst, einfach wieder auszuspucken. Tauche nicht deine Speisen ins Salzfass um sie zu salzen, sonst benimmst du dich schlecht, denn das ist keine feine Art. Schämen sollst du dich, mit schmutzigem, beschmiertem Mund aus einem Becher zu trinken, wenn du eine Serviette oder sonst ein Tuch hast. Wenn du in dein Glas irgendwas hineinbrockst, dann trink entweder alles aus oder gieß es fort. Falls dir die Nase läuft, schnäuz dich nicht in die Hand, mit der du das Fleisch anfasst, denn das ist widerlich und ekelhaft. Merk dir diese Worte gut und beherzige sie. Und den Rest aus deiner Schüssel biete nie einem anderen an. (3)

Zitate: (1) nach R. HAUSCHILD, Das Buch vom Kochen und Essen, Stuttgart 1975, Seite 52; (2) nach H. DÖBLER, Kultur- und Sittengeschichte der Welt, Kochkünste und Tafelfreuden, München 1972, Seite 158; (3) aus B. LAURIOUX, Tafelfreuden im Mittelalter, Stuttgart/Zürich 1992, Seite 137, Übersetzung von G. PARIGGER.

H. P.

„Kampf gegen die Schrecken des Eises und der Finsternis" – die Franklin-Expedition

1. Seit der Engländer *John Cabot* mit einem Schiff 1497 eine nordwestliche Durchfahrt durch das Polarmeer entlang der amerikanischen Nordküste nach Asien finden wollte, hatten bis zu Franklins Expedition im Jahr 1845 über 140 Schiffe und eine Reihe von Überlandexpeditionen das gleiche Ziel verfolgt. Darunter waren so berühmte Entdecker wie *Hudson, Frobisher* und *Ross.*
2. Alle Arktisreisenden bis ins späte 19. Jh. litten unter schlechter Ernährung. Das Nahrungsangebot für die Teilnehmer bestand aus Bier, gepökeltem Schweine- und Rindfleisch, Kartoffeln und getrocknetem Kohl. Der Speisezettel wurde nur manchmal durch frisches Karibu-, Moschusochsen- oder Robbenfleisch bereichert.

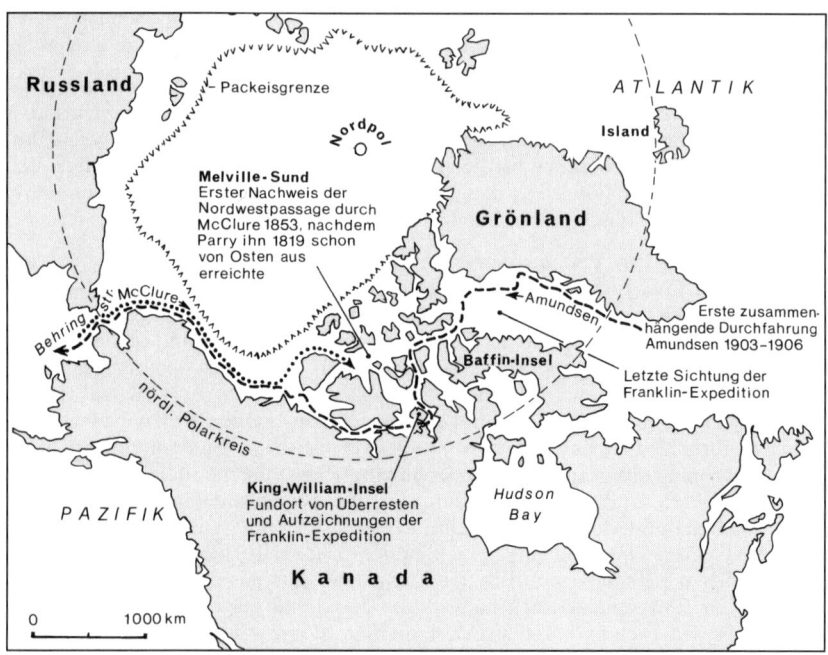

3. Die Mangelkrankheit Skorbut raffte viele Arktisfahrer dahin, vor allem, wenn sie gezwungen waren in diesen eisigen Regionen zu überwintern, weil die Schiffe im Packeis eingeschlossen waren.

4. Die Gründe für die Suche nach der Nordwestpassage änderten sich im Lauf der Jahre. Wollte man im 17. und 18. Jh. noch einen Handelsweg zu den Märkten Asiens finden, so war der Royal Navy im 19. Jh. besonders die Hebung des nationalen Prestiges wichtig. Die Welt sollte von den seemännischen Fähigkeiten der englischen Flotte beeindruckt werden. Die Entdeckung der Nordwestpassage erhielt also höchste Priorität.

„1845 gibt die britische Admiralität das Zeichen für den Großangriff auf die Nordwestpassage. Zwei kombinierte Segel- und Schrauben-Schiffe werden mit stahlverkleideten Platten armiert, mit hundertdreiunddreißig handverlesenen Matrosen und Offizieren bemannt und mit Proviant für drei Jahre versehen. Der Kommandant ist eine Legende zu Lebzeiten: *John Franklin,* der unter Nelson bei Trafalgar kämpfte, Exgouverneur von Tasmanien und der erfahrenste Arktisforscher der Navy. Er ist knapp sechzig Jahre alt und gilt als der beste Mann für diesen Auftrag. Im Mai segeln die Schiffe los und kehren nie wieder zurück. Von 1848 bis 1879 durchkämmen vierzig Expeditionen das Gebiet; sie finden keinen einzigen Überlebenden, keine erklärenden Aufzeichnungen, nur Fragmente, ein paar Gräber, Berichte von Eskimos. Erst in den 80er Jahren dieses Jahrhunderts lüftete sich der Schleier. Bei drei durch die Kälte hervorragend konservierten Toten der Expedition, die man zu diesem Zweck exhumierte, stellte der kanadische Anthropologe Owen Beattie extrem hohe Bleiwerte fest. Durch die mit Blei verlöteten Konserven, so seine Theorie, hätten sich die Expeditionsteilnehmer eine Vergiftung zugezogen, als deren Folgen Schwäche, Erschöpfung und Desorientierung eintraten. Der Fortschritt hatte eine tödliche Falle aufgestellt." (1)

Mit welchen Unannehmlichkeiten mussten die Seefahrer im arktischen Winter kämpfen, wenn ihre Schiffe im Packeis festsaßen?

„Die einzig zur Verfügung stehende Kleidung war aus dünnen, für weitaus gemäßigtere Klimazonen gedachten Wollstoffen gefertigt. Kennzeichnend für die Arktis ist, dass die Sonne Mitte November ‚untergeht' und ungefähr drei Monate lang hinter dem Horizont verborgen bleibt, sodass dem Kapitän und seiner Mannschaft nur Dämmer- oder Kerzenlicht bei der Erledigung ihrer diversen Arbeiten zur Verfügung stand. Temperaturen, die regelmäßig auf – 40° und gelegentlich sogar auf – 60° absanken, hielten alle Mann an Bord fest, wo sie ihre beengten Unterkünfte mit Kohleöfen und glühend heißen Kanonenkugeln zu heizen versuchten. (…) An den kalten Kabinendecken und den mit Feuchtigkeit vollgesaugten Wolldecken und Kleidungsstücken bildeten sich dicke Eisschichten." (2)

(1) Frankfurter Allgemeine Magazin, Heft 785, 17. März 1995, Seite 21, (2) E. Struzik, M. Beedell, Die Nordwestpassage, Braunschweig 1991, Seite 2

Literatur: O. BEATTIE, J. GEIGER, Der eisige Schlaf. Das Schicksal der Franklin-Expedition, München 1994. Als Lektüre eignen sich auch Passagen aus CH. RANSMAYR, Die Schrecken des Eises und der Finsternis, Frankfurt am Main 1984.

G. W.

Der Mensch und die Kometen

„Kometen sieht man nicht, wenn Bettler sterben; sterben aber Prinzen, erstrahlen die Himmel davon", so William Shakespeare in *Julius Caesar.* Über Jahrhunderte hinweg glaubten die Menschen an den Zeichencharakter des Kometen. Er war Vorbote des Unheils, der Apokalyptischen Reiter: Krieg, Krankheit, Hunger und Tod. Starb ein Fürst, bedeutete dies Streit ums Erbe und Krieg; der Tod eines Bettlers war dagegen ein Nichts. In ganz unterschiedlichen Kulturen galt der Schweifstern als Vorbote der Gottheit: Das Christentum kennt den Stern von Bethlehem – in diesem Fall ein Zeichen des Heils; der Aztekenherrscher Montezuma II. sah einen Kometen und glaubte an die Ankunft des weißen Gottes Quetzalcoatl. So hielt er die spanischen Konquistadoren für Götter, nicht

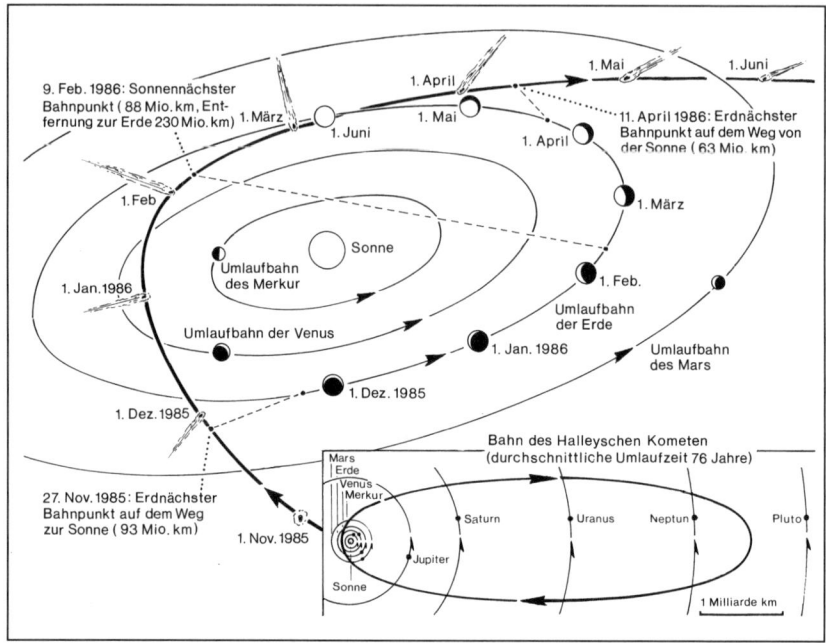

Halleys Bahn um die Sonne

für Feinde, die es abzuwehren galt; es waren aber die leibhaftigen Apokalyptischen Reiter.

Bis weit in die Neuzeit verband sich mit der Erscheinung eines Kometen dieser massive Aberglaube. *Knupfferus* gab die alten Unheilsvisionen noch 1682 bei dem Erscheinen eines Kometen als Wissenschaft aus. Im gleichen Jahr am Weihnachtsabend saß ein englischer Astronom in dem Dorf Islington (heute Stadtteil von London) auf seinem Dachboden und betrachtete durch ein Fernrohr den Kometen. Er hieß *Edmond Halley* (1656–1742) und sollte es in späteren Jahren noch zu hohem Ansehen bringen: Er wurde Professor in Oxford. Als Zar Peter „der Große" 1698 in England weilte um die modernen Techniken des Schiffbaus zu studieren, war Halley sein wissenschaftlicher Berater. 1721 ernannte ihn der englische König zum „Royal Astronomer".

1682 war Halley noch ein unbekannter junger Mann, aber ein im modernen Sinn wissenschaftlich denkender Kopf. Er hielt die Schweifsterne von 1531 und 1607 und 1682 für identisch und sagte, präzis, wie sich herausstellen sollte, das neuerliche Erscheinen für das Jahr 1759 voraus. Für ihn war der Unheilsbote ein berechenbarer Himmelskörper – aufgrund der Gravitationsgesetze Newtons (vgl. Seite 152). Zuletzt ist der Komet, den man nun den *Halleyschen Kometen* nennt, 1985/86 erschienen. 2061 wird es wieder so weit sein.

Wir sind heute über die physikalische Beschaffenheit genau informiert: Der *Kern* besteht aus einem festen Konglomerat von Gestein und Eis. In Sonnennähe kommt es zum Aufschmelzen der Oberfläche und zum Ausbruch leuchtender Gase, die sich als *Koma* um ihn legen. Wenige Kometen bilden einen *Schweif* aus: Die leuchtenden Moleküle werden durch Strahlungsdruck der Sonne vom Kern weggetrieben. Daher ist der Schweif immer von der Sonne abgewandt. Man hat berechnet, dass der Halleysche Komet durch Abstrahlung der Partikel in 225 000 Jahren „aufgebraucht" ist.

Hinweise zum Stundenablauf:

Es geht in dieser Stunde darum, vor dem Hintergrund uralten, aber auch zeitgenössischen Aberglaubens wissenschaftliches Denken zu demonstrieren: Gebrauch der Vernunft, Verlassen traditioneller Bahnen des Denkens, Beobachtung und Aufbau auf vorhandenen wissenschaftlichen Erkenntnissen.

Luzerner Chronik,
1456

Der Einstieg kann durch die Abbildung aus der Luzerner Chronik erfolgen (Folie): Beschreibung und Deutung; wichtig ist, dass die Schüler selbst den Zusammenhang erkennen zwischen Kometen und den Erscheinungen (Blutregen, Einsturz der Türme, Tier mit zwei Köpfen, mongoloide Säuglinge, schmerzverzerrte Gesichter).

Am Beispiel von Knupfferus und Halley werden die unterschiedlichen Denkweisen erarbeitet.

Als Vertiefung kann über die Bedeutung naturwissenschaftlicher „Aufklärung" für moderne Erkenntnisse gesprochen werden: z. B. Veränderung des Weltbilds; Bedeutung der Empirie als wissenschaftlicher Methode und ähnliches.

Der Astrologe Bernardus Knupfferus berichtet 1682:
Gleichzeitig mit dem Kometen erscheinen „eine große Anzahl übler [Kriegs-] Völcker von allerhand Statur und Kleidung" sowie „in der Lufft Reuter in güldenem Harnisch und mit langen Spiessen". Knupfferus behauptet, er habe solch sonderbare „charakteres" in Lübeck gesehen. Männer und Frauen, so schildert er, haben sich beim Erscheinen des Kometen in Luft aufgelöst, bisher friedfertige Menschen sind „händelsüchtig und zorneswütig" geworden; das Vieh auf der Weide ist brüllend verreckt. Tröstend fügt er hinzu: Gottgefälligen Menschen ist es nicht gar so schlimm ergangen, aber auch sie haben Gallfluss, Schmerzen in den Gliedern, Bohren im Kopfe und „contractiones der Eingeweide" heftigst verspürt.
Ein Zeitgenosse des Knupfferus wird im letzten Fall deutlicher: Er berichtet von ähnlichen Erkrankungen und von einem allgemeinen „schlimmen Scheussen".

S. M.

Körperpflege im Wandel der Zeiten

Nie wurde mehr Geld und Energie in Körperpflege investiert als in unseren Tagen. Mund- und Körpergeruch machen einsam, vermittelt uns die Werbung. Der ungepflegte Mensch ist Außenseiter und Verlierer, strahlende Sieger dagegen die duftenden und gestylten Zeitgenossen. Körperhygiene war nicht immer äußeres Zeichen für gesellschaftliche Anerkennung derer, die es sich leisten konnten. Reizvoll ist ein Blick auf Hygienebedürfnis, Sauberkeitsempfinden und Körperbewusstsein früherer Zeiten im Vergleich zur eigenen Erfahrungswelt.

Anregungen und Anhaltspunkte für ein Gespräch zu diesem Thema:

Erstaunlich sauberkeitsbewusst war das **Mittelalter.** Bad oder Schwitzbad galten als wichtigstes Schönheitsmittel. Kleie- oder Mandelwasser wurde empfohlen für das Waschen des Gesichts. Die Haare spülte man mit einer Lotion aus Asche und Wein. Um sie blond zu färben nahm man Süßholz und *panis porcinus* (Hafer- oder Gerstenbrot).

Seife und Schmierseife waren im Mittelalter weit verbreitet. Einheimische Seifensieder oder Händler aus England und Holland lieferten Produkte aus Rüben-, Hanf- und Leinöl sowie Tran. Luxusseifen in Kugelform brachten die Kreuzfahrer aus Damaskus mit nach Haue.

Auch die Zähne wurden gepflegt. Man rieb sie z. B. mit einem Leinentuch ab, das in verschiedene Scheuer- und Reinigungsstoffe getaucht war. Den Mund sollte man mit Wein, Fenchel- und Ligustersamen parfümieren.

Reinigung des Körpers war für die christliche Religion auch eine symbolische Handlung. Sünde sah man im übertragenen Sinn als Schmutz an. Gesundheit, Reinigung und Erfrischung, aber auch Vergnügen erwarteten die Menschen vom Baden. Für den Gastgeber gehörte es zur Pflicht dem Besucher ein Bad zu richten: Ein Badezuber wurde in einem Raum des Hauses aufgestellt. Im hohen Mittelalter fand man in den meisten größeren Orten ein Schwitz- oder Dampfbad, das Arm und Reich gleichermaßen besuchten. Männer und Frauen badeten gemeinsam, oft in derselben Wanne. Ausschweifungen und Seuchengefahr erreichten, was die Forderung der Kirche nach Schamhaftigkeit nicht geschafft hatte: Mit dem 15. Jh. verschwanden nahezu alle öffentlichen Badestuben.

Statt ausgedehnter gründlicher Körperpflege beschränkte man sich im **Barock** weitgehend auf Schminken und Kaschieren von Unsauberkeit. Männer wie Frauen hatten kein natürliches körperbewusstes Verhalten mehr. Sie schnürten und panzerten sich mit Miedern. Kleidung, Perücken und Hüte dienten zur Inszenierung des eigenen Auftritts in der Öffentlichkeit. Haarsträubende hygienische Verhältnisse und vielfach verunreinigte Brunnen waren die Regel.

Um 1700 war das Waschen mit Wasser und Seife fast ganz vergessen. Zwar blühte die Produktion parfümierter Seifen, jedoch vor allem aus Vorliebe für intensive Duftstoffe. Ludwig XIV. rieb sich morgens seine Hände lediglich mit Branntwein ab. Ein Bad nahm er nur auf Anraten seiner Ärzte, höchst selten, da Baden als gesundheitsschädlich galt. Wäsche mit parfümierten Essenzen pflegten auch die Damen, und zwar vollständig angekleidet. Anständigen Frauen war der Besuch von Badestuben im 18. Jh. verboten. Zumindest nach außen hin gab man sich prüde.

Der Toilettentisch einer Dame enthielt zahlreiche Kostbarkeiten und Flakons, aber nahezu keine Hygieneartikel zur Reinigung des Körpers. Entsprechend beliebt war Parfüm zur Überdeckung von Körpergerüchen. Puder ruinierte zwar den Teint, doch er verdeckte alle Hautprobleme. Flohfallen sollten gegen das Ungeziefer helfen, nicht etwa Kleiderwechsel und Sauberkeit. Bei Schmerzen im verfaulten Zahn half nur das Ausreißen.

Erst gegen **Ende des 18. Jhs.** rieten Ärzte wieder zur Sauberkeit, da sie nicht nur angenehm sei, sondern auch manche Krankheit erspare. Dazu gehörte die Empfehlung, häufiger die Kleidung zu wechseln und zu waschen. Trotzdem warnten „Fachleute" noch immer vor der erschlaffenden Wirkung des Wassers für Körper und Geist. Doch mit der Aufklärung setzte sich allmählich durch: Wasser und Seife reinigen den Körper besser als der Schweiß aus den eigenen Poren. Die Idee der Körperpflege hatte Seuchenangst und übertriebene Prüderie überwunden. Hygiene und Reinlichkeit im Haus wurde eine der wichtigen bürgerlichen Tugenden, getreu dem Wahlspruch in Waschräumen und auf Handtüchern: „Sauberkeit üb' alle Zeit." Wer es sich leisten konnte, verbrachte nun täglich eine bestimmte Zeit mit Körperpflege.

Noch war es ein weiter Weg von der Kernseife bis zum duftenden Shampoo für jedermann. Mit der Vorstellung vom guten Wohnen verband sich aber seit Mitte des 19. Jhs. der Gedanke äußerster Reinlichkeit. Nicht zufällig ließ Fritz Henkel 1876 in Aachen eine Firma eintragen, die Reinigungsmittel produzierte. Mit Persil brachte er schließlich 1907 ein Produkt auf den Markt, das zum Synonym für Waschmittel überhaupt wurde. Es war das weiße Pulver, mit dem Generationen von Hausfrauen den Kampf aufnahmen für die unübertroffene Sauberkeit einer ganzen Nation.

Literatur: A. GROHN, A. DELILLE (Hg.), Illustrierte Geschichte der Reinlichkeit. Vom römischen Bad zum Waschsalon, Frankfurt 1986.

W.W.

„Die Rute der Zucht vertreibt die Narrheit ...“ – Schulstrafen

Die Schüler und Schülerinnen sollen sich mit einem Ausschnitt historischer, aber bis in jüngere Vergangenheit hineinreichender Schulwirklichkeit auseinandersetzen, mit Erziehungsformen und Zwangsmitteln. Bewusst werden soll das zugrunde liegende Menschenbild.

Ausgegangen wird von einer Situation, die zumindest darin der heutigen gleicht, dass Schule als Erziehungsanstalt gesehen wird. Das setzt voraus, dass Jugend vom Erwachsenendasein unterschieden wird, was nicht vor dem 15., eher erst im 16. Jh. anzusetzen ist, als im Zug der Reformation der Ausbau des Schulsystems erfolgte.

Bild 1: Schule, 1592

Als Einstieg werden auf Folie die beiden Abbildungen gezeigt und die Schüler zur Beschreibung und Deutung aufgefordert.

Auf Abbildung 1 erkennt man drei Gruppen im Inneren einer Schule. Es wird gesungen, gelesen – und mit Ruten gezüchtigt; geschlagen wird nicht blindlings in einem Zornesausbruch, sondern geordnet und überlegt, eine Erziehungsmaßnahme. Der Lehrer wird mit Rute dargestellt. Das gilt für nahezu alle Abbildungen bis ins 19. Jh.: Die Rute ist das Amtszeichen des Lehrers (wie z. B. der Stab des Richters).

Bild 2: Lehrer und Schüler, 1479

Auf Abbildung 2 steht im Hintergrund ein Schüler mit einem Eselkopf, auf den ein Gehilfe des Lehrers einredet. Neben Schlägen gab es andere Strafmittel, die den Ehrenstrafen (Pranger) ähnlich sind: Der Delinquent wird dem Gespött preisgegeben. Sehr lange gehalten hat sich das Eckestehen, zwar nicht die Eselkappe, aber der Begriff „Eselsbank" (vgl. Q1, eventuell als Folie). Noch 1982 urteilte ein Oberlandesgericht in Bayern, dass einem Volksschullehrer das Züchtigungsrecht gewohnheitsmäßig zustehe, allerdings „maßvoll" zur Aufrechterhaltung der Schulzucht und im Erziehungsinteresse. Das Urteil war freilich nicht unumstritten.

Als nächstes wird nach den Motiven von Züchtigung gefragt (Impulse Q2/3). Es geht nicht nur um Aufrechterhaltung der schulischen Ordnung, sondern um Erziehung: Schaffung von Respekt, Aufbau einer inneren Haltung von Gehorsam, Furcht, Schuldgefühlen.

Aspekte und Impulse für eine Diskussion mit den Schülern: Wie beurteilen die Schüler diese Strafen (Q4)? Haben das die Altersgenossen früher auch so empfunden, wenn man bedenkt, dass Schläge und Ehrenstrafen allgemeine Strafmittel waren (Q5)? Welches Menschenbild liegt solchen Strafmaßnahmen (Q1) zugrunde? Welches Lehrer-Schüler-Verhältnis ergibt sich daraus? Soll Schule heute erziehen? Wozu und wie?

Q1: Schulstrafen (bis ins 19. und 20. Jh.)
  – Schläge auf das Gesäß,
  – Schläge auf die Finger,
  – Ohrfeigen,
  – Ohren und Nase umdrehen, Kopfnüsse
  – Maulschellen,
  – Esel und Narrenkappe,
  – auf Schulesel mit kantigem Rücken sitzen,
  – Eckestehen,
  – auf Holzscheit, Kirschkernen oder Erbsen knien,
  – Esels- oder Faulbanksitzen.

Q2:   „Wie scharfe Sporen ein Pferd zum Laufen bringen,
        so bringt eine Rute ein Kind zum Lernen!"
        (Erziehungsgrundsatz)

Q3:   „Wer seinen Kindern übersieht
        den Mutwill und sie strafet nit,
        dem selbst zuletzt vil Leids geschieht. [...]
        Gerechte Straf bringt kein Geschrei;
        die Rut der Zucht vertreibt ohn Schmerz
        die Narrheit aus des Kindes Herz;
        ohn Strafung keiner wird belehrt."
        (Sebastian Brant, Das Narren Schyff, 1494)

Q4:   „Man möchte es nicht eine Schule, sondern eine Folterkammer nennen,
        so schallt es von Ruten und Stockschlägen."
        *(Erasmus von Rotterdam, 1529, Vortrag über die Notwendigkeit einer für
        Freigeborene würdigen Erziehung)*
        „Ich missbillige es durchaus, dass die Schüler geschlagen werden ...; denn
        es ist unanständig und sklavisch und eine Entehrung für jedes Alter."
        (Quintilian, 35–86 n. Chr., Institutio oratoria)

Q5:   Verordnet wird, „dass allen Obrigkeiten künftighin verbothen werden
        sollte, einem im Amte stehenden Schullehrer mit Stocksitzen, oder einer
        sonstigen öffentlichen Strafe zu belegen, weil ein auf solche Weise
        öffentlich entehrter Mann einer Schule wenigst im nämlichen Orte nicht
        mehr mit Nutzen vorstehn zu können scheint."
        (Der bayerische Kurfürst Maximilian I. Joseph am 31. 10. 1800)

Literatur: Bayerisches Schulmuseum Ichenhausen (Bayerisches Nationalmuseum,
Bildführer 16), München 1989; W. SCHILD, Schulstrafen, in: CH. HINCKELDEY (Hg.),
Justiz in alter Zeit (Schriftenreihe des mittelalterlichen Kriminalmuseums Rothen-
burg ob der Tauber, Band VIc), Rothenburg 1989, Seite 479–491.

S. M.

Ja, so mir Gott helfe! – eine Stunde mit historischen Beinamen

Es gibt viele Möglichkeiten eine Vertretungsstunde mit historischen Beinamen
zu gestalten. Die naheliegendste (und wohl auch anspruchsvollste) ist die, den
Beinamen „der Große" zu problematisieren. Zunächst wird über Biografie und
Leistung der ausgewählten historischen Persönlichkeiten und zur Entstehung
des Beinamens (zeitgenössisch? durch spätere Generationen? durch die Ge-
schichtsschreibung?) informiert. Von wenigen Ausnahmen abgesehen (Albert
der Große, Katharina die Große) bleibt das Prädikat auf die Gruppe „männliche

Herrscher" beschränkt. Die Schüler können nun einen Kriterienkatalog aufstellen, anhand dessen die „Größe" der betreffenden Persönlichkeit gemessen
wird (politische Erfolge, moralische Qualifikation, Beweggründe des Handelns,
Stabilität und Dauerhaftigkeit des Erreichten, Wirksamkeit für den historischen
Prozess usw.). Dabei sind interessante Diskussionen darüber zu erwarten, was
nun eigentlich positiv oder negativ, was als „durchschnittlich" oder „groß" zu
bewerten sei. Skepsis angesichts der Heroisierung von historischen Persönlichkeiten bzw. der unreflektierten Verwendung des Prädikats „der Große" wird das
– sicher nicht unwillkommene – Ziel einer solchen Betrachtung sein.
Weniger tiefschürfend, dafür aber unterhaltsamer ist die Beschäftigung mit den
zahlreichen auf ein ganz bestimmtes (wiederum gesellschaftlich herausgehobe-
nes) Individuum beschränkten, oft originellen oder witzigen Beinamen. Erklärt
werden muss dazu, dass Dynastien seit dem ungeheuer traditionsbewussten
Mittelalter über viele Generationen hinweg ihren Nachkommen dieselben zwei
oder drei Namen gaben; eine Unterscheidung war dann nur über die Nume-
rierung möglich, was wiederum dem mittelalterlichen Bedürfnis nach Ding-
lichkeit widersprach. Kein Wunder, dass deshalb die Zeitgenossen (und häufiger
noch die Nachwelt) seit fränkischer Zeit jeden, der sich in irgendeiner Form
vom Durchschnitt absetzte (und sei es nur dadurch, dass er einen besonders
imposanten Bartwuchs hatte), mit einem Beinamen versahen. Körperliche
Eigenheiten, geistige (Un-)Fähigkeiten, Charaktereigenschaften, auffällige Gewohnheiten, einschneidende Erlebnisse, besonders gute oder besonders ab-
scheuliche Taten lieferten das Material dazu. Oft genug beruhen die Beinamen
auch auf einer nachweislich falschen Beurteilung ihrer Träger oder auf gleisne-
rischer oder feindlicher Propaganda.
Vor dem Hintergrund dieser Informationen kann man die Schüler raten lassen,
was für eine Persönlichkeit sich hinter einem Beinamen versteckt; der Lehrer
erläutert dann, worauf er beruht und ob das mit ihm Vermittelte einer Überprüfung standhält.

Beispiele:

Karl Martell, zu lateinisch „marcus", der Hammer, 688–741, ab 717 Hausmeier
des austrasischen, ab 725 des gesamten fränkischen Reichs, eigentlicher Begründer des karolingischen Reiches in zahlreichen Kämpfen, brachte die arabische
Invasion zum Stehen; seinen Beinamen erhielt er im 9. Jh., wohl nicht für das
gewonnene Scharmützel gegen die Araber, sondern für sein zielstrebiges Vorgehen bei der Einigung des fränkischen Reichs.
Margarete Maultasch, 1318–1369, Gräfin von Tirol, zeitweise auch Herzogin von
Kärnten; verdankt ihren Beinamen angeblich ihrem hässlich vorgewölbten
Mund, doch gibt es Zeitzeugnisse, die sie als besonders schön kennzeichnen.
Tatsache ist, dass sie von ihren politischen Gegnern zeitlebens beschimpft und
verunglimpft wurde, dass sie, intelligent und redegewandt, ihrerseits niemandem
etwas schuldig blieb – vielleicht rührt ihr Beiname ursprünglich daher, dass sie

nicht aufs Maul gefallen war. Humor hatte sie jedenfalls, denn ihre Residenz nannte sie Maultasch …

Heinrich der Vogler, erster sächsischer König des Deutschen Reichs, 919–936; vielleicht hat er irgendwann auch mal Vögel gefangen. Dass er aber ein naturverbundener Träumer gewesen sei, eine mittelalterliche Mischung aus Heger-Jäger und Umweltschützer, der die Krone am liebsten abgelehnt hätte, ist ein Ammenmärchen, das mehr als 200 Jahre nach seinem Tod erfunden worden ist. Er war ein tatkräftiger, machtbewusster Realpolitiker, der sicher weitaus lieber König war als Vogelfänger.

Maria die Blutige bzw. *die Katholische,* Königin von England 1553–1558, bekam ihre zwei Beinamen wohl zu Recht, weil sie nämlich ihr Königreich zum Katholizismus zurückzuführen trachtete, indem sie eine große Anzahl von Menschen anderen Bekenntnisses auf das Schafott bzw. den Scheiterhaufen schickte. Wer weiß, welche Rekorde sie aufgestellt hätte, wäre sie nicht bereits mit 42 Jahren hingeschieden!

Noch viele weitere Beispiele ließen sich nennen: *Ludwig der Fromme,* von den Zeitgenossen treffender „der Mönch" genannt, weil er weniger fromm als in sich gekehrt und wenig kommunikativ war, was sich im katastrophalen Verhältnis zu seinen Söhnen zeigte …; *Heinrich der Zänker,* Herzog von Bayern und Kärnten, der sich vom mehrfachen Aufstand gegen den Kaiser bis zum Raub eines minderjährigen Königs so ziemlich aller Staatsverbrechen schuldig machte …; *Heinrich Jasomirgott,* seit 1156 Herzog von Österreich, der jedem bedeutungsvollen Satz ein kräftiges: „Ja, so mir Gott helfe!" hinterhergeschickt haben soll, ein bestimmt eher gemütlicher Charakter …; Kurfürst *Johann der Beständige von Sachsen,* nach dessen Tod Luther sagte, mit ihm sei die Redlichkeit gestorben … Sie alle erschließen sich ein Stück weit auch aus der Geschichte ihrer Beinamen, weil sie in einer Zeit lebten, als Namen noch etwas mit Individualität zu tun hatten.

Literatur: R. LEBE, War Karl der Kahle wirklich kahl? Historische Beinamen – und was dahintersteckt, München 1996; K. BOSL, G. FRANZ, H. H. HOFMANN, Biographisches Wörterbuch zur deutschen Geschichte, Studienausgabe, Augsburg 1995.

H. P.

Mehr Licht!

Neben einem Längsschnitt durch die technischen Entwicklungen von Lichtquellen werden kultur- und sozialgeschichtliche Zusammenhänge erschlossen.

1. Die Beleuchtungsweise ändert sich nach den vorhandenen Betriebsmitteln (direkte Verbrennung: Öl, Unschlitt, Wachs, Petroleum, Gas, Elektrizität), technischem Standard der Beleuchtungskörper (Kienspan, Öllampe, Kerze, Fackel, Petroleumlampe, Gaslampe, elektrisches Licht).

2. Die Menschen sind abhängig von der Verfügbarkeit der Betriebsmittel bzw. Energiequellen (Menge der natürlichen Ressourcen, Zugriff darauf, Gemeinschaftsversorgung z. B. bei Gasleitungen), sie müssen Einsichten in die Zusammenhänge entwickeln und die Entwicklung verantworten können.

3. Die Unabhängigkeit vom Tageslicht bedeutet Ausweitung der Arbeitszeit (Schichtarbeit), veränderte Freizeitmöglichkeiten (Flutlicht bei abendlichen Sportveranstaltungen), verbesserte Bühnentechnik, nächtliche Reisemöglichkeiten.

4. In Forschung und Medizin gab es neue Anwendungsgebiete und Erkenntnisse durch besondere Leuchtkörper.

5. Das Vorhandensein von Beleuchtungsmöglichkeiten im öffentlichen wie im privaten Raum bedeutete früher sozialen Standard, Lebensqualität, aber auch Gefahren: Kriminalität, Brände, Gasvergiftungen.

6. Formen des Zusammenlebens wurden durch Lichtquellen beeinflusst (Geselligkeit um die einzige Lichtquelle – individuelle Betätigungsmöglichkeit bei mehreren Beleuchtungskörpern, z. B. die Entfaltung der Lesekultur im 19. Jh.), aber auch das Lebensgefühl des einzelnen Menschen (Ängste in der Dunkelheit, Folter durch starkes Licht).

Triumph der Elektrizität, Postkarte, 1891

7. Die Landschafts- und Städteplanung wird durch nötige Versorgungsbauten (Speicherseen, Kanäle, Gas- und Elektrizitätswerke, Masten, ober- und unterirdisch verlegte Leitungen) beeinflusst.

---

1. „Die Beleuchtung öffentlicher und privater Räume erforderte 1993 in Westdeutschland rund 41 Milliarden kWh. Das waren 11% des Netto-Stromverbrauchs aus dem Netz der öffentlichen Versorgung." (zitiert nach „Stromthemen" 10/95, Seite 7, Informationszentrale der Elektrizitätswirtschaft e. V., Frankfurt/Main 1995)

2. Jemandem ein Licht aufstecken; Transuse, Tranfunzel; sein Licht unter den Scheffel stellen; jemandem heimleuchten; Lampenputzergras; nicht sehr helle sein, kein großes Kirchenlicht sein; im Rampenlicht stehen, Lampenfieber haben.

3. **Lampe**, Lichtquelle, Gerät zur Erzeugung von Licht, seltener für andere Zwecke (Heiz-, Lötlampe), im Unterschied zur Leuchte (→ Beleuchtung). **Arten**. Die einfachste L. ist der **Kienspan**, ein Span aus dem harzreichen Kiefernholz, mit offener Flamme. Die **Öllampe** besteht aus einem offenen Napf, der mit Pflanzenöl gefüllt wird, ursprünglich ohne, später mit Docht. Bei der **Petroleumlampe** steigt der Brennstoff (Petroleum) infolge der Kapillarität in einem Docht empor, vergast am Rande des Brenners und verbrennt bei Entzündung. Der Glaszylinder erzeugt infolge der Saugwirkung der abziehenden Verbrennungsgase eine ruhige Flamme. Bei der **Gaslampe** strömt das Gas (Stadtgas oder ein sonstiges Heizgas) gegen einen → Glühstrumpf, verbrennt hier und bringt ihn zur Weißglut. Unter den elektrischen Lampen unterscheidet man 1) **Glühlampen**, bei denen ein auf Glühtemperatur erhitzter Leuchtkörper Licht ausstrahlt; 2) **Gasentladungslampen** (→ Gasentladung), bei denen die Lichterzeugung durch eine elektrische Entladung erfolgt, die Elektroden (Reinkohlen-Bogenlampen), Gase oder Dämpfe anregt (Flammbogenlampen, Leuchtröhren, Metalldampflampen, Glimmlampen) oder auch zusätzlich die Strahlungsumwandlung (Leuchtstofflampen) ausnutzt; 3) **Mischlichtlampen**, bei denen die Bestandteile einer Glühlampe und einer Entladungslampe in einer L. zusammengefasst sind. 4) Bei **Infrarotstrahlern** ist die Temperatur des aus Wolfram bestehenden Glühwendels auf nur etwa 1 927° C eingestellt, das heißt 700–800° C niedriger als bei der normalen Glühlampe.

(Brockhaus, ABC der Naturwissenschaft und Technik, Leipzig 1952)

G. S.

Über den Tellerrand geschaut – fächerübergreifender Unterricht

Menschen im Krieg

Krieg als Unterrichtsthema muss Friedenserziehung sein. Erfahrene Lehrkräfte kennen die Schwierigkeiten: Jugendliche sind heute durch die Medien verschiedener Art mit einem Übermaß an Gewalt konfrontiert, sodass sich Betroffenheit als Voraussetzung für Reflexion schwer einstellen will. Es wird hier vorgeschlagen, das Thema „Menschen im Krieg" exemplarisch und fächerübergreifend (Geschichte, Deutsch, Religion/Ethik) anzugehen. Historische Bedeutung, Aktualität und Vielschichtigkeit rechtfertigen einen größeren Zeitaufwand. Der Geschichtsunterricht allein kann meist nur die Analyse von Ursachen, Verlauf und Folgen leisten. Der Dreißigjährige Krieg, der hier herangezogen wird, ist als Beispiel zu sehen, freilich als herausragendes.

Als anzustrebende Erkenntnisziele werden vorgeschlagen:

1. Vorbereitung und Ausbruch von Gewalthandlungen schaffen Strukturen von Gewalt, die darauf angelegt sind, Kriege zu verlängern (Q1 und Q2).
2. Neben den Tätern gibt es die machtlosen Opfer, meist unschuldige Zivilisten, die zugrunde gehen oder – wenn sie überleben – psychisch zerstört werden. Ihre Bewältigungsmöglichkeiten sind: Fatalismus, Gottergebenheit, „stille" Held(inn)en, die das Humane bewahren (Q3, Jugendbuchlektüre).
3. Krieg bedeutet nicht nur Vernichtung von Menschenleben und materiellen Gütern, sondern auch Zerstörung zivilisatorischer und kultureller Errungenschaften, die das Zusammenleben erst möglich machen. Gewalt, einmal freigesetzt, hat die Tendenz sich zu potenzieren. Mit Entsetzen und Staunen formulierte der Schriftsteller Johann Michael Moscherosch (1601–1669) die Frage: Wie ist es möglich, dass der Mensch, als Ebenbild Gottes geschaffen, zum Ebenbild des Teufels werden konnte?
4. Zwischen Opfern und Tätern gibt es fließende Übergänge (Q4).

Materialien:

Schlachtfeld des Dreißigjährigen Kriegs, Radierung von Karel Dujardin, 1652

Ein Soldat hat sich vom Schlachtgetümmel abgesetzt und blickt prüfend auf Gefallene, vermutlich um sie zu plündern. Der im Vordergrund groß ins Bild gesetzte Tote ist bereits aller Habe beraubt. Ob sich Dujardin auf unmittelbare Kriegseindrücke bezieht, ist ungewiss, doch zeigt sein Bild eindrucksvoll Grauen und Trostlosigkeit des Schlachtfeldes.

Q1 Soldatenlied aus dem Dreißigjährigen Krieg:
„Wir sind die Herrn im Land,
die prangend gehn in Waffen,
wir sind der höchste Stand,
den Gott selbst hat erschaffen,
Dieweil die andern Ständ im Land,
die müssen uns ernähren,
wir ihnen Mores lehren
mit Waffen allerhand.“
(Fürther Heimatblätter Nr. 2, 1982)

Q2 Wallensteins Lager in Ulm (1630):
Die Beherbergung des Wallensteinschen Gefolges verursachte einen beträchtlichen Aufwand. Der Generalissimus kam mit Höflingen, höheren Offizieren, Edelknaben mit eigenen Präzeptoren, Musikanten, Kanzleipersonal etc. – alles in allem 630 Personen. Entsprechend aufwändig und erlesen war die Verpflegungsliste, die mit ihren Anforderungen nach Weinen ganz bestimmter Anbaugebiete, nach den verschiedensten und seltenen Gewürzen, aber auch nach allen Arten von Fleisch und Fisch, nach Krebsen usw. einen Einblick in den unbekümmerten barocken Lebensstil siegreicher Feldherrn gewährt. Als Wallenstein am 29. Mai 1630 in Ulm einzog, fuhren die Vornehmsten seines Gefolges in sechsspännigen Kutschen, die jeweils einheitlich von Rappen oder Schimmeln gezogen wurden. Um die Feierlichkeit des Einzugs nicht zu beeinträchtigen, wurden der Wochenmarkt beendet und die Bauern aus der Stadt gewiesen. Die um den Weinhof, wo Wallenstein im Haus des Patriziers Ludwig Schad abgestiegen war, ansässigen Handwerker mussten alle Geräusche vermeiden. Kostbare Gastgeschenke runden das Bild ab, und wohl nicht zu Unrecht hat ein späterer Chronist rückblickend vermerkt, man habe „keinem Kaiser allhier in Ulm so viel Ehre bewiesen als diesem Fürsten“.
(Nach: H. E. Specker, Reichsstadt und Stadt Ulm bis 1945, in: Der Stadtkreis Ulm, Ulm 1977, Seite 193 f.).

Q3.1 Müllertochter Anna Klein aus Schwabach/Mittelfranken (1632):
„Höre weiter, wie es gegangen hat. Es haben allerlei Krankheiten regiert, die ungarische Krankheit, die Ruhr, die Pestilenz, es sind die Leute dahingefallen wie die Mücken, viel Leut haben verschmachten müssen, da ihnen kein Trunk Wasser mehr ist zuteil geworden. Es ist ein solches Sterben eingefallen, dass die armen Leute in den Häusern und die Soldaten schier vermodert sind [...]. Wir haben gemeint, weil die große Menge Kriegsvolk hinweg sei, wir hätten alles ausgestanden und säßen im Rosengarten und es sei völliger guter Fried. Aber da ist den dritten oder vierten Tag wieder eine große Menge Kriegsvolk gekommen. Was die anderen nicht gar verheert hatten, haben diese gar verzehrt; es ist ein undeutsches Volk gewesen, haben übel gehaust, haben Fenster und Öfen, alles eingeschlagen, was noch gestanden ist; und was die Leute noch verhalten haben, das haben die gar gefunden. Man hat sie

das Sperreiterisch Volk[1] geheißen. Aber sie sind nur eine Nacht geblieben, haben aber recht übel gehaust. Wie sie hinaus sind, ist nichts mehr Uebriges in der Stadt gewesen, kein Pferd, kein Ochs, keine Kuh, kein Schwein, keine Katze, kein Hund, keine Henne, gar nichts mehr und wenige Leute. Was nachher noch übrig gewesen ist, davon ist ein Teil nach Nürnberg geflüchtet, viel Leut sind ins Böhmenland, etlich hin- und hergezogen, gar wenig Leut hat man hier gesehen. Dann ist das Getreide und das Gras auf den Gassen gewachsen, dass man bald keinen Stein gesehen hat …"
[1] SPERREUTER, Obrist und Söldnerführer in schwedischen Diensten.
(Fürther Heimatblätter Nr. 2, 1982)

Q3.2   Bericht aus der Stadt Wurtzen/Sachsen (1637):
„Der Schwedische Trunk, also genennet, ist sehr allgemein gewesen, indem ihrer vielen unreinen Seyffen- und Pfützen-Wasser oder Mistjauch in den mit Spannen oder Rohrlöffel ausgespreitzten Mund, so viel als hinein zu bringen gewesen, gefüllet, über eine Weile hernach auf ihren Leib gesprungen, und die hineingegossene Jauche heraus getrieben worden, dadurch ihre viel um ihre Gesundheit gebracht, dass sie es die Zeit ihres Lebens nicht verwinden, mehrer theils sind schon davon gestorben."
(H. PLETICHA (Hg.), Deutsche Geschichte, Bd. 7, Gütersloh 1983, Seite 59).

Q4   Brief eines Fähnrichs im Kölnischen Artillerieregiment, an seine in Köln lebende Frau (1634):
„[…] Wir liegen vor der Stadt (Münster/Westfalen) unter freiem Himmel. Nun, in drei Monaten bin ich nicht aus meinen Kleidern gekommen, hätte ich doch nur noch Stroh unter mir. Meine Sachen mit meinem Knecht und Pferd, deren ich sechs nacheinander verlor, wohl 400 Reichtaler Schaden, sind alle fort. In Summa ist kein Glück auf dieser Seite, es ist gar nichts mehr übrig, als dass ich verliere mein junges Leben, wie es anderen täglich geschieht. Wir liegen auf der Straße wie das tote Vieh. Großen Mangel leiden wir. O Brot, o Brot, o frisches Wasser […]. Alle Tage reisen Soldaten aus, insbesondere Offiziere. Alle vier Tage bekomme ich ein Pfund Brot und nicht mehr. Oh, oh, oh! Es ist nicht auszusprechen, wie wir leiden. […] Ach, ich bitte dich abermals fußfällig und um Gottes Christi Jesu Willen; hilf mir meinen Abschied von den Herren zu bekommen, stelle der Herren Vettern an, es kostet mir sonst mein Leben, wenn wir ferner ins Land zum kaiserlichen Heer hinbeordert werden, welches gewiss ist. Dort werden wir nur fürs Schanzen und als ‚Gräberfüller' gehalten, wie es jederzeit geschieht in allen Sachen, dass die kölnischen Soldaten an die vorderste Front gesteckt werden, wie auch die Fähnriche selbst zum Sturm und für die Laufgräben entgegen der Gewohnheit mit kommandiert werden. Im Ganzen: Ich kann's nicht länger ertragen, ja, wenn du wüsstest, du würdest wahrlich betteln, damit ich los käme.
Münster in Westphalen, im kaiserlich freien Feldlager vor der Stadt, geschrieben zu Pfingstmittwoch, Anno 1634. […]
Joany Christian Schneider, armer Fähnrich unter den Feuerröhren."
(J. KUCZYNSKI, Geschichte des Alltags des deutschen Volkes, Bd. 1, Köln 1983, Seite 100 f.).

Empfehlungen zur Durchführung des Projektes

Geschichte:

Erscheinungsbild des Kriegs im Sinne der oben beschriebenen Zielsetzungen; Auswertung der Materialien.

Sammlung von Materialien zum Dreißigjährigen Krieg aus dem Nahraum: in Stadt- und Ortsgeschichten oft leicht greifbar. Bericht und Auswertung durch die Schüler, Wandzeitung über Vorgänge und Auswirkungen. Daneben: Aktuelle Berichte von Krieg und Gewalt.

Deutsch:

- Kreatives Schreiben, z. B. Antwortschreiben der Frau Schneider an ihren Mann. Einzug Wallensteins: Bericht eines Ulmer Augenzeugen und/oder im Stil von Zeitungsberichten.
- Lektüre einer Ganzschrift: Tilman Röhrig, *In dreihundert Jahren vielleicht* (ab etwa 13 Jahre). Röhrig sind in der Erzählung dichte Szenen und Bilder vom Kriegsalltag gelungen. Sehr eindrucksvoll sind die Personendarstellungen. Bestimmend ist nicht Verzweiflung, sondern Hoffnung auf Frieden. Unterrichtshilfe: *Zum Lesen verlocken*, Arena, Würzburg.
- Analyse von Gedichten von Andreas Gryphius: *Thränen des Vaterlandes,* 1636.
- Analyse von Textauszügen aus Grimmelshausen, *Simplicissimus,* z. B. Kapitel IV: Einbruch des Kriegs in den friedlichen Alltag.

Projekttage:

Z. B. in Verbindung mit Fächern wie Religion, Ethik, Kunsterziehung.
- Themen: Ursachen von Krieg und Unfrieden (letzteres auch im persönlichen Umfeld). Wie können wir friedlich zusammenleben?

S. M.

Gärten als Lebenswelt des Menschen

Didaktische und methodische Ziele

Nicht nur das Fach **Geschichte** mit Geschichte der Gärten als Variante der **Sozial- und Kunstgeschichte** ist hier einzubringen, ebenso ist an die Beteiligung der Fächer **Biologie** (Bedeutung, Verbreitung und Kultivierung bestimmter Pflanzen sowie Nutzung bei der Ernährung) und **Geografie** (Kulturlandschaften, Städtebau und Umweltgeschichte, Kartenarbeit) sowie **Deutsch** (Gartendarstellungen in der Literatur) gedacht.

Neben der Betrachtung bestimmter historischer Entwicklungen muss klar werden, dass die Gestaltung und Nutzung von Gärten seit jeher ein Teil der Kultur und für die Menschen erstrebenswert war (Idee des Paradiesgartens), dass die Teilhabe daran auch ein sozialpolitisches Ziel darstellte: Lebensqualität für eine bestimmte Schicht oder für alle.

Die Schüler sollen die Aussagen verschiedenartiger Quellen erarbeiten und miteinander verbinden: Arbeit mit Karten, Grundrissen, Plänen, Statistiken, Beschreibungen und literarischen Quellen zu Gartengestaltung und Lebenswelt, Kunstwerken und Gebrauchskunst in Bezug zur Architektur – vor dem Hintergrund verschiedener historischer Epochen und politischer Ziele.

Durchführung

Zwar lässt sich das Projekt allein im Leitfach Geschichte durchführen, wenn man die erforderlichen Informationen bei den betreffenden anderen Fachlehrern einholen kann, effizienter wird die Umsetzung aber an einem oder mehreren Projekttagen.

Es gibt etliche organisatorische Möglichkeiten – z. B. werden Arbeitsgruppen nach Jahrgangsstufen eingeteilt, die die entsprechenden historischen Epochen im Unterricht behandeln, oder Schüler der Sekundarstufe II werden für die Betrachtung aller Epochen eingesetzt, weiterhin ließen sich die Gruppen nach den Funktionen der Gärten einteilen und damit auch vorrangig naturwissenschaftlich Interessierte in Spezialgruppen zusammenfassen. Interessanter dürfte aber die „gemischte Besetzung" sein – jede Epoche wird auf alle Aspekte (Geschichte, Kunstgeschichte, Geografie, Biologie, Literatur) hin untersucht.

Die Einteilung hängt von Größe und Alter der Gruppe ab und soll während der Erarbeitung gleich bleiben, damit Verbindliches entstehen kann. Sie sollte aber erst nach der Motivationsphase erfolgen, weil sich dann Schüler mit gleicher Interessenlage zusammenfinden, was sich auf die Arbeit positiv auswirkt.

Zu Beginn wären zunächst unkommentierte Bilder (z. B. Zersiedelung der Landschaft oder Bilder von Gartennutzung in verschiedenen Epochen) zu präsentieren, dann könnten die Schüler anhand von ungeordnetem Material selbst Systematisierungsmöglichkeiten (Epochen, Funktionen, Besitzverhältnisse) erarbeiten um später gezielt Spezielles herauszufinden. Hierzu sollte für jede Gruppe eine „Grundausstattung" (typischer Gartenplan, Pflanzungen, einige Bilder von Architektur bzw. Kunst im Garten, eine Beschreibung sowie die wichtigste Literaturangabe) vorliegen, außerdem für alle eine Handbibliothek.

Zwar lassen sich auch andere Schwerpunkte finden, jedoch ist es sinnvoll, wenn alle Arbeitsgruppen die gleichen mindestens berücksichtigen: 1. ideengeschichtlicher Hintergrund der Epoche, 2. Anlage des Gartens, Architektur und Kunst im Garten; typische Pflanzen, spezielle Besonderheiten, 3. Nutzung: Repräsentation und Selbstdarstellung, kommunikativer Aspekt, 4. Spiegelung in Literatur und Kunst.

Zum Schluss sollte jede Gruppe ihre Ergebnisse präsentieren – z. B. auf Schautafeln in Wort und Bild, Karten von exemplarischen Gärten. – Dabei sind alle Schüler gefordert, zumal alles auch vor dem Plenum erklärt werden sollte. Außerdem könnte eine Exkursion unternommen werden. Wenn kein berühmter Garten besichtigt werden kann, wird sicher „öffentliches Grün" kritisch zu betrachten sein.

I. Epochenübersichten: Repräsentation und Lebensgefühl des Menschen im Garten

1. Mittelalter: Klostergarten – Minnegarten als „literarischer Garten"

Literatur: D. HENNEBO, A. HOFFMANN, Geschichte der deutschen Gartenkunst, Bd. 1, Hamburg 1962; D. HENNEBO, Gärten des Mittelalters; W. JANSSEN, Mittelalterliche Gartenkultur. Nahrung und Rekreation, in: B. HERRMANN (Hg.), Mensch und Umwelt im Mittelalter, Stuttgart 1986.

Plan: Klosteranlage St. Gallen

Minnegarten, Kupferstich, um 1470

Bild: Buchminiatur Der Rosengarten oder Minnegarten. Kupferstich des Meisters W. H. um 1470.
Inhalte: 1. Fortführung der antiken und arabischen Gartentraditionen, Einbringen christlicher Vorstellungen vom Paradiesgarten bei Anlage und Pflanzensymbolik; 2. Anlage: Einfriedung, Ummauerung, Quelle und Laube; 3. Nutzung: Kontemplation, Unterweisung bzw. Umsetzung von literarischen Vorbildern; 4. Minnesang (W. v. Eschenbach, *Parzifal*).

Der Rosengarten, Miniatur, 14. Jh. (?)

2. Renaissance

Literatur: W. Hansmann, Gartenkunst der Renaissance und des Barocks; T. O. Enge, C. F. Schröer, Gartenkunst in Europa 1450–1800; D. Hennebo, A. Hoffmann, Geschichte der deutschen Gartenkunst, Bd. 2; V. Lleo, Vom Hortus conclusus zum Locus amoenus. Der Gartenbegriff in der Renaissance, in: Weltausstellung Sevilla 1992.

Bild: Frühling – Miniatur aus dem Hausbuch der Cerruti, Mitte des 14. Jhs.
Inhalte: 1. Der Mensch nimmt sich und die umgebende Natur genauer wahr – antike Gartenvorbilder, individuelle Gestaltung nach Persönlichkeit des Besitzers; 2. Einfriedung, Trennung von Haus und Garten, Aufteilung in unterschiedliche Bereiche, Symmetrie; 3. Erforschung der Natur, Kontemplation, Geselligkeit; 4. Boccaccio, *Decamerone:* Gartenfest in Florenz.

Frühling, Miniatur,
Mitte des 14. Jhs.

3. Barock, Rokoko

Literatur: W. Hansmann, Enge/Schröer, D. Hennebo, A. Hoffmann, H. Rusam, Der Irrhain des Pegnesischen Blumenordens zu Nürnberg, Nürnberg 1983; J. C. Volkamer (Hg.), Nürnbergische Hesperides 1708, Nachdruck Nürnberg 1987; K. Wickert (Hg.), Hortus Eystettensis. Zur Geschichte eines Gartens und eines Buches, München 1989.
Bildmaterial und Pläne überall leicht zugänglich.
Bild: G. Kohler, A. Lechner (Hg.), Die schöne Kunst der Verschwendung. Fest und Feuerwerk in der europäischen Geschichte, Zürich/München 1988, Seite 132 f.
Inhalte: 1. Wiedergabe des absolutistischen Gedankenguts in allen Bereichen der Kunst und Architektur – Nachahmung der französischen Vorbilder in fürstlichen und privaten Anlagen Gesamteuropas; 2a) Symmetrie, Brunnen und Wasser, Pflanzungsgestaltung nach geometrischen Formen (Alleen, Hecken, Rasen, Blumen und Rasen, Anlage der Wege), Irrgärten, Trennung von Haus und Gartenanlage, aber Einbezug der Natur in das Wohnhaus (Gartenzimmer), Verschwendung und Sparzwang, Gartenskulpturen – antike Vorbilder, literarische Zitate; 2b) Besonderheiten: Sammelleidenschaft (z. B. Orangerien, Botanische Gärten), Exoten als Gastgeschenke (Nelken, Tulpen), Gartenhäuser und künstliche Dörfer oder Ruinen; 3. Repräsentation und Geselligkeit – Garten-

Das Dresdner Wasserfeuerwerk vom 10. September 1719 anläßlich der Ankunft der mit dem Kurprinzen verheirateten Kaisertochter Maria Josepha

feste mit Illumination, Zugänglichkeit für die Öffentlichkeit; 4. Literatur: CH. F. WEISE, B. H. BROCKES, CHR. GRIMMELSHAUSEN, *Das wunderbarliche Vogelnest.*

Epilog
Ermuntre dich, mein Herze!
Die schreckenreiche Schwärze
Der kalten Schatten weicht.
Die Licht- und Lebensquelle
Macht alles wieder helle,
Die Sonne scheint, die Nacht verstreicht.

Durch Sterne dieser Erden,
Durch bunte Blumen werden
Mit doppelm Glanz bestrahlt
Der Gärten Lustgefilde,
Worin sich als im Bilde
Ein neu verlornes Eden malt.

Herr, lass mich durch die Sinnen
Dein Loblied stets beginnen;
Gib, dass ich diesen Tag
Im Garten dir zur Ehre

Geruch, Geschmack, Gehöre,
Gesicht und Hände brauchen mag.
Der Bäume zarte Blüte
Bewege mein Gemüte,
Zu deinem Ruhm zu blühn!
Lass mich, wenn auf den Zweigen
Sich süße Früchte zeigen,
Auch Frucht zu bringen mich bemühn!
B. H. BROCKES, 1721

Der Garten ist sehr schön geschmückt!
Hier Statuen und dort Kaskaden,
die ganze Götterzunft, hier Frauen, dort Najaden
und schöne Nymphen, die sich baden,
und Gold, vom Ganges hergeschickt,
und Muschelwerk und güldne Vasen
und Porzellan auf ausgeschnittnem Rasen
und buntes Gitterwerk, und – eines such ich nur –
Ist's möglich, dass was fehlt? Nichts weiter – die Natur!
CH. F. WEISE, 1758

4. Landschaftsgärten

Literatur: D. HENNEBO, Geschichte der Gartenkunst, Bd. 3: Landschaftsgarten, Hamburg 1962; H. OHFF, Der grüne Fürst. Das abenteuerliche Leben des Hermann Pückler-Muskau, München/Zürich 1993.
Bilder und Pläne leicht zugänglich.
Inhalte: 1. Englische Vorbilder (geplante Landschaft unter Einbezug natürlicher Gegebenheiten, scheinbare Natürlichkeit und harmonischer Gesamteindruck),

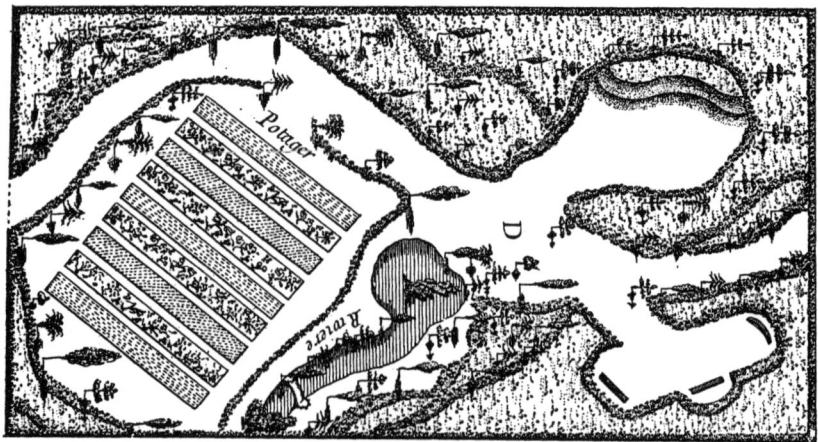

Englische Gartenanlage, Kupferstich, 1779

einheimische und ausländische Pflanzen, Plazierung von Häusern und Kunstwerken als Teile der Parks; 2. wie bei Barock, dazu: Absicht der Belehrung; 3. Goethe, *Wahlverwandtschaften*; Eichendorff, *Taugenichts*; Stifter, *Aus dem Alten Wien, Der Prater*; Hesse, *Beschreibung einer Landschaft*.

Das Ideal des Landschaftsgartens
Die Natur ist es, die den neueren Gärten zum Muster dient; ihre so mannigfaltigen, unzähligen Bilder, die die schöne Erde zieren, schmücken nun auch unsere Gärten, aber ohne dass sie den allergeringsten Zwang einer ängstlichen Nachahmung fordern. Diese Bilder der Natur stellet nur die Kunst, im Einklange mit ihr, in mehreren zusammengesetzten Landschaften in den Gärten auf, die eine mit Geschmack verbundene Haltung in ein Ganzes vereint. Dieses Ganze, bereichert im Zusammenfluss vieler ausländischer Bäume, Sträucher und Blumen und geziert mit den Werken der alten und neuen Baukunst, erhebt sich dann zu einem Garten, wo die Natur in ihrem festlichen Gewande erscheint, in welchem sie, außer diesen Grenzen, nicht mehr gesehen wird.
FR. L. V. SCKELL, 1818

5. Öffentliches Grün
Literatur: L. BERNADOTTE, Die grüne Charta von der Mainau (Schriftenreihe der Deutschen Gartenbau-Gesellschaft, H. 10), 1961; U. CONRADS, Programme und Manifeste zur Architektur des 20. Jahrhunderts, Berlin/Frankfurt/Wien 1962; H. GRUHL, Ein Planet wird geplündert. Die Schreckensbilanz unserer Politik, Frankfurt 1975; J. JACOBS, Tod und Leben großer amerikanischer Städte, Berlin/Frankfurt/Wien 1963; A. MITSCHERLICH, Die Unwirtlichkeit unserer Städte, Frankfurt 1969; D. WIELAND/P. M. BODE/R. DISKO, Grün kaputt. Landschaft und Gärten Deutschlands, München 1983.
Bildmaterial und Stadtpläne leicht erhältlich.
Inhalte: 1.–3. Ballungszentren, Städtewachstum, Stadtplanung, Abriss der Stadtbefestigungen: (Parkanlagen), Einbeziehung von Friedhöfen und Laubenkolonien in öffentliches Grün, Tendenz zu Einfamilienhäusern (Zersiedelung), wachsendes Umweltbewusstsein, Straßenbäume, Innenstadtaufwertung (Hinterhof-, Dach- und Wandbegrünung); 4. Rehmann R., *Liebesgeschichte mit Bäumen,* in: Bootsfahrt mit Damen, München 1995, Seite 7–22.

II. Veränderung der Gartennutzung

1. Mittelalter
Literatur: siehe Seite 304
Kloster- und Burggarten: Versorgung
Klostergärten: Züchtung und Unterweisung in Obst-, Wein- und Gemüseanbau, Heil- und Gewürzpflanzen
Anweisungen durch Karl den Großen, Ludwig den Frommen
Walafried Strabo: Hortulus

*Laubenkolonie
Marienthal, 1912,
Berlin, Bezirk Neukölln*

2. Bauerngärten, Hausgärten

Blumenschmuck und Nutzpflanzen, Änderung der Vorratshaltung; Ernährungssituation im Wandel, Notzeitennutzung

3. Kleingärten

Literatur: Lexikonartikel über D. G. M. SCHREBER; M.-L. PLESSEN, Seite 204 ff.; Parks und Gärten in Deutschland, Seite 64–70.

Inhalte: Bewegungs- und Erholungsmöglichkeit, Nahrungsmittelbeschaffung, Notwohnungen, Kleingärtnervereine, Einbeziehung in öffentliches Grün.

Zusätzliche Literaturhinweise: A. AUER, Deutsche Landschaftsdichtung, Stuttgart 1958; C. SCHMÖLDERS, Vom Paradies und anderen Gärten, Köln 1983; E. SKASA-WEISS, Blütenlese in Gärten. München 1962; M. ANDRITZKY/G. SELLE (Hg.), Lernbereich Wohnen. Didaktisches Sachbuch zur Wohnumwelt vom Kinderzimmer bis zur Stadt, Reinbek 1978; Bayerisches Staatsministerium der Finanzen (Hg.), Schlösserland Bayern, Bd. 3: Staatliche Hofgärten, Schlossparks, Gartenanlagen und Seen mit staatlicher Schiffahrt, München 1987 (ähnliche Publikationen auch in anderen Bundesländern); H. BODEIT (Hg.), Tausend Blumen um uns her. Deutsche Gedichte aus acht Jahrhunderten, Leipzig 1986; H. BOEKHOFF u. a. (Hg.), Paläste, Schlösser, Residenzen. Zentren europäischer Geschichte, Braunschweig 1971; A. BUTTLAR/T. BIERLER-ROLLY (Hg.), Der Münchner Hofgarten. Beiträge zur Spurensicherung, München 1988; T. O. ENGE/C. F. SCHRÖER, Gartenkunst in Europa 1450–1800. Vom Villengarten der italienischen Renaissance bis zum englischen Landschaftsgarten, Köln 1990; G. GOLLWITZER, Gartenlust, München 1961; G. GOLLWITZER, Bäume. Bilder und Texte aus drei Jahrtausenden, Herrsching 1980; M.-L. GOTHEIN, Geschichte der Gartenkunst, 2 Bände, Jena 1926; D. HENNEBO/A. HOFFMANN, Geschichte der deutschen Gartenkünste. Drei Bände, Hamburg 1962; H. KILIAS (Bearb.), Der Garten von Eichstätt. Hortus Eystettensis 1613. Das große Herbarium, München 1989; P. LANDAU/C. SCHNEIDER, Der deutsche Garten. Ein Jahrtausend Naturleben, Berlin 1928; G. ORDISH, Geschichte eines Gartens. Vom 16. Jahrhundert bis zur Gegenwart, Frankfurt 1989; Parks und Gärten in Deutschland (Bildatlas Spezial), Hamburg 1983; M.-L. PLESSEN, Berlin durch die Blume oder Kraut und Rüben. Gartenkunst in Berlin-Brandenburg, Berlin 1985; H. SCHILLER, Gartengestaltung, Berlin/Hamburg 1952; F. SCHNACK, Traum vom Paradies. Eine Kulturgeschichte des Gartens, München o. J.; G. TERGIT, Kleine Geschichte der Blumen, Berlin/Frankfurt/Wien 1981.

G. S.

Die Kreuzzüge

Das Unterrichtsmodell ist gedacht als Kooperation zwischen den Fächern **Geschichte, Deutsch** und **Religion** und geeignet für die 7. oder 8. Jahrgangsstufe. Im Mittelpunkt steht dabei die Lektüre des historischen Jugendromans *Der schwarze Mönch,* der sich mit einem der Kinderkreuzzüge von 1212 befasst, im Fach Deutsch: Aus einer Perspektive, die der ihren ähnlich ist, in einer Sprache, die sie verstehen, lernen die Schüler eine wichtige Epoche des christlichen Mittelalters kennen und beurteilen. In Geschichts- und Religions- sowie gemeinsamen Stunden aller drei Fachlehrer werden die religiösen und sozialen Hintergründe sowie die alltagsgeschichtlichen Gegebenheiten der Zeit erarbeitet. Dadurch sollen Verständnis und Wissen über die Epoche der Kreuzzüge erweitert und vertieft, die Fähigkeit zur unvoreingenommenen Analyse, aber auch zur kritischen Wertung gefördert und ein Beitrag zur Toleranzerziehung geleistet werden.

1. Einstieg

Die erste Stunde halten die Fachlehrer gemeinsam. Im Mittelpunkt stehen das „Heilige Land" (Palästina) und die Stadt Jerusalem und deren Bedeutung für die drei großen monotheistischen Religionen. Die Schüler sollten sich durch Nachschlagen in Konversationslexika und Reiseliteratur vorbereiten und auch Bildmaterial mitbringen. Als Motto für die Stunde könnte Psalm 122 dienen: „Jerusalem ist gebaut, dass es eine Stadt sei, da man zusammenkommen soll … Wünschet Jerusalem Frieden! Es möge wohl gehen denen, die dich lieben! Es möge Frieden sein in deinen Mauern und Glück in deinen Palästen! Um meiner Brüder und Freunde willen will ich dir Frieden wünschen!"
Anhand der Informationen, Karten und Bilder wird die Situation des heutigen Palästinas und Jerusalems erarbeitet, das für Juden, Moslems und Christen verschiedener Glaubensrichtungen eine heilige Stadt ist. In Form einer knappen Tabelle wird die wechselvolle Geschichte (von der frühen Bronzezeit bis etwa 1300 und dann wieder im 20. Jh.) dieser Region erfasst.

Literaturhinweise zu 1: M. MEHLING (Hg.), Knaurs Kulturführer in Farbe, Heiliges Land, München 1986, G. MANN [u. A. NITSCHKE] (Hg.), Propyläen Weltgeschichte, Bde. 5 und 10, Berlin/Frankfurt 1960–1964 [1986], Lexikon der Alten Welt, Bd. 2, Augsburg 1995.

2. Religion

Der Religionsunterricht befasst sich vor allem mit Quellentexten, die ein vertieftes Verständnis der religiösen Problematik des Kreuzzugsgedankens ermöglichen (Stichworte: Christentum und Gewalt; „Heiliger Krieg" – aus wessen Sicht?; Judenverfolgung; Motive für die Teilnahme; „Kreuzzüge" gegen Glaubensbrüder usw.).
Hierzu gehören z. B.:

– Aussagen des Korans über den „Heiligen Krieg" (Lautemann, Seite 39 f.)
– Gewaltlosigkeit des Christentums, 8. Jh. (aus Willibalds Leben des heiligen Bonifatius, Lautemann, Seite 355–357)
– Fahnensegen aus dem 11. Jh. (Lautemann, Seite 358)
– Kampf gegen die Heiden als Herrschertugend, 10. Jh. (Dudo von St. Quentin, Lautemann, Seite 360 f.)
– Predigt Papst Urbans II. zum 1. Kreuzzug aus der Synode von Clermont-Ferrand, 1095 (Robert von Reims, Borst, Seite 318–320, und Wilhelm von Tyrus, Lautemann, Seite 366 f.)
– Brief Bernhards von Clairvaux, in dem er die Speyerer Bürger zum Kreuzzug auffordert, um 1146 (Müller, Nr. 6)
– Judenverfolgung während des 1. Kreuzzugs (Ekkehard von Aura, Lautemann, Seite 367 f.)
– Antijüdische Gesetzgebung des IV. Laterankonzils, 1215 (Schulz, Seite 11)
– Bulle des Papstes Innozenz IV. zum Schutz der Juden, 1247 (Antes/Aslam-Malik, Seite 34 f.)
– Versuch des Ausgleichs: Vertrag zwischen Kaiser und Sultan, 1229 (Lautemann, Seite 522 f.)
– Der Verrat der Tempelritter 1229 (Lautemann, Seite 529 f.)
– Beurteilung des Vertrags von 1229 durch den Patriarchen von Jerusalem, 1229 (Lautemann, Seite 525)
– Beurteilung des Vertrags durch einen islamischen Geschichtsschreiber, nach 1231 (Lautemann, Seite 530 f.)

3. Geschichte

Zunächst setzen sich die Schülerinnen und Schüler mit der Entstehung des Kreuzzugsgedankens auseinander (Lautemann, Runciman), es folgt die ereignisgeschichtliche Behandlung der Kreuzzüge 1–3 (Lautemann, Runciman, Pörtner), des (4.) „Kreuzzugs" gegen Byzanz 1204 (ebd.), des Albigenser-„Kreuzzugs" ab 1209 (Roll), des 5.–7. Kreuzzugs (Lautemann, Runciman, Pörtner) sowie deren Bewertung. Die Schüler erfahren den Ablauf der historischen Kinderkreuzzüge 1212 (Runciman, Seite 916–922) und lernen eine zeitgenössische Bewertung kennen (Lautemann, Seite 372). Anschließender Schwerpunkt ist die Behandlung alltagsgeschichtlicher Themen, wie sie sich aus der Lektüre des *Schwarzen Mönchs* ergeben, z. B.:

- soziale Verhältnisse im 12./13. Jh. (Le Goff)
- Reisen und Reisewege (Ohler, bes. Seite 299–319)
- Ernährung (Herrmann, Seite 74–108, siehe auch „Täglich Brot und Haute Cuisine" Seite 30 ff.)
- Krankheit/Medizin (Schipperges, siehe auch „Von Säften und Digestionen – die Anfänge der Medizin" Seite 154 ff.)
- mittelalterliches Recht (siehe Seite 104 ff.)
- Leben in der Stadt (Goetz, Le Goff)
- Jüdisches Leben (Metzger)
- Christen und Juden in der Zeit der Kreuzzüge (Borst, Seite 600–604, Seiferth, Seite 101–111)

Gleichzeitig verfolgen die Schüler den Weg der Kinder anhand der Karte im *Schwarzen Mönch* mit Hilfe historischer Stadtansichten, mittelalterlicher Bilder und Beschreibungen, Fotografien von Landschaften und Baudenkmälern.

4. Deutsch

Zur Einführung werden einige Beispiele mittelalterlicher Kreuzzugslyrik gelesen, die ein lebhaftes Bild der Kreuzzugsbegeisterung spiegeln (z. B. Müller, Nr. 8, 17, 26, 27, 46, 56, 58). Es folgt die Lektüre des *Schwarzen Mönchs*. Das Buch will in einer spannenden Geschichte den Verlauf eines der tragischen Kinderzüge erzählen, die im Jahr 1212 durchgeführt wurden und sämtlich scheiterten. Handlung und Figuren sind – wie bei der Quellenlage nicht anders möglich – zu einem beträchtlichen Teil fiktiv. Besonders thematisiert werden das Verhältnis von Christen und Juden, religiöser Fanatismus, Intoleranz und stumpfsinnige, unkritische Gefolgschaft. Die Schilderung mittelalterlichen Lebens, die ein weiteres wichtiges Anliegen des Buches darstellt, beruht auf gründlichen Recherchen: Die jugendlichen Leser erfahren viel über Lebensbedingungen, Krankheiten, Ernährung, Recht und Glauben der Menschen vor über 700 Jahren. Die Lektüre umfasst Fragestellungen wie Struktur des Romans (Rahmen- und Binnenhandlung, Rückblenden, Binnenerzählungen); Figuren und ihre Charaktere; Funktion der Figuren im Handlungsablauf; Kennzeichen des historischen Romans; Trennung von historischer Wirklichkeit und Fiktion. Lektüreausschnitte, die gemeinsam gelesen und besprochen werden, werden in Anlehnung an die Themen in Geschichte und Religion (siehe 2. und 3.) und nach den genannten thematischen Schwerpunkten ausgewählt.

Literatur: zu 2–4: P. Antes und G. Aslam-Malik (Hg.), Judentum (Lesehefte Ethik), Stuttgart 1990; A. Borst, Lebensformen im Mittelalter, Frankfurt/Berlin/ Wien 1979; H.-W. Goetz, Leben im Mittelalter, München 1986 (enthält Bildmaterial); J. LE GOFF (Hg.), Der Mensch des Mittelalters, Frankfurt/New York 1989; B. HERRMANN (Hg.), Mensch und Umwelt im Mittelalter, Stuttgart 1987; W. LAUTE-MANN (Bearb.), Mittelalter. Reich und Kirche (Geschichte in Quellen), München 1989 (enthält Bildmaterial); T. und M. METZGER, Jüdisches Leben im Mittelalter, Würzburg 1983 (enthält Bildmaterial); U. MÜLLER (Hg.), Kreuzzugsdichtung (Deutsche Texte 9), Tübingen 1969; N. OHLER, Reisen im Mittelalter, München 1991; H. PARIGGER, Der schwarze Mönch, München 1994; H. PARIGGER, Geschichte erzählt. Von der Antike bis zum 20. Jahrhundert, Frankfurt 1994; R. PÖRTNER, Operation Heiliges Grab. Legende und Wirklichkeit der Kreuzzüge (1095–1187), Düsseldorf/Wien 1977 (enthält Bildmaterial); E. ROLL, Die Katharer, Stuttgart 1979; S. RUNCIMAN, Geschichte der Kreuzzüge, München 1968 (enthält Kartenmaterial); H. SCHIPPERGES; Die Kranken im Mittelalter, München 1990 (enthält Bildmaterial); S. SCHULZ (Hg.), Christen und Juden. Materialien, Stuttgart 1988; W. SEIFERTH, Synagoge und Kirche im Mittelalter, München 1964.

5. Abschluss

In einer Zusammenkunft mit allen Fachlehrern versuchen die Schülerinnen und Schüler eine zusammenfassende Analyse der Kreuzzüge. Sie definieren die Kreuzzugsbewegung als Ausdruck echter Frömmigkeit, sehen aber auch Abenteuerlust, Macht- und Geldgier als wesentliche Motive. Sie erkennen die Gefahren von religiöser Intoleranz und von religiösem Fanatismus, der den Andersgläubigen herabwürdigt und mit Gewalt bekämpft. In den Judenverfolgungen der Kreuzzugszeit sehen sie eine der wichtigen Ursachen für die folgende Ausgrenzung und Gettoisierung des Judentums. Sie begreifen, dass religiöse Gegensätze bis heute für die Spannungen im Nahen Osten mitverantwortlich sind.

Greifbares Ergebnis der Unterrichtseinheit soll ein illustriertes „Kreuzzugsbuch" werden: In Form eines Tagebuchs erzählen die Schüler den Verlauf des Kinderkreuzzugs nach und ergänzen die Ereignisse durch die Empfindungen, die sie bei den Teilnehmern des Zugs vermuten oder aus der Lektüre erfahren; Quellen werden, z. B. in farbig unterlegten Kästchen, beigefügt, je nach Beschaffenheit und Länge wörtlich oder zusammengefasst nacherzählt oder aus veränderter Perspektive (bei einer Predigt etwa aus der Sicht eines Zuhörers) wiedergegeben. In ähnlicher Weise abgesetzt, werden Informationen über Ernährung, Krankheiten, Reisewege und ähnliches aufgenommen. Nach historischen Vorlagen zeichnen die Schüler die Hauptfiguren und wichtige Szenen des Romans, außerdem Kreuzritter, Kämpfe, Belagerungen, Karten, historische Stadtansichten u. a. m. So entsteht ein lebendiges Kaleidoskop mittelalterlichen Lebens um 1200. Material aller Art haben die Schüler während der Unterrichtsstunden, als Hausaufgabe und in nachmittäglichen Arbeitsgruppen gesammelt und gefertigt.

Während eines Elternabends kann das Buch, ergänzt durch kleine Vorträge, Lesungen, Spielszenen und eine Diaschau, präsentiert werden.

H. P.

Geschichte vor Ort – Exkursion und Museum

„Wenn wir also den Schülern wahres und zuverlässiges Wissen von den Dingen einpflanzen wollen, so müssen wir alles durch eigene Anschauung und sinnliche Demonstration lehren."
(Johan Amos Comenius: Didactica magna, 1657)

Anschauung und Unmittelbarkeit

Die Forderung des großen Theologen und Pädagogen gilt noch heute – und nicht zuletzt für den Geschichtsunterricht. Nimmt man sie ernst, so sind *Exkursionen* und *Museumsbesuche* unverzichtbare Mittel historischen Lernens. Sie machen Geschichte anschaulicher, lebendiger und „begreifbarer".

Es ist sinnvoll, die beiden Begriffe zu unterscheiden. Unter einer historischen Exkursion versteht man jede Art von Besichtigung und Erkundung historischer Überreste, und zwar an ihrem ursprünglichen Ort um sie als geschichtliche Quellen zu nutzen. Die Betonung des ursprünglichen historischen Ortes ist deshalb von Bedeutung, weil er für die Erschließung des Monuments, insbesondere seiner einstigen und jetzigen Funktion, von großer Bedeutung ist. In einem Museum dagegen sind die Exponate in der Regel nicht an ihrem ursprünglichen Ort. Erläuterungen oder eine Führungslinie verbinden die Exponate miteinander und ermöglichen so ein Erkennen von Zusammenhängen und eine Auseinandersetzung mit ihnen. Bei einer historischen Exkursion sind solche Hilfsmittel im allgemeinen nicht vorhanden.

Gemeinsam ist beiden der Vorzug der Anschauung und des sinnlichen Wahrnehmens. In der Schule stehen Schulbuchabbildungen, Lichtbilder, Filme zur Verfügung, also in der Regel keine dreidimensionalen Gegenstände, die nach Größe, Farbe und Form authentisch wären. Nur ein Museum oder eine Ausstellung kann dingliche Objekte präsentieren und in eine sinnvolle Beziehung zueinander setzen. Abbildungen verschiedener Art können auch keine räumliche Erfahrung vermitteln, die man durch Begehen eines Gebäudes (z. B. eines historischen Rathauses, einer Burg, eines Hammerwerks bzw. anderer Denkmäler der Wirtschaftsgeschichte) oder eines Geländes (z. B. einer mittelalterlichen Stadtanlage, einer Ausgrabung) gewinnt. Weder Abbildung noch Film können die künstlerische und architektonische Wirkung oder die Symbolhaftigkeit z. B. einer Kirche so veranschaulichen und erlebbar machen wie die reale Begegnung mit ihr.

Anschauung ist somit nicht bloß Illustration, sondern ein Erkenntnisschritt, ein heuristisches Prinzip.

Bei Exkursionen und Museumsbesuchen hat man es mit der Unmittelbarkeit von Originalen zu tun, die eine besondere Anziehungskraft ausüben und dadurch motivierend wirken, weil sie von Menschen der Vergangenheit geschaffen, benutzt und vielleicht auch geliebt worden sind. Gebäude und Exponate haben ihre eigene Geschichte: Man kann sich historische Gebäude als Umfeld von Leben und Arbeiten vorstellen; Gegenstände tragen die Gebrauchsspuren oder „erzählen" von ihrer Rekonstruktion aus einem trümmerhaften Fund. Grabbeigaben stellen einen Bezug zu Menschen her, machen deutlich, was ihnen wichtig war, geben Einblick in Denkweisen, religiöse Vorstellungen und soziale Verhältnisse. Die Unmittelbarkeit der Anschauung geschichtsträchtiger Objekte verhilft Schülerinnen und Schülern, Geschichte nicht als trockenen „Stoff" zu empfinden, sondern eine ganzheitliche Erfahrung zu machen: Fantasie, Assoziationen und kognitive Auseinandersetzung werden gefordert. Die Unmittelbarkeit regt die Vorstellungskraft an – davon lebt der Geschichtsunterricht.

Durchführung

Wenn für eine Lehrkraft ein Exkursionsziel interessant, anregend und im geistigen Sinn spannend und gewinnbringend ist, so sind das gute Voraussetzungen für eine Lehrfahrt mit Schülerinnen und Schülern. Der Erfolg ist dadurch aber noch keineswegs gewährleistet. Es bedarf einer bewussten Planung; dabei sind etwa folgende Punkte zu beachten:

– Der Lernerfolg ist umso größer, je gründlicher eine Exkursion oder ein Museumsbesuch inhaltlich (und pädagogisch) vorbereitet wurde. Und umgekehrt gilt: Erfolgt keine Vorbereitung, ist auch kaum ein Lernerfolg zu erwarten. (Motto: Man sieht nur, was man weiß.)
– Ein Museums- oder Ausstellungsbesuch oder eine Besichtigung ohne didaktische Anleitung – nur mit der Anweisung: „Seht euch das an!" – wird ebenso keinen Lerneffekt zeitigen. Die Klasse wird (in der Regel) sehr schnell fertig sein um sich dann zu langweilen.
– Ein Grundsatz ist die thematische Beschränkung: Es ist besser weniger intensiv zu erkunden als einen eher flüchtigen Überblick zu vermitteln, auch wenn – aus der Sicht der Lehrkraft – auf Interessantes und Wichtiges verzichtet werden muss.
– Wichtig ist die pädagogische Motivation: Die Schülerinnen und Schüler müssen Interesse und die innere Bereitschaft haben sich auf den außerschulischen Lernort einzulassen. Die Vorbereitung soll den Besuch als Höhepunkt, vielleicht auch als Belohnung gemeinsamen Bemühens erscheinen lassen.
– Eine Exkursion oder ein Museumsbesuch erfordert eine Nachbereitung: Sammeln, Analysieren und Besprechen der Ergebnisse, Präsentation.

Notwendig für den Erfolg einer Exkursion oder eines Museumsbesuchs sind also Vorkenntnisse, Interesse, thematische Beschränkung und angemessene Methoden zur Erschließung der ausgewählten Exponate.

Methoden

Grundsätzlich gibt es – wie im Unterricht in der Schule auch – bei Exkursionen oder im Museum keine allgemeingültige und allein erfolgversprechende Methode. Als Grundsatz ist am ehesten der Methodenwechsel zu empfehlen. Bei der Frage nach der angemessenen Methode ist die unterrichtliche Situation zu reflektieren:

- Sind die Schülerinnen und Schüler „erfahrene" Museumsbesucher oder unternimmt man zum ersten Mal den Versuch eines Lernortwechsels?
- Wie viel Zeit steht zur Verfügung?
- Sind die Besichtigung oder der Museumsbesuch zielbewusst in den Fachunterricht integriert oder handelt es sich um einen Wandertag?
- Betreut die Lehrkraft die Klasse selbst oder steht ein Museumspädagoge, ein örtlicher Führer oder ähnliches zur Verfügung?

Entschließt man sich, vielleicht aus Zeitgründen, zu einer „Führung", so ist wichtig, dass eine Konzentration auf bestimmte Objekte erfolgt. Es hat eine erzieherische Funktion zu verweilen und genau hinzusehen, statt flüchtig an Gegenständen vorbeizugehen und wenig zu registrieren – das ist die massenmediale Wahrnehmung, auf die Kinder und Jugendliche heute fixiert sind und die es zu durchbrechen gilt. Wichtig ist, dass eine interaktive Situation entsteht, also nicht im Stil des Frontalunterrichts vorgetragen wird. Schüler sollen möglichst viel selbst entdecken und artikulieren; der Unterrichtende soll Denkanstöße geben, zu Fragestellungen anregen. Schüler sollen beschreiben, was sie sehen, Hintergründe erkunden, Vergleiche ziehen und daraus Schlussfolgerungen ableiten.

Sinnvoll ist es, eine Exkursion oder einen Museumsbesuch so zu organisieren, dass ein Wechsel zwischen der Arbeit im Klassenverband und in Kleingruppen erfolgt um eine offene Situation für kooperative Arbeitsformen entstehen zu lassen. Dadurch wird zwar exemplarisch, aber intensiver gelernt.

Eine besondere Bedeutung kommt dabei kreativen und handlungsorientierten Formen der Begegnung mit dinglichen Objekten zu. Die Methodenvielfalt setzt natürlich genügend Zeit voraus, erfordert einen Studientag oder doch Studienhalbtag im Museum und eine ausreichende Phase der Vor- und Nachbereitung.

Beispiele für – natürlich altersabhängige – schüleraktive Unterrichtsformen, selbstständiges Arbeiten, suchendes Forschen:

- Die Klasse anleiten (z. B. durch abwechslungsreich gestaltete Arbeitsblätter), selbstständig Fragen zu formulieren und Informationen zu erschließen, z. B. durch Befragung, Beobachtung, Messaufträge, Auswerten von (historischen) Karten und Quellen und ähnliches.
- Ermittelte Ergebnisse Mitschülern präsentieren: Schülerinnen und Schüler schlüpfen in die Rolle von Fremden- oder Museumsführern.
- Malen, Zeichnen von Gegenständen im Museum, einer baulichen Situation, Skizzieren einer Karte, eines Lageplans und ähnliches.
- Experimentieren, Herstellen von Geräten, Werkzeugen, Schmuckgegenständen. (Dies ist natürlich abhängig vom museumspädagogischen Angebot, z. B.

im Bereich der experimentellen Archäologie. Aber ein Angebot wird nur entstehen, wenn eine entsprechende Nachfrage vorhanden ist.)
– Vor allem bei jüngeren Schülern eignet sich das szenische Spiel um bestimmte Situationen, Handlungen, Vorgänge des Alltags verständlich oder nachempfindbar zu machen.
– Fotografieren für eine kleine Ausstellung in der Schule bzw. im Klassenzimmer, dazu Erstellung von Bildlegenden. Eventuell Arbeit mit Videokamera.
– Erfahrungen von Exkursionen und Museumsbesuchen in kreatives Schreiben umsetzen, z. B. eine Burg erzählt ihre Geschichte, eine historische oder fiktive Person erzählt ein bestimmtes Ereignis, einen Tagesablauf und ähnliches bis hin zu anspruchsvolleren Formen bei älteren Schülern.

Pädagogischer Gewinn

Eine historische Exkursion sollte nicht nur, aber zunächst und vorrangig im Nah- und Lebensraum der Schüler stattfinden. Denn eine schulnahe Exkursion lässt sich nicht nur einfacher realisieren, sie vermag auch die historische Dimension des eigenen Lebensraumes bewusst zu machen. So erhält das schon oft Gesehene seine geschichtliche Bedeutung. Das Aufsuchen des historischen Objekts vor Ort macht den Schülern klar, dass Geschichte in die Gegenwart hereinreicht, für diese Bedeutung besitzt und Verantwortung einfordert. Eine historische Exkursion soll zu einem bewussten Umgang mit Denkmälern der Vergangenheit anregen und helfen ihren Wert zu erkennen und die Notwendigkeit des Erhalts zu begreifen.

Exkursionen und Museumsbesuche ermöglichen es, Schülerinnen und Schüler in der Vorbereitungsphase zu motivieren, indem sie aktiv beteiligt werden, z. B. durch Erstellen von Arbeitsbögen, Beschaffung von Unterlagen, Formulierung von Fragestellungen. Außerschulische Lernorte ermöglichen zudem fächerübergreifendes Zusammenarbeiten, z. B. Geschichte mit Kunsterziehung, Geografie, Religion, Denkmalpflege, Umwelterziehung, letzteres z. B. bei der Frage nach der Bedrohung historischer Bausubstanz.

Was erwarten Museumspädagogen von Lehrkräften?

– Welches Vorwissen bringen die Jugendlichen mit? Welche thematischen Schwerpunkte sollen bearbeitet werden?
– Der Lehrer bzw. die Lehrerin sollte das Museum und die museumspädagogischen Möglichkeiten kennen.
– Es sollte abgesprochen werden, in welchem Umfang die Mitwirkung der Museumspädagogen erwartet wird und was die Lehrkraft selbst mit der Klasse erarbeiten möchte.
– Die Schülerinnen und Schüler sollen inhaltlich auf den Museumsbesuch vorbereitet werden. Wichtig sind Wiedererkennungseffekte (Transfer), Anwendung oder auch Relativierung vorhandenen Wissens, Vergleichsmöglichkeiten und Vertiefungen am konkreten Objekt.

- Die Schüler sollen pädagogisch auf den Museumsbesuch vorbereitet werden: Motivation, Aufgeschlossenheit, Beeinflussung der Arbeitshaltung.
- Die Lehrkraft soll beim Museumsbesuch der Klassen anwesend sein. Eine Selbstverständlichkeit? Natürlich! Aber es gibt kaum einen Museumspädagogen, der nicht Negativbeispiele parat hätte.

Was erwarten Lehrerinnen und Lehrer von Museumspädagogen?

- Die erste Erwartung richtet sich zunächst an die politisch verantwortlichen Instanzen: Das Museum sollte überhaupt über Museumspädagogen verfügen.
- Museumspädagogen sollen die Fähigkeit haben sich auf Jugendliche verschiedener Altersstufen einzustellen und an ihre Gegenwart und Lebenswelt anzuknüpfen.
- Museumspädagogen sollten flexibel sein um auf unterschiedliche Schwerpunkte und das Vorwissen der Beteiligten eingehen zu können.
- Methodenvielfalt ist unbedingt erforderlich.
- Es soll die Möglichkeit vorhanden sein Kleingruppen zu bilden, die miteinander kommunizieren. Es dürfen Räumlichkeiten nicht fehlen um z. B. die Ergebnisse zu sichern oder die Gruppenarbeit auszuwerten (Sitzgelegenheit!).

Checkliste für Schulfahrten/Museumsbesuche

Bei ganz- oder halbtägigen Fahrten

- Absprache mit der Klasse: Thema, Ziel, Termin, Kosten und ähnliches,
- Einholen der Genehmigung für Exkursionen bei der Schulleitung; Absprache mit Kollegen,
- Erkundigung nach Öffnungszeiten; gegebenenfalls Vorexkursion; Absprache mit Kräften vor Ort über Zielsetzungen der Exkursion oder des Museumsbesuchs,
- Erstellung des Programms und inhaltliche Vorbereitung,
- Wahl des Verkehrsmittels, Einholen von Angeboten und Buchung,
- Regelung der Finanzierung (Fahrtkosten, Eintritt, eventuell Zuschüsse),
- eventuell Schreiben an die Eltern mit Begründung des Vorhabens, Zeitpunkt der Rückkunft, Kosten,
- Möglichkeiten zum Mittagessen und Freizeitmöglichkeiten (bei ganztägiger Fahrt),
- Absprache mit den Schülerinnen und Schülern, welche Arbeitsmittel mitzubringen sind.

Zusätzlich bei mehrtägigen Fahrten

- Unterkunft besorgen; Gesamtkosten kalkulieren,
- genaue Information der Eltern; Einverständniserklärung der Erziehungsberechtigten bei nicht Volljährigen,

- abwechslungsreiches Gesamtprogramm erstellen, das Unterrichtsschwerpunkte und gemeinsame Freizeitgestaltung berücksichtigt,
- die Schüler zu eigenen, aber risikolosen Unternehmungen anregen.

Ratschläge für einen schlechten Exkursionsleiter

- Beteilige die Schüler keinesfalls an der Planung! Denn du weißt schließlich alles besser!
- Plane eine möglichst lange Exkursion, damit die Schüler viel zu sehen bekommen!
- Wenn man schon einen Bus gemietet hat, soll man ihn auch nutzen! Fahre also möglichst weit!
- Sage als Exkursionsleiter *alles,* was du weißt! Die Schüler haben schließlich ein Recht auf Bildung.
- Lege nie das Mikrofon aus der Hand, damit die Teilnehmer nicht anderweitig abgelenkt werden oder gar einschlafen!
- Ein Museum am Tag ist wirklich viel zu wenig!
- Sprich möglichst wenig über das, was man gerade sieht! Die Teilnehmer haben viel mehr von deinen gedanklichen Exkursen.
- Lass die Teilnehmer nichts selbst tun! Es schleichen sich nur Fehler ein und der Lehrer hat dann unnötige Arbeit.
- Wenn ein Museumspädagoge die Schüler übernommen hat, ist für dich Pause. Geh am besten Kaffee trinken, damit du nicht störst!
- Wenn die Exkursion vorbei ist, soll man nicht mehr darüber reden, denn das langweilt nur noch!

Nach: Handreichung zur Exkursionsdidaktik: Erdkunde am Gymnasium (Staatsinstitut für Schulpädagogik und Bildungsforschung München), Donauwörth 1995, Seite 20.

Beispiele für Exkursionsmöglichkeiten

- Stein- und Metallzeit:
  Wohnhöhlen und andere Siedlungsspuren;
  steinzeitliche Werkzeuge, Geräte und ähnliches in vielen örtlichen Museen;
  Hallstatthügelgräber, keltische Viereckanlagen, Oppida, Schutzwälle;
  Fundgegenstände zur Alltagskultur in zahlreichen Museen.

- Römerzeit:
  Limes, Kastelle, Römerstraßen, Villa rustica, Reste städtischer Siedlungen wie Thermen oder Theater;
  archäologische Parks und Rekonstruktionen wie die Saalburg oder Kempten und Xanten;
  große Spezialmuseen zur Römerzeit oder Museen mit umfangreichen römischen Abteilungen wie Weißenburg in Bayern, Aalen, Trier, Mainz, Köln, Xanten und andere. Thematische Schwerpunkte etwa: Religion, Handel,

Alltag, Architektur, Heeresorganisation, Akkulturation keltischer und germanischer Bevölkerung.

- Frühes, vor allem hohes Mittelalter:
  Kirchen, Dome, Klöster, Adelsburgen, Burgen und Pfalzen von Kaisern und Fürsten, Stadtmauern, Brücken, Marktplätze;
  Schwerpunkte: Adelsherrschaft und Kirche, Funktion von herrschaftlichen Gebäuden (Burg: Verwaltung, Gericht, Schutz), die kulturelle Bedeutung von Klöstern, Anfänge der Stadtentwicklung.

- Spätmittelalter:
  gotische Kirchen in den Städten, Rathäuser, Marktplätze, Handels- und Patrizierhäuser, Amtsgebäude wie Zollhäuser und Getreidespeicher, Spitäler, Gerichtsstätten; öffentliche Brunnen; Stadtmauern, eventuell mit Verstärkung durch Bastionen in der frühen Neuzeit; regelmäßige Stadtgrundrisse von Plangründungen; Straßenpflasterung; Herrschaftssitze in oder dominierend über der Stadt; Universitäten;
  Schwerpunkte: Entfaltung und Differenzierung städtischen Lebens: Alltag, Gewerbe, Handel, Kultur; Spannung von Stadtfreiheit und Herrschaft.

- Frühe Neuzeit:
  schlossartiger Ausbau von Burgen oder Wasserburgen;
  Schwerpunkt: Gründe für Aufgabe der Wehrfunktion; Kirchenburgen, z. B. Schutzfunktion während des Dreißigjährigen Krieges;
  Reformatorischer Kirchenbau (Predigtsaal);
  Schwerpunkt: Zusammenhang von Theologie und Architektur.

- Neuzeit bis frühes 19. Jh.:
  Schlösser, Residenzen, Landhäuser und Stadtvillen des Adels; Barock- und Rokokogärten, englische Landschaftsparks; barocke Plan- und Residenzstädte; Manufakturen, Kasernen;
  Schwerpunkt: fürstlich-barocke Repräsentation, aufgeklärtes staatliches Handeln;
  Freilichtmuseen zur bäuerlichen Lebens- und Arbeitswelt;
  katholische Barock-, Wallfahrtskirchen und -kapellen; Kreuzwege; säkularisierte Kirchen und Klöster;
  Schwerpunkt: Bedeutung geistesgeschichtlicher Umwälzungen wie Reformation und Aufklärung; barocke katholische Frömmigkeit.

- 19. und 20. Jh.:
  Denkmäler zur Industrie- und Wirtschaftsgeschichte: alte Handwerksbetriebe, Hammerwerke, Industriebetriebe, Eisenbahnen, Bergwerke, Wasser- und Pumpwerke.
  Zahlreiche örtliche Museen bewahren Werkzeuge oder ganze Werkstätten zum alten, erloschenen Handwerk; daneben gibt es große Spezialmuseen,

z. B. zu Industriekultur, Verkehr, Post; es gibt auch Industriebetriebe, die eigene Museen unterhalten.

Bäuerliche Lebenswelt und Übergang zur Industrialisierung der Landwirtschaft in Freilicht- und anderen Museen;

Entfestigung und Stadterweiterungen im 19. Jh.: industrielle Vorstädte, Bauen im klassizistischen und Jugendstil, Neugotik und ähnliches.

Schwerpunkt: neue Bedingungen der Stadtplanung und ihre Auswirkungen; Anfänge des Denkmalschutzes.

Repräsentation im 19./20. Jh. anhand von Denkmälern; Gedenkstätten, die an die nationalsozialistische Gewaltherrschaft erinnern; Reste von NS-Architektur, z. B. Reichsparteitagsgelände in Nürnberg.

Ein praktisches Beispiel: Südthüringen als Exkursionsraum

Der Raum um den es hier gehen soll, liegt südlich und westlich des Thüringer Waldes. Er wird geografisch bestimmt durch die Flüsse Schleuse, (obere und mittlere) Werra und Schmalkalde. Historisch gesehen gehörte dieses Gebiet größtenteils zum fränkischen Reichskreis. Aber dieser Raum war immer auch Übergangsgebiet zwischen Franken, Thüringen und Hessen. Durch ihn liefen Verbindungen: Straßen des Handels wie der Heere. Politisch einheitsbildend wurde seit dem späten 11. Jh. die Grafschaft Henneberg. Sie fiel 1583 an die Wettiner, die sie unter verschiedenen Linien aufteilten. Die wettinische Herrschaftstradition war letztlich die Ursache dafür, dass das Gebiet Teil des Landes Thüringen wurde (1920) und durch die Demarkationslinie nach 1945 in eine ausgesprochene Randlage geriet.

Geschichtsträchtig, landschaftlich außerordentlich reizvoll, zentral, aber wenig bekannt – deshalb wurde dieses Gebiet hier als Beispiel gewählt. Es soll gezeigt (oder doch angedeutet) werden, wie thematisch vielfältig sich eine historische Region durch Exkursionen erschließen lässt – nicht als übertragbares Modell, sondern als Anregung sich ein ähnliches Raster für die eigene Region zu entwickeln. Und vielleicht sind die folgenden Seiten auch ein Anreiz ein Stück weitgehend unbekanntes Deutschland zu entdecken.

Exkursionsmöglichkeiten

Gleichberg-Gebiet

Die *Steinsburg* (66 Hektar umwallter Fläche) auf dem Kleinen Gleichberg (642 m) ist eine archäologische Fundstätte von europäischem Rang zur Geschichte der Kelten. Im Sattel zwischen dem Kleinen und dem Großen Gleichberg befindet sich das *Steinsburgmuseum*. Neueste Geschichte: Der Große Gleichberg war Stützpunkt und Horchposten der Roten Armee.

Das *Vorgeschichtsmuseum* in *Bad Königshofen* präsentiert Exponate zur Jungsteinzeit und vor allem zur Keltenzeit und hat ein hervorragendes museumspädago-

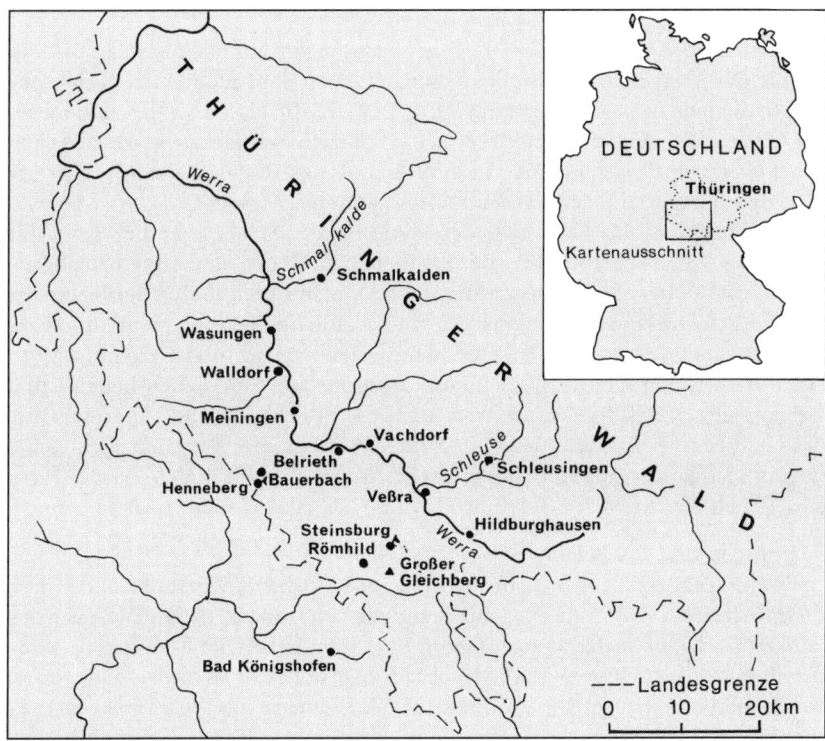

gisches Angebot (Museumstage, experimentelle Archäologie). Zur neuesten Geschichte: *Grenzmuseum* Bad Königshofen.

Das Städtchen *Röhmhild* an den Gleichbergen ist Beispiel einer kleinen thüringischen Residenz der Wettiner (16./17. Jh.), vormals Burgsitz einer Linie der Grafen von Henneberg. Auf den Residenzcharakter weisen das Schloss Glücksburg, der große Straßenmarkt und nicht zuletzt die *Stiftskirche*, Grablege der Röhmhilder Henneberger, mit kunstgeschichtlich bedeutenden Grabdenkmälern des Nürnberger Erzgießers Peter Vischer d. Ä., hin.

Hildburghausen

Die Stadt war wettinische Residenz; das Schloss wurde im Zweiten Weltkrieg zerstört und dann abgetragen. Die Grundstrukturen einer Residenz sind noch erkennbar: Schlossplatz, Hofgarten, Theater, Denkmäler, Stadtcharakter (großer, repräsentativer Markt). Durch das *Stadtmuseum* lassen sich Stadt- und Residenzgeschichte sehr gut erschließen; es gibt z. B. eine eigene Abteilung über Joseph Meyer und sein Bibliographisches Institut, das in Hildburghausen begründet wurde. Schriftenreihe und sehr gute museumspädagogische Betreuung.

Schleusetal

Ein herausragendes Baudenkmal ist die *Bertholdsburg* auf einem Bergsporn am Rande der Altstadt von *Schleusingen*, benannt nach dem auch in der Reichspolitik bedeutenden Grafen Berthold VII. (1284–1340), Hauptsitz der Henneberger Grafen. Der Wehrcharakter lässt sich noch nachvollziehen; im Wesentlichen handelt es sich um einen Ausbau zum Schloss aus der Zeit um 1500. In der Bertholdsburg ist ein *naturkundliches Museum* untergebracht.

Das ehemalige *Kloster Veßra* nahe der Mündung der Schleuse in die Werra war reich ausgestattetes Hauskloster der Henneberger Grafen; in der Reformationszeit säkularisiert, wurde es landesherrliche Domäne, preußisches Staatsgut (seit 1815), LPG. Die Klosteranlage hat die wirtschaftliche Nutzung nicht unbeschadet überstanden, Restaurierungen und museale Nutzung machen Veßra aber zu einem lohnenden Exkursionsziel: *Freilichtmuseum* zur bäuerlichen Lebens- und Arbeitswelt, *Hennebergisches Museum* zur Klostergeschichte und zur Geschichte des Henneberger Landes, Ausstellung zur Geschichte des Bauernkrieges. Veßra hat ein vielfältiges museumspädagogisches Angebot, auch in den Ferien (Kontakt: 98660 Kloster Veßra, Telefon: 03 68 73/4 52; Fax: 74 25).

Meiningen und Umgebung

Meiningen gehörte als Amtsstadt bis 1542 zum Hochstift Würzburg und wurde daher erst unter den Wettinern zur Residenzstadt. Eine herausragende Persönlichkeit ist der „Theaterherzog" Georg II. (1866–1914), der Meiningens europäischen Ruf als Theater- und Musikstadt begründete. Das *Schloss Elisabethenburg* beherbergt ein großes und in seiner Art einzigartiges *Theatermuseum*. Es gibt ein reichhaltiges museumspädagogisches Angebot. Einen Museumsbesuch kann man mit einer *Besichtigung des Theaters* verbinden (Anmeldung). Auch für eine *stadtgeschichtliche Exkursion* ist Meiningen sehr attraktiv (Plangründung). In der Umgebung von Meiningen gibt es eine größere Anzahl von *Wehrkirchen* bzw. Kirchenburgen, so in Vachdorf, Belrieth und Walldorf. Fährt man von Meiningen nach Süden in Richtung bayerische Grenze, stößt man auf die Burgruine *Henneberg,* die namensgebende Stammburg des Grafengeschlechts, von hier drei Kilometer östlich liegt der Ort *Bauerbach* mit einem *Schillermuseum*.

Schmalkalden

Einige Kilometer nördlich von *Wasungen* (Fachwerkstädtchen) gelangt man vom Werra- ins Schmalkaldetal. Die Stadt *Schmalkalden* und ihr Umland wurden von 1247 bis 1583 von den Henneberger Grafen und den Landgrafen von Hessen gemeinsam regiert, dann war die Stadt hessisch, 1866 preußisch. Schmalkalden wird überragt von der *Wilhelmsburg,* Sommerresidenz der Landgrafen. Sie ist ein einzigartiges Bau- und Kunstdenkmal der deutschen Spätrenaissance (Schlosskirche, Schauräume). Veranschaulichen lassen sich die Funktionen einer Schlossanlage als Wirtschaftsbetrieb und Repräsentationsbau. Die Wilhelmsburg beherbergt ein Museum, unter anderem zur Geschichte des Schmalkaldischen

Bundes und des Bergbaus im Thüringer Wald; reformations- und wirtschafts-
geschichtliche Themen (u. a. m.) lassen sich hier sehr gut und mit Hilfe einer
aufgeschlossenen Museumspädagogik bearbeiten. Auch für eine *stadtgeschichtliche Exkursion* ist Schmalkalden sehr ergiebig (Anlage, spätgotische St.-Georg-
Kirche, viele sehr gut erhaltene Fachwerkhäuser und Fachwerkensembles).
Jugendherbergen in der Umgebung von Schmalkalden machen die Stadt zu
einem sehr guten Ausgangspunkt für mehrtägige Schulfahrten, z. B. in den oben
beschriebenen historischen Raum, zur Wartburg oder zum Kamm des Thüringer Waldes, dem Rennsteig.

Literatur zum Exkursionsbeispiel: Franken und Thüringen. Verbindungen zweier
Kulturlandschaften, hrsg. von der Akademie für Lehrerfortbildung, Dillingen/Donau
1995; G. WÖLFING, Kleine Henneberger Landeskunde: Südthüringen, Hildburghausen 1995.

Allgemeine Literaturhinweise: Naturgemäß benötigt man zur Vorbereitung einer
Exkursion regionalgeschichtliche Literatur, Kunstführer und ähnliches. Hier seien
einige Nachschlagewerke erwähnt, mit denen man sich relativ schnell und vor allem
zuverlässig eine Orientierung (für Schulbibliotheken sehr wertvoll) verschaffen kann:
Reclams Kunstführer Deutschland. Enthält Kunstdenkmäler und Museen; erscheint
in immer neuen Auflagen; bisher flächendeckend für die alte Bundesrepublik, noch
nicht für die neuen Bundesländer; G. DEHIO, Handbuch der Deutschen Kunstdenkmäler. Verschiedene neubearbeitete Regionalbände, zum Teil auch für die neuen
Bundesländer (derzeit: Berlin, Potsdam/Brandenburg, Sachsen-Anhalt, Sachsen);
Handbuch der historischen Stätten Deutschlands; DuMont Kunst-Reiseführer; Führer zu vor- und frühgeschichtlichen Denkmälern (römisch-germanisches Zentral-
museum Mainz), Hefte in regionaler Gliederung; Technische Sehenswürdigkeiten in
Deutschland (ADAC-Reiseführer).

S. M.

Lösungen

Lösungen zu Seite 144 ff.: In der Reihenfolge der Erwähnung handelt es sich um die folgenden Philosophen: Thales aus Milet, Pythagoras aus Samos, Empedokles aus Akragas, Gorgias aus Leontinoi, Demokrit aus Abdera, Sokrates, Platon, Aristoteles, Diogenes von Sinope, Zenon aus Zypern, Epikur aus Samos

Lösung zu Seite 248 ff.: 1. Sokrates, 2. Kleopatra, 3. Karl der Große, 4. Harun Al-Raschid, 5. Mathilde von Tuszien, 6. Christoph Kolumbus, 7. Savonarola, 8. Heinrich VIII. von England, 9. Hans Sachs, 10. Rabbi Löw, 11. Prinz Eugen, 12. Balthasar Neumann, 13. Marquise de Pompadour, 14. Casanova, 15. Lord Nelson, 16. Garibaldi, 17. Lincoln, 18. Kaiserin Sissi, 19. Carl Friedrich Benz, 20. die Kaaba, 21. Santiago de Compostela, 22. Trifels, 23. Beizjagd, 24. Eldorado, 25. Götz' eiserne Hand, 26. Frankfurter Würstchen, 27. Hamburger

Bildnachweis

Archiv für Kunst und Geschichte, Berlin; Historisches Museum, Frankfurt am Main; Stadtarchiv Nürnberg; Stadtmuseum München.

Karten und Grafiken: Klaus Becker, Frankfurt am Main.

Nicht in allen Fällen war es uns möglich den Rechteinhaber ausfindig zu machen. Berechtigte Ansprüche werden selbstverständlich im Rahmen der üblichen Vereinbarungen abgegolten. Wir bitten um Verständnis.

Stichwortverzeichnis

Fundgruben für Ihren Unterricht
Nachschlagewerke für jeden Tag

Udo Quak (Hrsg.)
**Die Fundgrube für den
Mathematik-Unterricht**
1998. 288 S., Paperback
ISBN 3-589-21105-9

Walter Kleesattel (Hrsg.)
**Die Fundgrube für den
Biologie-Unterricht**
1997. 248 S. mit vielen Abb.,
Paperback
ISBN 3-589-21104-0

Andreas Dilger
**Die Fundgrube für den
Politik-Unterricht**
1997. 272 S. mit Abb., Paperback
ISBN 3-589-21127-X

Heinrich Brinkmöller-Becker (Hrsg.)
**Die Fundgrube für
Medienerziehung
in der Sekundarstufe I und II**
1997. 280 S. mit Abb., Paperback
ISBN 3-589-21102-4

Bernward Hoffmann
Michael Dorn
**Die Fundgrube für den
Musik-Unterricht**
1997. 240 S. mit CD und Abb.,
Paperback
ISBN 3-589-21128-8

Jürgen Trabant (Hrsg.)
**Die Fundgrube für den
Kunst-Unterricht**
1997. 240 S. mit vielen Abb.,
Paperback
ISBN 3-589-21129-6

V. Beyer-Kessling / H. Decke-Cornill
L. MacDevitt / R. Wandel
**Die Fundgrube für den
handlungsorientierten
Englisch-Unterricht**
1998. 272 S., Paperback
ISBN 3-589-21174-1

Fragen Sie bitte
in Ihrer Buchhandlung!